U0129387

# 朱子哲學析論與反省

許宗興 著

文史哲學集成
文史哲出版社印行

國家圖書館出版品預行編目資料

朱子哲學析論與反省 / 許宗興著. -- 初版. --
臺北市：文史哲出版社, 民 110.02
　頁； 公分（文史哲學集成；736）
ISBN 978-986-314-544-8（平裝）


1.(宋)朱熹 2.學術思想 3.朱子學

125.5                                    110001955

# 文史哲學集成 <sub>736</sub>

文 史 哲 學 集 成 736

# 朱子哲學析論與反省

著　　　者：許　　　宗　　　興
出 版 者：文　史　哲　出　版　社
　　　　　http://www.lapen.com.tw
　　　　　e-mail：lapen@ms74.hinet.net
登記證字號：行政院新聞局版臺業字五三三七號
發 行 人：彭　　　正　　　雄
發 行 所：文　史　哲　出　版　社
印 刷 者：文　史　哲　出　版　社
　　　　　臺北市羅斯福路一段七十二巷四號
　　　　　郵政劃撥帳號：一六一八○一七五
　　　　　電話886-2-23511028・傳真886-2-23965656

## 定價新臺幣五六○元

二○二一年（民一一○）二月初版

ISBN 978-986-314-544-8 01736

# 序

　　朱子哲學在歷史上遭逢兩次半的大批判：第一次為同時代的陸象山，象山稱「朱元晦泰山喬嶽，可惜學不見道」，「道」是中國哲學最核心內涵，若朱子「學不見道」，則一切所言都只是糟粕，這說法幾乎完全否定朱子哲學；第二次來自王陽明，陽明早期用朱子格物法做功夫，但都失敗，龍場悟道後，評朱子格物說謂：「天下之物如何格得？且謂一草一木亦皆有理，今如何去格？縱格得草木來，如何反來誠得自家意」，此亦從根源處否決朱子功夫論，唯陽明後作〈朱子晚年定論〉，說朱子晚年已回歸正道，故陽明的批判只能算半個；第三次當屬近世牟宗三先生，牟先生經由探究先秦儒家，得出一個儒家義理傳統，以此為標準而論定朱子學，謂朱子學屬「別子為宗」而非正統儒家，此為朱子哲學所遭逢的第三次大批判。

　　十年前無意間讀朱子〈觀書偶感〉：「半畝方塘一鑑開，天光雲影共徘徊；問渠那得清如許？為有源頭活水來」、「昨夜江邊春水生，艨艟巨艦一毛輕；向來枉費推移力，此日中流自在行」及〈喜晴〉：「川源紅綠一時新，暮雨朝晴更可人；書冊埋頭何日了，不如拋卻去尋春」等詩句，深覺此等當屬悟道之作，朱子宜為悟道哲人，牟先生「別子為宗」之判，或當有誤。

　　於是蒐集閱讀資料，期能為朱子刷洗冤屈。首將當今學者對朱子肯定與質疑之論羅列並陳，撰就〈朱子哲學之定位〉一文，

由此拉開探究朱子哲學序幕，其後諸篇類依此篇綱目開展。本書收十二篇論文，包括：導論、方法論、存有論各一篇，此為綜述朱子哲學者；其次為本體論三篇，包括朱子對本體外在屬性的解說二篇、朱子對本體內涵的說明一篇；再其次為本性論二篇，探討朱子性理內涵及其是否與傳統說法一致；接著工夫論三篇——「涵養本原」、「主敬」、「格物致知」；最後一篇為總結。

　　經數年來探析，越探越覺牟先生之判不誤，發現朱子最根本問題在：對「形上」（道）無自覺深刻之理解與體悟；案「形上」乃中國哲學最精彩獨到處，是儒釋道共法，能入此便與聖者一鼻孔呼吸，在聖學領域便有發言權，便找到百世以俟聖人而不惑之真理，掌握東西南北海聖人同證之妙道。能說及此乃為主流正統，否則便是歧出旁支。倘對此無所理會，便與最高之理體絕緣，則所談價值、心性、本體、功夫、境界等，都無法究竟圓到，只能就形下現象論說，勢必成半壁格局，此乃朱子哲學最大限制所在；以下說明之。

　　就存有論言，朱子認為這世界是由理氣二元構成，並將這理氣論套在心性論、本體論、功夫論上說，故理氣論可說是朱子學說的基石。案理氣論是對這世界的理解，基本上與成德無涉；亦即假使我不知世界是由理氣二元組成，仍無害我可透過相應功夫以成聖；反之，即使我知道世界由理氣二元組成，亦未必有助於我之成聖；甚至宇宙是否由理氣二元組成，亦屬仁智之見；存有論本質上是想出來的理論系統，而非由生命實踐體證顯發之真理；朱子稱「理」為形上，「氣」屬形下，表面上「理」雖挑高一層為存在物之「所以然」，但仍在可思議世界，並非真正傳統哲學所謂的「形上」。

　　就價值論言，朱子以為理想人格是依律奉行之正人君子，而

不知尚有超凡入聖之絕對境地。就本性論言，朱子不知形上內涵即生命本質，而誤認性中只具性理概念，且誤謂枯槁之物亦有性理本質。就心性論言，朱子談「心性情三分」，殊不知此僅適用凡人，若聖者則三者本是一，一切都是本心任運之表象，如何分出心性情，心又如何統性情。就本體論言，朱子對本體之內外屬性理解不當，無法與傳統說法合轍，故對聖賢經典之論無法完全作詮釋；就功夫論言，朱子只言成為君子賢人之助緣功夫，而少談契入本體之本質功夫。簡言之，朱子哲學最大致命點在對「形上本體」無深刻認識體會，於是一差一切差，所有立論皆因之下滑而為形下之義理系統。

　　此外，朱子哲學另一限制在概念表達不夠清晰精準，朱子一生絕大部時間在講學著述，思想包山包海、集理學大成、遍注群經、喜建構統括宇宙萬象之系統，於是概念之籠統歧雜便屬難免。例如「理」「氣」先後問題，朱子有「理先氣後」、「理後氣先」、「理氣同時」、「邏輯先後」等說法，但就事實真相言，這四說至多僅能有一為真。又「格物」是格外在物或內在物，道德物或中性物，存有物或殊別物，此諸「物」意義各別，但在朱子文獻中卻都能找到支持之論述。又理氣論、心性論、功夫論之「理」，是形上之理或形下之理、本性之理或功夫之理、道德之理或中性物之理、殊別物之理或太極之理；朱子亦語焉不詳。此種模稜兩可之說，在朱子義理中可謂所在多有，造成此問題主因疑有三：一是如前所言，對義理無深入體悟；二是思慮不周精，未意識到此等詞語同時承載眾多語意概念；三是用詞不嚴謹，此或態度疏忽所致。凡此都將帶來後學研讀之困擾，本書便花很多篇幅在辨析釐清此等歧雜概念，本書收 12 篇論文有 9 篇以「析」名篇，乃針對朱子概念不清晰精準所提之解方。

　　朱子義理雖有如上限制，但絕非謂朱子哲學一無是處，朱子義理影響六百年以上的中國士人，近年國際朱子學研治方興未艾，此皆不爭事實，朱子雖未能契入聖境，概念言說或有不夠精準清晰，但朱子對道學之護持、艱苦做功夫、講學著述不遺餘力、對文化具強烈使命感、人格志節堅貞不二；此等生命情操與努力成果，對社會風尚之維持，對世人道德踐履所提供之助力，引發嚮往聖賢之志趣等，皆卓具貢獻。本書乃基於「吾愛吾師，吾更愛真理」之懷，以生命實踐學最高標準而作求全責備，期朱子學能百尺竿頭更進一步。

　　最後，本書得以寫成，得感謝多位前輩學者，尤其牟宗三先生對朱子義理格局提出判定與慧解，使研讀朱子資料時不致躊躇而生疑義。陳來先生對朱子文獻研治功深，態度中肯，判語平實精當，省卻許多基礎義理探研之力。他如馮友蘭、勞思光兩先生，概念清晰明確，不做游移之說。唐君毅先生則對朱子情有獨鍾，每從最高處詮釋朱子學。此諸前輩因生命深度與學力，都對朱子學提供頗多勝解，皆本書重要依怙。此外，拜數位資料庫之賜，使資料蒐集可靠而神速，本書絕大部分古籍資料檢索都來自中研院史語所「漢籍電子文獻資料庫」，於此特表謝忱，是為序。

# 朱子哲學析論與反省

## 目 次

# 第一章　導　論

## ——朱子哲學之兩種評價

## 一、前　言

　　中國儒家哲學，開創之功首推孔（約前 551 年-約前 479 年）孟（前 372 年-前 289 年），發揚之效理該歸諸朱熹（1130-1200）；孔孟學說在春秋戰國之際，並不為時人所重，漢代雖獨尊儒術，但孔孟義理並未真正顯揚，後雖有韓愈（768-824）、李翱（774-836）、周惇頤（1017-1073）、張載（1020-1077）、二程（程灝，1032-1085；程頤，1033-1107）等表彰儒學，但影響僅及當時；直至南宋朱子之遍注儒經、授徒講學，將〈大學〉、〈中庸〉從《禮記》獨立出來，以與《論語》、《孟子》合稱「四子書」，並為作注；嗣經元朝皇慶二年（1313）詔行天下，凡科舉考試《四書》《五經》以程朱注為主，訂為考試命題依據，元、明、清三代同列官學，直至清光緒 31 年（1905）廢科舉為止，此近六百年中，為學子考試取科第必讀之書。故知朱子義理對中國讀書人之影響，蓋非其他諸儒所能企及。若孔子被尊為萬世師表，朱子理當被稱為百世師表[1]，在中國儒學史上之地位，除孔孟外殆無出其右者。

---

1　蘇軾，〈韓文公廟碑〉，《蘇東坡全集》，收入《文淵閣四庫全書電子版》（香港：

　　然而如此崇高之地位，至近世受到嚴厲之批判[2]，特別是牟宗三先生（離中，1909-1995）於 1968 年出版《心體與性體》，提出「別子為宗」以論定朱子；此真是晴天霹靂，朱子地位何止一落千丈，幾乎被排除在正統儒學之外，此為學術界非常震撼之大事；牟先生之說提出後，至今仍餘波盪漾，塵埃猶未完全落定，尚有學者仍持不同見解。

　　到底朱子義理內涵為何？他在中國哲學史上真正地位如何？牟先生等當代學者所批判理據何在？反對者與支持者到底何說為是？此等都有深入探討必要。本章僅粗略說明朱子哲學在歷史上所受到之肯定，然後將主力用於論述歷來學者—尤其近世學者，對朱子哲學的諸多批判，並釐析此等批判包括哪些面向？至於更深入探析其中是非曲直則待他章論之。

## 二、對朱子學肯定之論

　　朱子在 71 年歲月中，除「仕於外者僅九考，立於朝者四十日」[3]外，其餘時間都家居從事學術活動，包括講學授徒、著述立說、

---

迪志文化出版有限公司，2006）／集部／別集類，卷 86，文中蘇軾尊韓愈「匹夫而為百世師，一言而為天下法」，唯韓愈影響主要仍在文學而非義理，真正能為百世師表者，或朱夫子乃能當之無愧。

2　雖然朱熹在世的晚年，曾被韓侂冑等攻為「偽學」（見脫脫，《宋史・道學傳・朱熹》，《漢籍電子文獻資料庫》（臺北：中央研究院.歷史語言研究所，1984）／史部／正史，卷 429，頁 12768。本書所引《宋史》皆據《漢籍電子文獻資料庫》版本，下同，不另注），但那是政治派系之鬥爭，並非真正站在學術立場，以論學說正偽；對朱子哲學作整體性嚴厲批判，當屬近世新儒家，如牟宗三先生等。

3　黃幹，〈朱子行狀〉，《黃勉齋先生文集》，收入《漢籍電子文獻資料庫》／叢書類／正誼堂全書，卷之 8，頁 29-2。（本書所引《黃勉齋先生文集》皆據《漢籍電子文獻資料庫》版本，下同，不另注。）

遍注古籍等，他入室弟子「將近五百之數，實為漢代以來所未有」[4]。著述方面除專門著作外，尚有《朱子文集》100卷、《朱子語類》140卷，如此龐大著作量，亦為史上名列前茅者。此等學術活動便漸醞釀而建構出自己的哲學系統，並讓自己人格漸步向完美之域。

　　他對北宋諸儒，闡述表彰不遺餘力，尤其推崇周惇頤與程伊川之學，由於他的闡發，乃使北宋理學思想發煌延續於南宋，而被推尊為理學集大成者。職是之故，歷代學人對朱子所建構之哲學體系，以為當能相應賡續孔孟之義理系統，甚至覺其道德實踐已逼近聖賢境界，此殆前代學者所公認者。再加上專制王朝表彰，在宋代朱子便已入祀孔廟[5]，又將其著作列為科舉考試必讀之書，如此作為便等同肯定其為正統儒學，屬孔子嫡系傳承；其生命境界逼近聖賢，理該無可疑者。

　　再看《朱子文集》中〈觀書有感二首〉：「半畝方塘一鑑開，天光雲影共徘徊；問渠那得清如許，為有源頭活水來」、「昨夜江邊春水生，猛衝巨艦一毛輕；向來枉費推移力，此日中流自在行」[6]。歷來學者類謂此當為見道詩作；此外〈喜晴〉：「川原紅綠一時新，暮雨朝晴更可人。書冊埋頭無了日，不如拋卻去尋春」[7]。敵對陣營之陸象山（九淵，1139-1193）見後都露出喜色謂：「元晦至此有覺矣，可喜也」[8]。甚至心學家王陽明（守仁，1472-1529）四

---

4　陳榮捷，《朱熹》（臺北：東大圖書公司，2003），頁106。

5　元·脫脫等，《宋史·道學傳》，卷129，頁12769：「（宋理宗）淳祐元年（1241）正月，上視學，手詔以周、張、二程及熹從祀孔子廟。」

6　宋·朱熹，〈觀書有感二首〉，《朱子文集》，收入《漢籍電子文獻資料庫》／集部／別集，卷2，頁73。（本書所引《朱子文集》皆據《漢籍電子文獻資料庫》版本，下同，不另注。）

7　宋·朱熹，〈出山道中口占〉，《朱子文集》，卷9，頁302。

8　宋·陸九淵，《象山年譜》50歲下，《象山先生全集》（臺北：臺灣商務印書館，1979），卷36，頁513。

十五歲時尚為《朱子晚年定論》[9]以說明朱子中年雖有差池，晚年則回歸孔孟而頗能契悟聖道。凡此都說明朱子當是悟道之士，了無可疑。

　　以上是前賢對朱子肯定之犖犖大者，至於近世亦有不少肯定朱子之學者，信其對聖賢學問有體會，所言合聖賢之學，較早期如唐君毅先生（1909-1978）：

> 朱子亦實正是趨向于：依本心之心體之建立，而以一切功夫，不外所以自明此心體之說者。此與象山立根處，亦正無不同也。[10]

> 此本心之全體，即一真正之心與理合一之形而上的本體義的本心。[11]

唐先生以為朱子確實安立本心，此本心即為形而上本體，一切功夫與本體皆在此上說，這與象山學完全相同，同屬聖門第一義諦之學。至於朱子格物窮理之意涵，唐先生曰：

> 朱子所謂窮理之事不外吾人今所謂知物之實然之狀，與其原因等「實然之理」，與吾人之如何應之當然之理。[12]

唐先生此處謂朱子格物說並無問題，格物包括三方面：一是實然之物，二是所以然之理，三是應然的價值之理。故依唐先生說，朱子學說實完全符合孔孟聖賢之學，無一絲問題。劉述先

---

9　明・王守仁，〈朱子晚年定論〉，《王文成全書》，《文淵閣四庫全書電子版》／集部／別集類／明洪武至崇禎，卷3。
10　唐君毅，《中國哲學原論・原性篇》（臺北：臺灣學生書局，1991），頁647。
11　唐君毅，《中國哲學原論・原性篇》，頁649。
12　唐君毅，《中國哲學原論・原教篇》（臺北：臺灣學生書局，1990），頁267。

（1937-2016）先生亦有相同之論：

> 他的主要目的並不在累積一些有關名物度數的知識，他的
> 讀書也不只在累積一些有關古典的知識，他的根本目的畢
> 竟在明道。[13]

劉先生認為朱子義理系統中，最被詬病的格物窮理，並非累積知
識而是明道，故並無問題。至於空大本《中國哲學史》則認為雖
有不合孔孟處，但又開出另一新方向：

> 朱子所謂理，是事物的「所以然之故與其所當然之則」，即
> 乃是道德之理，並不是事物的經驗之理，由於所要格的是
> 道德之理，故由此而成就的是道德的行為，並不是客觀的
> 關於對象的知識。……朱子此說，是以知識來成就德行，
> 又認為人之所以為不善，是由於對理沒有充分的認知，這
> 是所謂「主智的倫理學」。朱子此說，雖或不合孔孟原意，
> 但為儒學開出一新方向，亦是很有價值的。[14]

《空大本》作者謂格物窮理說沒問題，唯與孔孟原意不合，但此
不合反而為中國哲學開出一條主智之路，故亦有其價值。近人林
安梧先生更認為，牟宗三先生「別子為宗」之判甚可爭議，他認
為朱子系統是「橫攝歸縱」，仍是正統儒學之縱貫系統，因朱子除
「致知在格物」系統外，尚有「涵養須用敬」之立論，而歷來批
判者都忽視此「涵養須用敬」功夫。[15]

---

13 劉述先，《朱子哲學思想的發展與完成》（臺北：臺灣學生書局，1982），頁 540。
14 王邦雄等，《中國哲學史》（臺北：國立空中大學，1998），頁 597。
15 林安梧，〈「繼別為宗」或「橫攝歸縱」：朱子哲學及其詮釋方法論辯疑〉，《嘉
　　大中文學報》，期 1（2009 年 3 月），頁 01-28。

　　以上是朱子學在歷史上與近世所得到之肯定，此等肯定基本上相信朱子對儒家最高本體有契悟，他所開出之系統，非但義理無問題，且是可達儒家聖者境界，而朱子亦相當程度達此境者。

# 三、對朱子學非難之說

　　除上述對朱子學持肯定者外，另有一些學者則持保留態度，甚至明指朱子對儒家義理不相應，因此朱子所開出之義理系統實大有問題，此等學者所提問題包括：（一）價值方向之歧出；（二）對道體沒有契會；（三）對本體認識不清；（四）對心性理解不諦；（五）格物功夫不相應；（六）思想架構之紊亂。以下請對此等批判作縷述條陳：

## （一）價值方向之歧出

　　此為一學說之價值、方向、與途轍問題，它在探討這學說要引領我們走向何處？此實關係一學說正邪之最本質者。蓋若價值方向不同，即使表面看來相似，最後所呈顯之內涵便會千差萬別；所以價值方向實決定整個學說是正是邪最關鍵所在，故知要探討兩學說之同異，最先宜討論其價值走向問題。

　　我們若要探索朱子系統是否歧出，首先便需看此兩系統所追求之目標是否一致？傳統儒家與朱子皆追求成聖，此無可疑；唯此二系統之成聖內涵是否一致則需探究，亦即朱子所追求之聖，是否即為傳統儒家之聖？接著則是探討他所提出之理論系統，是否真能相應於成聖，此即本處所要探討者。

　　關於此論題，牟宗三先生曾有深入具體詳盡之辨析，他認為真正成聖之義理系統，當包括：道體與性體是「即存有即活動」

者；「本心即理」；成聖者是行「自律道德」；心態是立體縱貫之系統[16]；凡合此者便是正統成聖之學，先秦儒家之孔子、孟子、《中庸》、《易傳》；北宋儒學之周惇頤、張載、程明道等無不如此。

凡途徑路數悖離此者，便非正統儒家，其所成之聖便非真聖，最少非傳統儒家之聖。我們若檢視朱子系統，便會發現其道體性體是只存有而不活動，此種道體屬客觀超越之存在，它本身並不起作用，故朱子只承認「性即理」而無法接受「心即理」；因朱子之理在外頭，我們只能透過認知心去把握此等客觀理則，然後依此等理則行事，故屬他律道德，此種學說格調重在以認知心橫攝的去覺知對象，故是橫攝之義理系統。此兩種型態牟先生用海德格「方向倫理學」與「本質倫理學」區隔之，牟先生曰：

> 自此而言，照顧到實然的心氣，則其所成的是主智主義之以知定行，是海德格所謂「本質倫理學」，是康德所謂「他律道德」，此則對儒家之本義言根本為歧出，為轉向。[17]

因此等大環節歧出，故牟宗三先生將朱子學定位為非正統儒家之義理系統，牟先生關此之論遍存於《心體與性體》及《從陸象山到劉蕺山》等書中，以下略引數則以見一斑：

> 要之只在其所理會之性體道體不是即存有即活動者，乃是只存有而不活動者，落於心性上言之，不是本心即性、本心即理者，乃是心性情三分、理氣二分者；故其所成之系統終于是：主觀地說是靜涵靜攝之系統，客觀地說是本體

---

16 以上諸說散見牟宗三，《心體與性體》（臺北：正中書局，1991）、《從陸象山到劉蕺山》（臺北：臺灣學生書局，1990）等書，此處不具引。
17 牟宗三，《心體與性體》（一），頁50。

論的存有之系統；其所言之道德是他律而非自律道德；此大體是以《大學》為標準，重格物窮理之認知義，而非以《論》、《孟》、《中庸》、《易傳》為標準者之重逆覺體證也。故綜之是橫攝系統，而非縱貫系統，是第二義而非第一義者。[18]

吾人若以朱子為標準，根據其講法去理解先秦舊典，則覺其講法于根本義理處實不相應。首先，彼以「心之德、愛之理」之方式去說仁，實不能盡孔子所說之仁之實義；彼以「心、性、情三分」之格局去理解孟子，尤與孟子「本心即性」之本心義不相應；彼以「理氣二分」之格局去理解《中庸》、《易傳》「生物不測」之天道、神體、乃至誠體，尤覺睽違重重。總之，彼之心態似根本不宜于講《論》、《孟》、《中庸》、與《易傳》。[19]

吾人所以不視伊川朱子學為儒家之正宗，為宋明儒之大宗，即因其一、將知識問題與成德問題混在一起講，既于道德為不澈，不能顯道德之本性，復於知識不能解放，不能顯知識之本性；二、因其將超越之理與後天之心對列對驗，心認知的攝具理，理超越地律導心，則其成德之教固應是他律道德，亦是漸磨漸習之漸教。[20]

依牟先生之認定，朱子對正統儒家義理完全不相應，無法講《論》、《孟》、《中庸》與《易傳》；反而是「類乎荀子之形態，智性義理

---

18 牟宗三，《心體與性體》（二），頁308。
19 牟宗三，《心體與性體》（一），頁55-56。
20 牟宗三，《心體與性體》（一），頁50。

之形態，而與孔孟之教不相應也」[21]；這種偏「主智倫理學」系統，是否真能成聖實為可疑，也許可成為有德性之高尚君子，或辦事能力強、自己行為檢點、能利益他人者。但此種人必難達致主客消融、無二元對立性、超越善惡之真聖者；最少只靠此等義理系統無法達儒家之聖；或說此只能是助緣功夫，仍須藉其他方法乃能達致真正的聖。

此即陸象山（1139-1193）「朱元晦欲去兩短合兩長，然吾以為既不知尊德性，焉有所謂道問學？」[22]此言朱、陸乃路線之爭、方向之爭、價值歸趨之爭；倘若方向是真成聖，則其他之增損差異便無關緊要；反之，若方向歧出、或未對準成聖目標，那便一錯一切錯，即使有小同亦無多大意義；象山所謂若方向沒瞄準「尊德性」，便皆非成聖的「道問學」，那再多道問學皆枉然；走錯方向，即使努力再多，成就再大都是枉費力氣；這便是象山對朱子之棒喝與指正。徐復觀先生（1904－1982）對朱子之價值方向，亦有類似說法：

> 在朱子的精神中，實在很強烈的躍動著希臘文化系統中的知性活動的要求。但限於傳統的道德範疇，不能進一步的有此自覺。這樣一來，朱子便一面在構想的實然世界根源中去找應然世界的根源；這便成為他形上學的性格。一面在分殊的事物上去「即物窮理」，要由這些理的積聚而得出「一旦豁然貫通」的「全體大用」。朱子意指的全體大用，是一以貫之的人生道德，而不是知識的統類；但他由即物

---

21 牟宗三，《從陸象山到劉蕺山》（臺北：臺灣學生書局，1990），頁91。
22 宋・陸九淵，《象山年譜・45歲》，《象山先生全集》，卷36，頁501。

窮理的方法，實際所能得的，只能是知識的統類。[23]

依徐先生觀察，朱子生命性格類似「希臘文化系統中的知性活動」類型，他關心的是在分殊事物中即物窮理；然而他又生長於儒家義理發揚之中土，這兩種路數並不完全相應，於是糾纏於此兩系統中，文化背景是成聖之路，生命特質則是知性窮理；最後造成以認知心探討道德。故知朱子價值方向與傳統儒家有方向路徑之異，其所追求成聖內涵與傳統儒家有明顯不同。徐復觀先生又謂：

> 朱元晦讀書窮理的功夫，如上所述，主要是知性追求知識的活動；……此種知識可能引發一個人的道德，但它並不是道德主體本身，所以並不能因此而保證一個人的道德。[24]

由此可知朱子是用認知心去探究道德，永遠有一個主體在行道德。如此，最多只能成就他律道德理想，成為一個道德高尚、利己利人、行善止惡之君子，無法成就超越善惡、主客雙泯、物我兩忘、萬物一體之真正聖者人格。如此路數當然與傳統儒家，如孔、孟、《中庸》、《易傳》、周、張、明道等思想相扞格，故牟宗三等人，便在價值方向上判定朱子學與傳統儒家不同道：

> 即就此客觀地說者見其形上學為一種觀解的、外在的形上學，而其所表示之道德為他律道德，自此而言，謂其為歧出不算過分。[25]

> 此一系統，吾名之曰主觀地說是靜涵靜攝之系統，客觀地

---

23 徐復觀，《中國思想史論集》（臺北：臺灣學生書局，1981），頁35。

24 徐復觀，《中國思想史論集》，頁77-78。

25 牟宗三，《心體與性體》（三），頁366。

> 說是本體論的存有之系統，總之是橫攝系統而非縱貫系
> 統。……此是以荀子之心態講孔子之仁、孟子之心與性、
> 以及《中庸》《易傳》之道體性體，只差荀子未將其所說之
> 禮與道視為「性理」耳。此自不是儒家之大宗，而是「別
> 子為宗」也。此一系統因朱子的強力，又因其近於常情，
> 後來遂成為宋明儒之大宗，實則是以別子為宗，而忘其初
> 也。[26]

　　總括地說，牟先生判定此系思想是想出來之「觀解的形上學」，而
非真正透過實踐之「道德的形上學」，是屬他律道德學範疇，與中
國傳統儒家路數大相逕庭，是傳統儒學之歧出。如此思路類似橫
攝之荀子學，唯因朱子力道強、合乎常人想法、加以歷代王朝導
引獎掖，遂成元明清思想正宗，其實已偏離正統儒學；唯雖歧出
但又被現實世人尊為主流正宗，故牟先生將之稱為「別子為宗」
——在思想義理上屬非正統的旁支，但又占據思想之王位，成思
想界主流意識。

　　朱子學在大格局、大根本上既與傳統儒家判若兩途，在義理
學中屬不同系統之脈絡；則其他枝節義理，容或有小交會或類似
處，意義便已不大，此為根本抉擇處。

## （二）對道體沒有契會

　　若在大方向上歧出，那要走上真正之聖便難上加難，除非其
生命氣質、根器、因緣造化等，在陰錯陽差下，讓他體悟到道體，
亦即他有聖者境界之體會，且此體會是深固者，然後據此體悟，
去轉化相關義理，包括心性、功夫、本體等思想，則其義理尚可

---

26 牟宗三，《心體與性體》（一），頁45。

起死回生，進而可扭轉原思想系統。但假若自己原追求方向已歧出，又因種種因緣無法對道體有所體會；則其義理系統便會回天乏術。在此情況下，僅能依猜測想像去建構自己之義理系統，因自己對道體無親身經驗，一切論說便都只是語言遊戲；故知朱子是否有契入聖者境界之判定異常重要。因路線既與傳統儒家不一，此時若再未契入聖者境界，則其所言便頂多是道聽途說而乏善可陳，其所言者將與聖之義理完全無干。

象山與朱子同時，兩人經歷鵝湖會（1175）之親身接觸，加以二人之弟子彼此交流，故象山對朱子生命境界之瞭解與判定，當可相當程度作為參考，象山曰：

> 晦翁之學，自謂一貫，但其見道不明，終不足以一貫耳。吾嘗與晦翁書云：揣量撰寫之工，依放假借之似，其條畫足以自信，其節目足以自安。[27]

> 朱元晦泰山喬嶽，可惜學不見道，枉費精神，遂自擔擱。[28]

> 第其講學之差，蔽而不解，甚可念也。[29]

以上三章皆象山感慨痛惜朱子不悟道之論，因對道體無體會，故無法將所說義理一以貫之，使左右逢源，講得頭頭是道；又因不信自己就是聖者，故只能依旁外在規範，無法如象山所謂：「昂首攀南斗，翻身依北辰，舉頭天外望，無我這般人」[30]，因對道體不能契會，使大本不得立；於是只得靠揣摩、想像、仿效、依託來

---

27 宋‧陸九淵，《象山語錄》，《象山先生全集》，卷 34，頁 419。
28 宋‧陸九淵，《象山語錄》，《象山先生全集》，卷 33，頁 413。
29 宋‧陸九淵，〈與鄭溥之〉，《象山先生全集》，卷 13，頁 174。
30 明‧羅欽順，《羅整庵先生困知記‧續錄》，收入《文淵閣四庫全書電子版》／子部／儒家類，卷上。

講述義理，只是講說時日既久，原是揣摩想像之義理便彷彿以為真實，久而久之也漸能以此假象建立自信，而使自己滿足於自己系統，其實根本不是這回事；因自己根本沒親嚐個中滋味，只憑空想像，根據別人說法，依樣畫葫蘆；象山認為此等無根之談，都是枉費精神，若以此講學實在令人婉惜。

此為與朱子同時之象山所下斷語，認為朱子「學不見道」；至近世則有牟宗三等先生之嚴厲判定，牟先生對朱子學，初則「困惑甚久，累年而不能決，朱子《文集》、《語類》，卷帙浩繁，……衝突矛盾，觸目皆是，幾不可辨矣！」[31]最後他花了八年心血，將六百年之宋明理學作釐清，為朱子作定位。除前綱目說明朱子路數，不同傳統儒家德性之學外；更謂朱子對道體無相應體會理解，牟先生此等說法在《心體與性體》中可謂俯拾皆是，以下姑引數則以為說明：

> 自吾觀之，固由于其對于「天命流行之體」以及孟子之本心無諦見。[32]

> 惜乎朱子對此作為「天下之大本」之中體契悟有不足，雖彷彿得一影像，而不能真切進入其生命中。[33]

> 其所以不真切、信不及、無受用者，只因其對于此中體不明透。[34]

> 對于本心體悟之不足，則亦函對于中體、性體，體悟之不足；

---

31 牟宗三，《心體與性體》（三），頁65。
32 牟宗三，《心體與性體》（三），頁79。
33 牟宗三，《心體與性體》（三），頁62。
34 牟宗三，《心體與性體》（三），頁83。

> 對于天命流行之體體悟之不足，甚至無相應之契悟。[35]

> ……以上六點，如再收縮而為一點，則是對於道體不透，因而影響功夫入路之不同，此所謂一處不透，觸處皆異也。[36]

所謂「天命流行之體」、「中體」、「心體」、「性體」、「道體」等，皆指相同意涵，都在說生命本然實相而為聖人所體證者；牟先生初則謂朱子於此無諦見，接著說朱子對此體悟不足、不明透；最後則直謂無相應契悟。既然對道之本體無所契悟，那所說義理便都不是自己實體實感所作之發言，便都只是想像猜測臆度之說，便都無甚大價值，牟先生所謂「一處不透，觸處皆異」，若說得嚴重些，則類似語言遊戲，對聖者心境義理，頂多有時猜中，偶有合義之論，但那是碰巧偶合，非自覺掌握，故無多大意義。

唯此處雖謂朱子學不見道，對「中體」無相應契悟，並非謂朱子生命中完全無碰觸道體，蓋人性本善，人本具道體中體，當時節因緣屆臨，或亦會有所覺知，只是此等碰觸如吉光片羽，稍縱即逝；且不會自覺到此種心境便是道體流露，更無法依而肯認之，進而依之作功夫。例如前引朱子「讀書有感」二首，便類此心境之作，「喜晴」或亦此類作品，象山當時見〈喜晴〉還誤以為朱子已體悟中體，為之而有喜色。其實那只是依於本然道體不自覺的一點靈光乍露而已。

## （三）對本體認識不清

依前所說，朱子對儒家孔孟之義理內涵，塗轍不同，加以根器生性之故，對道體未有如實自覺之體悟；在此前提下，若朱子

---

35 牟宗三，《心體與性體》（三），頁123。
36 牟宗三，《心體與性體》（一），頁58。

能藉助前賢往哲之立論言說，或自己高超之智慧力，此或仍可對道體有相應理解，若然則朱子學說尚可轉歧為正。因對道體有掌握，那對心性與功夫，便有可能做出正確說明與提出相應方法，以下先看陽明如何看待：

> 以吾心而求理於事事物物之中，析心與理為二矣。夫求理於事事物物者，如求孝之理於其親之謂也。求孝之理於其親，則孝之理其果在於吾之心邪？抑果在於親之身邪？假而果在於親之身，則親沒之後，吾心遂無孝之理歟？[37]

道體內涵，若用朱子系統言之，便是「即物窮理」之「理」，「理」是聖人所要獲得最核心之物，若能實踐「理」便自然成為聖者，朱子透過格物功夫而所要窮之「理」，便是此聖人所以為聖人之內涵。王陽明認為朱子把理與心，分而為二；理在心外，以孝順言，孝順之理在雙親身上；陽明質疑，若如此理解，則雙親亡故，是否孝親之理，便同時消失。陽明由此說明朱子對「理」之認識有問題，亦即對聖之所以為聖的內涵，把握有差池。以下再看牟宗三先生之說：

> 朱子對這「上面」者都給泯失、星散、模糊、而擰轉了！不但缺功夫，且根本不相應，故致體上宗旨不明。[38]

> 此存在之理本身被理解為只是理，並無心義，亦無神義，

---

37 明・王守仁，〈答顧東橋書〉，《王文成全書》，收入《文淵閣四庫全書電子版》／集部／別集類／明洪武至崇禎，卷 2。（本書所引《王文成全書》皆據《文淵閣四庫全書電子版》版本，下同，不另注。）

38 牟宗三，《心體與性體》（三），頁 55。

是只存有而不活動者。[39]

（朱子的心與理）只是關聯地一貫通的一，其背景是心與理為二，而不是分析地為一、創發地心即理之為一。[40]

上引三則，牟先生首先說明朱子對本體，不能有相應把握，將之模糊星散，以致對本體內容認識不夠清晰，於是將本體之「理」理解為只存有而不活動之「但理」，不具心義與神義，甚至更成為心所對之客觀理，於是原來本體之「心理無二」，「即存有即活動」，能自作主宰，感應無窮之妙理，即變成枯乾之客觀存在，原來妙運無窮之理，完全被減縮成乾癟之「但理」，故牟先生認為朱子對本體道體，非但無所體會，甚者所認識者並非真本體，只是世俗主客對立之客觀理則。劉述先先生亦有相同論述：

孟子之論性側重人禽之別，則不只枯槁無性，禽獸亦不能有此性。朱子之說顯然與孟子不符，他所謂性是：由事物之然推至其所以然之理，元無差別，則人獸草木枯槁雖分殊，本來只是一理。[41]

本體之理亦可稱為「性」，因存在物所以然之理便是性，故曰「性即理」，依朱子存有論言，每一存在物皆有其所以為此存在物之理，亦即該存有物之性。因此，人有「性」、鳥獸草木有「性」、枯槁之物亦有「性」；人本具道體之理、鳥獸草木亦具道體之理、枯槁之物亦具道體之理；依此說法將大悖孟子說；孟子只承認人有四端之心，其他存在皆不具；即使佛教義理，亦只謂有情方有佛性，

---

39　牟宗三，《心體與性體》（三），頁 361。
40　牟宗三，《從陸象山到劉蕺山》，頁 120。
41　劉述先，《朱子哲學思想的發展與完成》，頁 213。

不謂草木枯槁有佛性。朱子如此理會本體之理當是不諦，他錯將存在之理——事物所以然之理，等同於性理——本心道體；於是遂謂所有存在物皆具「理」，而不知「理」可定位為存在之理與本心道體之理；草木瓦石僅具存在之理，而不具本心道體之理；由此足見其對本體無如實體會。且舉朱子與學生問答以為說明：

> 問：「枯槁有理否？」曰：「才有物，便有理。天不曾生箇筆，人把兔毫來做筆。才有筆，便有理。」又問：「筆上如何分仁義？」曰：「小小底，不消恁地分仁義。」[42]

此便明顯將「所以然之理」與「道體性理」相混淆，最後被弟子詰問而詞窮無法置答，僅能回說小小之筆，不需在上面討論仁義；這如何是大家風範面對義理分判之態度。

　　按朱子因方向不精準、對道體無所體會，於是對道體描述便有困難，便只能依據所相信之經典或老師，因朱子師法伊川，伊川倡「性即理」，伊川之理便是認知心所對之理，於是朱子依從其說，隨之作相同理解；有些伊川所未說者，如枯槁有性等，朱子只能發揮想像力而憑空臆測，於是對本體內涵，其所描述者完全走樣，在整個義理架構中亦不能自圓其說。

　　本心道體之理是聖人所要體會及實現之內涵，倘若對道體無真實體會或認識不清，對聖人本質便無法保握，那談心說性，提出各種功夫，便都只是信口開河，此後之各種論說意義便不大。然朱子仍誤以為自己已掌握道體，對如何成就聖賢已瞭如指掌。於是朱子接著對心、性、情等關係提出說明，同時論述心與性理

---

42 宋・黎靖德編，王星賢點校，《朱子語類》，收入《漢籍全文資料庫》（臺北：中央研究院・歷史語言研究所，1984 年）／子部／儒家，卷 4，頁 61。（本書《朱子語類》皆據《漢籍全文資料庫》版本，下同，不另注。）

關係，以及我心是否本具道體等問題。

## （四）對心性理解不諦

　　前已言朱子方向不對、對道體無所體會、對道體認識不清，接著便要說明對心、性、情之安排，因朱子對道體無所體會，故其所瞭解之心、性、情，頂多是凡人狀態，亦即最多只是半壁江山而非全貌，故在詮釋聖學上便會左支右絀。由此可知朱子對心性之詮釋說明，其不完足與不究竟亦必然之事。牟宗三先生曰：

> 其所理會之性體道體不是即存有即活動者，乃是只存有而不活動者，落於心性上言之，不是本心即性、本心即理者，乃是心性情三分、理氣二分者。[43]

> 心之具眾理並不是必然地內含與內具，……「心是知覺」，「心是氣之靈處」，其具德或具理是如理或合理之意。理（性）先是超越而外在於心，但通過一種功夫，它可以內在於心，此時即可以說心具。在此心具中，心與理（性）即關聯地貫通而為一。[44]

朱子依伊川「性即理」而非「心即理」，於是「性」只是理，「心」成為「知覺」之心，「情」是心之所發，造就心、性、情三分格局、心統性情等說，這如套在凡人身上，或勉強可理解。但若兼指聖人，則心如何統性情，心即是性、即是情、即是道、即是天地，如何能區別心、性、情，至少心、性、情之區別不能依此而說。但因朱子對道體無所體會，不知聖者心境為何，只能依常人心去理解，致所理解者完全走樣。對此牟宗三先生有深刻說明：

---

43　牟宗三，《心體與性體》（二），頁 308。
44　牟宗三，《從陸象山到劉蕺山》，頁 119。

又將喜怒哀樂之情上之未發已發，移向「天命流行之體」
上說，而對於此體又只體會成一個無盡藏、無間來之源，
則未曾發出來的是性，凡已發出來的是心乃至是情，把本
心之「發見」亦都一律看成是已發出來底。如是，則不但
本心與情無分別；即心、情與性亦無異質的分別；總之全
無形上形下之分，全無感性層與超越層之別，只成一個混
淪無間之流。如此言心性，真成骨肉皮毛一口吞，此真所
謂一團糟也。[45]

因對道體無所體會，不知有形上本體與形下現象區別，聖人是形
上世界之存在，是超越二元對立之心靈，沒有善惡、未發已發、
動靜等分別執著，形下世界所描述之詞語都用不上，屬不可說世
界。一落入形下世界乃可言善惡、未發已發、動靜等，才有朱子
所謂未發之性與已發之情的區別，對這兩界區隔，朱子完全沒意
識，因他不知有形上世界存在，而形上世界才是聖者世界，形下
世界只是凡人世界。他對此無所體會，於是僅依自己理解而定義
形上與形下，他的形上是所以然之理，形下是有形事物之然，用
此架構如何能理解傳統儒家之心性。

　　因區別不開這兩界，於是對心性說明，就成「混淪無間之流，
如此言心性，真成骨肉皮毛一口吞，此真所謂一團糟也」。因對心
與理之認識不清，於是對心是如何之具理，便不能清晰認識，所
具之理是整全之理，或是心包眾理，亦是講不清楚；簡言之，對
心之歸類、內涵、特質等都無法精準說明。

---

45　牟宗三，《心體與性體》（三），頁 89。

## （五）格物功夫不相應

若方向途徑不正確、對道體無所體會、對本體內涵認識不清、及對心性的分類、內涵、質性等掌握不住；此時若能提出相應之成聖功夫，那朱子義理仍可旋轉乾坤而尚有可為；因功夫正確便能帶動生命往上提升，最終將能契悟道體，而使原來有問題之架構內容，重新翻轉而導歸成聖之坦途。

朱子提出之功夫，最主要為「格物窮理」，牟先生謂朱子「全部事業、勁力全在格物窮理處展開」[46]。而對此功夫，最早提出批評者為王陽明，其言曰：

> 是年為宋儒格物之學，先生始侍龍山公於京師，遍求考亭遺書讀之。一日思先儒謂「眾物必有表裡精粗，一草一木，皆涵至理」，官署中多竹，即取竹格之；沉思其理不得，遂遇疾。先生自委聖賢有分，乃隨世就辭章之學。[47]

> 一日讀晦翁上宋光宗疏，有曰：「居敬持志，為讀書之本，循序致精，為讀書之法。」乃悔前日探討雖博，而未嘗循序以致精，宜無所得；又循其序，思得漸漬洽浹，然物理吾心終若判而為二也。沉鬱既久，舊疾復作，益委聖賢有分。[48]

> 先生曰：「眾人只說『格物』要依晦翁，何曾把他的說去用！我著實曾用來。初年與錢友同論做聖賢要格天下之物，如今安得這等大的力量。因指亭前竹子令去格看。錢子早夜

---

46 牟宗三，《從陸象山到劉蕺山》，頁 129。
47 明・王守仁，《年譜・21 歲》，《王文成全書》，卷 32。
48 明・王守仁，《年譜・27 歲》，《王文成全書》，卷 32。

去窮格竹子的道理，竭其心思，至於三日，便致勞神成疾。當初說他這是精力不足，某因自去窮格，早夜不得其理，到七日，亦以勞思致疾。遂相與嘆聖賢是做不得的，無他大力量去格物了。[49]

先生曰：「先儒解『格物』為『格天下之物』，天下之物如何格得？且謂一草一木亦皆有理，今如何去格？縱格得草木來，如何反來誠得自家意？」[50]

上引第一則說明陽明 21 歲時，便開始用朱子格物窮理功夫，格官署中竹子，後因沉思其理不得，遂遇疾；到 27 歲仍不死心，然「物理吾心終若判而為二也。沉鬱既久，舊疾復作」；第三則說明，其實依格物窮理功夫實地操作者，除自己外，尚有錢君；自己七天遇疾，錢君只維持三天；最後一則說明龍場悟道後，回來再看朱子格物窮理功夫，發現此種功夫大有問題：一、如果格物是格天下物，那天下物如此多，如何格得完。二、一草一木都有專門深入的學問，到底要如何去格，乃能格得其中道理。三、最嚴重者為，即使草木之理都懂得，那與成聖有何關係？所以，陽明判定此種格物窮理功夫很有問題，它並不相應於成聖之功夫，透過此等功夫，並不能達到真正聖之境地。

　　朱子功夫論最完整說明當為《大學章句》之〈格物補傳〉，〈補傳〉中周密說明格物窮理之方法，及如何透過格事物之理，以悟成聖之道，關此馮友蘭先生（芝生，1895-1990）曾對朱子「格物窮理」提出如下疑點：

49 明・王守仁，《語錄三》，《王文成全書》，卷 3。
50 明・王守仁，《語錄三》，《王文成全書》，卷 3。

> 朱熹的這篇〈補傳〉實際上分為兩段：在「豁然貫通焉」
> 以前為前段，以後為後段。前段的要點是「即物而窮理」，
> 說的是增進知識；後段的要點是「吾心之全體大用無不
> 明」，說的是提高精神境界。這本來是兩回事，分開來說本
> 來是可以的。朱熹全篇文章是把「即物而窮理」作為「吾
> 心知全體大用無不明」的方法，這就成為問題了。這就把
> 兩回事混為一回事，把「為學」和「為道」混為一談，這
> 就講不通了。……若說：「以求至乎其極」，這就難了。植
> 物之理是無窮無盡的，對於具體事物的知識也是無窮無盡
> 的，怎麼可以「至乎其極」呢？知識是沒有「極」的，即
> 使「至乎其極」，又怎麼會「豁然貫通」呢？一個植物學家
> 可能對於植物之理「豁然貫通」，但這裡所說的「豁然貫通」
> 是指「吾心全體大用無不明矣」，這是不能用增進知識的方
> 法去達到的。……這就使他的方法成為「兩橛」。[51]

馮友蘭提出疑點為：一、朱子將「為學」與「為道」混雜為一，
格物窮理是為學功夫，它只能增進世俗知識；「吾心之全體大用無
不明」，則是為道功夫，它能提升精神境界；朱子想用為學方法來
達到為道目的，這有它的困難性。二、格物窮理要達到「至乎其
極」似乎不可能，每一學科都是無窮無盡的，不可能有達到頂點
終點之時。三、「豁然貫通」只限於同質間才有可能，在某一範疇
內，因嫻熟到極點，對此範疇內事物原理可能豁然貫通；但不同
領域間，便很難豁然貫通；至於異質的兩界那就更加不可能了。
因對人間事物的某一領域理解其中道理，而要貫通到成聖之領域，

---

51 馮友蘭，《中國哲學史新編》（五）（臺北：藍燈文化事業公司，1991），頁
192-193。

事實上是無此可能的。所以，馮友蘭最後結論說明，朱子格物窮理功夫，最大問題是打成「兩橛」；為學為道無法真正繫連上。徐復觀先生也看出同樣問題，他說：

> 朱元晦讀書窮理的功夫，如上所述，主要是知性追求知識的活動；用在實然的物理世界，可以成就科學；用在倫理的世界，可以成就關於倫理的一種知識。此種知識可能引發一個人的道德，但它並不是道德主體之本身，所以並不能因此而保證一個人的道德。……他一生的學問是「窮理以致其知，反躬以踐其實」，前者是知識，後者是道德，兩者都能融在一起，這是他的偉大處。但我們應特為留意的是：「窮理以致其知」的向外活動，並不一定可作為「反躬以踐其實」的途轍或手段；更不能以此作為「反躬以踐其實」的保證。[52]

徐復觀先生認為格物窮理只是知性活動，他可以依此而去探究科學與倫理學知識，最後成為科學家與倫理學家；但倫理學家要成為聖賢仍無必然性，若無很強的道德意識，便不會去下實踐功夫，便不會成為聖賢；若以「窮理以致其知，反躬以踐其實」言，前者是知性活動，後者是道德活動，前者無法保證後者之實現；故徐復觀對朱子格物窮理功夫仍是持保留態度。

　　牟宗三先生對朱子功夫論，有更多批評，他首先認為朱子格物窮理是「泛認知主義」：

> 蓋朱子所謂「物」本極廣泛，一切事事物物皆包在內。不徒外物是物，即吾人身心上所發之事亦是物。惻隱、羞惡、

---

52 徐復觀，《中國思想史論集》，頁37。

> 辭讓、是非等，即是心上所發之事，故亦是物。「窮，是窮
> 在物之理」，就身上所發之事以窮其理，亦是「窮在物之
> 理」；此是泛認知主義，把一切平置而為認知之所對。[53]

牟先生認為朱子「格物窮理」之「物」是泛指一切存在物，包括
道德的與非道德的，此等「物理」沒有區隔開，便難於精準討論
格物窮理之功夫，因窮外物之理與窮道德本心之理當屬兩回事，
朱子一視同仁而同樣對待，於是造成他的格物窮理說混雜不通。
其次，牟先生認為朱子之窮理為「平置而為認知之所對」的「窮」，
此種窮法頂多能成就他律之道德知識，而無法成就聖賢的德性之
知。

　　再者，牟先生認為朱子所窮得的是「存在之理」，此種理是空
無內容的，它並不能發為具體行為，故此種功夫不要說是成聖，
即使用在一般日常生活中都會是問題，他說：

> 吾人如何能只依這空洞的存在之理去發這特殊的行為？特
> 殊的行為有記號，有徵象，但其存在之理並無記號，亦無
> 徵象；吾人如何能泛應曲當，單依存在之理去發這些同是
> 惻隱或同是愛的特殊行為？此卻是一個難題。……對子女
> 是慈愛，對旁人也是慈愛，乃至有各種情境下的慈愛；難
> 道說只依一存在之理即可發出這些同是慈愛的特殊行為，
> 而皆能泛應曲當而如理乎？[54]

朱子「窮理」所窮者若只是「存在之理」──那是所有存在物共
通之質性，因是所有存在物共通之特質，故其交集必是非常之少，

---

53 牟宗三，《心體與性體》（三），頁 358-359。
54 牟宗三，《心體與性體》（一），頁 109。

甚至是空無內容，若要依此「存在之理」而發為道德事為，將是根本不可能，故牟宗三先生提出經由格物窮理所得之「存在之理」，將無法運用於個別存在之事物中，用以說明朱子「格物窮理」之路不可通。

基於以上討論可知，朱子功夫論有「兩橛」問題，知識與道德之鴻溝難於誇越，若用知識探討道德，頂多只是獲得倫理知識，未必會產生道德意識以實踐此等知識；再說，即使能實踐此等倫理知識，也只會是他律的道德，根本無法成就真正的聖賢。最後，即使經由格物窮理能獲得「存在之理」，它如何運用落實於個別事物中，亦是問題。故朱子功夫論可謂困難重重，頗值懷疑。

## （六）思想架構多紊亂

前面幾點說明朱子之價值方向、境界體悟、本體掌握、心性理解、功夫方法等，都存在著某些難於克服之困難，以下再說明其思想表達與理論架構，此為純中性之問題，無涉義理內容。

通常一流傳道者，他能將其思想義理，透過精準的概念、前後一致的論述、簡明條理的表達，以讓聽者迅速精準的理解其所要傳達之意旨；而不是模稜兩可的概念、前後不同甚至矛盾的論述、說不清楚講不明白的觀點，讓聽者茫茫然，不知所言何物，所主張為何？以下便以此論點，檢查朱子論述系統。徐復觀先生曰：

> 朱子言論，以讀書問題為中心，有顯係自相矛盾而無以自解者，則係難於否認的事實。故朱陸異同問題，實即朱子治學上所包含的矛盾問題。若謂此種矛盾為晚年與中年的矛盾，則朱之攻陸不應至晚年而更甚。因此，從時間的先

後，恐怕不能解決朱子自身所包含的矛盾問題。[55]

此徐復觀先生說明朱子義理本身有其衝突矛盾性，且此種矛盾不是前後期之思想轉變所使然，乃是內在生命根深蒂固之理不清，徐先生認為朱陸之矛盾衝突，其實就是朱子本身義理之矛盾衝突，因自己理不清、徘徊在兩系統間、不知真正孔孟義理內涵，於是常出現左右搖擺與捉摸不定之說。同是一個「理」，它指存在物之理，或心性道德之理，或理氣論之理；連自己都說不清楚，甚至自己根本沒有此種區別意識，那如何不會一團糟，當然會造成義理間衝突矛盾百出。牟宗三先生謂：

> 吾為此困惑甚久，累年而不能決。《朱子文集》、《語類》，卷帙浩繁，隨便徵引一段，順此說下去是如此；但又引一段，似又不然。如是出入游蕩，其實義究何在也？若非明澈其義理型態與義理背景，則其表面相似之詞語蓋盡可以左右講也。衝突矛盾，觸目皆是。幾不可辨矣！[56]

此謂朱子文字表達之不確定性，有時如此說，有時又如彼說，雖兩說相矛盾衝突，但又都能在朱子著作中找到支持材料；這便是朱子思想不夠精密，而此不精密實本於朱子對道體無所體會，蓋既非自己所親見，只有仰賴別人說法；而道之為物又多無法言說，所謂如人飲水冷暖自知，於是只能依自己猜測想像，故常有左右猶豫之論，模稜不精準之說，讓聽者讀者捉摸不定。因此，牟先生認為，必須對朱子整全義理有清楚保握，乃能知道何者為其本意，何者只是順不同系統偶發之說詞；何者為必然架構，何者只

---

55 徐復觀，《中國思想史論集》，頁 31-32。
56 牟宗三，《心體與性體》（三），頁 65。

是不經意滑出。將此簡別開來，朱子系統乃能真正明晰起來，牟
先生舉如下例子：

> 問題不在其靜攝系統本身有何難瞭解，而在其基本觀念處
> 常與縱貫系統相出入、相滑轉，彷彿相類似，而人不易察
> 之爾。[57]

> 朱子學中常有此等妙語，皆易起混擾而令人困惑。若順此妙
> 語說下去，而不知其義理之背景，則很可以說成孟子學，說
> 成象山、陽明學，然而朱子實非孟子學，亦實非象山、陽明
> 學，是以看此等妙語不可不審慎也。大抵朱子有其自己著力
> 自得之間架，其他妙語都是浮光獵影得來，常只是粘附著做
> 點綴而已。[58]

此說明朱子立論，表面上在縱貫與橫攝間漂浮不定，在自己與孟
子象山間徘徊遊走，但這只是文字假象。此乃因他讀過縱貫系之
儒家經典，也聽聞象山之說統，甚至亦濡染禪宗之妙悟；因此，
對縱貫系統當屬耳熟能詳，於是經常不自覺地用其語言說統，但
骨子中則不是那一套，即使偶有縱貫系之妙語，但不能馬上信以
為真，因那只是「浮光獵影得來，常只是粘附著做點綴而已」。牟
先生再舉「格物窮理」，以說明朱子對其中義理之脈絡曲折，並不
能有相應掌握：

> 在格物方式下，人可拖帶出一些博學多聞的經驗性知識，此
> 則于道德實踐有補充助緣的作用；但此非伊川朱子的主要目

---

57 牟宗三，《心體與性體》（三），頁64。
58 牟宗三，《心體與性體》（三），頁190。

的，但亦未能十分簡別得開，常混在一起說。[59]

是以格物窮理亦有兩面用：用于存在之理，則成德性之知，博文下學在此無積極意義；用于形構之理，則成經驗知識，博文下學在此又積極意義，伊川朱子言格物窮理未作此分別，常混在一起說。然其目標固在窮存在之理，而不在窮形構之理，關於形構之理之知識是在窮存在之理之過程中不自覺的帶出的。[60]

牟先生謂：透過窮理所窮者為科學知識、經驗知識，如此窮理只能成就科學家；至於聖人所要窮的則是心性知識、本心道體之理。一為橫向之主客系統，一為縱向之生命超越；一是廣度的增多，一是高度的提升；前者所窮之理牟先生稱為「形構之理」，後者所窮之理牟先生稱為「存在之理」；朱子對此兩種「理」簡別不出，故常在此兩種理中滑轉，有時在說「形構之理」，有時則在說「存在之理」，有時二理糾纏不清，因朱子沒意識到此二理之差異，故對二理之分際沒謹守住，常會不自覺地岔出。

　　再看勞思光先生（勞榮瑋，1927-2012）之說，勞先生主要針對「太極」之意涵與定位，提出他的疑義，到底太極是含眾理於其中，或純粹至善之理；亦即它的理是多或一；勞先生認為朱子徘徊於兩說間而猶豫不定，並認為此兩說間有其矛盾性，朱子並未意識到，也未做處理，故造成理論紊亂，其言曰：

「太極」既含「二氣五行之理」於其中，又是動靜陰陽之理「悉具於其中」，則「太極」是萬理之「總和」，與「善

---

59　牟宗三，《心體與性體》（一），頁 50。
60　牟宗三，《心體與性體》（一），頁 106。

之理念」不同矣。朱氏依「總和」義說「太極」是「總天地萬物之理」；但又認為「太極」亦潛存於萬有之中。此點頗為費解，朱氏亦未嘗提出確定論證或解說；但確持此觀點。……在另一層面說，除「殊別義之理」外，「共同義之理」亦為萬物所「具」或「有」。而此「共同義之理」又即是萬物之「殊別義之理」之總和。由此再推言之，即持每一物中均含有一切「形式」或「理」。此將引致一極大之理論困局，然朱氏似未察覺，亦從未作澄清。大抵朱氏本人對「太極」之應取「總攝」或「總和」意義，本無明確瞭解，故其說遂有紛亂難通之意味耳。[61]

會造成如此問題，根本原因乃在朱子對「太極」是什麼？根本沒體會、沒有經驗、沒有完全認識。既沒經驗，便只能經由想像猜測，想出來的東西往往不能完全合於事實，且不同時候想出來的又都不一樣；有時沒記得原先是怎麼說，後來根據弟子論難，不得不另做別解，於是同一個太極，便充滿著不同理解意涵，甚至彼此衝突矛盾。勞思光先生又舉一例，以說明朱子系統是想出來的義理：

> 依此，生物之「種」最初由於「化生」或「氣化而生」；有「種」後即是「形生」。但云先有「人」，「後方生許多萬物」，……此說是對當前世界之陳述，則應作為對經驗世界之知識看；若如此看，則顯然不合經驗知識之規則，且與經驗知識相違。總之，此類說法，嚴格言之，皆不合「知識」之條件，只能算作一種「推測」而已。然在朱氏宇宙

---

61 勞思光，《新編中國哲學史》（三上）（臺北：三民書局，1997），頁 278-279。

　　論中則充滿此種「推測」。[62]

　　朱子之「理氣論」是在解釋宇宙如何創生，到底「理」先或「氣」先？到底人是怎麼出現的？萬物如何產生？宇宙會不會毀滅？宇宙毀滅後，會不會再造？如何再造？此等問題朱子都有答案，現在要問：此等答案是經自己心性修養達於極點，透過直觀真實看到宇宙初創之過程，或是自己想當然爾；亦即一種是實際體證者，一種是用心識想出來的？

　　勞先生謂朱子之宇宙論，其實是「推測」而知者，且很多都是違背科學與常識，朱子之宇宙論充滿著此種猜測性格，但他並沒謂這純係個人推測之說，於是我們也會合理懷疑他的哲學系統，也可能如宇宙論一般都是想出來的。若是孔孟等正統儒者則不然，必是自己體驗而得者，此種義理必是百世以俟聖人而不惑，東西南北海有聖人出焉，此心同也，此理同也。絕不會如朱子之宇宙論系統，是經由臆測想像而得者；若哲學系統很多是推測而得者，當然會造成義理系統的紊亂性。

# 四、小　結

　　朱子思想在歷史上曾經盛極一時，元、明、清三代在學術上幾乎完全定尊於朱子，故得到在位者與大部分學者之高度肯定。然歷史上另有少部分學者提出疑難，尤其近世更有不少學者在對朱子學作深入探討後，發現朱子學確實存在著諸多義理困難。

　　本章主要便是依據近世學者對朱子學之批判，將之作條列說明，此等學者包括：牟宗三、馮友蘭、徐復觀、勞思光等，至於

---

62　勞思光，《新編中國哲學史》（三上），頁 283-284。

他們所批判之內容則可歸納為：價值方向、境界體悟、本體掌握、心性理解、功夫方法、及思想架構等面向。

　　經由本章討論，可知朱子價值方向與傳統儒家並未完全吻合，他所追求之聖，並非傳統儒家所要達致之聖。其次，象山和朱子有直接接觸，他判定朱子「學不見道」，近儒經由探究朱子龐大著作，亦發現朱子或未有成聖之境界體會。接著，近儒亦發現朱子對聖之內涵的「理」無所體會，且認識不清，於是對「理」說不清楚講不明白。因對聖之內涵理解不透，對聖人境界無所體會，於是對心性瞭解便會有限，所提出之功夫將會不相應，甚至所言之內容便紊亂而矛盾百出。

　　以上便是歷來學者對朱子哲學之批判，而到底此等困難是否真為朱子之問題，實有再深入討論之必要，此惟俟之後章的辨析。

本章發表資訊：許宗興、李光泰，〈朱子哲學的定位〉，《華梵人文學報》，期 16（2011 年 7 月），頁 1-30。

# 第二章　朱子哲學之方法論芻議
## ——以「晚年宗說」爲探討主軸

## 一、前　言

　　本章性質屬探討朱子學之方法論，蓋朱子年歲甚長，一生絕大部分時間都在從事學術活動，故有關義理之著作甚豐富雜多；此等豐富雜多之資料便易形成朱子義理之多樣性，跟著會造成各詮釋家不同之詮釋樣貌，順此便衍生朱子歷史定位之難確定。

　　為解決朱子歷史定位問題，首先需讓各詮釋家對朱子義理有一致看法；為讓各詮釋家對朱子義理看法一致，便需先確定朱子義理有一致性；但朱子年壽既長，要朱子義理全無更迭，似為不可能；思想家隨年歲增長，義理便會隨之不斷融會提煉超越與改變；晚期義理通常會超越統攝前期思想，最終則臻於圓熟階段。因此，論定一家一人思想，常不能據早期生澀不精密資料，而當依一生實踐思索所達致之最後圓熟期思想。因此，若能確立朱子晚年思想內涵，便可據以論定朱子此生義理之高度。

　　若朱子此生義理高度確立，則其義理之得失利弊便較易論定；各家之詮釋發揮空間也會相對減少，朱子歷史定位便好確立。故作者以為「朱子晚年宗說」有其研究價值，它或可解決長期來

有關朱子義理之紛爭，或可確立朱子義理之歷史定位。

　　至於用來探究「朱子晚年宗說」之恰當資料，本章以為需合乎如下條件：（一）資料需標明記載年代；（二）資料年代需在朱子六十歲至辭世間；（三）為避免義理簡擇之繁雜性，以直接論述朱子本身義理者為佳；（四）最好為對答語且以日常語彙表出者；（五）對答對象又以朱子親炙弟子為佳。故本章以為要研究朱子「晚年宗說」，當檢索朱子一生著作中合乎上列條件者，乃為恰當。

## 二、「晚年宗說」探索之必要性

### （一）古今學者並有主「晚年宗說」之論

　　朱子年壽較高，且從小又穎悟過人，4 歲問父「天之上何物」，8 歲題《孝經》：「不若是，非人也」；兒時群戲能自畫八卦於沙上；14 歲從父遺命，受學胡憲（1086-1162）、劉勉之（1091-1149）、劉子翬（1101-1147）等理學家，開始探究性理之學；加以遇合問題致無意宦官，從 22 歲授同安縣主簿後，至 71 歲壽終，此「五十年間，歷事四朝，仕於外者僅九考，立於朝者四十日」[1]；於是生命中便有很多時日可用來從事學術撰述與授徒講學；朱子生徒「將近五百之數，實為漢代以來所未有」[2]；而其著述有 43 種之多，《文集》正集 100 卷，續集 10 卷，別集 11 卷；《語類》140 卷，如此龐大著述量史上殆難有能望其項背者。

　　朱子如此長時間投注學術活動，思想不可能一成不變，以《論》《孟》集注為例，朱子 34 歲編寫《論語要義》和《論語訓蒙口義》，

---

1　宋・黃幹，〈朱子行狀〉，《黃勉齋先生文集》，收入《漢籍電子文獻資料庫》，
　　卷之八，頁 29-2。
2　陳榮捷，《朱熹》（臺北：東大圖書公司，2003），頁 106。

43 歲編寫《語孟精義》，47 歲編寫《論語略解》，48 歲完成《論孟集注》與《論孟或問》，51 歲改寫《論孟精義》成《論孟要義》，61 歲於臨漳刊四子書，63 歲編成《孟子要略》。67 歲時說：「南康《語》《孟》，是後來所定本，然比讀之，尚有合改定處，未及下手。」[3]由此可知，朱子在不同期便有不同之《論》《孟》著作，有些固然是體例之變革，唯絕大部分皆是內容上之不斷更新；因朱子不同時期，思想便會不斷超越更迭；據此，則知要瞭解朱子思想，或須意識到其思想之年代問題，牟宗三先生曰：

> 人生三十七已進至中年，不可謂少；然在朱子，三十七前猶無「的實見處」；此非純因其魯鈍使然，乃亦因其合下大器晚成也。[4]

> 朱子于「中和新說」成立二、三年後，即進而撰「仁說」，直接批駁湖湘系學者之承胡五峰而言仁者，間接是批駁謝上蔡之以覺訓仁，再間接是不滿于程明道對於仁之理解。由此，遂展開與湖湘系學者關於仁之論辯。[5]

此說明朱子生命中義理思想確有幾個分期，至少分為 37 歲參中和問題以前階段、40 歲提出「中和新說」、43 歲提出「仁說」等階段，此為其較重要之思想轉捩點[6]，此後雖大綱已定，但觀點論述、

---

3　宋・朱熹，〈答孫敬甫〉，《朱子文集》，卷 63，頁 3156。
4　牟宗三，《心體與性體》（三），頁 42。
5　牟宗三，《心體與性體》（三），頁 229。
6　蔡仁厚：「朱子大器晚成，到四十歲纔有『的實見處』，四十歲以前的學思，都不是朱子學的本質。朱子學的認真建立，是從參究中和問題開始。」「朱子自四十歲成立中和新說，再經三數年之浸潤與議論，乃又展開關於『仁說』之論辯。這兩步論辯。乃是朱子思想奮鬥建立的過程。」見蔡仁厚，《宋明理學》（南宋篇）（臺北：臺灣學生書局，1993），頁 76、107。

輕重主從仍有轉變修正，如陳來先生（1952- ）所謂：

> 早年他從理本論出發，主張理氣無先後。理在氣先的思想，
> 由南康之後，經朱陳之辯到朱陸太極之辯，逐步形成。而
> 他的晚年宗說是邏輯在先。[7]

此為關於「理氣先後」問題，陳來以為朱子在 49 歲（1178）知南
康軍之前是一階段，知南康軍後，歷經 53 歲至 57 歲與陳亮
（1143-1107）論事功問題，及 59 歲與象山辯太極無極問題，此又
是一個階段；至晚年又另有新主張，謂「理先」只是邏輯上之先，
並非事實上之先後問題。除陳來先生外，歷來提出「晚年宗說」
者不乏其人。最早或為王陽明《朱子晚年定論》，其〈序〉曰：

> 取朱子之書而檢求之，然後知其晚歲固已大悟舊說之非，
> 痛悔極艾，至以為自誑誑人之罪，不可勝贖。[8]

當然陽明之推論是否恰當，此當另議，但陽明確信朱子晚年之說，
似有別於早中年者；黃宗羲亦於《宋元學案》中謂：「考亭之悟，
畢竟在晚年」[9]，此黃氏亦謂朱子晚年有悟，而不同於早中年之說。
王懋竑《朱子年譜》亦謂：「書在庚申正二月間，此真所謂晚年宗
說者。」[10]近世儒者如陳榮捷先生等亦多有「晚年宗說」之論，其
言曰：

---

7　陳來，《朱熹哲學研究》（上海：華東師範大學出版社，2000），頁 29。
8　明‧王守仁，〈朱子晚年定論〉，《王文成全書》，收入《文淵閣四庫全書電子
　　版》，卷 3。
9　明‧黃宗羲，〈晦翁學案〉，《宋元學案》（臺北：河洛圖書出版社，1975），卷
　　48，頁 63。
10　清‧王懋竑，〈朱子論學切要語〉，《朱子年譜》，收入《文淵閣四庫全書電子
　　版》／史部／傳記類／名人之屬，卷 2。

> 然眾口一詞，謂朱子卜居建陽以後（1191），尤其是竹林精
> 舍落成（1194）門人大增，且著名弟子皆是此時期之人，
> 而朱子思想，又是晚年宗說。[11]

> 〈玉山講義〉載《文集》卷七十四，諸本《朱子年譜》云：
> 「此乃先生晚年教人親切之訓，讀者其深味之。」此講乃
> 為其由衷之言，可謂之晚年宗說。[12]

上引前段陳氏以朱子 62 歲，尤其竹林精舍後之論為「晚年宗說」；
後段述及〈玉山講義〉，按該講義為朱子 65 歲離侍講職，途經江
西玉山縣，因學者成珙之問，所做之回答筆錄，以其直出胸臆，
親切自然，屬生命晚年所見，故稱「晚年宗說」。[13]
　　此外，唐君毅先生謂朱子言「人心道心」問題，前後有四說，
並謂：

> 「此心之靈：覺於理者，道心也；覺於欲者，人心也」，此
> 似為其最後之論；而其鄭重寫作之〈中庸序〉，亦緣此而作；
> 今觀《語類》七十八辨《尚書》中人心道心之義，即多本
> 于其最後之定論。[14]

唐先生雖未用「晚年宗說」，然謂朱子序《大學》《中庸》時，對
人心道心之別乃據「理」「欲」而分，此為朱子「最後之定論」，
今按《年譜》記朱子序《大學》《中庸》在淳熙 16 年己酉（1189），

---

11 陳榮捷，《朱子》，頁 106-107。
12 陳榮捷，《朱子》，頁 93。
13 陳榮捷，《朱子》，頁 10。
14 唐君毅，《中國哲學原論‧原性篇》，頁 420。

時朱子已 60 歲，[15]故唐先生所謂朱子「最後之定論」實為名副其實之「晚年宗說」。

再者，牟宗三先生於《心體與性體》（三）「分論朱子」部分—第九章，列有「朱子晚年所確定表示之論學之宗旨、境界、與夫方法學上之進路」[16]，如此立綱目分明認定朱子有晚年之「論學宗旨、境界與功夫」，而不同於前此階段。

據上所論，則古今學者似皆謂朱子有「晚年定論」之說，而不同於中早年主張；學者既有此看法，吾等便可進一步探討，此種「晚年宗說」之內涵為何，不同於中早年者何在，是根本義理之易轍，或只為生熟之別，或各有偏重；此便為本章寫作問題意識之一。

### （二）朱子義理矛盾性，或可透過「晚年宗說」解決

關於朱子學說內在之繁雜性，甚或矛盾性，歷來學者之見不少，以下略引數家為說，徐復觀先生：

> 朱子言論，以讀書問題為中心，有顯係自相矛盾而無以自解者，則係難於否認的事實。故朱陸異同問題，實即朱子治學上所包含的矛盾問題。[17]

徐復觀先生認為朱陸之爭論，其實問題在朱不在陸，而朱之問題乃其本身義理系統之矛盾問題，徐先生列舉知識與道德之矛盾為說：

---

15 清・王懋竑，《朱子年譜・考異》，收入《文淵閣四庫全書電子版》／史部／傳記類／名人之屬，卷 3。

16 牟宗三，《心體與性體》（三），頁 517-556。

17 徐復觀，《中國思想史論集》，頁 31。

> 朱陸環著書本子所作的爭論，骨子裏面是由知性活動的方
> 法，能否直接開闢出德性大本的問題的爭論。這一爭論，
> 實際也深滲入於朱子內心生活之中，這便形成他一生的矛
> 盾。[18]

徐先生此處謂朱子「窮理」，所窮者乃客觀知識；此種客觀知識，
即使屬道德學上知識，此是否真能成就儒家之德性，實大有問題；
此種知識與德性之矛盾衝突，乃真實充滿於朱子全部義理中。此
種矛盾性是否會因晚年義理之精純而化解，實為可探研者。牟宗
三先生亦有類似看法：

> 大學云：「知至而後意誠」，格物致知到知之「極盡」而「切
> 至」時，自然可以表示意誠。故曰：「知之者切，然後貫通
> 得誠意底意思」，這是以「知之真切」帶出「誠意」，誠意
> 既粘附於「知」而見，則誠意亦可說只是「知之誠」。「真
> 知」與「誠意」只成一事之二名，「意之誠」遂為知所限而
> 與知為同一。然而大學言「正心誠意」所表示的心、意，
> 乃是道德的心意，是道德行動之機能。[19]

牟先生此論與徐復觀先生之說有類似處，按朱子最重要功夫為「格
物窮理」與「致知」，透過此種知性活動之極盡，是否可轉為德性
之「意誠」「心正」與「身修」？若然，則「意誠」「心正」與「身
修」將只為知識系統之完成，而非德性修養之真實圓滿；此便為
朱子義理限制。此種困難是否至朱子晚年時有所轉化，似亦可深
究。此外，唐君毅先生另從人心道心，說明朱子義理限制：

---

18 徐復觀，《中國思想史論集》，頁33。
19 牟宗三，《心體與性體》（三），頁135。

此人聽命道心，化同於道心，須待何功夫？再者，一心既
可開為二者或三者，如何可說是一心？則此中有種種之問
題。須知即對此人心道心之界說，朱子前後之言，亦有不
一致者。[20]

唐先生舉「道心」、「人心」關係，言朱子之說究為如何？二者是
一、二或三，既是二或三，如何能使之為一，到底有何種有效功
夫而可使之為一。對人心道心之定義，朱子無法說清楚，甚至前
後不一；此便為朱子義理不嚴密處。此種立論之鬆散，是否會因
晚年實踐之醇化而獲得釐清改善，實亦可討論。勞思光先生對朱
子義理之衝突性，所論亦夥，其言曰：

中國傳統素不重解析思辨，故朱氏論此（理氣）分別，似
頗費力，其用語亦常欠嚴格，以致後人頗多誤解。[21]

朱氏依「總和」義說「太極」是「總天地萬物之理」，但又
認為「太極」亦潛存於萬有之中，此點頗為費解，朱氏亦
未嘗提出確定論證或解說。此將引至一極大之理論困局，
然朱氏似未察覺，亦從未做澄清。此「理」字若指共同之
理，則其「全」只在其自身中；落在具體之物上既必受限
制而「只有許多」，即不能稱之為「全」。於是，不能說「物
物各具一太極」。倘此「理」字指殊別之理，則所謂「全」，
只是此物之此理之「全」，根本亦非「太極」。更不能說「物
物各具一太極」。總之，朱氏此處立論，本身即大成問題。

---

20　唐君毅，《中國哲學原論・原性篇》，頁418。
21　勞思光，《新編中國哲學史》，頁275。

22

> 大抵朱子本人對「太極」之應取「總攝」或「總和」意義，
> 本無明確瞭解，故其說遂有紛亂難通之意味耳。[23]

> 由此處展開，則將見「理」與「事」二領域間另有不能通
> 貫處；此與「天道觀」之「徹上徹下」之要求不合，然與
> 「本性論」則反相契合。就朱氏之綜合系統看，在此重要
> 關鍵上，原應做一番嚴格思考，以處理此一問題，但朱氏
> 只匆匆說過，終無確定之安頓或解答。總之，究竟「氣可
> 以違理」抑或「氣不能違理」，乃朱氏學說中之兩難問題。
> 朱子自身並未解決。學者在此等處不可強為朱氏辯護也。[24]

上引四章勞先生謂朱子義理充滿矛盾衝突性，首段勞先生指出朱
子對「理」、「氣」如何分別；是否有理必有氣，有氣必有理，能
否有理而無氣；二者存在之先後問題等等，朱子並未清楚說明。
次章，勞先生謂「總天地萬物之理」之「太極」，與「物物一太極」
之「太極」，雖皆謂為「太極」，然就內涵言並不相值；亦即朱子
用「太極」概念，同時指涉兩種內涵，而此兩內涵實無法同時存
在於一物上，亦即此二概念具排斥關係；再說，「總天地萬物之理」
若是「全」，那「物物一太極之理」必是「別」，一是「全」，一是
「別」，如何謂此兩概念內涵完全相等？上引三章「總天地萬物之
理」之「太極」，到底「總」是何意涵，是「總和」或「總攝」。
若是前者便是所有萬理之總集合，則其數量必無限龐大；反之，

---

22 勞思光，《新編中國哲學史》，頁 278、288、289。
23 勞思光，《新編中國哲學史》，頁 279。
24 勞思光，《新編中國哲學史》，頁 286-287。

若屬後者便只有最高層次之某一觀念,則其內涵必是少之又少;此為完全不同之兩概念,不可將之混淆。那朱子「太極」概念到底指何者,朱子似依違兩說間,而未做明確定位。末章,勞先生論及「理」與「事」關係,到底「事」可否違「理」,「事」若不能違「理」,此雖合天道論系統,但卻無法安立功夫論;反之,「事」若能違「理」,則合功夫論系統,但又反於天道論。此二者宜如何綜合,乃能使二系統各得安立而不相齟齬,此問題朱子似未覺察,更未處理。朱子義理類此之混雜、鬆散、矛盾、不清等,是否會因晚年實踐之造詣而得釐清消除,亦可藉「晚年宗說」之探討而得其解。

上列勞先生關於「天道論」與「本性論」之矛盾性,唐君毅先生亦有類似說法,其言曰:

> 至於朱子如何言此心與理之關係,與心之存在地位,則朱子在宇宙論與一般功夫論中,其泛說此心在天地間之地位,及泛說功夫者,與其扣緊心性論以言心與功夫者;三方面之言,實未能全相一致,而有不同之論。[25]

按朱子談「宇宙論」或「理」時,乃涵罩萬有而說,講得頭頭是道;但在談論功夫時,又預設人有不美滿、事可以違理、人欲會與天理爭;此兩部分都各能言之成理,但二者如何統一於一學說中,使之不相矛盾衝突,便需做巧妙安排與嚴密構思;唯就朱子義理言,唐、勞二先生皆謂朱子尚未意識到此問題之存在,更未做恰當解決。

此外,朱子義理仍有諸多爭議處,包括朱子所追求之理想,

---

25 唐君毅,《中國哲學原論·原性篇》,頁636。

是否即正統儒家所要追求之目標；他對人人「生具」、「永具」、「皆具」、「圓具」生命本質之看法如何；他雖主張性善，人本具「性、理」，但其所謂「具」到底是何意涵之「具」？其所謂「理」到底是何意涵之「理」？「枯槁有理」之「理」是否仍為「性理」之「理」？朱子「格物窮理」所窮之「理」是客觀事物之「理」或「成聖之理」？朱子「格物窮理」功夫是否真能達致「聖賢」理想。朱子透過一生艱苦努力所達致之生命境界，是否即為孔孟等正統儒者之境界。凡此有關朱子哲學內涵問題，因朱子一生中留下之資料繁多，每一問題朱子在不同時期、不同地方、對不同人所說者，容或有不盡相同處。因此，正反兩面之立論，往往皆可在現存資料中找到佐證，於是便發生朱子學說之矛盾衝突問題。

　　解決以上諸問題，其中一個方法便是將朱子哲學分期。若分期仍無法解決－同時期思想仍充滿矛盾衝突，則此便為朱子自己生命之問題，亦即為朱子義理之真正問題。反之，若透過分期可見出各時期之不同見解主張，則朱子義理之矛盾性，只能說是朱子思想的不斷蛻變純化過程之必然現象，非但無關朱子生命問題，甚至反顯朱子生命之超越卓絕。

　　故將朱子哲學作分期研究有其必要性，尤其對朱子生命晚期作探討，將可找到朱子生命最圓熟期，他對如上紛雜問題之見解為何；我們沒理由據朱子早中年生澀期立論，以評斷朱子義理，亦不宜雜揉各時期學說以言其義理之矛盾衝突性；此為本章撰寫之問題意識之二。

### （三）朱子歷史之定位，亦可藉助「晚年宗說」釐清

　　朱子在中國哲學史之地位，至今仍無定論，到底是傳統儒者所謂理學集大成者，或如牟宗三先生所謂「別子為宗」，目前仍眾

說紛紜；而所以未有定論，主要在朱子義理內涵仍難確定？對朱子之價值論、心性論、本體論、功夫論、境界論、外王論等，學術界至今仍未有切確一致看法；若朱子義理內涵確定，則朱子義理地位便可因之而定。故透過「晚年宗說」探討，或可釐清朱子義理本來面目，瞭解朱子晚年圓熟期之義理主張；而朱子義理到底是正統或旁支之問題便可迎刃而解。

此外，透過「晚年宗說」探討，亦可瞭解朱子晚年志趣，包括何者為其晚年認為最重要、最有價值、且最值得傳遞給弟子後學者？他念茲在茲而苦口婆告誡訓勉弟子者為何？一位大思想家，經過一生七十餘年之艱苦努力，必有其精彩可觀處，其獨特風姿而足為後人楷式者為何？……以上等等問題皆可透過「晚年宗說」探究，而得其答案；此為本章撰寫之問題意識之三。

基於以上三大原因：一是古今學者皆謂朱子有「晚年宗說」，到底其內涵為何？實有必要一探究竟。二是朱子義理歷來爭論頗多頗大，此或源於朱子義理之豐富性——幾乎所有對朱子義理之不同認定，皆可在朱子原典中找到依據；而此等不同認定所依據之資料，或可透過年代排序，以見出不同時期呈顯之不同主張；若為如此，則朱子義理因不同時期造成之矛盾性，不僅不會減弱朱子學說價值，反可顯出朱子義理之不斷創新轉化與超越；則於歷來學者懷疑朱子義理之衝突矛盾性，便可迎刃解開。除非最後透過資料呈顯，發現即使同一時期，甚至最後時期主張，內部仍存在著衝突矛盾，則屆時將不得不承認朱子義理之不圓滿。三是當朱子義理真相大白後，尤其當確立朱子晚年義理綱維後，便可進一步論斷朱子在中國義理學上，究竟是正統或旁支，是同於孔、孟、《中庸》、《易傳》之正統儒家，或為岔出正統儒學而另闢新宗者，此為朱子「晚年宗說」研究法所可解答之問題。此外，尚可

立基純事實角度，以探究朱子晚年之風格特性，討論其最沾沾自喜者何在？最期許後生者為何？最值得吾等學習之典範為何？此亦朱子「晚年宗說」研究法，所可顯示之答案。

## 三、探索「晚年宗說」之方法論

　　將朱子生平作分期，事實上有其困難度。此蓋因朱子一生事蹟主要為宦遊、著述、講學；宦遊方面，從 22 歲授同安縣主簿始，至 67 歲落職罷祠止，外官與立朝，斷斷續續，時有時無；實無法透過宦遊以明顯分隔出生命之不同階段。著述方面，雖「三十歲至四十八歲，為著書活動期」[26]，但朱子一生著述與生命相終始，死前三天仍改《大學・誠意章》[27]，故仍難經著述而將朱子生命作分段。至於講學部分，從同安縣主簿時期（24 歲至 27 歲）開始[28]，歷經寒泉精舍（41 歲起）、武夷精舍（54 歲起），到竹林精舍（65 歲起），幾乎一生中皆有生徒相伴，雖重要門徒多為竹林精舍期，唯 65 歲在朱子生命中並無重大關鍵事件，且前此之弟子仍不乏傑出人才；故亦難據此作分段。若論義理之轉變，則較大者惟 37 歲至 40 歲由中和舊說轉為中和新說，此後之轉變便只為漸進而不明顯，雖最後主張可能大異前說，但實無明顯時間點而定謂在此年前後義理判若兩系，故朱子「晚年宗說」之「晚年」究指何年？實難從一生行事中明顯劃分出。

　　既然一生行事難找到明顯轉捩點，不得已只得依通俗說法，

---

26　陳榮捷，《朱熹》，頁 144。
27　清・王懋竑，《朱子年譜・考異》，卷 4。
28　宋・朱熹，〈祭許順之文〉，《朱子文集》，卷 87，頁 4303：「諸生相從游者多矣」，按朱子 22 歲授同安縣主簿，24 歲始至同安履任。

以十年為一單位[29]，並以花甲之年為生命老成圓熟期，而將朱子「晚年宗說」定位在 60 歲至 71 歲壽終前；近人鄧艾民先生便持此論。[30]

今若將朱子「晚年」定為 60 歲至死前，則用以探析朱子此期義理之重要資料約有三部分：一為朱子撰寫編輯之專書，依陳榮捷先生說，朱子「晚年」整理者有八種，《大學章句序》及《中庸章句序》（60 歲）；《中庸輯略》2 卷（60 歲）；《孟子要略》（63 歲）；《儀禮經傳通解》37 卷，續 29 卷（67 歲）；《周易參同契考異》1 卷（68 歲）；《韓文考異》10 卷（68 歲）；《書集傳》6 卷（69 歲）；《楚辭集註》8 卷（70 歲）[31]。二為雜存於《朱子文集》中之著作，如詩、書札、奏文等撰述，其中《正集》100 卷，《續集》10 卷，《別集》11 卷，數量相當龐大驚人，唯大部分著作難於釐清寫作年代。三為《朱子語類》，此乃門弟子 101 人所輯之師生問答錄，後經黎靖德[32]編輯，以類為序，由太極、天、地，至雜類、作文，共 140 卷。

按上列第一部份屬專著者，雖亦有義理之論，如《大學章句序》與《中庸章句序》等，唯據王懋竑說，此二書成書已久，此

---

29 如孔子自序自己生命成長階段，從「三十而立、四十而不惑、五十而知天命、六十而耳順、七十而從心所欲不踰矩。」見魏・何晏注，宋・邢昺疏，《論語註疏》，收入《漢籍電子文獻資料庫》／經／十三經／重刊宋本十三經注疏附校勘記，卷 2，頁 16-2。（本書所引《論語註疏》皆據《漢籍電子文獻資料庫》版本，下同，不另注。）

30 鄧艾民：「記錄朱熹六十歲以後的語錄多達六十四人，因而更詳盡地保存朱熹許多晚年宗說」。見宋・黎靖德編，王星賢點校，〈朱熹與朱子語類〉，《朱子語類》，頁 8。

31 陳榮捷，《朱熹》，頁 141-144。

32 宋・黎靖德，宋代永嘉縣人，生卒年不詳，於景定 4 年（1263）開始編輯，咸淳 6 年（1270）出版《朱子語類》140 卷。

時朱子僅為二書作序文[33]；至於《中庸輯略》則屬集解性質，非重在義理發揮[34]；而《孟子要略》今已佚[35]。其他著作便與義理較無關涉，故今無法取此以論朱子「晚年宗說」。

第二部分中有關義理論著雖不少，唯絕大部分皆未註明寫作年代，吾等很難將此等著作之年代完全釐析出來，然後據以論述朱子晚年義理。

以上兩部分資料既無法運用以論朱子「晚年宗說」，故惟恃諸《語類》，黎靖德所編《朱子語類》除記錄朱子問答之語外，各條殆皆標有記錄者與記錄年份。因此，就探討朱子「晚年宗說」言，此等資料較諸前兩類為方便。此外，依《語類》性質言，若要探討朱子義理，《語類》實較前兩部分資料恰當。請先看歷來對《語類》能否代表朱子思想之正反意見：

黃榦：「記錄之語，未必盡得其本旨。」[36]

李道傳：「不可以隨時應答之語，易平生著作之書。」[37]

李性傳：「伊川在，何必觀；伊川亡，則不可以不觀矣，蓋亦在乎學者審之而已。」[38]

李性傳：「愚謂語錄與四書異者，當以書為正，而論難往復書所未及者，當以語為助。而在成書之後者，當以語為

---

33　清・王懋竑，《朱子年譜・考異》，卷3。

34　陳榮捷，《朱熹》，頁142。

35　清・王懋竑，《朱子年譜・考異》，卷4：「《要略》又名《指要》，一名《要指》，蓋一書也；其書今不傳」。

36　宋・黃榦，〈書晦庵先生語錄〉，《黃勉齋先生文集》，卷之6，頁4-2。

37　宋・黎靖德編，王星賢點校，《朱子語類》，頁8。

38　宋・黎靖德編，王星賢點校，《朱子語類》，頁9。

是。」<sup>39</sup>

李光地：「語類一篇，係門弟子記錄，中間不無訛誤冗複，雜而未理。」<sup>40</sup>

王懋竑：「語類中楊方、包揚兩錄，昔人已言其多可疑，而其他錄訛誤亦多。」<sup>41</sup>

李穆堂：「善學朱子者，毋惑於門人訛誤之詞，而細觀其晚年所著述，庶不為世俗爛時文破講章所愚也。」<sup>42</sup>

朱止泉：「語類一書，晚年精要語甚多，五十以前，門人未盛，錄者僅三四家。」特別是語錄中有些晚年的思想，糾正他早期著作中某些意見，更可看出語錄的價值。<sup>43</sup>

上舉諸家持反對看「語錄」之理由，類謂「語錄」是門弟子所記，未必盡得師旨；「語錄」屬即席應答語，其說法未必經朱子仔細思索考慮過；「語錄」繁瑣冗雜，缺乏條理性；甚至某些特定人所錄者，或參雜主觀意見；「語錄」文字屬時文，不夠優美典雅。此為持反對看「語錄」立場之普遍意見。另有持肯定「語錄」者謂：朱子在時，固不需透過「語錄」；朱子已逝，則「語錄」是瞭解朱子義理之一助；「語錄」中頗多精要語；「語錄」甚多「晚年宗說」。

　　以上為歷來學者對《文集》與《語類》二者輕重之正反意見，大抵二說皆能言之成理，故勞思光先生謂：「論其學說之主旨，則

---

39　宋・黎靖德編，王星賢點校，《朱子語類》，頁10。
40　宋・黎靖德編，王星賢點校，《朱子語類》，頁9。
41　宋・黎靖德編，王星賢點校，《朱子語類》，頁9。
42　宋・黎靖德編，王星賢點校，《朱子語類》，頁9。
43　宋・黎靖德編，王星賢點校，《朱子語類》，頁10。

大抵半在《語錄》中，半在《文集》中。」[44]此當為公允之論。

　　唯討論《文集》或《語類》何者重要，尚需視所研究主題而定；因此就《語類》言，雖從某些角度言或為不足，但若從另一角度看，則反為其長。今本章論題為「朱子晚年宗說」，旨在探究朱子「晚年」、「義理」之「真相」，因此文字是否俚俗或優美並非所重；立論是否經由縝密加工思索而得者亦非所求；至於記錄缺乏條理性，更可看出其真實性；若謂某些記錄者有偏見，則吾等可透過篩選，將之擯除在外；因此，就「朱子晚年宗說」論題言，傳統認為《語類》之限制未必是限制，《文集》之優勢亦未必是優勢。

　　《語類》中登載著記錄者及登錄時間，加上傳統學者認為《語類》為瞭解朱子思想之一助、其中多「精要語」及「晚年宗說」；又傳統認為《語類》之不足處，就研究「朱子晚年宗說」言並無影響。作者以為除以上諸理由外，尚有如下原因，而謂《語類》實研究朱子「晚年宗說」之恰當資料：

　　首就「語錄」之文體性質言，「語錄」乃平常師生問答之真實紀錄，用語本為生活化口語，故無生澀艱深難解字詞；且其表達方式唯求具體明白，但恐聞者不夠瞭解，故絕不會為求文字優美，而犧牲「直接明暢」之表達方式[45]，故知此種「語錄體」實對瞭解朱子義理更有助益。

　　次就「語錄」之對答性質言，雖有未問而答者、亦有但問而無答者，唯絕大部分皆有問有答。義理上之疑難透過問答便易聚焦，可使語意清晰精準明確；且若問者有不明白處仍可繼續反覆

---

44　勞思光，《新編中國哲學史》（三上），頁270。
45　賀瑞麟：「其言義理工夫，尤為透切明暢，意味無窮」。見宋・黎靖德編，王星賢點校，《朱子語類》，〈重刻朱子語類序〉，頁1-2。

追問，直至完全無疑義為止；於師生對答之際又每有復述對方意旨處，此時對方仍可糾正己方理解上之錯誤；此等訊息交流皆直來直往而無所隱晦，此種「對答」形式頗有助於讓義理真相大白；因此，「語錄」會讓雙方所要表達之意涵不致模糊，讓雙方思想較為精準的呈現，此種對答形式於探討朱子義理實大有裨益。

再者，就「語錄」之對象言，對談對象乃朱子最親近信任之生徒，因是對己親信弟子之訓勉，故必將自己實踐之真實內容與心得，平實無華並毫無隱諱地完全呈露；絕不致為虛假理由而說些冠冕堂皇之語，更不會說些連己皆不瞭解或不以為然之語，或作有所保留的論述。因此，透過「語錄」更可瞭解朱子義理真相，與德性實踐之真實面目。

基於以上諸理由，本章以為若要探究「朱子晚年宗說」或當以《語類》為優先，乃更能精準恰當地探究出朱子晚年義理真相。唯《朱子語類》共 140 卷，記錄者共 97 人，其中 16 人未記年期；記錄年期者中有 7 人記錄兩個年期，有 1 人記錄三個年期；故紀錄年期者增為 90 人次。[46]若扣除歷來學者有疑義之包揚、楊方二人所錄[47]之 4 人次，則仍有 86 人次，若晚年以 60 歲至 71 歲為依據，則合乎此記載年份者尚有 66 人次[48]，此等資料量約佔總《語

---

46 以上乃據今本卷首「朱子語類姓氏」所統計者，見《朱子語類》，卷首〈姓氏〉，頁 13-20。此與陳榮捷先生之說稍有出入，見陳榮捷，《朱熹》，頁 107。

47 二人姓氏下王懋竑注曰：「間有可疑」、「間有疑誤」。見《朱子語類》，卷首〈姓氏〉，頁 13-20。

48 按今本《朱子語類》，卷首〈姓氏〉中，對此 90 人次有記載年期者之登錄用語主要有四類：「以前所聞」、「所聞」、「以後所聞」、「其他」。此四類中，「其他」類如：同某某錄、同某某、同舍共錄、共舍所聞、五夫所聞，此等當可歸於「所聞」類。因此最後得出三類，一是所記年代之前的所聞；一是所記年代之後（含當年）的所聞，一是僅為所記年代當年的所聞。今要探討朱子晚年義理，必須是朱子 60 歲當年及以後之資料；因此，若所記年代下標為「以前所聞」者，便不能取資以論證朱子晚年義理。

類》之七成四，若就卷數言約有 103 卷；此等資料無疑仍是龐大無比，若要讓資料更精準恰當，似仍可再簡擇聚焦。

按今本《朱子語類》乃黎靖德綜合李道傳[49]《池州刊朱子語錄》、李性傳（1174 年－1255 年）《饒州刊朱子語續錄》、蔡抗（1193年－1259 年）《饒州刊朱子語後錄》等「三錄」，及黃士毅[50]《眉州刊朱子語類》、王佖[51]《徽州刊朱子語續類》等「二類」，將此「三錄二類」內容，遺者收之，誤者正之，考其同異，削其複而成者。而黎靖德《朱子語類》之分類本據黃士毅《眉州刊朱子語類》而來，黃士毅於〈朱子語類後序〉自序其分類次第為：

> 既以類分，遂可繕寫，而略為義例，以為後先之次第。故以太極天地為始，乃及於人物性命之原，與夫古學之定序。次之以羣經，所以明此理者也。次之以孔孟周程朱子，所以傳此理者也。乃繼之以斥異端，異端所以蔽此理，而斥之者，任道統之責也。然後自我朝及歷代君臣、法度、人物、議論，亦略具焉。此即理之行於天地設位之後，而著於治亂興衰者也。凡不可以類分者，則雜次之，而以作文終焉。[52]

此為黃士毅敘述類次原理，至於具體細目則為：理氣、鬼神、性理、學、大學、論語、孟子、中庸、易、書、詩、孝經、春秋、禮、樂、孔孟周程朱子、呂伯恭、陳葉、陸氏、老莊、釋氏、本朝、歷代、戰國漢唐諸子、雜類、作文等 26 類。

黃士毅所列 26 類中，除前四類（理氣、鬼神、性理、學）外，

---

49 李道傳字貫之，南宋隆州井研（今屬四川）人，生卒年不詳；慶元二年（1196），舉進士；嘉定二年（1209），召為太學博士。
50 黃士毅，南宋姑蘇人，字子洪，生卒年不詳。
51 王佖，宋朝人，字威伸，生卒年不詳。
52 宋・黎靖德編，王星賢點校，《朱子語類》，卷首〈後序〉，頁 6-7。

絕大部分皆在論述歷史上哲人與其論著，若要透過此種方式瞭解朱子義理，實有其不確定性。蓋朱子論述他人義理或其論著時，每易捨己從人，捐棄自己義理見解，而投合所解經論與其義理主張，此猶解經家所謂「疏不破注」，對本經加以曲意迴護。此等作為有些是自覺地，另有些則是不自覺地流露，有些是正確詮釋，有些則為錯誤理解，此等處皆須簡別開來，乃能知何者為該論著本然義理，何者為曲護經論說法，何者為正確理解，何者為錯誤詮釋。而要徹底釐清此等問題實有其困難性，而若未加簡別僅一味依此資料論列朱子義理則有其危險性，牟宗三先生曰：

> 此完全從孟子所言之「本心」說，順此發展下去，當該全是孟子學以及後來陸王之講法；然而朱子能如此乎？其順孟子辭語說，是如此；然而其心中所意謂者則又是另一套，非孟子本意也。表面全是孟子學，而骨子則是另一套。吾讀朱子語類此一卷，心中最為著急。此卷是最近於陸王者，所謂心學；然而終湊泊不上，看著上去了，然而又落下來了。最令人著急，又最令人搖蕩不定。若不知其底子，順其援引之辭語一直說下去，可以完全依孟子講成陸王之講法。然而再回頭仔細看看，照顧到別的，如「心具」義，心性情三分義，致知格物義，則又不能這樣一直說下去。[53]

按牟先生此處所舉者，乃指《語類》卷 14，「大學一」，「經上」中之語錄，朱子在詮釋《大學》「明明德」時，牟先生以為朱子全依孟子「本心」說而發揮，若持續依此系統闡明「明明德」，則成孟子與陸象山心學之說統；但若純依朱子本身義理架構而言，則並

---

[53] 牟宗三《心體與性體》（三），頁 382-383。

非如此理路。亦即朱子為順應所詮釋對象，有時便順著所詮釋經論走，而犧牲自己所認定之義理思想，甚至有時亦不自覺地認為對方思想即自己思想，而分辨不清楚其差異處。基於此等理由，故若據朱子對經典之詮釋，將之當為朱子本人思想去探究，實有其危險性。牟先生又曰：

> 「義理，人心之固有」，此亦是依附孟子而說，但朱子對于此義之理解卻需善會其意。其心中所理解者絕非孟子之本意也。其所意會之「固有」絕非孟子心即理、本心即性體系統中之「固有」。朱子對於「仁義內在」並不真能透徹。其所意會之「固有」仍是認知心的靜攝之關聯的固有，其意蓋謂人心之靈覺本有知是知非（義理）之明。此是由本有之認知之明靜攝義理而把義理帶進來而說「固有」，此是認知靜攝之關聯的固有，非孟子「本心即理」之實體性的自發自律之固有也。然朱子卻亦黏附孟子而如此說，此即其所以令人困惑而極難明其實義也。[54]

前段牟先生說明朱子順孟子本心義，而未照顧自己義理系統，完全捨己從人，故無法依朱子所詮釋內容以推知朱子本人之義理思想。本段則從反面說明，朱子對經典之理解詮釋，有時是站在自己的體會說，因此並不能完全確當地瞭解對方義理。以「固有」為例，朱子所理解之「固有」並非孟子之「固有」；孟子所談之「固有」便非朱子所談之「固有」，此時若依孟子原經典意含，以瞭解朱子義理，便會南轅北轍而完全不相干，此所以牟先生感嘆「令人困惑而極難明其實義」，故知絕不能依朱子對經典之詮釋內容，

---

54 牟宗三《心體與性體》（三），頁188。

取以為朱子義理思想，否則必會圓鑿方枘而齟齬不合。

　　故知朱子於論列哲人或其論著時，每易捨己從人，讓己原初想法走失消散，而只顯別人思想義理，甚或曲解別人想法以為自己想法；於此種情形中若要透過被曲解之義理以還原出朱子思想，實為複雜且礙事者；故本章不從此入手。

　　《朱子語類》中雖大部分在談他人他書，然尚有一類純粹在探討朱子本人者，此即《語類》中「孔、孟、周、程、朱子」一目下之「朱子」部分；其所記錄者全與朱子相關，此目又分 18 小目（104 卷-121 卷）：此 18 小目包括：「論為學功夫」、「論自注書」、「同安主簿」、「孝宗朝」、「論治道」、「論取士」、「論兵」、「論民」、「論官」，最後為「訓門人」。

　　此 18 小目仍可再作取捨與聚焦，蓋其中前 9 小目，絕大部分為談外王者，與內聖成德關係較疏遠；前兩小目（「自論為學功夫」、「論自注書」）雖不屬外王範疇，但前者為廣泛論讀書為學之法，此似為訓勉門生一般讀書方法，與朱子核心義理仍有差距；後者仍屬朱子對所注經典之義理解說，前已言朱子解經每易捨己從人；故「朱子」目下之前 9 小目，似仍非探究朱子義理之恰當資料。

　　經此論究取捨可得知：要探討朱子義理，自當以「朱子」目下第 10 小目「訓門人」（113 卷-121 卷）資料為依據，乃較能精準相應的論述朱子義理，此 9 卷「語類」所以為最合乎探討「朱子晚年宗說」者，再綜說如下：

　　首先，所以據《語類》而排除「專著」與「文集」者，乃因「專著」無 60 歲後之義理著述，〈文集〉雖有義理性著作，但因難簡別出 60 歲後資料；故此兩部分資料皆無法用以論證「朱子晚年宗說」。其次，《語類》部分，因朱子於論述歷史上哲人及其著

作時，每易自覺或不自覺地捨己從人，加上有時對詮釋對象之義理把握不夠精準，到底所論是自己思想或對方思想、是自覺或不自覺徇從對方理路走；此等處若簡別不清，便無法依之以論朱子本然義理。故凡論及史上哲人與其思想者，或當割捨而將之排除在外。最後則僅存《語類》「朱子」目下由卷104至卷121者，此中前9卷重在談朱子行事，後9卷乃為與弟子談義理實踐問題者；故此中後9卷「訓門人」排除60歲前語錄，便為論述「朱子晚年宗說」之主要資料。

此9卷「訓門人」全不依旁他人他書之思想系統，而是單刀直入、直抒胸臆、自然親切與弟子之對答語；它不讓人尋思計量、反覆考慮，因此是朱子心中最真實寫照；又因是對自己最摯愛弟子所論說者，故必是將自己最真實珍貴一面展露無遺；因此當是論述「朱子晚年宗說」最寶貴恰當之資料。

牟宗三先生似亦有見乎此，故於所著《心體與性體》（三）「朱子部」最後一章，特標「朱子晚年所確定表示之論學之宗旨、境界、與夫方法學上之進路：朱子語類訓門人選錄」[55]之目，牟先生蓋亦認為有「晚年宗說」，且認為《語類》中「訓門人」之9卷，可充分代表朱子「晚年宗說」，只可惜牟先生僅選小部分語錄，且僅作大方向疏解，並未做細論。

然而，論者或可提出如下疑問：定類目與將材料歸入類目者，皆非朱子，如何保證資料抉擇之嚴密？即使「訓門人」是指朱子與弟子之德性實踐問答，那將一萬四千餘條問答資料[56]做歸類，有時該入此類而誤入彼類；有時該入彼類，而反誤入此類，必不乏其數。唯本章以為：若是誤入此類者，例如它並無關道德實踐學，

---

55 牟宗三，《心體與性體》（三），頁517-552。
56 據陳榮捷統計，見陳榮捷，《朱熹》，頁109。

則我們自不會取用此等資料；若本為與弟子論述義理之語錄而誤入他類，致在本類目下無法看到該條語錄，此亦無妨；蓋此 9 卷之資料量已非常豐富龐大，已足夠用於論述朱子相關義理；即使某些有關實踐義理者未入本類，但其他類似之說必仍所在多有；故凡屬歸類問題或無大害。

# 四、「晚年宗說」義理之詮釋法

前文已說明朱子「晚年宗說」確實有探究之必要性，而要論證「朱子晚年宗說」當以《朱子語類》/孔孟周程朱子/朱子/「訓門人」中之資料為最恰當；現在說明當據如何架構以為詮釋此等資料。

按「生命實踐學」所探討之主題，不外現況論、價值論、心性論、本體論、功夫論、境界論、外王論等範疇；[57]因此本章以為可據此架構以論述朱子「晚年宗說」，且其簡要內容當是：

現況論：旨在探討一般凡人生命之問題所在；相較於聖者生命，凡人有甚多限制，朱子晚年論述較多者，如人欲望強、喜怠惰、無志氣等。朱子對現況之探討相較於其他範疇似較少，對後輩較常感嘆者為「因無志氣而不知勇猛精進」，朱子對弟子訓勉，每感嘆弟子之不長進。

價值論：旨在探討生命之理想目標；當我們發現生命不美滿後，便要抉擇真正有價值者，然後矢志實踐達成之；朱子晚年論述較多者，如希望弟子主體能貞定、立定志向、為己、切己、用功、直至達成聖賢而後已，朱子對弟子之期望甚高且殷，期盼弟

---

57　許宗興，〈中國生命實踐哲學的範疇論〉，《華梵人文學報》，期 8（2006.1），頁 53-88。

子們皆能發奮勇猛追求成聖理想。

心性論：旨在探討人是否生具、永具、皆具、圓具成聖本質，蓋人要追求成聖，便需問我是否具成聖本質；若具成聖本質，則成聖便為天經地義、水到渠成之事，朱子雖依孟子性善為說，至晚年對「性善」之理解體會，似仍與正統儒家有差距，朱子所謂「性」、「善」、「具」等，似皆與傳統儒家有隔，此等處仍須再做更深入探索。

本體論：旨在探討朱子對成聖本質之說明，「聖」「凡」不同何在？聖所以為聖，是體證到何種內涵，此種內涵之性狀為何？若依朱子系統言，「太極」、「理」、「形上」等便為宇宙本體，是聖之主要內涵；那朱子晚年，對「太極」、「理」、「形上」詮釋如何？實有必要作深入探索。

功夫論：吾人既對成聖本質精確把握，且確信我本具成聖本質，下一步便是透過方法以實現達成之，朱子晚年甚為自信，且懇切地對弟子提出自己功夫方法，最主要者如：「主敬」與「格物窮理致知」，唯此等內涵為何？就理論上言，此種功夫是否可抵於聖？有無理論上困難，凡此皆須深入探討。

境界論：既知自己有限性，亦立定自己追求的目標，加上確信自己擁有成聖本質；既願意又有方法追求成聖，於是綿密下功夫，便有達致圓滿生命之日，朱子經一生艱苦功夫，至晚年而有不少境界顯現，包括變得很有自信，確信自己已掌握成聖關鍵，且已完成相當部分；那朱子所體證之境界等級為何，此是否即為儒家所謂聖之境界，皆可做深入探討。

外王論：當主體生命完成，下一步便是如何推擴以利益其他生命，蓋外界生命之不圓滿，便是己生命之不圓滿；必使所有生命同登聖域，才是生命之究竟圓滿。朱子晚年自覺主體生命已完

成，便進而思索如何成就其他生命，唯朱子與學生討論此部分者較少，其中似頗重應事能力之鍛鍊。

以上是從生命實踐七範疇之架構——現況論、價值論、心性論、本體論、功夫論、境界論、外王論等以論朱子「晚年宗說」之詮釋架構。

# 五、小　結

本章性質為「研究朱子義理」之方法論，蓋朱子因年歲甚長，一生絕大部分時間都在從事學術活動，故有關義理著作甚豐富雜多；此等豐富雜多之資料，便造成朱子哲學詮釋之多樣性，於是歷來有「朱子晚年宗說」之論，期以朱子最後期思想，以論定朱子思想。作者以為歷來既有「晚年宗說」，便有必要探討此期義理之內涵？

再者，歷來學者多謂朱子義理充滿矛盾性，本章期盼透過探究朱子各時期思想，以確定其義理之矛盾衝突是否起因於時期之差異；亦即確定其義理困難是根源性，或只是因時期不同致主張有異；若只是時期不同而思想有遞嬗，實不足為朱子病。

最後，因朱子義理內涵未定，連帶造成朱子歷史位置未定，今若對朱子晚年義理做確定，則歷史定位便可因之而定。此外，朱子致力生命實踐甚久，晚年最有心得、最得力功夫為何？最想告誡弟子者為何？最後所達到境界為何？凡此便是本章寫作緣由。

至於用於論述「晚年宗說」資料，本章以為：（一）必須有標明年代之資料；（二）最好以對答形式且以日常語彙表出者；（三）以直接討論朱子本身義理者為佳；（四）對談者以親炙於朱子者為

善；（五）資料記載在六十歲至朱子辭世間者為本。於是朱子其他專著與《全集》便被排除在外；《語類》中討論歷史哲人與論著，及朱子外王行事者，亦被擯除在外；最後合此條件者，唯《語類》卷 113 至卷 121「訓門人」共 9 卷，成為探研朱子「晚年宗說」最主要材料。

　　本章發表資訊：許宗興，〈朱子義理研究之方法論芻議——以晚年宗說為探討主軸〉，《國文學報》，期 18（2013 年 6 月），頁 61-85。

# 第三章　朱子「理氣論」範疇探析

## 一、前　言

　　朱子「理氣論」歷來學者討論者多[1]，唯多聚焦於理氣論之內涵，本章則重在探討「理氣論」所處理之問題？更具體言：「理氣論」是在解釋宇宙萬物生成變化的原理？或在探究現象界事物背後的所以然？又朱子想解釋的是一切事物？或僅限道德事物？必待此等問題釐清後，朱子「理氣論」內涵乃可因之而明。

　　那要如何探究此等問題？最直接方法是訴諸朱子原典——包括《朱子文集》與《朱子語類》[2]，以考知朱子「理氣論」切確意涵；當朱子原典有模糊不清或多種說法時，再求諸近世學者意見，特別是學術界公認大家——如馮友蘭、勞思光、牟宗三、唐君毅等。冀經此兩路探究，能使朱子「理氣論」所探討之範疇更為明晰。

---

1 相關論著如：陳榮捷，《朱熹》；陳來，《朱子哲學研究》；牟宗三，《心體與性體》；唐君毅，《中國哲學原論》；陳佳銘，《朱子理氣論在儒家形上體系中的定位問題》（臺北：國立政治大學哲學研究所，博士論文，2007）等書，皆有篇章論述，其他單篇論文則多不勝舉。

2 勞思光說：「然論其學說主旨，則大抵半在語錄中，半在文集中；換言之，即當以《全集》及《語類》為主要資料。」見勞思光，《新編中國哲學史》（三上），頁270。

朱子「理氣論」之詮釋，有「宇宙生成論」[3]角度與「本體論」[4]角度；此二種角度又可分就朱子原典與近世學者說法二綱論述；近世學者說法又分為從「中性之物」與「道德行為」二面向詮釋；此便是本章的詮釋大綱。

# 二、「理氣論」探討之範疇（一）：宇宙生成論角度

## （一）朱子之說辨析

人類往往不以現前所知事物狀態為滿足，於是會追根究柢問「為什麼」——為何現實事物是如此？它的源頭是什麼？由源頭又如何生成演變為現今狀態？此便是「宇宙生成論」；另外人類亦會問：眼前所見事物，是宇宙間唯一存在，或尚有藏在此物背後而為此物真正之體性者，亦即探討宇宙本來體性是什麼？此便是「本體論」。本章主要在探討：朱子「理氣論」是屬於前者的「宇

---

3 「宇宙生成論」或譯為「宇宙論」，屬形上學一支，主要探討範疇有二：一為宇宙起源，一為宇宙變化。宇宙起源說假定「宇宙有始」，然後問宇宙是怎麼開始；古希臘先蘇期思想家，將此問題分成：宇宙起源之「太初」課題，及宇宙構成元素之「太素」問題；關於宇宙變化問題，則有兩種主要見解：一是機械論，主張宇宙乃因偶然環境因素而作變化；一是目的論，主張宇宙變化是有方向目的性。先蘇期探討宇宙組成之「氣」、「水」、「原子」等是宇宙論之範疇，中國陰陽家的太極陰陽五行說、兩漢氣化宇宙論，基督教神創造說、佛教阿賴耶緣起、六大緣起，以及朱子的「理生氣」說等皆是宇宙論範疇。〔以上說法參考羅光等，《哲學大辭書》（臺北：輔仁大學出版社，1997），頁 1658～1660。〕

4 吾等人類感官只呈現「如此」，哲學卻要追問「為何如此」？感官只觸及「現象」，而哲學卻要追問「現象」背後之「原因」。現象界一切皆在變，哲學要問是否有不變者，此種討論現象背後原因或不變者之學問，便是本體論。例如柏拉圖提出理相（eidos）說，便是解釋變動現象界背後之原理，故是一套本體論；又如形質（eidos-hyle）說、實現潛能（actpotency）說、四因（four causes: material, formal, efficient, final）說，以及本章所談朱熹「理氣論」中之「理」皆屬本體論範疇。〔以上說法參考鄔昆如，《哲學概論》（臺北市：五南出版社，1990），頁 213～214。〕

宙生成論」或後者的「本體論」。

今先從「宇宙生成論」角度探討，案朱子「理」在「宇宙生成論」範疇的陳述有兩類：一是「太極/陰陽」，另一是「理/氣」；前者歸「宇宙生成論」較無疑義，後者劃入「宇宙生成論」則有較多的轉折。先看「太極/陰陽」一類：

> 太極只是一箇氣，迤邐分做兩箇：氣裏面動底是陽，靜底是陰。又分做五氣，又散為萬物。[5]

> 聖人謂之「太極」者，所以指夫天地萬物之根也[6]。

案朱子此說法「就思想資料的直接來源說，一是來源于『易有太極，是生兩儀』，一是來源于『太極動而生陽』」[7]。朱子如此詮釋「太極」之資料多不勝舉，此為朱子對宇宙生成之理論架構，他認為宇宙最先僅「太極之理」，由「太極之理」生出「陰陽之氣」，接著有「五行」之質，最後創造「天地萬物」。以下再看朱子從「理/氣」這對概念所說的宇宙生成論。

> 氣雖是理之所生，然既生出，則理管他不得。[8]

> 有是理後生是氣。[9]

在朱子系統中，「太極」就是「理」，「太極生陰陽」說法，若套在「理氣論」就是「理生氣」。唯在「理氣論」中尚涉及「理」「氣」性質與二者關係——它們是同時或有先後、是理先氣後或氣先理

5 宋・黎靖德編，王星賢點校，《朱子語類》，卷3，頁41。
6 宋・黎靖德編，王星賢點校，《朱子語類》，卷94，頁2366。
7 陳來，《朱子哲學研究》，頁91。
8 宋・黎靖德編，王星賢點校，《朱子語類》，卷4，頁71。
9 宋・黎靖德編，王星賢點校，《朱子語類》，卷1，頁2。

後、理有無動靜、「理生氣」是何義的「生」等問題，所以「理生氣」在朱子哲學系統中便變得很複雜。唯若要探討「理氣論」意涵——從宇宙論觀點去探討，就必須詳論「理生氣」的相關問題。

首先「理」「氣」若是同時，或「氣先理後」，那便不存在「理生氣」問題，因不可能時間序位在後者，反為時間序位在前者產生之因；「理生氣」基本前提是「理先氣後」，那對這問題朱子及歷來學者看法如何，請先討論之。案朱子原典對這問題存在著諸多說法：

> 有是理，必有是氣，不可分說。[10]

> 此本無先後之可言。……然理又非別為一物，即存乎是氣之中；無是氣，則是理亦無掛搭處。[11]

以上朱子認為「理」、「氣」不可分說、無先後可言，二者應是同時存在，若朱子持此論，則無所謂「理生氣」，此時「理氣論」便不是一套宇宙生成論。唯朱子又另有不同說法：

> 人生初間是先有氣。既成形，是魄在先。「形既生矣，神發知矣」。既有形後，方有精神知覺。[12]

> 若氣不結聚時，理亦無所附著。[13]

前章說明就人言，先有形體（魄）乃有精神知覺（魂），亦即「人生初間是先有氣」，接著才有「理」；次章，說明一切存在物，在

---

10 宋・黎靖德編，王星賢點校，《朱子語類》，卷3，頁46。
11 宋・黎靖德編，王星賢點校，《朱子語類》，卷1，頁3。
12 宋・黎靖德編，王星賢點校，《朱子語類》，卷3，頁41。
13 宋・黎靖德編，王星賢點校，《朱子語類》，卷1，頁3。

現實上是先有「氣」，而後「理」乃能附著。此至少說明在現實存在上，尤其是人類之出生，是先有「氣」再有「理」；故不能說「理生氣」。但朱子原典中又有甚多「理先氣後」說法：

> 有是理便有是氣，但理是本，而今且從理上說氣。[14]

> 未有天地之先，畢竟是先有此理。動而生陽，亦只是理；靜而生陰，亦只是理。[15]

第一章說明「理先氣後」、「理是本」，此即「理本論」，朱子相關論述非常多，此應為朱子主要觀點。次章說明此種「理」能生「陰、陽」，若立基此觀點，便可說「理生氣」。

　　案朱子原典中對「理」、「氣」先後問題，充滿矛盾性，若「理」、「氣」、「先後」意涵確定只有一種，那「理」、「氣」先後便不該有多種不同答案，非「先」即「後」不然便是「同時」，此三者當是相互排斥者，無法同時為真，不能既「先」又「後」且「同時」；為解決此一矛盾，乃有將「先後」付以他義者，於是有「邏輯先後說」，馮友蘭：

> 但朱熹仍然認為，照理論上說應該還是理先氣後，他認為理是比較根本的。就這一點說，先後問題就是本末問題，理是本，氣是末；也就是輕重問題，理為重，氣為輕。本和重在先，輕和末在後，這樣的在先就是所謂邏輯的在先。[16]

亦即事實上「理」「氣」同時，但為說明「理」之優位性，於是在

---

14 宋・黎靖德編，王星賢點校，《朱子語類》，卷1，頁2。
15 宋・黎靖德編，王星賢點校，《朱子語類》，卷1，頁1。
16 馮友蘭，《中國哲學史新編》（五），頁181-182。

理論上、邏輯上、輕重本末上，說「理」還是第一順位存在。它和「理」、「氣」同時說並不衝突，說「理先」之「先」，並非真正「先」，只說它較重要是本是重而已。唯若站在此立場，雖暫解「理先氣後」與「理氣同時」矛盾，但「理」便不能生「氣」，「太極」就不能生「陰陽」，故這樣解決未必最好。馮友蘭先生謂會發生此種矛盾，主要是朱子同時使用兩個系統之義理所致：

> 周敦頤的《太極圖說》和邵雍的《皇極經世》都是講的宇宙生成論。朱熹的《太極圖說注》是先從本體論講起，後來轉為宇宙生成論。怎麼轉呢？這是朱熹所遇到的一個難題。……《太極圖說》的第一句「無極而太極」，朱熹的註解用的是本體論的方法，講的是本體論。到了第二句「太極動而生陽」問題就發生了。照朱熹的說法，太極是理，理是「無情意、無計度、無造作」的，怎麼會動而生陽呢？[17]

馮友蘭認為此種矛盾的產生是：朱子同時用「宇宙生成論」與「本體論」去詮釋《太極圖說》的結果。陳來亦有相同看法：

> 朱熹理在氣先思想正是在早年「本體論」思想基礎上，進一步吸收了象數派的宇宙論思想，而這一吸收是以對易學的象數研究為橋梁的。後來，到更晚年朱熹又提出邏輯在先說，以避免宇宙論的種種困難，故朱熹死後，門人對理氣先後多含糊其辭。[18]

陳來意謂，會有「理先氣後」與「理氣同時」矛盾，主要來自朱子義理的發展過程，朱子早年以「本體論」系統詮釋「理」、「氣」，

---

17 馮友蘭，《中國哲學史新編》（五），頁182。
18 陳來，《朱子哲學研究》，頁88。

認為「理」「氣」關係就是「體」「用」關係，「理」是體而「氣」為用，二者同時存在[19]；到後來吸納象數派宇宙論思想，而講宇宙生成變化，「理」是宇宙源頭，是萬物存在根源，由太極而陰陽兩儀、五行而創生萬物，於是「理」、「氣」便有時間先後，一個是創造者，一個是被創造者。結果後來的「理先氣後說」與先前的「理氣同時說」便出現矛盾，但朱子並未覺察到，直到門人開始提出很多問難質疑，朱子才警覺二者不能同真，於是朱子只好採修正折衷方案，此便是晚年的「邏輯先後」說。

但朱子持此說仍無法真正解決二者矛盾性，因雖為「邏輯上的先」，但事實上仍是「同時」，既同時就不能說「理生氣」、「太極生陰陽」，故陳來說「朱熹死後，門人對理氣先後多含糊其辭」，因它確是一問題，且並未得到真正解決之故。

故知朱子此種義理的矛盾性，主要根於將同一「理氣論」套在兩不同系統中：一為「本體論」（體用論）說法，一為「宇宙生成論」說法[20]，若朱子分別用兩概念表示，便可避免此種矛盾——例如在宇宙論系統中僅用「太極/氣」一組概念，而「理/氣」一組概念僅用於本體論系統中，且謂「太極」不等於「理」，此時便可說「太極生氣」，且「理」「氣」又同時存在，如此便可避開此種

---

19　陳來：朱熹以太極為理，陰陽為氣，這就發生了理氣關係的問題。朱熹在《太極解義》中，就沒有從理能生氣去理解和解釋，這是值得注意的。《太極解義》也沒有明確涉及理氣先後的問題。從當時朱熹的其他文字綜合看來，這個時期還沒有形成理先氣後的思想。《太極解義》所表現的主要是一種從體用角度理解理氣關係的「本體論」思想。（陳來，《朱子哲學研究》，頁78。

20　此種說法類似於陳來之本源說與構成說，陳來：對於理氣是否有先後的回答，根據論本源和論結構（稟賦）的區別而有不同。從本源上說理先而氣後，從構成上說理隨氣而具。朱熹在論述理氣關係時常常并不具體地說明所指是本源還是構成的問題，而《語類》的片段記載也往往略去了問題的前後聯繫。在本源上朱熹講理在氣先，但在構成上朱熹並不講理在氣先，而常常強調理氣無先後。（陳來，《朱子哲學研究》，頁92。）

義理的矛盾衝突。

　　儘管有以上混淆與表面矛盾性，但在朱子義理系統中，仍有甚多資料支持「理（太極）生氣」，亦即在朱子「理氣論」系統中，存在著「宇宙生成論」的詮釋空間，此為本綱目所要確立者。

　　在朱子宇宙論系統中既確立「理可生氣」，那此「生」做何解？若此「生」是世俗的、現象的、中性的，猶「母生子」之「生」，那朱子「理氣論」便類西方哲學宇宙論，它在解決現實人類對宇宙的好奇，它在回答為何這世界是如此這般，在時間與空間序位中為何會出現此世界。反之，若此「生」是創生、道德潤化、使存在物回歸道德軌範義，那朱子「理氣論」是一套道德學，它在解決與說明現實如何回歸道德理想的問題。關於此一問題朱子並未有清晰論述，故只得藉助近世學者之說：

## （二）近世學者之說析論

### 1.馮友蘭

　　「理氣論」若套在「宇宙生成論」上說，那「理生氣」之「生」是中性意義或道德意義？馮友蘭認為：

> 本體論是宇宙的邏輯構成論，主要的是用邏輯分析法看宇宙是怎樣構成的。宇宙生成論是以當時的科學知識為根據，講具體的世界是怎樣發生和發展的。[21]

馮先生首先說明「本體論」與「宇宙生成論」區別，「本體論」是邏輯構成論，是分析我們眼前存在物的最根源本質是什麼？而「宇宙生成論」是以當時科學知識為據，談眼前具體世界是如何產生與其發展歷程；如此看來，馮先生無論是對「本體論」或「宇宙

---

21　馮友蘭，《中國哲學史新編》（五），頁182。

生成論」所謂的「宇宙」，都採眼前現實我們常人所經驗者言。若站在這觀點，那朱子「理氣論」所處理的是世俗宇宙如何產生發展之問題，它在解決世俗人對宇宙好奇之心。以下一段更可確定馮先生此義：

> 宇宙生成論所要說明的是一切具體的事物是怎麼生出來的，……他的意思就是說，如果沒有具體方的東西，那就只有方這一類的「公共之理」，那就是方之所以為方的一般，沒有方的特殊。[22]

馮先生主張「理氣論」在談世俗意義的宇宙生成，它在談「一切具體的事物是怎麼生出來的」，馮先生以「具體方的東西」為例，說明具體的「方」是由「方」的「公共之理」而生，凡此便站在世俗立場談宇宙生成演化，故馮先生說：「宇宙生成論是就形而下講的，是從兩儀開始講的」[23]，這都是站在「宇宙生成論」觀點去理解朱子「理氣論」。

### 2.勞思光

勞思光先生說：「朱熹依其形上學而建立一宇宙論，描述當前世界之生成，所謂『世界圖像』」[24]，勞先生用「當前世界之生成」，很明顯指世俗的「宇宙生成論」，而「世界圖像」是指詮釋宇宙生成的架構，亦即一套「理生氣」或「太極生氣」之系統。此種「理氣論」之「生」即「母生子」之「生」，唯這套理論勞先生深不以為然[25]，故他對朱子談天地之初如何產生人類[26]及「人無道極了」[27]

---

22 馮友蘭，《中國哲學史新編》（五），頁184。
23 馮友蘭，《中國哲學史新編》（五），頁183。
24 勞思光，《新編中國哲學史》（三上），頁280。
25 勞先生認為這是「宇宙論中心的哲學」（天道觀），它屬宋明理學發展初期，

等宇宙論說法大加批判：

> 且此說是對當前世界之陳述，則應作為對經驗世界之知識
> 看；若如此看，則顯然不合經驗知識之規則；且與經驗知
> 識相違。總之，此類說法，嚴格言之，皆不合「知識」之
> 條件，只能算做一種「推測」。……總之，世界萬物，不論
> 有生命或無生命，皆由二氣五行生出，此是朱氏承前人之
> 說而堅持之宇宙論。至於所作解釋，則皆屬「猜測」，非知
> 識也。[28]

勞先生站在他慣常看法——「宇宙生成論」在思想史觀點言較為「幼
稚」[29]，他認為朱子所陳述的宇宙發展狀態，都與經驗知識相違，
而對未發生之事，頂多只是猜測、預測而已，它的意義不大；每
人都可對已發生事物提出解釋，也都能猜測預測未發生事，故都
可建立自己的宇宙論，它與現實無關，也與心性修養無涉。

　　故知馮、勞二先生都以朱子所談，僅為世俗意義的宇宙生成
論，此種論述意義並不大。另有學者認為朱子宇宙生成論蓋指道
德世界之生成，以下說明之。

---

　　思想並未成熟，須經第二期的本性觀，再到第三期的「心性論」才算回歸到
　　孔孟之學。見勞思光，《新編中國哲學史》（三上），頁 61。

26 宋·黎靖德編，王星賢點校，《朱子語類》，卷 94，頁 2380：天地之初，如何
　　討箇人種？自是氣蒸結成兩箇人後，方生許多萬物。所以先說「乾道成男，
　　坤道成女」，後方說「化生萬物」。當初若無那兩箇人，如今如何有許多人？
　　那兩箇人便如而今人身上蝨，是自然變化出來。

27 宋·黎靖德編，王星賢點校，《朱子語類》，卷 1，頁 7：問：「自開闢以來，
　　至今未萬年，不知已前如何？」曰：「已前亦須如此一番明白來。」又問：「天
　　地會壞否？」曰：「不會壞。只是相將人無道極了，便一齊打合，混沌一番，
　　人物都盡，又重新起。」

28 勞思光，《新編中國哲學史》（三上），頁 283-284。

29 勞思光，《新編中國哲學史》（三上），頁 49。

### 3. 牟宗三

牟先生改從道德上談「宇宙生成論」，認為它不是在談客觀中性宇宙的生成發展，而是言主體心氣道德世界的創生——讓不合度之外間世界受到「理」之潤化而生成為合度世界，此即「理生氣」。牟先生曰：

> 仁是愛之所以然之理，而為心知之明之所靜攝（心靜理明）。常默識其超越之尊嚴，彼即足以引發心氣之凝聚向上，而使心氣能發為「溫然愛人利物之行」（理生氣）。久久如此，即可謂心氣漸漸攝具此理（當具），以為其自身之德（心之德，理轉成德）。[30]

「理」是外在客觀超越理體，為我們心識所認知理解之對象，當我們心識認識它時，便會產生嚮往企求，以期將此「理」轉為心之德，於是心氣便開始轉化，由不合度轉為合度，由平凡轉為聖哲，於是理想心氣便漸次轉化生成，道德世界於焉展現，此即從道德上談宇宙生成論，牟先生進一步解釋：

> 「理生氣」不是從理中生出氣來，只是依傍這理而氣始有合度之生化。就人言，則是依這理引生心氣之革故生新。心氣通過其心知之明之認識理而嚮往理而依之，則引生心氣之合度之行，不依之，則昏沈墮落而暴亂。此即朱子系統中之「理生氣」也。[31]

「理生氣」的「生」並非「母生子」的「生」，是指「使之合度」，原來不合度而如今合度，由無善世界到有善世界，此即道德世界

---

30　牟宗三，《心體與性體》（三），頁244。
31　牟宗三，《心體與性體》（三），頁507-508。

的創生；反之，若不能依理而行，仍是不合度而漆黑一片，便沒道德事物可言──「昏沈墮落而暴亂」，便非「理生氣」；當道德意義的「理生氣」不斷孳生，最後便是：

> 原本講道體是能起宇宙生化之體，是形而上的，同時亦即有道德的含義，是故宇宙秩序即是道德秩序；原本講性體是能起道德創造之體，是道德的，同時亦即有形而上的涵義，是故道德秩序即是宇宙秩序。[32]

一方面從外在超越客體說起，它是一形而上道體，它創造宇宙世界，因它是道德屬性，所以由它所創造者便是道德世界；另一方面由我們性體出發，因性體是道德根源，所以所成就的道德世界便是客觀宇宙；此時客觀宇宙便是道德宇宙，而道德宇宙也成了客觀宇宙，二者完全合一，此為宇宙生成演化的最終圓境。

牟先生謂「理」生「氣」是使不合理的心、行為、外物，由「理」潤化而使之合道，合道便生出善來，此即從宇宙生成論角度說明「理氣論」之一種意涵。

### 4. 唐君毅

唐先生詮釋略同牟先生，亦從道德角度以談道德世界之生成，他認為真正宇宙生成論，必是道德生成論，因世俗宇宙生成論，無法言之成理，他說：

> 所謂理生氣，若指一物之形式之理，此氣指其質料，「生」指一前提之涵蘊結論，而可生出結論之生；則此形式之理之有，實不涵蘊質料之有，此理自不能生氣。若謂理之生氣，有如包含某物者，將其中之物生出，如母之生子，而

---

32 牟宗三，《心體與性體》（一），頁 84-85。

> 吾人又將理視為在氣上一層面之形而上之理，則此理之義
> 中，既不包含氣之義，亦不能生氣，如石女腹中無子，不
> 能生子。[33]

唐先生認為在世俗意義上「理不能生氣」，原因有二：一是世俗說認為「理」是形式，而「氣」是質料，空無內容之形式當然不能生出有質料之存在物；再者，「理」是形上存在，而「氣」是形下存在，無形東西當然生不出有形東西來。所以，唐先生批判世俗意義的宇宙生成論，有如「石女生子」，是完全無法實現的。他接著說，在世俗宇宙生成論意義下，「理生氣」理論不通：

> 吾人實不能說此中後來之氣，由以前之氣之所生。因此中後
> 來之氣，乃由以前之氣之化而後生，即由往者過，而後來者
> 息，便不能說此後氣，由前之氣之所生，而只能說由以前之
> 氣之過而化所生。然以前之氣既過而化，即其已由有而無，
> 而歸於寂，此無、此寂，又何能生以後之氣？則以後之氣之生，
> 如有原因理由可說，及只能直接依於生生之理而生。[34]

唐先生說「理既然不能生氣」，那「前氣生後氣」是否可說？其實，後氣也非前氣所生，因前氣已過往，而後來者又尚未存在，當然無法直接生出後氣；那如說由前氣之化而生後氣，是否可行？唐先生認為既已過化而為「無」，「無」如何生出「有」？故唐先生最後提出只依「生生之理」乃可說，故「理生氣」當指：

> 即氣之依理而生，依理而行，如人依道路而自有其行走，則

---

33 唐君毅，《中國哲學原論・導論篇》，頁485。
34 唐君毅，《中國哲學原論・導論篇》，頁486。

> 理之生氣之義，即不難解。[35]

亦即一切行為都依「理」而行，有如人依道路而行，於是產生循規蹈矩的行為，便是生出道德世界來，這便是「理生氣」意涵。唐先生進一步說明如何在自己心境上體會「理生氣」：

> 吾人如反省吾人于當然之理之體驗……吾人此時是先有當然之理之命令之自覺，而繼之以當然之理不容我不遵之而行，而即往遵行之、實現之之自覺……吾人既遵理之命令而以心氣實現之，吾人此實現之活動，即為理所貫徹、所寄託、所表現之處。[36]

首先，當一事件發生，最先是道德無上命令發出一「理」，要我們遵行此「理」，於是有當然之理的自覺，繼有不容已遵行義務之心，最後則是實踐完成之，而使吾人心境合於此道德美善，接著便由道德之理創造吾心之美善，使吾心合於理則，這便是「理生氣」反應於吾心。然後此理由吾心而普及萬物，便是「理生物」反應於外在萬物，唐先生說：

> 詳言之，即必依此絕對之理，而有種種之實現此理之氣之流行後，乃可依於此諸氣之流行中，皆有此理之分別實現於其中，以對此諸氣之流行，分別名之為一一存在之物，更總名之曰萬物。[37]

此由己而人，由人而物，由小範圍到宇宙萬物，由短暫到無限，

---

35 唐君毅，《中國哲學原論‧導論篇》，頁 485。
36 唐君毅，《中國哲學原論‧原道篇》（三），頁 457-458。
37 唐君毅，《中國哲學原論‧原性篇》，頁 382。

這便生出宇宙，使宇宙都在「理」之潤化中，此時宇宙便成道德宇宙，此為「理生氣」之極致。唐先生此說與牟先生一致，都站在道德立場說明「理氣論」中的宇宙生成論。

以上從「宇宙生成論」觀點對「理氣論」進行詮釋：馮友蘭與勞思光為近，都認為朱子「理氣論」中的宇宙生成論屬世俗義；而牟宗三與唐君毅相似，都主張朱子在說道德義之「宇宙生成論」。

# 三、「理氣論」之探討範疇（二）：本體論角度

## （一）朱子之說辨析

朱子「理氣論」既可作「宇宙生成論」詮釋，亦可做「本體論」解讀，而所謂「本體論」乃在探討宇宙現象之原理、所以然、背後之存在等意涵。案我們所看到的存在物僅為現象，朱子稱為「氣」，現象背後的原理才是本體，朱子稱為「理」。朱子說：

> 正所以見一陰一陽雖屬形器，然其所以一陰而一陽者，是乃道體之所為也。[38]

> 又如親親仁民愛物者，事；其所以能親親仁民愛物者，理。[39]

上引說明現象部分是陰陽、然、事；本體部分為道體、所以然、理等。此為朱子對世間萬有的存在認識，他認為宇宙存在可分為兩類：一是表象、有形、看得到、具體的存在，但此等具體存在

---

[38] 朱熹，《朱子文集》，卷 36，頁 1441。
[39] 朱熹，《朱子文集》，卷 57，頁 2777。

背後，還有支配這具體存在物的存在，是使然者然的存在物，朱
子稱為「理」；這兩類構成宇宙萬象之全部。「理／氣」是其基本結
構，但它就何面向言（中性物或道德物），則包括朱子及近世學者，
各有不同說法與解讀。先看朱子說：

> 動則必靜，靜必復動，其必動必靜者，亦理也；事至則當
> 動，事過當靜者，亦理也；而其所以一動一靜，又莫非天
> 理之自然矣。[40]

> 但人分上所合當然者便是理，不可以聚散言也……如家語
> 云：「山之怪曰夔魍魎，水之怪曰龍罔象，土之怪羵羊。」
> 皆是氣之雜揉乖戾所生，亦非理之所無也，專以為無則不
> 可。[41]

首章言「動則必靜」是物極必反之理，「事至則當動」是隨順因緣
之理，「一動一靜」是循環往復之理；此等理不限善事或道德行為，
即使惡事仍要遵循此等律則，故為中性事物之理。次章更清晰，
朱子說「氣之雜揉乖戾所生，亦非理之所無也，專以為無則不可」，
一切惡事怪事只要是存在事物必有其理，可見朱子「理氣說」是
包含世間一切存在，包括惡事怪事在內，並非僅限道德事物。

　　唯朱子原典中提及大量「道德事物」與「道德之理」，亦即朱
子以「道德之理／道德事物」解釋「理／氣」當是最大宗者，朱
子說：

> 太極只是箇極好至善底道理。……是天地人物萬善至好底

40　朱熹，《朱子文集》，卷 57，頁 2777。
41　朱熹，《朱子文集》，卷 3，頁 37。

表德。[42]

> 又如親親仁民愛物者，事；其所以能親親仁民愛物者，理；
> 見其親則必親，見其民則必仁，見其物則必愛者，亦理也；
> 在親則當親，在民則當仁，在物則當愛，其當親、當仁、
> 當愛者，亦理也；而其所以親之、仁之、愛之，又無非天
> 理之自然矣。[43]

首章言「太極之理」，朱子認為太極內容是「至善底道理」、「萬善
至好底表德」，可見此處朱子對「太極/陰陽」的規定，是定位在道
德上。第二章更清晰，「理/氣」是指「所以能親親仁民愛物者」/
「親親仁民愛物者」，故此處「理氣論」指道德範疇當無疑。類似
之論尚多，故知朱子當以此為其詮釋主軸。

### （二）近世學者之說析論

以上是朱子對「理氣論」從本體論立場所做詮釋，有「中性
角度」與「道德角度」二說，唯朱子並未明言哪種角度，才是他
從本體論面向探討「理氣論」的正解，是以近世學者便各有主張：

#### 1.馮友蘭

馮友蘭從「中性之理/中性之物」角度，詮釋「理氣論」中本
體論向度之「理/氣」，他認為所有存在物都有形式或性質，也都有
質料或有形物，前者為「理」，後者為「氣」，其言曰：

> 它既然是一個方的東西，它就必然有方的規定性，這就是
> 它的方性。方性是方的東西的主要性質，這就是朱熹所說
> 的「生物之本也」。一個方的東西是一個具體存在的東西，

---

42 朱熹，《朱子文集》，卷94，頁2371。
43 朱熹，《朱子文集》，卷57，頁277。

它必須有一些什麼東西支持它的存在，作為它的存在的基礎，這就是朱熹所說的「生物之具也」。任何具體存在的東西，都有形和性這兩個方面，這就是朱熹所說的「其性其形，雖不外乎一身」。[44]

譬如「方桌」由兩部分構成：一是此存在物的「理」，此處即「方桌所以為方桌的理」──形式、性質，朱子稱「生物之本」，這是此存在物所以為此存在物的根本；另一是此存在物的「氣」，此處即「方桌之構成物質」──質料、材質，朱子稱「生物之具」。前者是「性」「理」，後者是「形」「氣」，此為馮友蘭從本體論立場所理解的「理氣論」意涵，若套在「太極/陰陽」上仍可通，「太極」就是「陰陽」的原理、標準、規定或形式，馮友蘭：

> 「極」就是標準……，每一類的東西都有其類的規定性，這就是其類的「極」，其類的標準。[45]

「極」是該事物所以為該事物的標準、規定或本質，若不如此便非該事物了。至於「理」內涵之大小，馮氏以為這與類的大小有關，越小類所括「理」越大，內容越豐富；越大類所括「理」越少，內容越貧乏，若是一切類最高者──「存有」，因它包括一切存在──無論有形無形、有或無，則此存有「理」之內涵便幾近於零，馮氏曰：

> 類有大小，最大的類是「有」，包括一切存在的東西，這是一個最大的類名。一個「名」的內涵外延成反比例，外延越小，內涵越多；外延越大，內涵越小。「有」這個「名」

---

44　馮友蘭，《中國哲學史新編》（五），頁173。
45　馮友蘭，《中國哲學史新編》（五），頁176。

的外延最大，大至無所不包，它的內涵也就最小，小至幾
乎等於零。每一個類都有它的規定性，「有」這個最大的類，
因為無所不包，所以就不可能有什麼特殊的規定。它的規
定性就是沒有規定性。沒有規定性，就沒有什麼可以成為
標準，這就是「無極」。[46]

依馮氏觀點，朱子認為能為萬理之理的「太極」，竟是沒什麼內容，
因它是所有類的標準或規定，從小類不斷抽象上去，到最高類時
會發現幾乎沒有共同原理；所以，太極內涵幾近於零。

　　此為馮氏站在「中性存在物」立場，去理解朱子「理氣論」
中的「理」所得之結果。馮氏認為朱子「理氣論」就本體論立場
言，它在談宇宙間一切中性事物的所以然之理，而最高的所以然
之理，便是「太極」，太極的內涵幾近於零。

### 2.勞思光

　　勞先生之說略同馮先生，只是說得更具體清晰，他首將理分
為兩類：「統體一太極的太極之理」與「物物一太極的各存在物之
性理」。

　　　所謂共同意義之「理」，在朱子理論中即相當於「太極」。……
　　　「性」字只同於殊別意義之「理」，「太極」或共同意義之
　　　「理」則不可稱為「性」。……殊別意義之「理」可稱「性」；
　　　於「太極」只能說「理」，不能說「性」。[47]

勞先生將「統體一太極的理」稱為「共同意義之理」，而「物物一
太極的理」稱為「殊別意義之理」，並謂「性即理」的「理」指「殊

---

別意義之理」，朱子「理氣論」的「理」也指「殊別意義之理」，
而所謂「殊別意義之理」並非就道德意義言，而是指中性存在物
言，勞先生曰：

> 此處所強調者，明是殊別意義之「理」。……此包括人為之
> 「事」與自然之「物」而言。蓋朱氏之意是說：凡是一存
> 在，必依一理而存在。[48]

勞先生明言所謂「殊別意義之理」指一切存在——包括人為之事
與自然之物，並謂朱子意指「凡是一存在，必依一理而存在」，則
明顯指一般中性事物，而非僅限道德事物。勞先生接著說明此等
中性存在物，它們除有形質存在外，尚有原理形式存在，並謂此
種「理」與「氣」的內容與其相互關係，相當於亞里斯多德（Aristotle，
前384～前322）「形式/質料」說：

> 所謂「理」，指超時空決定之形式及規律，故為「形而上」
> 者；所謂「氣」，則指時空中之存在所具之質料，故為「形
> 而下」者。……但基本意義上，「理」是取「形式義」，「氣」
> 是取「質料義」，則無可疑。[49]

> 若與亞里斯多德用語比較，則此種殊別意義之「理」，即相
> 當於事物之「形式」（Form）；而所謂「性」即相當於事物
> 之「本性」（Essence）。[50]

勞先生取亞里斯多德「形式」與「質料」類比朱子「理」與「氣」，
認為「理」就是事物形式或本性，是該事物所以為該事物的本質，

---

48　勞思光，《新編中國哲學史》（三上），頁373。
49　勞思光，《新編中國哲學史》（三上），頁272。
50　勞思光，《新編中國哲學史》（三上），頁277。

「氣」指各存在物在「時空中之存在所具之質料」。此勞先生說明「殊別之理/各別事物」相當於亞里斯多德「形式/質料」。至於「共同之理/一切存在」這類「理氣關係」，勞先生認為「若共同意義之『理』，則不相當於事物之『形式』，亦不相當於『本性』」[51]。意即「共同意義之理/一切存在物」並不適用「理氣論」，或說此部分並不在此處「理氣論」探討範圍。

　　案以上馮、勞兩家對從本體論角度探討「理氣論」看法相近，都就世間一切存在物（中性之物）言，而將存在界分為：「然/所以然」、「形下/形上」、「質料/形式」、「有形/無形」、「氣/理」二類，此種說法清晰易懂，也較合朱子文獻資料。

### 3.牟宗三

　　馮、勞兩先生都從中性事物談「理」、「氣」關係，牟先生則轉從道德面向談「理」、「氣」關係，牟先生在《心體與性體》（一）、（三）兩冊中用非常大篇幅，反覆辨析論述朱子「理氣說」，牟先生雖判朱子學屬「別子為宗」[52]，但對朱子學之屬道德學——漸教系統的道德學，則極力辯護之。唯牟先生雖能言之成理，但朱子文獻是否足徵，是否朱子義理真是如此，似仍可討論，以下先詳列牟先生以道德角度說明從本體論面向對「理氣論」之詮釋。

### （1）兩種「然」與兩種「所以然」

　　首先牟先生將一切存在分為兩類—「然」與「所以然」：

---

51 勞思光，《新編中國哲學史》（三上），頁277。

52 牟先生說：「他（伊川）把『於穆不已』之體（道體）以及由之而說的性體只收縮提練，清楚割截地視為『只是理』，此一系統為朱子所欣賞，所繼承，而且予以充分的完成。此一系統，吾名之曰主觀地說是靜涵靜攝之系統，客觀地說是本體論的存有之系統，總之是橫攝系統，而非縱貫系統。此自不是儒家之大宗，而是『別子為宗』也。此一系統因朱子之強力，又因其近於常情，後來遂成為宋明理學之正宗，實則是以別子為宗，而忘其初也。見牟宗三，《心體與性體》（一），頁44-45。

> 在此「所以然」一詞有歧義。但是如只籠統地就然推證所
> 以然，而不加限制，此「然」上本有兩途之歧義，即：就
> 存在之然說與就內容之然說。就存在之然說，是重在存在，
> 其所以然之理是存在之理，是超越的、整全的，非類名的。
> 就內容之然說，是重在內容，其所以然之理是內在的（現
> 象的）、定多的、類名概念的。[53]

> 單窮超越的所以然這存在之理者為哲學的、德性的，無積
> 極知識意義；單窮存在之然之曲折本身者為科學式的、見
> 聞的，有積極知識的意義。[54]

朱子「理氣論」之「理」以「所以然」表示，但「所以然」一詞
有歧義，它可指涉兩意涵：一就「存在之然」說其所以然為「存
在之理」；二就「內容之然」說其所以然為「形構之理」。「存在之
理」屬超越、整全、非類概念者，它在有形物之外，且全部之理
只有一個，非屬透過抽象作用所得的「理」。反之，「形構之理」
在事物之中，許多物便有許多「理」，此種「理」屬由抽象作用所
歸納出者。對這兩種「理」，牟先生做了簡別：

> 積極知識是在「存在之然」之曲折之自身處，並不在此存
> 在之理處。朱子之「窮在物之理」其目標是在窮其存在之
> 理，並不是窮其存在之然之曲折本身。窮存在之理是哲學
> 的，窮存在之然之本身是科學的。[55]

求「形構之理」可獲積極性知識，它是存在物內容之曲折本身，

---

53 牟宗三，《心體與性體》（三），頁508。
54 牟宗三，《心體與性體》（三），頁365。
55 牟宗三，《心體與性體》（三），頁365。

一切科學活動便在窮此存在物「形構之理」，最後會成為科學家；而窮「存在之理」無法獲得積極性科學知識，它重於存在物所以存在之理，探究此種「理」會成為哲學家或道德家。牟先生認定朱子所重為「存在之理」而非「形構之理」：

> 前者是朱子之本行，後者則是其通過道問學之過程而拖帶出的。朱子對此後者興趣固甚濃，依其理氣之分之清楚割截，亦實有可以引發此種知識之依據。[56]

牟先生認定朱子是理學家，既是理學家就該探討哲學與道德領域之理，於是推論朱子旨在探討「存在之理」，至於「形構之理」只是順講道德而帶出者。唯牟先生此一推論未必有效——先假定朱子為正統理學家，既為正統理學家必只討論道德領域，如此推論患了倒果為因之謬誤。

（2）形構之理

　　牟先生解釋「形構之理」：

> 此種自然義、描述義、形下義的「所以然之理」，吾人名之曰「形構原則」（principle of Formation），即作為形構原則的理，簡之亦即曰「形構之理」也；言依此理可以形成或構成一自然生命之特徵也。[57]

> 此種「所以然」是現象學的、描述的所以然，物理的、形而下的所以然，內在于自然自身之同質同層的所以然。[58]

---

56 牟宗三，《心體與性體》（三），頁365-366。
57 牟宗三，《心體與性體》（一），頁89。
58 牟宗三，《心體與性體》（一），頁88。

「形構之理」是探討事物形成與構造的原理，更完整地說，它是探討事物外形、結構、內涵、演變等之理。末章說明此種「理」是人類透過感官所認識事物之理，它和自然事物屬同層次，都是形下世界，雖「所以然」好像挑高一層，但本質上仍是在現象界中。此種「形構之理」每以「定義」表示，某種事物的形構之理，就是該事物之本質或定義，而所以能得出此本質，則是透過層層歸納而來，最後再綜合出該事物普遍之「理」。此為科學活動所要探討者，此種「形構之理」對我們常人而言並不陌生。

## （3）存在之理

「形構之理」較易了解，「存在之理」則較難把握，牟先生說：

> 是則性理只是實然的存在之所以存在之理。吾人名此存在之所以存在之理曰「存在之理」，即存在之「存在性」。[59]

> 此理不抒表一存在物或事之內容的曲曲折折之徵象，而單是抒表一「存在之然」之存在，單是超越地、靜態地、形式地說明其存在，不是內在地、實際地說明其徵象，故此「所以然之理」即曰「存在之理」（principle of Existence），亦曰「實現之理」（principle of Actualization）。……是說明一現實存在何以單單如此而不如彼者。[60]

牟先生謂朱子「性理」是具於每存在物中，是每存在物所以為此存在物的「存在之理」或「存在性」。次章說明此種「存在之理」不是探討事物曲曲折折的內容，它在說明現實一切存在物何以「單單如此而不如彼者」。以下再透過牟先生說明此種「存在之理」的

---

59　牟宗三，《心體與性體》（一），頁82。
60　牟宗三，《心體與性體》（一），頁89。

來源，以期更能掌握其意涵：

> 此言「大頭腦處」、「大總腦處」，即客觀地說的「總會處」，
> 此即是太極。從下面節節推上，到最後的普遍之理，便是
> 太極。從太極處，再節節推下，「必能見得天下許多道理條
> 件皆自此出」，「下面節節只是此理散為萬殊」。[61]

朱子謂「統體一太極，物物一太極」，統體太極是「大頭腦處」，
人透過格物窮理節節上推，最後會到此「統體太極」；此一統體太
極也會流注於每一事物中，而使每一事物各具此「太極」，此即由
統體太極節節推下而散為萬殊。無論「統體太極」或「物物太極」
本質都同是「存在之理」，這兩種「理」內涵完全等同；我們做格
物功夫所要窮的「理」，亦為此種「存在之理」而非「形構之理」。
以下再從牟先生說明「存在之理」的特性以期了知「存在之理」。

### （4）存在之理特性

牟先生說：

> 只存有而不活動的存在之理本是一、遍、常，是在「形構
> 之理」以上者。[62]

> 但是形而上的、超越的存在之理則只是純一而非多，絕對
> 的普遍而非類概念之相對的普遍化，其自身無跡，亦無曲
> 折之內容，故根本不能施行描述、記錄、類同、別異之歸
> 納活動。[63]

---

61 牟宗三，《心體與性體》（三），頁360。
62 牟宗三，《心體與性體》（一），頁100。
63 牟宗三，《心體與性體》（一），頁101。

首章牟先生說「存在之理」是「一、遍、常」者，它是一而非多，它遍存萬物萬事中，它是永恆存在者，此種存在超越於「形構之理」，它和「形構之理」並不在同層次上。次章說明它的形上、超越、整一、普遍之屬性，因它屬形上界，故無跡、無曲折內容、無法以感官碰觸──包括「描述、記錄、類同、別異、歸納」等皆用不上力。此等特質最明顯而易理解者為「一而非多」，牟先生論曰：

> 故「統體一太極，物物一太極」，實只是一太極，並無多太極也，只是一「存在之理」。……枯槁亦有此本然之性，即有其存在之理，此「物物一太極」而言也。[64]

> 如仁義禮智信等，此好像有定多之理，然階磚有階磚之理，竹椅有竹椅理，……凡此等等即無名字可給矣，亦只能以「存在之然」之名而名之耳。[65]

此為「存在之理」最深刻重要的屬性，首章說明「統體一太極」與「物物一太極」兩者的太極之理，並沒不同；次章言「仁義禮智信」的存在之理，與階磚、竹椅等等，其存在之理亦皆相同。簡單說，宇宙萬物──無論多高概念、多基層概念、道德事物、微不足道事物，只要是存在物，他們「存在之理」都一模一樣，且是同一存在之理的化現。因完全相同，故窮各存在物之理，最後都得到「統體太極」之理。

此若套在朱子「理氣論」說，「氣」雖是很多種類個體，但每個「氣」的「理」都一樣，不僅個別氣的「理」一樣，且個別氣

---

64　牟宗三，《心體與性體》（一），頁 91。
65　牟宗三，《心體與性體》（三），頁 506。

之「理」與統體太極之「理」亦無不同，無論旁行關係的氣，或垂直關係的氣，它們的「理」都一樣；氣有多種多樣，但宇宙間「理」只有一種，此種「理」就叫「存在之理」。

## （5）為何「理氣論」之「理」為「存在之理」

朱子文獻資料繁多，說到「形構之理」處亦不少，為何牟先生判定朱子之理為「存在之理」，牟先生提出如下理由：

> 惟就存在之然可直指存在之理，如就內容之然，則不能直指存在之理。如以此後者解說朱子，則朱子學全部倒塌。[66]

> 其所「豁然貫通」者仍只是此存在之理之為一、為遍、為常。[67]

「理」是朱子學說主幹，若朱子「理」解為「形構之理」，那朱子便成科學家而非道德家；為了不讓朱子「理」倒塌，所以非解為「存在之理」不可；唯此論證仍有倒果為因之嫌，其有效性存疑；次章，牟先生謂朱子常強調「豁然貫通」，凡可豁然貫通者必為「一而非多」，於是據此謂朱子理為「存在之理」；然而學習各種技藝也需豁然貫通，但此等技藝之理未必是「存在之理」，亦即「存在之理」特性為「一」、在學習過程中強調「豁然貫通」，但並非所有具「一」特性與強調「豁然貫通」者，皆為「存在之理」。

## （6）朱子「理」諸多不諦處

牟先生雖判朱子「理」為「存在之理」而非「形構之理」，然朱子文獻中有甚多「形構之理」則為不爭事實，牟先生亦不諱言：

> 此如《朱子語類》卷第二，〈理氣下〉，論天地下；卷第三，

---

66 牟宗三，《心體與性體》（三），頁 508-509。
67 牟宗三，《心體與性體》（一），頁 102。

> 論鬼神，此兩卷所論者皆是就存在之然（氣本身之曲折）
> 而說，故其所窮知者雖未進至科學階段，然亦實是科學式
> 的積極知識，因其基本觀點是就氣本身之曲折說，根本上
> 是物理的故也。[68]

此牟先生明指《語類》二、三卷「皆是就存在之然（氣本身之曲
折）而說」，亦即所探究者為「形構之理」而非「存在之理」。豈
止這兩卷，朱子文獻討論中性物的「形構之理」，實所在多有，且
看牟先生自己說法：

> 有「道德性的」存在之理，亦有無所謂道德不道德之「非
> 道德性的」存在之理。……然而此卻是朱子之泛認知主義
> 之即物而窮其理，就存在之然以推證其所以然以為性理，
> 所必有之歸結。[69]

> 就道德之事如忠孝、惻隱之心等以窮之，其所窮至者固可
> 說是道德的理道，然就天地鬼神、日月陰陽、草木鳥獸以
> 窮之，其所窮至者未必是道德的理道也。[70]

首章牟先生將世間存在之理分為「道德性的」與「非道德性的」，
亦即前文之「存在之理」與「形構之理」，牟先生謂朱子是「泛認
知主義」者，他所窮得的「理」未必是「道德的存在之理」，很可
能只是「非道德的存在之理」（形構之理）。次章說明例如窮「天
地鬼神、日月陰陽、草木鳥獸」之理，便未必是「道德的存在之
理」。故牟先生判朱子「理」是「存在之理」，有些學者便不以為

---

68 牟宗三，《心體與性體》（三），頁365。
69 牟宗三，《心體與性體》（三），頁433。
70 牟宗三，《心體與性體》（三），頁394。

然，李日章：

> 至於牟宗三先生把朱子的理說成只關係事物之存在而無關
> 其形構的純粹之「存在原理」，則恐怕出於誤解。……如理
> 不是有關於事物之特殊形構，何以此處把舟之只可行於
> 水，車之只可行於陸，與其是否秉得理關聯起來？……如
> 果理無關乎形構，如何拿附子之不可為大黃、大黃之不可
> 為附子來說明枯槁有理？[71]

案朱子義理非常龐雜多樣，牟先生說或可解釋大部分朱子「理」
之意涵，但無法解釋全部「理」之內容，故會有如李日章先生之
質疑。

### （7）朱子「理、氣」關係

再順牟先生「存在之理」說法，述明他如何講朱子「理氣論」：

> 黃勉齋〈朱子行狀〉中所說的「皆有以見其所當然而不容
> 已，與其所以然而不可易」，……必須如此、定須如此，此
> 兩者合起來即是定然如此。故理與氣之正面關係即是此理
> 在氣之存在之然背後靜態而超越地、同時亦即存有論地主
> 宰而定然之，此亦是反面說的不離不雜也。[72]

牟先生說「理」為「存在之理」，此種「理」是事物「所以然」之
理，它能使事物「定然」、「當然」、「不容已」地走向道德美善。
所以，它是在事物背後，靜態、超越、主宰而定然之，某種意義
言，這便是理與氣的「不離不雜」。若就道德實踐言，此種「存在

---

71 李日章，〈朱子「理氣觀」討論〉，《大陸雜誌》，卷 45，期 5（1972 年 11 月），
　頁 293。
72 牟宗三，《心體與性體》（三），頁 503-504。

之理」與「心」的關係為何？牟先生言：

> 「進學」者即是即物以明存在之理，以致其心知之明也。
> 此種「心靜理明」之終極的亦即本質的作用，即在使吾人
> 之心氣，全凝聚于此潔淨空曠無跡無相之理上，一毫不使
> 之纏夾于物氣之交引與糾結中，然後心氣之發動始能完全
> 依其所以然之理，而成為如理之存在，此即所謂全體是「天
> 理流行」也。[73]

牟先生謂「格物窮理」目的有二：「心靜」與「理明」，最後讓二
者合一，達到「心氣全凝聚于此潔淨空曠無跡無相之理上」。就心
言，格物目的在讓心氣能專一凝聚主敬；就客觀超越的理言，能
讓「存在之理」朗現、明朗起來。己全不受外物干擾，讓己心依
理如理存在，進而讓全宇宙都如理存在。反覆地格物，亦只在做
此同樣事：

> 只在憑由之經歷一番，可以使吾人普遍地肯定的（遍萬物而
> 為言的）存在之理更加落實，而于理之內容無所增加（因只
> 一理，並無多理故），並使吾人之心氣更加寧靜與清明，而于
> 知之內容亦無所增加（因只以存在之理為知之內容故），只是
> 使心寧靜與清明之極只成一貞定明淨之玻璃鏡、一光板之鏡
> 照。[74]

反覆「格物」並不在增加吾人「形構之理」的知識，而「存在之
理」又是無內容的「理」，格再多物，所得「理」都相同。所以格
物並非要增加「理」的內容，而是讓此種「存在之理」更落實、

---

73 牟宗三，《心體與性體》（一），頁 104。
74 牟宗三，《心體與性體》（一），頁 107-108。

更能把握、更能融入己身；其次，則是讓己心更專注明朗，讓心品質更提升，讓心與「存在之理」更結合，此便是牟先生所謂朱子「格物」所達致的「理氣」狀態。

## （8）牟先生論朱子義理之限制

　　牟先生如此詮釋「理氣論」與「格物說」，已將朱子義理拉向道德之路，但此等道德意涵，牟先生認為還是有限的，並非究竟的道德學說，包括「理在外」、「心無活動義」、「屬他律道德」、「道體之體悟不透」等，牟先生說：

> 其結果是觀解的、外在的形上學，而與先秦儒家之所開發者不合。說其系統主觀地說是靜涵靜攝之系統，客觀地說是本體論的存有之系統，即就此客觀地說者見其形上學為一種觀解的、外在的形上學，而其所表示之道德為他律道德（所謂本質倫理）。[75]

牟先生詮釋朱子「理氣論」，已將之「調適上遂」，但仍有些義理無法作無限上綱的詮釋，於是只能當成朱子學說之限制，此部分已非「理氣論」範疇，故暫不論。

## （9）牟先生詮釋之檢討

　　馮、勞二氏從中性存在物角度詮釋朱子「理氣論」意涵，完全未與道德拉上關係，牟先生則完全用道德角度詮釋「理氣論」，將朱子所有「理」，包括「理氣論」、「格物窮理」、「性理」等都用「存在之理」詮釋，牟先生所以將朱子「理」皆詮釋為「存在之理」，乃因朱子說「統體一太極，物物一太極」，「統體」的太極若要和每一存在物的太極等同為一，必二者同為「存在之理」乃有

---

75　牟宗三，《心體與性體》（三），頁366。

可能；再者，若「格物窮理」是一相應成聖之功夫，那所窮之「理」也必是「存在之理」乃有可能，方不致如馮友蘭所說「打成兩橛」[76]，基於如此考量，故牟先生非將朱子「理」皆詮釋為「存在之理」不可[77]，然如此詮釋卻有如下幾點疑義：

**甲.**牟先生以「存在之理」解「理氣論」之理，案「存在之理」的內容非常玄，或即中國哲學所謂「道」、「天」、「本體」、「本心」等意涵，但朱子文獻中是否可找到此說之直接證據，似為可疑。

**乙.**真正「存在之理」難於言詮，甚至不可言詮；然而若不知「存在之理」內涵將如何作「格物窮理」？屆時「格物」恐將格錯方向，「窮理」或將窮到形構之理。故牟先生以「存在之理」解「理氣論」之理，或非朱子本旨。

**丙.**若朱子「窮理」指窮「存在之理」，而所有存在物「存在之理」皆同，那只專心深入格一物、窮一理便成，何必格盡天下物？（格一物必較格盡天下物容易）

**丁.**「存在之理」是在心上或物中？若在心上，則功夫應在心上用，而非格身外之物；若在物中，那「理」便在心外，如何反來誠得自家意？

**戊.**若「理」指「存在之理」，那功夫當重在體悟存在之理，而非格外在事物，朱子「格物」說便全用錯方向。

**己.**朱子說「有是理而後有是氣，有是氣則必有是理。」此謂不同「氣」便有不同「理」；不同「理」便有不同「氣」；今依牟

---

76 馮友蘭，《中國哲學史新編》（五），頁 192-193。

77 案牟先生如此推論在邏輯上是有疏漏的，首先，牟先生之說表面無誤，但「統體一太極」與「物物一太極」，朱子是在何種心境下說的，這一命題在朱子學的位階有多高？他所見到的理境是否即牟先生所說者，實為可疑。次一論證，說明「格物窮理」若為成聖功夫，那所格之理必為「存在之理」，此無可疑；但朱子的格物窮理是否真為成聖功夫，歷來實有不同看法。

先生說法是所有「氣」（事物）都具相同「存在之理」，明顯悖離朱子說法。

**庚.**若「理」是「存在之理」，那將如何解釋朱子「理先氣後」、「理弱氣強」諸說？

案牟先生以「存在之理」詮釋朱子「理氣論」之「理」，乃為「朱子注我」，而非「我注朱子」。在理論上雖說得通，但未必有朱子原典文獻支持，且能否與朱子其他義理系統貫通融合等都是問題。故知牟先生此說，就理論本身言不誤，但朱子義理是否合乎此說法，則似未必然。此僅為近世學者從本體論觀點理解朱子「理氣論」之一種詮釋系統。

**4.唐君毅**

唐先生對從本體論面相詮釋朱子「理氣論」者，有三特點：一是將「理氣論」解為功夫論，而非屬對存有說明及對宇宙本體描述。二是他解「理」為「道德命令」，亦即將朱子學說往心學跨越，「理」就是心中道德良知之理。三是他解「氣」為道德實踐落實的對象，所以在朱子「理」與「氣」各種關係中，唐先生獨鍾「理先氣後」說。

**（1）唐說詮釋背景**

首先必說明者，唐先生對朱子「理氣論」詮釋，乃本其強烈道德使命感，希望朱子「理氣論」旨意能重新顯揚於惑亂之世：

> 古人往矣，墜緒茫茫。欲探朱子微旨，兼袪當今之惑亂，又烏能不順理路之所之，破疑障，而覲重光耶。[78]

有這般強烈使命，又急讓正道發揚，於是有時便不能照顧到文獻

---

78 唐君毅，《中國哲學原論・原道篇》（三），頁511。

資料，而只按自己體會之義理做鋪陳，唯問義理是否得其正，至於朱子原典是否足徵便無法兼顧了，唐先生甚至覺：不必在乎是否有朱子明言為證，若學者不以為然，視之為唐先生個人意見，亦無妨，唐先生說：

> 故此種疏釋之方式，非一般哲學史之尋文繹義之疏釋，而同于佛家所謂密義之疏釋。吾文中所陳之論辨，多非朱子之言中所已有，而唯是朱子理論系統中所當涵。吾之所言，既不能一一皆于朱子所已言者，得其明顯之根據，故對朱子所言，本可全不徵引。[79]

> 吾今唯有循其思路，代為抉發當然之理，何以即存在之理的密意，此則更不必皆有朱子之明言足證，而只視之為吾個人之見，亦可也。[80]

由此可知唐先生之詮釋方式，較之牟先生實有過之而無不及，他並非據客觀文獻論述，而是憑主體直觀作認定，且自謂能將朱子「理氣論」密義直接一覽無遺地宣洩出來，甚至別人不以為然，而將之當成主觀看法亦不以為意。至於唐先生為何如此確信朱子「理氣論」必如其所詮釋者，必屬主體道德實踐理論，唐先生曰：

> 此可由朱子之學原為如何為人之學，其所言之理，十九皆是言人之當然之理，及朱子所承之宋代理學之一貫問題，以證之。[81]

---

79　唐君毅，《中國哲學原論‧原道篇》（三），頁440。
80　唐君毅，《中國哲學原論‧原道篇》（三），頁474。
81　唐君毅，《中國哲學原論‧原道篇》（三），頁456。

> 吾由宋明理學之問題之發展，可以斷定朱子之理先氣後
> 說，乃首于義務意識中得其證實。吾人今欲了解其說，亦
> 必須自義務意識中反省以透入。[82]

> 觀後儒對於朱子之言太極理氣之論之種種疑難，如細加考
> 察，便知其皆不足以難朱子。而似與朱子立說不同之諸說，
> 如善會朱子義以觀之，亦多非必不可說，更不必與朱子之
> 論，有不可解之矛盾。[83]

以上三章說明唐先生自謂對朱子義理有完全保握，且對自己的把
握充滿信心，首章，唐先生認為朱子承宋明理學家探討主題，全
在談「為人之學」，所以「理氣論」也必是談主體生命實踐之學，
而非客觀外在知識。次章，說明為何「理先氣後」說必就道德命
令落實於人之歷程而說，這只要由「義務意識中反省」便能知曉。
末章更確定朱子「理氣論」完全沒問題，各種疑難都非朱子真正
困難，都無法對朱子「理氣說」構成威脅；不同朱子「理氣說」
之各種立論，也可和朱子說並行不悖，絕不致造成矛盾。此為唐
先生對朱子「理氣論」深度肯定，弦外之意便是說自己對朱子「理
氣論」能掌握且了解得很深入與全面。只是此等主觀認定在學術
上未必有證據力，其推論未必能通過邏輯檢驗。

## （2）對各家詮釋之批評

在探討唐先生對「理氣論」詮釋前，先看他對各家的批評：

> 然吾在此必須說明，如逕以物之共相，為朱子之理，或徒
> 自物之共相，以觀朱子之理，乃一入路上之錯誤。……則

---

82 唐君毅，《中國哲學原論‧原道篇》（三），頁473。
83 唐君毅，《中國哲學原論‧導論篇》，頁489。

> 朱子之所謂理有善無惡，性有善無惡，一切理皆善之說，
> 與理一之說，皆不得其正解。[84]

對朱子「理氣論」普遍解法——如前所說的馮、勞兩先生之詮釋系統，唐先生做了批判：首先唐先生說明把朱子「理」當為事物「共相」此為一種入路錯誤，從這條路無法理解朱子的「理」。唐先生認為「理」是道德良知命令內容，今從事物歸納所得者，絕不會有此種道德之理；從另一面說，我們從歸納得來的物性與物理，也無法充盡「道德良知」內涵，所以此路不可行。唐先生以人為例，說明歸納人一大推「共相」，也看不到人真正「共同之理」，此等共相之理都無法解釋朱子「理有善無惡，性有善無惡，一切理皆善之說，與理一之說」等命題，所以，唐先生認為要理解朱子「理氣論」，透過歸納共相是誤入歧途。

### （3）唐說之詮釋架構

首先，唐先生說明理想理論系統當如何？或說就「道德實踐」學說言，何等架構才為理想者？或說理想的功夫實踐需經怎樣歷程？此等前提便是唐先生詮釋「理氣論」之依據，唐先生所詮釋的「理氣論」便要將它導向此理想方向，唐先生言：

> 凡此使形式律則，不只需懸於事物之上，而實現於事物之中之原則，在西方哲學即逕稱為一形上學之實現原則或現實原則。此實現原則或現實原則，乃人追問一事物之形式何以能實現於其質料，或潛能之所以化為現實，以使新事物得創生而存在，所逐步而逼出，而必須加以肯定者也。[85]

---

84 唐君毅，《中國哲學原論・原道篇》（三），頁 452-454。

85 唐君毅，《中國哲學原論・導論篇》，頁 464。

唐先生認為「實現原則」或「現實原則」非常重要，人不能只說理論、虛懸的形式律則，而需將此律則實現於事物中；這也類似如何使「形式」實現於「質料」、如何使「潛能」化為「現實」，以使新事物得以創生。若包含此「實現原則」或「現實原則」之理論，便是理想之理論。故唐先生要將朱子「理氣論」解為由「理」落實、實現於「氣」之過程，必是如此理論方為理想之義理系統，他說：

> 在宇宙根本真實之意義上，理為超乎形以上之更根本的真實，而氣則根據理之真實性而有其形以內之真實性者；而吾人之論說宇宙之真實，當先肯定未形之理之真實，而後能肯定已形之氣之真實。[86]

就「理氣論」言，「理」是超乎形之上的最真實存在，我們必先肯定此「理」存在，而後乃有「氣」依理之真實而存在。所以，先有理想形上之「理」，接著此種理想落實「氣」中，使「氣」亦充滿「理」之理想性與真實性，唐先生說：

> 此即見天德天理天道之流行，於萬物之相繼而生生不已之歷程中，此則中國傳統思想共有之大義，而為朱子之所發揮，以成其以此理此道為太極，以主乎一切流行之氣之中之思想，而為西方之宗教思想與形上學思想所未之能及者。[87]

唐先生認為中國傳統思想大義，與朱子透過「理氣論」所發揮者，都是這套內容，由肯定太極理道，然後將此理道流貫萬物之氣中，

---

86 唐君毅，《中國哲學原論‧原道篇》（三），頁450。
87 唐君毅，《中國哲學原論‧導論篇》，頁460。

讓萬事萬物皆得理道潤化，最後成就一合乎理道的美善世界。這便是唐先生所謂朱子「理氣論」主旨，而為「西方之宗教思想與形上學思想所未之能及者」。

### （4）「理」之種類、意涵與內容

　　關於「理」，唐、牟兩先生皆同分為兩類，唐先生曰：

> 朱子之所謂理，固有二義：其一義為：一物所具之理或一事一物之極致之理。此可為就一事一物之特定的形式構造相狀而言之理，而相當於西哲之形式之理者，於此可說物有許多，理亦有許多，物各有其理或律則，而各有其極。朱子所謂格物窮理，亦初重在分別就物之不同，以知其不同之理。然朱子所歸宗之理，則又為一統體之理。此統體之理，即一生生之理，生生之道，而相當於西方哲學所謂實現原則者。[88]

唐先生所分兩類，第一類未說名稱，內容是「一物一事所具之理」，相當牟先生「形構之理」，第二類唐先生稱「統體之理」，相當牟先生「存在之理」。唯唐先生認為朱子「格物窮理」初重「一物一事所具之理」，只是他所歸宗的是「統體之理」。所以，「理氣論」的「理」便指此種「統體之理」。至於此種「統體之理」內涵是什麼？唐先生多次多處說其內容是「生之理」：

> 然其「所依以實現于我之心思與生命」之理，便只是一純一之生之理、生之道、生之性。……由是而可說此生之理，乃統此心思所知理、而此一切心思所知之理，亦即皆可視為此一理之內容，吾人於此一理，亦可就其所包涵之內

---

容而說之有種種。[89]

> 此萬物萬殊中之生生之理，皆同為一生生之理，……此一
> 理為太極，故曰「統體一太極」，至於剋就此理之表現於萬
> 物萬殊之物之氣而言，固亦可說萬物萬殊之氣，皆有此理，
> 則當說「一物一太極」。[90]

前章說明吾人所依以實現於吾人心、生命、外物之「理」為何，
唐先生說「只是一純一之生之理」，此種「生之理」可化為種種理
道，世間種種道理也可統合為此「生之理」，此種「生之理」就總
原處說就是朱子所謂「統體一太極」；此種理若就萬物萬殊之氣言，
就是朱子所謂「一物一太極」；所以，朱子「太極」總歸的說就是
「生之理」。

### （5）「氣」之意涵

接著唐先生說明「氣」之意涵：

> 此實際之實現之事，固須依於此能實現之理，然只有此能
> 實現之理，仍不能為此「實際地實現之事之有」之充足條
> 件。此另一條件，即為有精神之氣、生命之氣、物質之氣，
> 簡言之曰氣，以實際地實現理。此即朱子之於晚年所確定
> 之「理為形而上之道，生物之本，氣為形而下之器，生物
> 之具」之論。[91]

唐先生說明道德行為（實際實現之事）兩要件：「理」是實現之理，
此為理想形式軌則，接著是具體實現之事物，作為「理」實現之

---

89 唐君毅，《中國哲學原論・原性篇》，頁 379。
90 唐君毅，《中國哲學原論・導論篇》，頁 481。
91 唐君毅，《中國哲學原論・原性篇》，頁 380。

資，此即「氣」。兩者缺一不可，前者之「理」是「生物之本」，後者之「氣」是「生物之具」。故要了解「氣」內涵較容易，唐先生說：

> 吾人今所謂一物為存在，謂物之形式質料為存在，依舊語，亦即說其涵有「氣」之謂。故氣之義，亦即略同今所謂存在之義。[92]

「存在」就是「氣」，一切存在物——凡有形式與質料者，皆是「氣」，或說凡可感知者，都可稱「氣」，就唐先生系統言，它是「理」所要實現的對象，這便是「理氣論」之「氣」。

（6）**唐主「理先氣後」**

唐先生詮釋朱子「理氣論」的「理」「氣」各種先後關係中，最強調「理先氣後」說，因唐先生將「理氣論」解為「道德實踐」歷程，而「理先氣後」最符合此歷程，他說：

> 吾人如反省吾人于當然之理之體驗，吾人首發現者，即當然之理之呈現于吾人也，乃首表現出一命令之姿態，命令吾人應遵此理而行，以實現此理。質言之，即表現為當實現之一理。而「當然」云者，即當如此然之意，意即當如此實現之意。故吾人于覺一當然之理時，吾人即有不容吾人之不遵此理而行，不得不使此理實現于我之感。此即所謂道德義務之感。[93]

此為他詮釋「理氣論」主要旨意，他認為當我們做道德實踐時，最先出現者為「道德命令」——「當然之理」，此種「理」以命令

---

92 唐君毅，《中國哲學原論・導論篇》，頁468。
93 唐君毅，《中國哲學原論・原道篇》（三），頁457-458。

姿態出現，要求我們遵行實現此理，這就是「道德義務感」，就是「理氣論」的「理」。接著此「理」便會要求實現於「氣」中，而使「氣」合乎「理」之要求，唐先生說：「此命令之意義，即是要變我以前未與此理相應之心氣，而生出一種與此理相應之心氣」[94]，最終讓此「理」完全展現於現實世界中：

> 然此純一之理，表現於有形象之氣之生而化，化而生之歷程中，則此有形象之氣之生而化、化而生之歷程中，亦隨處見此無形無象之生生之理之無所不在。[95]

此種「無形象之理」落實於「有形象之氣中」，不斷生生化化，直到此「理」於萬象中無所不在，便是「理氣論」完成，這歷程便是「理氣論」之實踐流程。

　　案「理」與「氣」關係，就時間序位中，朱子說過「理氣同時」、「理先氣後」、「氣先理後」、「理是邏輯的先」等諸說，但唐先生特重「理先氣後」說，因這樣說法最合乎道德實踐歷程，而唐先生又將「理氣論」解為「道德實踐」理論，而非解成探討事物本質的本體論。唐先生說：

> 朱子之形上學的理先氣後義，必須先于吾人內在之當然之理，與實現此理之氣之關係之體驗中，得其所指示的意義。理先氣後之形上學的意義，亦必須通過此體驗，乃能透視出。由此透視，而可見吾心之當然之理，亦即一切存在之存在之理。[96]

---

94 唐君毅，《中國哲學原論・原道篇》（三），460。
95 唐君毅，《中國哲學原論・導論篇》，頁 483。
96 唐君毅，《中國哲學原論・原道篇》（三），頁 456。

若對道德實踐有體驗，當我們反省道德實踐歷程，必肯定「當然之理」是最先存在者，且因道德實踐歷程，最後會讓萬象之生生化化完全合乎此「當然之理」，所以最終必是當然之理與存在之理合一，屆時一切存在就是道德存在。

在唐先此說統中，不惟強調「理先」且肯定「理內」，此為唐先生對朱子學詮釋大異牟先生處，牟先生以朱子學屬「他律」、「義外」，認為朱子「理」是超越、外在、無法活動者，但若據唐先生如此說解，則「理」不在心外，唐先生說：

> 吾之所以以當然之理為內在而非外者，則以此當然之理，初唯是直接呈現于我，而對我有意義；當其呈現于我也，可純為己所獨知，而他人不知者。[97]

若唐先生對「理氣論」詮釋，採上文所說者，「理」是道德實踐最初無上命令，此種道德命令之呈現我心，此為最真實可確定者，且別人未必知道，屬我之「獨知」，所以當是「理在心內」；朱子學經此詮釋，便與陸王心學無異，此為唐先生對朱子學詮釋之最大特色。

## （7）唐說「理氣論」效用

唐先生「理氣論」詮釋角度乃將之解為功夫論系統，這套系統說明「理」如何淨化自己、別人、直到宇宙萬象皆完全依「理」轉化為止，唐先生曰：

> 在此，吾人必牢記當然之理之呈現于我也，乃呈為一扭轉心氣之狀態，而表現于一去除吾人之舊習氣，更引生與理相應之心氣之命令中，即表現于我之心氣之革故取新之樞

---

97 唐君毅，《中國哲學原論・原道篇》（三），頁 456。

紐或關鍵上。[98]

當道德之理命令於我時，便對我原來之心做一扭轉，將過去不好的身心習氣加以革除，加入新的好的生命特質，使自己生命更合乎道德理道，這就是一種「革故取新」，且不僅對眼前之我做此活動，也兼於過去未來之我，及其他現在未來的人們作轉化，唐先生說：

> 故當然之理之命令于我，而呈現于我也，我不僅覺其命令對此時之現實之我，有意義，且對過去未來之我，亦有意義，對一切與我同類之已生未生之人，亦有意義。……故吾人見及一當然之理之真實性時，即同時見及此理之普遍永恆的真實性。[99]

因此「理」是絕對善，是道德無上命令，是良知善性展現，它不僅及於我心、我身，且及於他人、世間萬事萬物，因這「理」是宇宙間絕對真理，唯一真實的真理，是所有人事物共通標準，經由實踐過程，最後會普及一切事事物物中，使事事物物皆合此理則，此為唐先生詮釋「理氣論」最後所要達致的世界樣貌。

### （8）唐先生詮釋的檢討

　　唐先生將「理氣論」的「理」完全解為道德的「理」，而與客觀事物的「理」完全無關；其次，將「理氣論」詮釋成「功夫論」系統而非一般所認為的宇宙生成論或本體論。最後，他將「理氣論」的「理」說為心上之理──道德命令，類似心學家之說。另外，他的詮釋完全不管文獻資料，不在乎推論之合乎邏輯性，只

---

98 唐君毅，《中國哲學原論・原道篇》（三），頁 462。
99 唐君毅，《中國哲學原論・原道篇》（三），頁 470。

透過自己密義直觀認定以為詮釋。這樣詮釋，有以下幾點不足：

甲.唐先生完全不管文獻資料，只依自己主觀想法，認為理想道德之理應如何，便將朱子之理安排為如此。他將朱子「理氣論」之「理」定位為道德良知之命令，便是此類。接著將「氣」當為良知落實推擴的資具，而謂為「理生氣」過程，仍同屬主觀之說，完全缺乏文獻資料佐證；雖然義理本身不誤，但朱子義理是否真為如此，則大可存疑。

乙.此等詮釋不能合乎文獻者甚多，如：「有是理便有是氣」——若依唐先生說，則此世界為理想世界，然現實世間未必皆合乎道德。「理不滅，氣有生滅」——良知未顯現，理便滅；若理不滅，氣也當是不滅。「理一分殊」——只能說「人人有理」，不能說「物物有理（良知）」。「統體一太極、物物一太極」——「人人一太極」可說，「物物一太極」便不可說。「氣之偏者，得理之偏」——此將違背「人人良知等質等量」。「氣便粗有渣滓」——「氣」未必粗，決定權在「理」。「不離不雜」——如何不離？不雜？人間事常是理氣分離。「天下未有無理之氣」——現實世界不義之事甚多。「理氣同時」——道德行為實現後乃可說二者同時。以上此等朱子「理氣論」重要命題，以唐先生詮釋系統言，未必能做合理說明。

丙.將朱子學說講成「心學家」說，這違背歷來對朱子學定位，朱子主張「性即理」，而無法同意「心即理」，此為學術界共同看法，唐先生之說不合學術上普遍認定。

唐先生此說完全未照顧文獻，只依自己道德體驗以強加朱子「理氣論」上，雖完全合乎道德發生理路，但只能是唐先生的「理氣論」而非朱子的「理氣論」，是朱子注我而非我注朱子。故唐先生如此詮釋「理氣論」實有其限制也。

以上是近世學者對朱子「理氣論」本體一面向之詮釋，雖有

四家，但馮友蘭與勞思光兩先生之說相近，故成三大詮釋系統：

　　1.馮友蘭、勞思光：「理氣」是客觀宇宙之兩類存在：一有形一無形，一然一所以然，唯此說與道德無直接相關，會形成兩橛——中性之理氣將如何講道德；但此為最照顧朱子文獻之詮釋方法。

　　2.牟宗三將「理」解為「存在之理」（道德上），但謂此「理」為客觀超越而非內在之理，「格物窮理」之「理」與「物物一太極」之「理」都屬客觀存在之理，這樣與道德連上一半的線，只是沒和「本心」連上線，最後窮得之理、或太極之「理」都是外在的，是存有而不活動，屬他律道德。相較唐先生說，這仍是較照顧文獻者。

　　3.唐君毅先生不僅將「理」屬之道德範疇，且將它屬之本心，「理」是道德的，且是一切存在之理，「氣」是現實世界的；如何將「理」發用流行於現世之氣中，此為唐先生所謂朱子「理氣論」內涵所在，此種解法幾乎完全未照顧文獻，純依自己主觀道德實踐做說明。

　　這三大系統各有特色，有的照顧到文獻資料，有的依於理想道德體驗；有的將「理」講為外在形構之理，有的將之講為外在道德律則，有的則講為本心良知之理；有的將「氣」解為外在客觀中性的存在物，有的解為道德行為所依之資；各能言之成理，也各有限制與不足。

# 四、小　結

　　本章旨在對朱子「理氣論」所探討範疇作一論析，「理氣論」是朱子三大主要義理架構（理氣論、心性論、功夫論）之一，因

「理氣論」的「理」，便是心性論「性即理」之「理」，亦為功夫論「格物窮理」之「理」，此為朱子學說之基底，故張岱年先生稱為「本根論」[100]，在朱子學說中是第一重要理論，歷來學者尚未詳論其屬何範疇，故本章論之。

　　經本章探析，朱子及近世學者對「理氣論」探討的範疇有多種說法，包括「宇宙生成論」及「本體論」；在「宇宙生成論」中，又有中性的宇宙生成論（馮、勞）及道德世界的宇宙生成論（牟、唐）之別；其次，在「本體論」中，理氣論之「理」可同時指「中性事物之理」（馮、勞）與「道德事物之理」；且「道德事物之理」，又有主他律道德之理（牟）與心學家之理（唐）。這便是對朱子理氣論的各種詮釋說法。

　　所以會造成如此眾多的詮釋系統，首先是朱子每用同一字詞表述兩種不同內涵之概念，例如理氣論之「理」既指「宇宙生成論」之源頭，又指「本體論」之「本體」，於是形成義理之矛盾性——根據「宇宙生成論」必是「理先氣後」，但根據「本體論」當為「理氣同時」。

　　其次原因是朱子對意涵相近概念之認識不清，例如他釐不清「宇宙生成論」與「本體論」之別，於是有時將理氣論講成「宇宙生成論」，有時又將理氣論講成「本體論」。接著有關「中性事物」與「道德事物」朱子亦每分不清——「理」到底是客觀中性事物之理，或是道德事物之理；此處釐不清，則「格物窮理」所窮的是何種理——是「中性之理」或「道德之理」，便跟著模糊。

---

100 張岱年云：「理氣論之大成者是朱晦庵（熹），朱子根據伊川之學說，加以擴大充實，予以豐富的內容，形成中國哲學中最縝密最有條理的本根論系統。」〔見張岱年，《中國哲學大綱》（臺北：藍燈事業文化公司，1992年4月），頁120。〕

接著「理氣論」便會在道德與非道德的空間搖擺，於是創造詮釋者非常大的詮釋空間。

　　那為何朱子會有此等困難，此中可能原因有二：一或如陸象山所謂「學不見道」，牟先生所謂是「見道不見道，體上工夫足不足，本體透澈不透澈」[101]之問題，若對道體有深刻全面性體悟，則無論如何說都會把握宗旨，萬變不離宗，如何說如何對，必不致有猶豫模糊依違不定情況發生。其次，則是思辨力不足，雖牟先生認為朱子「分解之思考，步步著實，是朱子生命之本質」[102]，唯朱子雖有此等材質，但未必提煉善用，若朱子有很強辨析能力，必不致分不清楚「宇宙生成論」與「本體論」不同，也必不會混淆中性事物之理與道德行為之理。此為本章探討朱子「理氣論」之歸結。

　　**本章發表資訊：許宗興，〈朱子「理氣論」範疇探析〉，《淡江中文學報》，期 34（2016 年 6 月），頁 103-147。**

---

101 牟宗三，《心體與性體》（一），頁 59。
102 牟宗三，《心體與性體》（三），頁 20。

# 第四章　朱子「理」之外在屬性探析

## 一、前　言

　　自從 1968 年，牟宗三先生出版《心體與性體》，提出「別子為宗」以論朱子學後，朱子哲學的定位，便成聚訟紛紜之問題，至今仍未有定論，學者分持兩種不同看法，有極力捍衛朱子學者，亦有對朱子學持保留態度者；有以為朱子當屬正宗儒家，亦有以為朱子歧出於孔孟；即使是學界大家，如唐君毅與牟宗三等先生[1]，亦分持兩種不同看法；故朱子哲學的內涵為何？其是否合於孔孟儒家正統之學，實有再深入探討必要。

---

1　例如唐君毅：「朱子亦實正是趨向于：依本心之心體之建立，而以一切功夫，不外所以自明此心體之說者。此與象山立根處，亦正無不同也。」（唐君毅，《中國哲學原論・原性篇》，頁 647）。又：「此本心之全體，即一真正之心與理合一之形而上的本體義的本心」（同書頁 649）。而牟宗三曰：「（朱子學）大抵皆是認識論的、靜態的橫列，而不是本體論的、動態的、立體的直貫，此種型態大體是不宜於講孟子中庸易傳」（牟宗三，《從陸象山到劉蕺山》，頁 89）。又曰：「此是類乎荀子之形態，智性義理之形態，而與孔孟之教不相應也」（同書頁 91）。牟先生又曰：「吾人所以不視伊川朱子學為儒家之正宗，為宋明儒之大宗，即因其一、將知識問題與成德問題混在一起講，既于道德為不澈，不能顯道德之本性，復於知識不能解放，不能顯知識之本性；二、因其將超越之理與後天之心對列對驗，心認知的攝具理，理超越地律導心，則其成德之教固應是他律道德，亦是漸磨漸習之漸教」（牟宗三，《心體與性體》（一），頁 50）。牟宗三又曰，「唯此中和問題伊川既不能澈之于前，而朱子之釐清又不能當之于後，故其由此所確定之功夫入路遂成為與論孟相疏遠，甚至相違反。」（牟宗三，《心體與性體》（三），頁 47）。

　　朱子哲學內涵可歸為數個範疇[2]，若要全面性探討朱子哲學之定位，需就每一向度作深入研析，本章僅探討他的本體論[3]，「本體」屬義理之核心，若本體思想明晰，其他向度的思想便易於釐清。而此處所謂之「本體」乃指「聖人所體證之內涵」；凡想成聖必先對「聖之內涵」有所瞭解、體會、並與之合一，乃能達致「聖」之圓滿實現，此便是傳統儒家所要達到之理想境地，亦為孔孟之學所要完成的終極目標。因此「本體」在內聖學中實居於核心地位；職是之故，透過朱子本體論之探討，將可相當程度瞭解朱子學之內涵，並可藉此了知朱子學是否為純正儒家之學。

　　朱子用來說明「本體」內涵之字詞主要為「理」，故深入分析探討朱子之「理」，便可對朱子本體思想有所瞭解；然而即使是朱子之「理」，所涉範圍仍非常廣大，故本章又將焦點縮小到朱子「理」之外在屬性，尤其是探討理之「是否可言說」、「屬形上或形下」、「是一或多」、「是活動或但理」等有關本體純雜判定之重要向度上，希望聚焦於此小範圍，能將問題作更深入清晰的論析。最後冀望透過本章之探討，能為朱子之理及其學說作出較為精準之定位。

　　至於探討方法，本章將採「正本清源法」，亦即回到朱子原典——主要為《文集》與《語類》中去找證據，透過第一手資料之蒐集研析，以期回復朱子義理之本來面目。

---

2 例如價值論、本性論、本體論、功夫論、境界論等，若要論定朱子義理，理當全面性深入討論。

3 本章所謂朱子「本體論」，僅依傳統哲人之義理論述範疇而類比之；意指朱子對其生命最究竟處的「理」之理解與詮釋。

## 二、「理」在朱學中之地位

牟宗三先生經深入探究朱子義理後說：「（朱子）全部事業、勁力全在格物窮理處展開」[4]，他認為朱子學說雖架構龐大，但核心問題只在「格物窮理」，而格物目的又是「窮理」[5]，故知「窮理」在朱子義理中佔最重要地位，因此謂「理」為朱子學說之結穴處當不為過。

朱子認為「世間萬事，須臾變滅，皆不足置胸中，惟有窮理修身為究竟法耳」[6]。世間一切事為皆不值掛心，唯有「窮理」才值得關心探究，「理」在朱子學中之重要性於此可知。又云「理明，則異端不能惑，流俗不能亂，而德可久，業可大矣」[7]。蓋謂人若掌握宇宙總理則，則人間一切背離價值之事物無法沮惑，且可依理實踐而讓德業可大可久。故他認為若人掌握到「理」時就像房子有地基地盤一樣安穩，朱子說：

> 識得道理原頭，便是地盤。如人要起屋，須是先築教基址堅牢，上面方可架屋。若自無好基址，空自今日買得多少木去起屋，少間只起在別人地上，自家身己自沒頓放處。[8]

> 學者工夫，但患不得其要。若是尋究得這箇道理，自然頭頭有箇著落，貫通浹洽，各有條理。如或不然，則處處窒礙。[9]

---

4 牟宗三，《從陸象山到劉蕺山》，頁129。
5 朱子說：「格物致知只是窮理」，見宋・朱熹，《朱子文集》，卷51，頁2362。
6 宋・黎靖德編，王星賢點校，《朱子語類》，卷8，頁147。
7 宋・朱熹，《朱子文集》，卷24，頁923。
8 宋・黎靖德編，王星賢點校，《朱子語類》，卷8，頁130。
9 宋・黎靖德編，王星賢點校，《朱子語類》，卷8，頁130。

因為「理」是朱子學說義理之核心關鍵，故朱子認為只要識得「理」自然能夠左右逢源而無往不利，此時若要探討宇宙總原理固然沒問題，要窮理作功夫也可如願以償，要瞭解存在界的「理氣論」也能掌握，要透過實踐「理」以達聖人境界，亦無困難；無論內聖或外王，只要識得「理」都能應付裕如；故朱子譬為築室之地盤，是身心之安頓處，從此不需跟著別人腳根轉。「理」是朱子核心理念，若能瞭解、體會、實踐之，則朱子之義理學說便思過半矣。朱子之「理」內涵深廣，本章僅探究朱子「理」之外在屬性。

## 三、朱子「理」的外在屬性

朱子在世 71 年歲月中，談及理者數萬次之多，即使《文集》與《語類》所載，仍有數千之譜，本章首將朱子「理」之外在屬性，列為探討綱目。

### （一）是否可認識

「理」可否透過感官認識，此為古人「言意之辯」的範疇，「言」「意」二者關係如何？亦即「理」可否言詮？是部分或全部可言詮？或在何種條件下，「理」可言詮？「理」是否真無法透過感官碰觸？對此等問題朱子一旦提出答案，便可知其所謂「理」如何定位？意涵為何？故探討朱子「理」可否認識有其必要。朱子曰：

> 程子『性即理也』，此說最好。今且以理言之，畢竟卻無形影，只是這一箇道理。在人，仁義禮智，性也。然四者有何形狀，亦只是有如此道理。有如此道理，便做得許多事出來，所以能惻隱、羞惡、辭遜、是非也。……蓋性中所

有道理，只是仁義禮智，便是實理。[10]

仁義禮智，性也。性無形影可以摸索，只是有這理耳。惟情乃可得而見，惻隱、羞惡、辭遜、是非是也。[11]

性不可言；所以言性善者，只看他惻隱、辭遜四端之善，則可以見其性之善；如見水流之清，則知源頭必清矣。四端，情也；性則理也。發者，情也；其本則性也；如見影知形之意。[12]

朱子此處將世界存在物分為有形影與無形影，有形影是人可透過眼耳鼻舌身等感官認識者，無形影是人無法透過眼耳鼻舌身等感官把握者；朱子認為我們看得到的存在物，背後都有一個看不到的「理」；例如人會有「惻隱、羞惡、辭遜、是非」之行為表現，乃因此等行為背後有它所以然之「理」；同理，有形之桌椅，背後一定有桌椅所以為桌椅的「理」存在。「然」的部分是「情」或「氣」，「所以然」的部分是「性」或「理」。故知朱子所謂「理」，是相對於有形可感知之存在物，其背後那個無法耳聞眼見鼻嗅舌嚐之存在者。

其次，朱子謂「性（理）不可言」，這便有多種可能情況，按「無法耳聞眼見鼻嗅舌嚐」乃指此為無形之存在物，故感官全用不上力；但若說「不可言」，則「言」指言語概念，是人的心思活動，若連人之心思活動都無法到達，則此性此理，必是非常特別；再說若心思無法接觸，那要用什麼方法接觸，若人所有的方法都

---

10　宋・黎靖德編，王星賢點校，《朱子語類》，卷4，頁64。
11　宋・黎靖德編，王星賢點校，《朱子語類》，卷6，頁108。
12　宋・黎靖德編，王星賢點校，《朱子語類》，卷5，頁89。

不能接觸，那似又不需白費力氣而著書立說。唯朱子只謂「性不可言」，究竟為何不可言，朱子則未深論。

　　嘗試解析之，「不可言」大別有兩種可能：一種是完全不能言，一種是在某些條件下為不可言者。若是前者之完全不能言，則無須著書立說矣，朱子亦無需寫浩瀚卷帙去談他的理；若是後者仍有兩種可能，一是雖就凡人言，形上之理不可言，但若就聖者言，因二聖皆默契道妙，一鼻孔呼吸，故理又變成可言，亦即此種「不可言」是就兩人分處形上與形下之世界，理為不可言；若兩人同處形上世界，則「理」仍為可言，此其一。另一種「在某些條件下為不可言」是指：「理」因無形影，無法看得到摸得著，故很難完整清晰的說明，例如什麼是「桌子之理」，我們很難說清楚；什麼是愛之理的「仁」，我們也難講明白。故朱子說：「事物可見，而其理難知」。[13]但只是很難說清楚，並非完全「不可言」，我們仍可相當程度說明其屬性，而使人有某種程度之瞭解，若朱子是此義，則朱子之「不可言」，是指「言不盡意」或「言難盡意」，而非「言不能表意」。

　　綜觀朱子之「理」當指後者，蓋謂相對於有形之存在言，「理」是無形影之存在，是事物之所以然，無法透過我們眼耳鼻舌身等感官去碰觸，即使可用「心意」去接觸，但因看不見故難作具體的表述；即使能說，也只是有限的說，只能作某種程度說明，無法作完整徹底百分之百之呈露，此或為朱子對「理」可否言詮之看法。亦即朱子之「理」仍在正統哲人所謂之形下世界，它的「不可言」並非形上形下兩界之間隔，而使「理」不可言詮；至於為何朱子之「理」非指形上世界之理，將於下文說明。

---

13　宋・黎靖德編，王星賢點校，《朱子語類》，卷 75，頁 1935。

## （二）形上或形下

「形上」、「形下」之詞始見《周易・繫辭傳》：「形而上者謂之道，形而下者謂之器」[14]，至於「形上」「形下」之意含，則歷來詮釋家之詮解不盡相同，尤其經學家與理學家之說差異更大，朱子之說又與其他理學家之說不同。本章不作名相詮釋之考證，僅依傳統理學家之說而作如下定義。

本章所謂「形上」乃指「聖者境界」言，亦即聖者所體證之心境，此種心境略指：「空靈」、「超越」、「一元」、「喜樂」、「無善無惡」、「一體之仁」、「萬物備於我」、「不動心」、「宇宙即吾心」、「無為」、「齊物」、「屎溺有道」、「目擊道存」、「即事而真」、「無執」、「不二」、「一味」、「無緣大慈」、「同體大悲」、「物我一如」、「真空妙有」、「煩惱即菩提」、「萬物靜觀皆自得」、「也無風雨也無晴」等詞語所描述之境，簡言之，即聖人之境界。

而所謂「形下」乃指凡人心境所感受之世界，它是「二元」、「對立」、「分別」、「取捨」、「得失」、「苦樂」、「執著」、「有為」、「有我」、「有善有惡」、「佔有欲、排斥欲」、「矛盾衝突」、「有各種情緒產生」、「撕裂不圓滿」、「內心沒有真正的和諧安寧」之狀態，簡單地說乃是有苦有樂之凡人世界。

據此則形上與形下之別，即為「聖」、「凡」之別，形下是凡人世界，若我們透過功夫施用而由凡轉聖，此時便走入形上世界；中國哲人未必用「形上」「形下」以描述這兩境，但其義理中對此兩境之分別必清晰顯明。傳統哲人所謂之「理」，必指此「形上之理」。因此，朱子之「理」，我們便要探討它是屬形上或形下，以

---

14 王弼注，孔穎達正義，《周易正義》，《十三經注疏》，《漢籍電子文獻資料庫》／經部／十三經，頁1581。

期對朱子「理」之份際做出定位。

　　按朱子著作中使用「形上」「形下」處甚多，且自謂「理」屬「形上」；唯其所謂「形上」是否即傳統哲人之「形上」，則有討論必要。若二者內涵完全等同，則朱子之理屬傳統哲人之形上便告確定。如其不然，則需進一步探究其理宜歸傳統哲人之形上或形下。以下先看朱子之說：

> 且如這箇椅子有四隻腳，可以坐，此椅之理也。若除去一隻腳，坐不得，便失其椅之理矣。「形而上為道，形而下為器。」說這形而下之器之中，便有那形而上之道。若便將形而下之器作形而上之道，則不可。且如這箇扇子，此物也，便有箇扇子底道理。扇子是如此做，合當如此用，此便是形而上之理。天地中間，上是天，下是地，中間有許多日月星辰，山川草木，人物禽獸，此皆形而下之器也。然這形而下之器之中，便各自有箇道理，此便是形而上之道。所謂格物，便是要就這形而下之器，窮得那形而上之道理而已。[15]

朱子此處很清晰說明其所謂「形而上」與「形而下」之意含，他認為像椅子、扇子，以及天地間所有之有形物，都是形而下之器[16]；而椅子之理、扇子之理，乃至一切有形物之理，便是形而上之道。朱子便依此以詮釋《易傳‧繫辭》：「形而上者謂之道，形而下者謂之器」之意含。朱子更進一步說明所謂格物，便是要格形而下之

---

15 宋‧黎靖德編，王星賢點校，《朱子語類》，卷62，頁1496。

16 按朱子將存在界之物分為兩類，一是有影之物，可摸著，可透過人的官能感知，如眼見耳聞鼻嗅舌嚐身觸心知者，此類朱子稱為形下世界之物；唯因朱子時代科技不發達，不知尚有雖感官無法碰觸，但可透過儀器感知者，如聲波電波紅外線紫外線等，此等雖是感官無法感知之物（無形者），但此類仍屬朱子此處所謂的形下世界。

物，以獲得形而上之理。由此可知朱子的「形而上之理」或「格物窮理之理」，最少有一義是指有形物所以然之「理」。關於此等立論，朱子《文集》及《語類》中，幾乎俯拾即是：

> 然這形而下之器之中，便各自有箇道理，此便是形而上之道。[17]

> 形而上者，無形無影是此理；形而下者，有情有狀是此器。然謂此器則有此理，有此理則有此器，未嘗相離，卻不是於形器之外別有所謂理。[18]

此處所言「形而上」與「形而下」，很明顯是就客體對象言，在凡人感官所及之事物，皆屬形而下之器；當我們用凡人心識去窮究其「理」，所窮者便屬形而上之理。因此，形上形下之分，是有形與無形之別，器與理之異，而不是聖凡之別；若是聖凡之別，則就聖人言，當說「器亦為道，無物非道」；若就凡人言，當說「無物是道」，即使是事物所以然之理，仍是形下世界之「器」。朱子既以對象物之「有形之器」與「無形之理」解「形下」「形上」，可知其所謂「形上之理」，仍屬傳統哲人「形下」範疇。

唯朱子「形上之理」即使為傳統哲人所謂之「形下」，仍無法斷言朱子所有之理或其義理系統皆屬「形下」者；若要斷言朱子所有之理或朱子哲學義理，皆屬「形下世界」，尚須檢視朱子是否無傳統哲人「形上之論」，或透過朱子對傳統哲人「形上之論」所表達不以為然之態度，乃較能確認朱子哲學系統中，無傳統哲人之「形上思想」。朱子云：

---

17 宋・黎靖德編，王星賢點校，《朱子語類》，卷62，頁1496。
18 宋・黎靖德編，王星賢點校，《朱子語類》，卷95，頁2421。

> 天地中間，上是天，下是地，中間有許多日月星辰，山川
> 草木，人物禽獸，此皆形而下之器也。然這形而下之器之
> 中，便各自有箇道理，此便是形而上之道。[19]

> 聖門所謂「聞道」，「聞」只是見聞玩索而自得之之謂，「道」
> 只是君臣父子、日用常行當然之理，非有玄妙奇特不可測
> 知。[20]

> 大抵聖人之學，本心以窮理，而順理以應物，如身使臂，
> 如臂使指，其道夷而通，其居廣而安，其理實而行自然。[21]

> 所謂天理，復是何物？仁義禮智，豈不是天理？君臣、父
> 子、兄弟、夫婦、朋友，豈不是天理？[22]

上引各章朱子對「形上之道」、「聞道」、「窮理」、「天理」之內涵
提出說明，他所謂「形上之道」如前所言，乃指事物所以然之理，
他所謂「道」乃指「君臣父子、日用常行當然之理」；所謂「窮理」
之「理」乃指「其道夷而通，其居廣而安，其理實而行自然」；所
謂「天理」乃指「仁義禮智、君臣、父子、兄弟、夫婦、朋友」，
透過此等詮釋可知，在朱子義理系統中最主要者為：平實、日用、
倫常之理，此等理是平常百姓應該做到，且人人可做到者，凡能
達致者便是君子風範，此種人物，他善惡有別，是非分明，能做
好基本的五倫關係。但若只講到這裡，便仍屬凡人世界之道德規
範，仍為傳統哲人之形下世界。由以上引文可知，朱子對此種思

---

19　宋・黎靖德編，王星賢點校，《朱子語類》，卷62，頁1496。
20　宋・朱熹，《朱子文集》，卷59，頁2892。
21　宋・朱熹，《朱子文集》，卷67，頁3390。
22　宋・朱熹，《朱子文集》，卷59，頁2892。

想是認同與鼓勵的，且其義理亦僅止於此。以下再考察朱子對真正傳統哲人之形上思想的態度，如此將更易看出朱子「理」之定位，及朱子義理之份際。朱子云：

> 「有我不能窮理，人誰識真我？何者為我？理便是我。」
> 其言過高，而且怪。理者，天下之公認之。[23]

> 所云：「禪學悟入，乃是心思路絕，天理盡見」，此尤不然。
> 心思之正，便是天理，流行運用，無非天理之發見，豈待
> 心思路絕而後天理乃見耶？[24]

> 愚謂：有是有非，天下之正理。而是非之心，人皆有之，
> 所以為知之端也；無焉，則非人矣，故詮品是非，乃窮理
> 之事，亦學者之急務也。斯言也，其儒釋所以分之始與！[25]

以上三章乃朱子對釋道之批判，他認為儒家平實平易，有是有非，且落在日用常行中實踐，唯有此種為天下人所公認者乃是真正實學；並謂佛家所言心性，太高太怪，所謂心思路絕、講禪講悟、談無我真我者，皆朱子所大不以為然者。按朱子所批判之佛道思想，絕大部分便都在談聖者心境，經由無我解消主客對立，悟入一超越言詮心思之世界，在此世界中並非沒有道德善惡，並非不管倫常關係，更非不作日常活動；只是心識轉換，將凡人心識轉為聖者本心，將有執轉為無執，將有我轉為無我，將二元轉為一元，將有苦樂之世界轉為超越苦樂之世界，將有比較分別得失之心轉為無比較無分別無得失之心；世界還是世界，日用常行還是

---

23　宋・朱熹，《朱子文集》，卷51，頁2386。
24　宋・朱熹，《朱子文集》，卷59，頁2892。
25　宋・朱熹，《朱子文集》，卷72，頁3611。

日用常行，道德行為還是道德行為，只是此時之心是無所得、放下與自在；以此種心作人間事業，於己更加喜樂，於人更能引領別人走向善道，如是而已。但朱子卻對此境不瞭解，進而產生排斥感。由此可間接證明，朱子所謂之「理」當非傳統儒家形上之理，否則他如何會誤解與排斥此等形上之理。

朱子《語類》另有一處，雖未排斥傳統儒家形上之理，但卻認為當有先後，宜先瞭解平實簡易層，再去理會上面高妙一層，其言曰：

> 而今學者看來，須是先曉得這一層，卻去理會那上面一層方好。而今都是和這下面一層也不曾見得，所以和那上面一層也理會不得。[26]

此處朱子似乎肯定有「上面一層」，只是謂當有先後，然而「上面一層」是什麼？它與「這一層」有何關係，朱子並未明言。其實，兩層只是聖凡之不同，並非進入聖者心境後，便會完全否定凡人之事行，該孝還是孝，該忠還是忠，該平實還是平實，只是心境完全不一樣──更加喜樂自在與充實的過生活。所以朱子既不明此中分際，雖有先後之論，仍不能說他有傳統哲人之形上心思。

以下再稍引近儒之說，以見朱子對傳統哲人形上義理之闕如，牟宗三先生：

> 此種「所以然」是現象學的、描述的所以然，物理的、形而下的所以然，內在于自然自身之同質同層的所以然；而非形而上的、超越的、本體的、推證的異質異層的所以然。此種自然義、描述義、形下義的「所以然之理」，吾人名之

---

26 宋・黎靖德編，王星賢點校，《朱子語類》，卷 62，頁 1497。

曰「形構原則」。[27]

牟先生此處將「所以然」分為兩類，一是在凡人世界中，以我們的心識去推論探索外在事物之所以然，此為形下義的「所以然之理」，亦即朱子之路，故朱子所言「形上之理」，仍然被牟先生判為「形下義」；那真正形上義為何？它是超越的、本體的、異質異層的；所謂超越是指二元對立的上提，凡人的形下世界有善有惡，有苦有樂，有得有失，而形上世界是超越善惡、苦樂、得失，進到無得亦無失，非苦亦非樂，至善無惡的世界。就相對人間現象界言，此種聖人境界稱為本體界——本來體性、宇宙實相、本來面目，此等都指價值上的本源，這與凡人世界是「異質異層」的兩個世界，此種本體界才是傳統哲人真正的形上世界，朱子義理於此種形上世界似乎付諸闕如；他所言之「形上」仍是傳統哲人之形下世界，他在傳統哲人之形下世界中又將之分為「然」與「所以然」，並將前者稱為「形下」，後者稱為「形上」；雖然與傳統哲人之用語相同，但指涉完全不一樣，故不能以名同而誤為實同。

　　蔡仁厚先生更進一步說明，朱子不僅建立起自己「然」（形下）與「所以然」（形上）之系統，且將歷來儒家哲學置於其系統中詮釋，於是讓原來傳統哲人形上之仁體、性體、道體、太極等，變成形下主客對立系統下之義理，使原來立體直貫的儒家學問，變成平置系統，這便都是因朱子學中沒安立傳統哲人真正的「形上之學」，致使全部儒家義理成了「形下之學」，蔡先生之言曰：

　　　朱子依據「人心之靈莫不有知，而天下之物莫不有理」這一個心知對物理的思想格範，把天下事物一律平置為「然」

---

27　牟宗三，《心體與性體》（一），頁88-89。

與「所以然」。朱子將仁體、性體，以至道體、太極，也同樣平置為普遍的理。於是，那作為「理」的道體性體仁體，遂永遠為「客」為「所」，而不能反身為「主」為「能」，在這種情形之下，從孟子以來的那個立體直貫、而能起現道德創造的、實體性的「心體」，也就無從說起了。[28]

從以上牟先生與蔡先生之論，可知在朱子義理系統中，並沒有傳統哲人的「形而上學」，只有他自己的形而上學；而他的形而上學，仍是在傳統哲人之「形而下學」中，朱子用他的形上學去談傳統儒家義理，反讓傳統儒家義理失格為平置的主客對立之學，使傳統儒家形上本體之學旨趣盡失。故由此益可推論朱子的「理」當屬傳統哲人之形下世界無疑。以下畫一簡圖以說明朱子「形上」與傳統哲人「形上」間之關係：

---

28 蔡仁厚，〈朱子的工夫論〉，《國際朱子學會議論文集》（上冊），（臺北：中央研究院中國文哲研究所籌備處，1993），頁593-594。

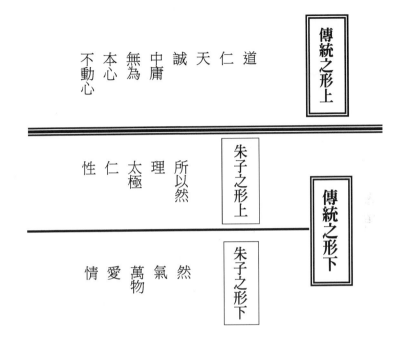

## （三）一理或多理

　　要瞭解朱子「理」的內涵，還可從「理」是一或多之向度來探討，因就聖者言，理必是「一」，王陽明所謂「心一而已」[29]，象山所謂「東海有聖人出焉，此心同也，此理同也；西海有聖人出焉，此心同也，此理同也；南海北海有聖人出焉，此心同也，此理同也；千百世之上，有聖人出焉，此心同也，此理同也；千百世之下，有聖人出焉，此心此理亦莫不同也」[30]。古今中外聖人所證者，必皆是此理；它是聖所以為聖之本質，其內涵便是上文「形上之理」所述內容。

---

29 明・王守仁，《王文成全書》，收於《文淵閣四庫全書電子版》／集部／別集類，卷2、卷5、卷7、卷31、卷33等處。

30 宋・陸九淵，〈象山年譜・13歲〉，《象山先生全集》，頁489。

　　因此，若朱子謂「理一」，則所述有可能為聖者之理，若非如此，朱子主「理多」且不謂雖多實「一」，則可確定其所謂「理」，必非傳統哲人之「理」。

　　再者，若朱子同時主張「理一」及「理多」，此時便需看他如何說明二者關係，若從「宇宙論」立場，說明「理多」根於「理一」，亦即由「理一」產生「理多」，那需看此所謂產生是指何義，乃能判定其「理」是否真為傳統哲人之理，此為「理一」與「理多」之第一種關係。

　　若朱子從「存有論」立場說明「理一」與「理多」關係為：「理一」包括「理多」，即「理一」是大集合，「理多」是「理一」之小集合；亦即理雖只一個，但此理包含眾理、甚或無窮之理於其中。若是此種關係，則「理一」只是虛概念，事實上即為「理多」，若朱子謂「理一」與「理多」關係為如此，則亦非傳統哲人所謂之「理」；此為「理一」與「理多」之第二種關係。

　　若朱子從「存有論」另一立場，說明「理一」與「理多」關係為：「理一」綜攝「理多」，亦即「理一」真實存在，它將「理多」之理再加提煉，而成眾理之理，「理多」之特質皆攝於「理一」中，若是此種綜攝關係，那此種「理一」亦非傳統哲人所謂之理，其理由下詳。此為「理一」與「理多」之第三種關係。

　　若朱子從「實踐論」立場，說明「理一」與「理多」關係為：透過「理多」之實踐操作，一旦豁然貫通，則掌握了「理一」之內容，此為從實踐以印證上一種的綜攝關係，故其非傳統哲人所謂之「理」亦顯然。此為「理一」與「理多」之第四種關係。

　　若朱子從「本體論」立場，說明「理一」與「理多」關係為：當對「理一」瞭解體悟後，於是在日用常行中，將此「理一」發為多方面之道德行為，此時就每一道德行為言便是理多。若為此

種「理一分殊」關係，則有可能是傳統哲人所謂之「理」；至於是不是真為傳統哲人所謂之理，尚須視其說法而定。此為「理一」與「理多」之第五種關係。

以上將「理一」與「理多」之關係分為五種情形討論，透過此等探討，便相當程度能定出朱子理之內涵，同時也能知其所謂理，是否即為傳統哲人所謂之理。以下依朱子原典分別論述之。

### 1. 理一（理唯一）：可以是聖者之理

按傳統哲人所謂之理必是「理一」，此理即前章所謂「形上之理」，它是超越一切對立性之理，無法透過凡人感官接觸，故是言語道斷、心行路絕；但若為個中人，此種理亦能彼此心領神會而默契於心；此種理是百世以俟聖人而不惑，放諸四海而皆準之理；它是生命本然狀態，故說為本心、本體、實相、本來面目、本性。但不同於現象界凡人之理，凡人之理是有對立相，只在某一時空環境中為真，且是依凡人心識所產生之理，故是多而非一。對「理一」之說，朱子著作雖有論及者，唯數量甚少，朱子曰：

> 人若每事做得是，則便合天理。天人本只一理。若理會得此意，則天何嘗大，人何嘗小也！[31]

> 能如此著實用功，即如此著實到那田地，而理一之理，自森然其中，一一皆實，不虛頭說矣。[32]

如此論「理」便相應於傳統哲人之說，此等文句若放入明道、象山、陽明等人之文集語錄中，當不會有懷疑者，只是朱子此等論述甚少，故當非他主要主張，或只偶然靈光一閃之智慧語，無法

---

31 宋‧黎靖德編，王星賢點校，《朱子語類》，卷17，頁387。
32 宋‧黎靖德編，王星賢點校，《朱子語類》，卷27，頁678。

全依此以論定朱子，尚須看其他論理之處，乃能真正確定他心中
所謂之理究何所指。

## 2.理多而不知其一（主理多而不知其為一）：非聖者之理

反之，若朱子只主張「理多」且不謂其為「一」，那此理必非
傳統哲人之理；蓋會是「理多」，必是凡人形下之理，如世間事物，
每一物有一理，每一事有一理，讀書有讀書之理，甚至讀不同科
目有不同科目之理，不同書籍有不同書籍之理；不同的人際有不
同之理；如此之理便會無窮無盡。因此若主張「理多」，則其理必
是凡人形下世界之理，而非傳統哲人之理。朱子於此有類似主張，
只是論述數量亦不多，亦難據此以論定朱子之理，必為形下之理。
朱子云：

> 義理儘無窮，前人恁地說，亦未必盡。[33]

人間道理盡是說不盡，因有無窮無盡之人事物，每一物每一事都
有其理，加上不同時空環境，道理就更層出不窮；唯此種雜多之
理，只會在形下世界出現，聖者所證之理不謂是也。故若朱子主
理多或無窮，則必非傳統哲人之理，但因相關資料甚少，無法驟
下判語，而謂朱子之理必為形下之理。

## 3.同時主理一與理多：是否為聖者理，須視情形而定

朱子對理是一或多之主張，單獨謂為一或多者少，絕大部分
皆同時言其一且多，只是一與多之關係有各種可能，據朱子所述
之各種關係，亦可相當程度瞭解朱子理之內涵，也可相當程度瞭
解其所謂理，是否為傳統哲人之理，以下分就「理一」與「理多」
之各種可能關係論述之。

---

33　宋・黎靖德編，王星賢點校，《朱子語類》，卷9，頁157。

## (1) 一理含括多理：非聖者之理

　　若同時主張「理一」與「理多」，且謂「理一」含括「理多」，亦即虛說有一總的理，而此總的理包藏無數個別之理。此雖虛說為「理一」，事實上仍是「理多」。且看朱子說：

> 當來得於天者只是箇仁，所以為心之全體。卻自仁中分四界子：一界子上是仁之仁，一界子是仁之義，一界子是仁之禮，一界子是仁之智。一箇物事，四腳撐在裏面，唯仁兼統之。心裏只有此四物，萬物萬事皆自此出。[34]

> 窮理，如性中有箇仁義禮智，其發則為惻隱、羞惡、辭遜、是非。只是這四者，任是世間萬事萬物，皆不出此四者之內。[35]

> 味道問：「仁包義禮智，惻隱包羞惡、辭遜、是非，元包亨利貞，春包夏秋冬。以五行言之，不知木如何包得火金水？」曰：「木是生氣。有生氣，然後物可得而生；若無生氣，則火金水皆無自而能生矣，故木能包此三者。[36]

在朱子義理中，「理一」與「理多」之關係很複雜，上舉三章是其中一種關係，前二章謂心性中只有一理，但此理統攝四較小之理，第三章又將四小理中的「仁」獨立出來，以統攝其他三理；但基本架構相同，都謂心性中存在著多樣的理，且各自管轄不同領域，並謂此等領域只有四個區塊；亦即宇宙之理可分為四大範疇，而分屬心性中之「仁、義、禮、智」管轄。若朱子真如此主張，則

---

34 宋・黎靖德編，王星賢點校，《朱子語類》，卷6，頁115。
35 宋・黎靖德編，王星賢點校，《朱子語類》，卷9，頁155。
36 宋・黎靖德編，王星賢點校，《朱子語類》，卷6，頁108。

其理必非傳統哲人之理。

　　蓋仁、義、禮、智是依孟子系統而說，若其他哲人另有更整全之概括法，是否心性中仍為仁義禮智四區塊，亦即仁義禮智之分類是否為絕對者；其次，是否所有的理都可歸於此四區塊，會不會有模糊地帶，此等難於歸類者最後到底歸誰管轄；再說，世間之理那麼多，每天為了管轄權可能就會讓心性疲於奔命，甚至會否因不知歸誰管轄而讓心性作用失靈。

　　除將理分為四區塊外，朱子亦常將理分為無窮區塊，然後統括於最高層級之理，朱子云：

> 「萬一各正，小大有定」，言萬箇是一箇，一箇是萬箇。蓋體統是一太極，然又一物各具一太極。[37]

> 本只是一太極，而萬物各有稟受，又自各全具一太極爾。[38]

「物物一太極」是指每一存在物皆有一理，因存在物眾多，故「理多」。而此等「理多」又統攝於最高層級之太極。若依此所言，則朱子有時將宇宙之理分為四範疇而綜括於心性中之仁義禮智管轄；有時又只言其多理，而全部綜括於總全之太極。若朱子物物一太極之理，是受統體之太極管轄，亦即統體太極含括各存在物之理，那非傳統哲人之理，便甚為明顯，牟宗三先生曰：

> 並不是太極含具有此等等理也，亦不是真有此等等理而總屬於太極也。如其如此，則太極為一綜合體，太極之為一便成虛名。只太極便是動之理，並不是太極中別有一個動之理單管動。必須如此理解，方可說萬物所稟之理同，而

---

37　宋・黎靖德編，王星賢點校，《朱子語類》，卷94，頁2409。
38　宋・黎靖德編，王星賢點校，《朱子語類》，卷94，頁2409。

亦無不全也。如其真有許多理，則萬物只能稟其所相應者，
而不能同矣，亦不能全矣。[39]

牟先生蓋謂，先不問到底太極之理中有無分區塊，若統體太極中
含括多殊之理，而太極為理之綜合體，則不能謂萬物所稟之理相
同，因事實上「同」只是虛名，太極只是大雜匯，萬物都各根於
大雜匯中不同之理，所以不是本於太極之全；故牟先生認為朱子
如此理解太極，有其理論缺陷。再者，若真有此多殊之理存於統
體太極中，可能腦中有再大容量都無法容下，故知此種理必是形
下世界所以然之理，而非傳統哲人之理。

　　基於以上討論，若朱子主多理含於一理中，無論心性中是否
分仁義禮智之次等範疇，皆非傳統哲人之理。

### （2）一理綜攝多理：非聖者之理

　　前目言「理一」與「理多」關係是「含括」「總和」之意，此
處言「理一」與「理多」是「綜攝」關係，前種關係類似物理作
用，是所有理存於統體太極中，此處之「綜攝」類似化學作用，
已看不到此等理的個別樣貌，而被融攝消化提煉成更高級之理，
但個別理之本質仍存其中。朱子統體之太極，除前目所謂總括義
外，尚有一種可能便是此「綜攝義」，朱子曰：

> 百行萬善，固是都合著力，然如何件件去理會得？百行萬
> 善總於五常，五常又總於仁，所以孔孟只教人求仁。[40]

此為朱子就道德方面之理作一綜攝，首先將百行萬善綜攝為「五
常」，再將五常綜攝為「仁」，「仁」便是「理一」。唯如此亦頗有

---

39 牟宗三，《心體與性體》（三），頁506。
40 宋‧黎靖德編，王星賢點校，《朱子語類》，卷6，頁113。

問題，首先「五常」是否真能綜攝百行萬善，「五常」只是五種人際關係之道德，它是否能綜攝其他諸德；其次，用「仁」綜攝「五常」，若「五常」屬形下之理，而「仁」為形上之理，則「五常」綜攝為「仁」便是異質的跳躍，亦即無法從形下之五常綜攝出形上之仁。按綜攝乃就所有個別殊多之共同性而抽象提煉之，抽象越高級則所含之內容便越少，若真有綜攝萬有的太極之理，其內涵必幾近於零，那幾近於零之內容如何運用於日用常行中？[41]再說，道德上之理易於綜攝，事物之理如何綜攝？試問如何將石頭之理、桌子之理、貓狗之理、人類之理、聖人之理、讀書之理、畫畫之理、開車之理等作一綜攝而得出太極之理；不是不可能，便是其內容幾近於零。

那朱子對「理一」與「理多」，到底採「總和」或「綜攝」，實難完全看出，依勞思光先生之說，朱子似乎依違於此兩說間，或兼主此兩說，勞思光先生謂：

> 所謂「總天地萬物之理」，究竟如何「總」法，大可討論。蓋如取「總攝」義，則「太極」是「萬理之理」；若取「總和」義，則「太極」是萬理「悉聚於其中」之意。……「太極」既含「二氣五行之理」於其中，又是動靜陰陽之理「悉具於其中」，則「太極」是萬理之「總和」，與「善之理念」不同矣。朱氏依「總和」義說「太極」是「總天地萬物之

---

41 牟宗三：「吾人如何能只依這空洞的存在之理去發這特殊的行為？特殊的行為有記號，有徵象，但其存在之理並無記號，亦無徵象；吾人如何能泛應曲當，單依存在之理去發這些同是惻隱或同是愛的特殊行為？此卻是一個難題。對子女是慈愛，對旁人也是慈愛，乃至有各種情境下的慈愛；難道說只依一存在之理即可發出這些同是慈愛的特殊行為，而皆能泛應曲當而如理乎？」（牟宗三，《心體與性體》（一），頁109）。

理」；但又認為「太極」亦潛存於萬有之中。此點頗為費解，朱氏亦未嘗提出確定論證或解說；但確持此觀點。在另一層面說，除「殊別義之理」外，「共同義之理」亦為萬物所「具」或「有」。而此「共同義之理」又即是萬物之「殊別義之理」之總和。由此再推言之，即持每一物中均含有一切「形式」或「理」。此將引致一極大之理論困局，然朱氏似未察覺，亦從未作澄清。[42]

以上勞先生說明朱子「太極」概念，有兩種可能，一是多理總括於一理中，如前節所言；一是多理綜攝於一理中，如此節所言；勞先生認為朱子同時兼主此兩說，若此種情況未釐清，將造成太極理論的不可通，而朱子本人似未意識到。

由此可知，無論朱子採「綜攝說」或依違於「總和說」與「綜攝說」間，皆有其困難，皆非傳統哲人之理。

## （3）豁然貫通眾理（仍是一理綜攝多理）：非聖者之理

前節從「存有論」立場，說明「理一」與「理多」的「總和義」與「綜攝義」，二者都可能是朱子對理的認定；此處再從「實踐義」以說明朱子似對「綜攝義」有更強烈主張。他相信世間理雖多，但透過實踐能讓此等殊多之理，綜攝於更高一層之理，此所謂「豁然貫通」。朱子曰：

> 但能今日格一件，明日又格一件，積習既多，然後脫然有貫通處。又曰：窮理者，非謂必盡窮天下之理，又非謂止窮得一理便到。但自一身之中，以至萬物之理，理會得多，

---

42 勞思光，《新編中國哲學史》（三上），頁 277-279。

自當脫然有悟處。[43]

但至於久熟而貫通焉,則不待一一窮之,而天下之理固已無一毫之不盡矣。[44]

要得事事物物,頭頭件件,各知其所當然,而得其所當然,只此便是理一矣。[45]

能如此著實用功,即如此著實到那田地,而理一之理,自森然其中,一一皆實,不虛頭說矣。[46]

朱子有關豁然貫通之論可謂不勝枚舉,他相信殊多之理可綜攝於更高級之理,因此透過格物功夫,認為一旦日久理會得多,便會豁然貫通各事物之理,而獲得綜攝此等事物之理;此說與前一種綜攝說意涵完全相同,只是此處透過實踐以為說明。

按朱子所謂豁然貫通之理,在人間事上確常發生,例如讀書、習字、開車、寫論文、帶小孩、教書、人際等等,一回生二回熟,熟便能生巧,漸漸便會發現做此等事物之竅訣要領,於是容易觸類旁通,故學得很快很好,這便是朱子所謂「豁然貫通」。

以上是謂世間事且是同一類型者,因性質相近,尤其若有此方面才性,更可迅速融會貫通,掌握其中竅門。但即使如此,若要貫通所有世間各領域各行業之知識技能,仍非易事;即使真能貫通熟悉世間各行業之事物,是否真能貫通出一理來,也頗有問題;且所貫通出的理,是否即為成聖之理,更是問題。

---

43 宋・朱熹,《朱子文集》,卷 24,頁 474。
44 宋・朱熹,《朱子文集》,卷 52,頁 2455。
45 宋・黎靖德編,王星賢點校,《朱子語類》,卷 27,頁 678。
46 宋・黎靖德編,王星賢點校,《朱子語類》,卷 27,頁 678。

　　世間事物可透過豁然貫通，綜攝瞭解諸事之普遍道理竅門，但這仍是形下世界之理；然而形上世界之理，實無法透過綜攝而得之，因這分屬異質兩域，要獲得聖者之理當另有其法，無法經由凡人心識之分析歸納或情意之熟悉，而得以擁有。故朱子雖主理可綜攝，且極力提倡豁然貫通之說，但所綜攝所貫通者，皆屬形下之理，而非傳統哲人形上之理。

### （4）一理生多理：與是否為聖者之理無關

　　前文說明「理一」與「理多」之存在關係，此處則就宇宙論立場，說明兩者是母子關係或主從關係。亦即朱子同時主張「理一」與「理多」，並謂此二者為主從關係或先後關係。朱子似認為先有理一然後生出理多，但此說對認識朱子「理」之內涵，及是否為傳統哲人之理，並無直接關連，故意義不大。因誰先誰後，誰主誰從，誰由誰生，並無涉二者實質內涵的關連性，亦即仍未說明理一與理多之是一是異。朱子曰：

> 孔門之學所以必以求仁為先。蓋此是萬理之原，萬事之本，且要先識認得，先存養得，方有下手立腳處耳。[47]

> 蓋萬物各具一理，而萬理同出一原，此所以可推而無不通也。[48]

朱子說明宇宙間之萬理是子是從是屬，它的源頭是理一是仁；此為從宇宙發生上說明「理多」本於「理一」。但無法由此看出朱子理之內涵，亦無法由此知其理是否為傳統哲人之理。

---

47 宋‧黎靖德編，王星賢點校，《朱子語類》，卷6，頁114。
48 宋‧朱熹，《朱子文集》，卷24，頁492。

## （5）理一分殊（一理流出眾理）：此需視情況而定

此為朱子對「理一」與「理多」最後一種關係，也是朱子「理一」「理多」之諸種關係中，說明最多者，且此種「理一分殊」最有可能合乎傳統哲人對理一理多的正確詮釋。正確說法當是：「理一」指聖人形上之理，「理多」指形上之理落實於所有事物之作為。聖人本體界之無限心，其發用便會在具體人間產生事行，對聖者言，其心靈為無私無我、慈悲仁愛、無為無執、喜樂自在、清明貞固者，如此心靈便是「理一」，在此心靈下所做之道行，如在君臣、父母、兄弟、夫婦、朋友等關係中，作了一些合乎本心之行為，這時旁觀者便會發現此等行為皆為最合乎善者，於是對此等行為稱之為：忠、義、孝、慈、悌、恭、和、順、信等；就旁觀者所見之德言便是理多，但此等眾德目實都根於本心之理一，這便是「理一分殊」之本來含意。以下看朱子之說：

> 萬物皆有此理，理皆同出一原。但所居之位不同，則其理之用不一。如為君須仁，為臣須敬，為子須孝，為父須慈。物物各具此理，而物物各異其用，然莫非一理之流行也。[49]

> 大抵天地間只一理，隨其到處，分許多名字出來。[50]

> 天下只有一箇道理，學只要理會得這一箇道理。這裏纏通，則凡天理、人欲、義利、公私、善惡之辨，莫不皆通。[51]

> 若今看得太極處分明，則必能見得天下許多道理條件皆自此

49　宋・黎靖德編，王星賢點校，《朱子語類》，卷18，頁298。
50　宋・黎靖德編，王星賢點校，《朱子語類》，卷6，頁105。
51　宋・黎靖德編，王星賢點校，《朱子語類》，卷8，頁131。

出，事事物物上皆有箇道理，元無虧欠也。[52]

首章說明「理一」且謂萬物之理同出一原，又謂「物物各具此理」及「莫非一理之流行」；如此談「理一分殊」雖大致不差，但亦有甚多不圓到處，故或非出於朱子本意之自然流露；首先「理同出一原」之說明，對聖者言並無意義；再說「萬物皆有此理」，若就儒家立場言，當只有人類乃具有；若就表現言，當只有聖人才有此理之流行。次章，「分許多名字出來」，當知對聖者言此並不重要，他只有本心之理，至於會有許多理產生，皆為旁觀者之認識，頂多是聖者為教化他人時，乃有此等名相產生。第三章說明「天理、人欲、義利、公私、善惡」等莫不皆通，這也該是旁觀者說法，其實聖者本身並無此分別對待，只是依他本心自然無為的行事，何來天理人欲等分別。末章「看得太極處分明」，此似謂太極是客觀之理，且要懂太極之理需經由「看分明」，當知太極之理並不在外，只是由主體本心所朗現者；因此並非向外看分明，而是依循本心而行，自然合乎天理或太極之理。亦非「事事物物上都有個道理」，而是主體依本心而行，而使事事物物各得其所，所謂萬物靜觀皆自得之意，否則便成客觀之理。

　　由此可知「理一分殊」是朱子最貼近傳統哲人理之說法，雖在義理上可說得通，然說法卻夾雜彆扭生硬而不順暢，讓人懷疑朱子之說，或只是偶發之論，對「理一」之形上內涵並未見得分明而有深刻體會。

　　以上關於「理一」與「理多」之析論，朱子之說不合傳統哲人者為：「理多」、「理一含括理多」、「理一綜攝理多」、「豁然貫通眾理」等；朱子此等主張中以「豁然貫通眾理」之論最多，此種

---

52 宋・黎靖德編，王星賢點校，《朱子語類》，卷9，頁156。

豁然貫通之理當屬形下經驗界之理，亦即對某一範疇之知識技能，由生而熟，由熟而巧，最後通達此一領域之知識技能，而成為該領域之達人；然而，不同領域間，或自己不熟悉擅長之領域便難有此種「豁然貫通之理」的顯現；且聖人之理為形上之理，必難由經驗界之熟稔貫通而獲得。由此可知朱子之理較有可能是經驗之理，而非傳統哲人形上之理。

其次，朱子所論之理，雖也有合乎傳統哲人之說法，如：「理一」、「理一分殊」等，然前者論述數量甚少；後者所論則生硬夾雜彆扭，總是有隔而不親切，當非由自家本心自然流露者，可能只是朱子偶有此思，或朱子接觸過此類思想爾，因此其理當非傳統哲人之理。

### （四）活動或但理

要瞭解朱子「理」之內涵，尚可從它是「只存在而不活動」，或「即存在即活動」之向度探討。傳統哲人之理是「即存在即活動」，亦即確定理是真實存在，且它自身具朗現為事行之勢能，所謂「維天之命，於穆不已。於乎不顯！文王之德之純。」[53]若要具備此「不已湧現」之特質，此理必是「道德之理」，若非道德之理而只是事物之理，便無法自主產生活動力；其次，此理必「內在於心」，若理在心外而為客觀之理，仍無法與主體相連而有自主行為；最後，此理必「與心合一」，若仍有我或心在執行「理」之內容，則此「理」仍無自主力量。必至「心即是理」、「理即是心」，二者完全合一，沒有「心」「理」之別，此時一任此理此心之自然朗現彰顯，無我無執、無私無欲、當孝即孝、當忠即忠，所作所

---

53 鄭玄箋，孔穎達疏，《毛詩正義》，收入《漢籍電子文獻資料庫》／經部／十三經，頁708。

為自然而當於理，滿心而發無非至理，此時之「理」便是「本心」，便是超越二元相對的本體心，若說自律這才是真自律，甚至根本無自律問題，只是一心之朗現，一理之任運；對聖者言，此種「理」當然存在，此種「理」當然能活動，此即為傳統哲人「即存在即活動」之理。

反之，若此理屬形下之理，是人間之道德規範，是世間行為之準繩，是為人處世之要領，或聖人所教諭我們的規範，我們透過學習探究而認定那是好的道德內容，如：仁義道德、禮儀規範、四維八德、戒律守則等，於是我們終身奉行不逾，最後使我們成為人間之善人君子。如此系統中意謂：有一主體依客觀理則在行事，力量發動是主體之心，而非外在之理；外在之理只是客觀規範，它本身無力量，故不能活動，它需主體依之而行，故非真正自律；主體雖很願意依此規範行事，然既有一個主體依理而行，而非主體與理完全合一，故仍是他律；此等善人君子在人間雖已難能可貴，但在生命境界中，仍非最高。必達「心」「理」合一，即心即理，主客雙融，一任理之朗現而自然任運，所謂即存在即活動時，方是生命實踐之最高點，此時之理方是傳統哲人之理。

以下便依此標準以檢視朱子之理，是「只存有而不活動」之理（但理），或「即存有即活動」的傳統哲人之理。朱子曰：

> 儒者之學，大要以窮理為先，蓋凡一物有一理，須先明此，然後心之所發，輕重長短，各有準則。[54]

> 夫講道明理，別是非，而察之於應接事物之際。[55]

---

54 宋・朱熹，《朱子文集》，卷 30，頁 1156。
55 宋・朱熹，《朱子文集》，卷 58，頁 2806。

> 窮理者，欲知事物之所以然，與其所當然者而已。知其所
> 以然，故志不惑；知其所當然，故行不謬，非謂取彼之理
> 而歸諸此也。[56]

> 大抵聖人之學，本心以窮理，而順理以應物。[57]

以上各章皆謂理想生命需先窮理，以瞭解事物所以然與所當然，然後依此所瞭解之準則，再落實於世間事物。此種探討事事物物所以然與所當然之理，即使不是事物之理，也必是外在客觀之道德理則；如此之理當然無法自行活動，需有主體依之而行事，朱子曰：

> 是理既明，則凡所當為而必為，所不當為而必止者，莫非
> 循天之理。[58]

> 天下之理……順之者為君子而吉，背之者為小人而凶。[59]

> 其書雖有存者，皆不過為世儒誦說口耳之資而已，未有能
> 因其文以既其實、必求其理而責之於身者也。[60]

> 窮理既明，則理之所在，動必由之，無論高而不可行之理，
> 但世俗以苟且淺近之見，謂之不可行耳。[61]

---

56　宋・朱熹，《朱子文集》，卷 64，頁 3236。
57　宋・朱熹，《朱子文集》，卷 67，頁 3390。
58　宋・朱熹，《朱子文集》，卷 13，頁 411。
59　宋・朱熹，《朱子文集》，卷 14，頁 449。
60　宋・朱熹，《朱子文集》，卷 15，頁 475。
61　宋・朱熹，《朱子文集》，卷 41，頁 1764。

須知心是身之主宰，而性是心之道理，乃無病耳。[62]

上引各章皆說明我們透過窮理而得之「理」，具標準性與軌範性，是人間最高最善之價值極則，故稱「天理」，我們為人處事必依此而行，以此責己，絕不違犯，合此規範便是君子，悖此標準便是小人。簡言之是將我當成主宰者，把「理」當成客觀律則，如此說法便是道地的「他律道德」，此種「理」當然無法活動，它只是完美的準則，是客觀的死規範。此種遵守「理」之規範，朱子有時以「知行」之「行」說明之，他說：「故聖賢教人，必以窮理為先，而力行以終之」[63]、「至於義理雖明而踐履不至者」[64]，但無論用「行」、「踐履」都無改於他是依外在規範行事，「理」都在外不在內。

朱子因將「理」定位在外，將「理」視為行為典範標準；於是對世間義理系統中，若將「理」定位在心內，又將「心」「理」合一，認為本心即理，心理無二者，便進行嚴厲批判。

且如釋氏擎拳豎拂、運水般柴之說，豈不見此心？豈不識此心？而卒不可與入堯舜之道者，正為不見天理而專認此心以為主宰，故不免流於自私耳。前輩有言：「聖人本天，釋氏本心。」蓋謂此也。[65]

（來書）曰：「有我不能窮理，人誰識真我？何者為我？理便是我。」其言過高，而且怪。理者，天下之公認之。[66]

---

62 宋‧朱熹，《朱子文集》，卷 52，頁 2455。
63 宋‧朱熹，《朱子文集》，卷 54，頁 2580。
64 宋‧朱熹，《朱子文集》，卷 58，頁 2804。
65 宋‧朱熹，《朱子文集》，卷 30，頁 1156。
66 宋‧朱熹，《朱子文集》，卷 51，頁 2386。

前章說明佛家重「心」,「心」即是「理」,依本心之理而行便是聖,此「理」便是「即存在即活動」之「理」,朱子因受限自己義理系統而無法理解接受此種「理」,於是對此種學說進行批判,認為「不免流於自私」。朱子並依伊川「聖人本天,釋氏本心」[67]之說分儒佛。朱子如是認識「理」——將外在客觀理則當為天理,而對本心之理信心不足,於是只依客觀理則為標準,殊不知真正天理必合本心,且唯有合本心之天理,乃為真天理。因朱子對此義理分際看不透,於是對本心之學,乃認為「過高」與「怪」。

其實對此種最高形上之「理」,朱子有時亦能發之,只是不能自覺到而堅持之,以下引朱子言及「即存有即活動之理」,以見朱子亦偶有此論,朱子曰:

> 所謂「反身而誠」,乃窮理力行功夫,成就之效,貫通純熟,與理為一處。[68]

> 心思之正,便是天理,流行運用,無非天理之發見,豈待心思路絕而後天理乃見耶?[69]

> 更做窮理功夫,方見所存之心、所具之理,不是兩事,隨感即應,自然中節,方是儒者事業。[70]

此等話語皆極似明道、象山、陽明,他謂孟子的「反身而誠」,與「理」為一處,亦即依本心而發,故能萬物備於我而覺樂莫大焉。「心思一正」,若指心思全依本心而行,那當然會「流行運用,無

---

67 程頤,《遺書程伊川先生語》,收入《漢籍電子文獻資料庫》/《叢書》/《正誼堂全書》/《二程語錄》,〈附師說後〉,卷13,頁7-2。
68 宋·朱熹,《朱子文集》,卷45,頁2030。
69 宋·朱熹,《朱子文集》,卷59,頁2892。
70 宋·朱熹,《朱子文集》,卷61,頁3048。

非天理之發見」，只是他不知道此便為「心思路絕」；末章直謂心理不是兩事，「隨感即應，自然中節」，此等話語幾非出於朱子之口，此等立論與中國傳統哲人之說，便無絲毫扞格。只是朱子此等立論甚少，且持此論者又常成為他批判之對象，故朱子之「理」當非傳統哲人之理。

依前文之論可確定朱子所謂之理，主要是指外在客觀之道德律則，此種「理」因屬外在且與心為二，故非本心之理，此種「理」是人間君子善人所遵守的軌範，它不是聖者心理為一之「理」，故非傳統哲人「即存有即活動」之「理」。

## 四、小　結

朱子哲學之定位至今仍爭訟不已，為釐清朱子學之內涵，本章嘗試用正本清源法，回歸朱子原典作分析歸納；唯朱子學龐大博雜，無法只靠一文便說清楚，故本處僅從本體的「理」上作論析，但即使是朱子的「理」仍是複雜多端，故本處又只就「理」之外在屬性中，有關義理分際者作論述；此等屬性包括：是否可認識、屬形上或形下、主理一或理多、是活動或但理。希望透過此等外在屬性之論述，能更清晰把握朱子「理」之內涵，並由此而有助於朱子哲學份位之確定。

經本章論析後發現，就「是否可認識」言，朱子雖與傳統哲人有相同看法，認為「理」無形影而不可言，但朱子所謂之「無形影而不可言」當指：在凡人形下世界中，有形事物背後都有一個「理」，這「理」因眼耳鼻舌身等感官無法碰觸，故「不可言」；即使「心意」可某種程度認識，但仍無法具體清晰精準地作描述，故謂「理」難盡言。透過如此論析，可知朱子之「理」並非傳統

哲人之理。

其次，就「形上或形下」言，朱子義理常用「形上、形下」之詞，唯經本章論析，發現其所謂「形上」並非傳統哲人之「形上」，朱子之「形上」乃指事物背後所以然之理，相當於其「理氣論」之「理」。當知此種「理」仍屬傳統哲人之形下界，仍在凡人心識所及之現象界，即使朱子從道德層面談「形上」，亦只將各種仁義道德歸為天理，仍屬有善有惡之形下界；加上朱子對釋道形上之理的不解及嚴厲批判，更可看出朱子之「理」當屬「形下」而非傳統哲人形上之理。

再者，就「理一或理多」言，朱子雖對「理一」與「理多」之各種可能皆有論及，唯朱子論述最多者為「一理綜攝多理」或「豁然貫通眾理」，經本章分析，此種能綜攝之理與能豁然貫通之理，當皆指形下界之理。蓋若為形上之理，則二者分屬異質之存在，實無法透過格形下眾物而體悟到形上之理，故知其「理」當指形下事物之理。又朱子之「理一分殊」雖較接近傳統哲人之「理」，但因其所述生硬夾雜，未必為其主要意旨，故本章仍以朱子之「理」並非傳統哲人之理。

最後，就「活動或但理」言，朱子所言之理，偏向於事物之理，即使是道德之理，亦是外在之道德律則而為吾人所當遵循者，當屬主體所依之道德之理，此種「理」是在主客對立的格局中存在，而非與主體的「心」合一，成為「心」「理」無二，在本心的朗現中，任運自然的去成就人間美善。故知朱子之「理」並沒有勢能，不是主宰者活動者，不會自己產生道德行為，依此而言，故謂朱子之「理」並非傳統哲人之「理」。

故本章最後判定朱子之「理」，乃指外在事物之理，或指吾人所應遵守的道德律則，它雖「不可言」但非絕對地不可言，而是

相較於有形世界之存在物之為非具體者，而謂其「難於言、不易言、言不盡」。此種「理」若就傳統哲人言，仍屬形下，因其仍在凡人心識所能把握之範疇中。若就「理」的一或多言，此種理是殊多的，雖可說「理一」，但此種「一」是虛說，它是含括所有理之總名。當然就某一小範疇內之事物，可綜攝出理來或透過實踐而豁然貫通此等「理」，但仍限於小範圍乃有綜攝與貫通之可能，且此種貫通所得之理仍屬形下界範疇。最後，此種「理」因屬事物、客觀、外在、律則之理，故本身雖存在，但並無活動力；此便是本章經由分析探索所得朱子理之外在屬性。

　　**本章發表資訊：許宗興，〈朱子「理」之外在屬性探析〉，《華梵人文學報》，期 17（2012 年 1 月），頁 37-71。**

# 第五章　朱子「理」有無活動義釐析

## 一、前　言

　　「理有無活動義」問題之產生，源於牟宗三先生於 1968 年出版《心體與性體》，該書判朱子義理在中國哲學史上屬「別子為宗」[1]，亦即並非正統儒學。而牟先生如此判定最主要理由，為朱子「理」屬「只存有而不活動」者，牟先生說：

> 以上六點，如再收縮而為一點，則只是對于道體不透，因而影響工夫入路之不同；此所謂一處不透，觸處皆異也。（所謂不透是對原有之義說。若就其自己所意謂者言，則亦甚透。）此所不透之一點，說起來亦甚簡單，即在：對于形而上的真體只理解為「存有」（Being, ontological being）而不活動者（merely being but not at the same time activity）。但在先秦舊義以及濂溪、橫渠、明道，此形而上的實體（散開說，天命不已之體、易體、中體、太極、太虛、誠體、神體，心體、性體、仁體）乃是「即存有即

---

[1] 牟宗三：「此一系統，吾名之曰主觀地說是靜涵靜攝之系統，客觀地說是本體論的存有之系統，總之是橫攝系統，而非縱貫系統。此自不是儒家之大宗，而是「別子為宗」也，此一系統因朱子之強力，又因其近於常情，後來遂成為宋明儒之正宗，實則是以別子為宗，而忘其初也。」見牟宗三，《心體與性體》（一），頁 45。

活動」者。[2]

此牟先生據朱子學先歸納出六要點,再統攝為一大點,此點即「對于道體不透」——對「道」體會不透徹深入,他將先秦舊義及濂溪、橫渠、明道「即存有即活動」之「道體」,體會為「只存有而不活動」者,於是一處不透觸處皆異,義理系統完全走樣,牟先生便據此判朱子義理屬「別子為宗」。

此謂朱子義理是正統或旁支,關鍵在「理」是否為「只存有而不活動」[3],因這認定關係到朱子義理之正歧判定,故近世學者探討者夥[4],此等學者分從各面向角度論析,堪稱詳備。唯前此學者多從第一序之文獻資料下手,本章則嘗試從第二序上做反省釐清,將此問題本質作呈顯,期能有助消解此問題。

案此論題涉四層面:第一層面是「真正之理應為如何」,此乃「判教」[5]問題,每人皆可建一判教系統,並提出其理想「理」之內涵特性,理論上我們無須一定要依旁牟先生之判教系統。唯若接受牟先生判教系統,便得接受其所謂理想之「理」需具「活動義」。此為第一層面要處理問題。

---

2　牟宗三,《心體與性體》(一),頁58。
3　牟先生另一處的說明就更明晰了,他說:「宋、明儒之分系,對于道體性體之體會只有兩種:(一)體會為即活動即存有。(二)體會為只存有而不活動。」見牟宗三,《心體與性體》(一),頁61。
4　較重要期刊論文有:陳佳銘,〈從朱子對《〈太極圖〉說》及《通書》的詮釋論其「理」的活動性〉,《中正大學中文學術年刊》2011卷2期(2011.12),頁1-28。吳略余,〈論朱子哲學的理之活動義與心之道德義〉,《漢學研究》29卷1期(2011.3),頁85-118。博士論文則有:陳佳銘,《朱子理氣論在儒家形上體系中的定位問題》(臺北:國立政治大學哲學研究所博士論文,2007)等。
5　「教判」乃佛學術語,原為針對所有佛經及各種教義,在內容上作整理與評介,在地位上作價值判斷及安排;因要評斷高下,故需建立判教理論及評判標準,本章借助此術語概念,說明牟先生對中國哲學中各義理系統之屬正統或歧出,有一套評判標準——如本章的「理具活動義」便是。

　　若接受且願依牟先生判教標準，則第二層面是牟先生所謂「理具活動義」是何意涵？我們可不接受其教判，但一旦接受其教判，就得承認「理具活動義」，且須遵守他對「活動義」之語意規定，否則即使最後證明有您意義下之「活動義」，仍無法否定沒有牟先生意義下之「活動義」。故第二層面問題是：提出教判原創者如何規定「理之活動義」。

　　第三層面是有關「朱子哲學定位」問題；通常要詮釋一家義理，必先確定其論述範疇，否則任一段文字都可無限上綱，各隨自意疏解，故在解釋文句意義前，必先設定其義理詮釋範圍。唯這層面涉及相對主觀性，彼此未必能接受對方判定。

　　第四層面才是文獻認定，將朱子有關「活動義」原典資料，提出討論判定。案若「義理定位」確立，文獻認定便輕而易舉；反之，若「義理定位」有不同意見，文獻認定便會多歧不一。

　　以上是本章論述架構與詮釋進路，以下依此次第分別討論。

## 二、義理之判教問題

　　每位思想家都可建構自認最完善之判教理論，故判教系統永為開放者，牟先生雖立下「理必具活動義」之判教準據，但這並不意味此標準為唯一者，且您非遵照此標準不可。

　　因此，朱子後學亦可另建判教系統，如將「理超越動靜」當為其系統最高標準，而謂「太極只是理，理不可以動靜言」，如此便可不在乎牟先生謂朱子理不具「活動義」，而被判屬「別子為宗」。反之，若您接受牟先生教判說法，則只得以他的標準為準據，不能再對「理必具活動義」命題產生排拒或批評，故吳略余先生說：

> 以當代理本論、心本論、氣本論的分法為例，各系之間對
> 於本體的規定自有其獨特之處，似乎很難強求必須將本體
> 視為是心體、神體、理體合一的存有者，而後本體才能是
> 既存有而又活動者。[6]

此處吳先生便立基「理本」、「心本」、「氣本」各教判間之平等性，
此便可不在乎牟先生說，不隨牟先生說起舞；牟先生認為「心體、
神體、理體」須合一，「理」要「既存有又活動」，但你從不同系
統下手建構教判，當判教系統不同，準據便不同，即不受牟先生
說牢籠。便可不持「理必具活動義」，則此問題便自迎刃而解。

　　至於牟先生教判或其理想道德理論，是如何建立者，此宜略
作說明，此殆源於他疏釋宋明理學之結論，牟先生：

> 孔子誠有一傳統，其師弟間誠有一生命智慧上之相呼應，
> 而孟子、《中庸》、《易傳》與《大學》亦事實俱在，誠能代
> 表此呼應。……（一）孔子踐仁知天，……（二）孟子言
> 盡心知性知天，……（三）《中庸》說「天命之謂性」，……
> （四）《易傳》說「乾道變化，各正性命」，……（五）《大
> 學》言「明明德」，……此只是一道德意識之充其極，故只
> 是一「道德的形上學」也。先秦儒家如此相承相呼應，而
> 至此最後之圓滿，宋明儒即就此圓滿亦存在地呼應之，而
> 直下通而一之也：仁與天為一，心性與天為一，性體與道
> 體為一，最終性體，道體性體仍是一。[7]

---

6 吳略余，〈論朱子哲學理之活動義與心之道德義〉，《漢學研究》，卷 29，期 1
　（2011.3），頁 94。
7 牟宗三，《心體與性體》（一），頁 16、18、35。

牟先生發現中國儒家有一傳統，此傳統在先秦儒家各大師間延承呼應，由孔子開始之「踐仁知天」，強調己心之「仁」與「天」一致；孟子提出「盡心知性知天」，說明「心」、「性」、「天」一致；《中庸》提出「天命之謂性」，說明「天」與「性」一致；《易傳》提出「乾道變化，各正性命」，說明乾道內容與「性命」一致；《大學》提出「明明德」，說明每人身上都有「明德——性」，此等孔子師徒間所傳承者即「仁」、「天」、「心」、「性」、「道」之合一，牟先生認為此為道德意識充其極之表現，此套「道德的形上學」最後為宋明儒繼承，牟先生曰：

> 宋明儒亦只是圈出此傳統，于客觀事實亦無增減。如果此生命智慧相呼應所成之傳統確足以代表儒家之本質，確足以表示孔子生命智慧之方向。[8]

宋明儒除伊川（1033-1107）、朱子外，都能呼應此「道德的形上學」傳統，此為儒家真正本質，孔子生命智慧之獨特內涵，此套「道德的形上學」精要所在，牟先生闡述如下：

> 衡之先秦儒家以及宋明儒之大宗皆是以心性為一，皆主心之自主、自律、自決、自定方向即是理；本心即性，即存有者；本體宇宙論地自「於穆不已」，道體性體亦是即活動即存有者。活動是心、是誠、是神，存有是理。此是攝存有于活動，攝理于心神誠，此即是吾人道德創造之真幾性體。此性體不能由「即物窮理」而把握，只能由反身逆覺而體證。從此性體之自主、自律、自決、自定方向上說應當，此方真能提得住、保得住道德上之「應當」者。此是

---

> 真正理想主義的自律道德，亦曰方向倫理也。[9]

牟先生爬梳中國哲學，從孔、孟、《中庸》、《易傳》，到宋明理學諸大家，得出其義理系統必是：主體之心、性與外在超越之道體，三者貫通為一，是「即活動即存有者」，活動指「心之自主、自律、自決、自定方向」，此活動即心體之道德創造。此即牟先生理想之義理系統，若「理」無「活動義」，便非究極圓滿之義理系統。

# 三、牟宗三「活動義之理」析說

　　牟先生「活動義之理」的特性，理論上無法窮盡說明，此處僅依牟先生常言者，分就遮詮與表詮解說，冀透過此解說能對牟先生「理之活動義」有較清晰理解，接著乃能持此義以檢證朱子文獻是否有此「活動義」之理。

## （一）遮詮

　　「活動義之理」的遮詮，是指何種「理」不屬「活動義之理」，以牟先生常用語言說，「活動義之理」乃非「形構之理」、「與道德無關之理」、「道德底形上學之理」、「他律道德之理」、「超越而不內在之理」、「橫攝之理」、「心外之理」。以下分別說明：

### 1.非「形構之理」

　　「形構之理」是探討事物外形、結構、內涵、演變等之理，它經我等感官心思透過層層歸納，以綜合出該事物普遍本質或定義，此種理便是「形構之理」，牟先生說：

> 此種自然義、描述義、形下義的「所以然之理」，吾人名之

---

曰「形構原則」（Principle of Formation），即作為形構原則的理，簡之亦即曰「形構之理」也；言依此理可以形成或構成一自然生命之特徵也。[10]

此種「所以然」是現象學的、描述的所以然，物理的、形而下的所以然，內在于自然自身之同質同層的所以然。[11]

此「形構之理」屬科學而為中性者，它與道德無直接關聯，此種理當然不會活動，是人類用此理去為善為惡，才會產生動能，它本身並非能活動者。若朱子「理」屬此類，便是無「活動義」之理。

### 2.非「與道德無關之理」

「形構之理」偏科學，若更就宇宙之產生演變所論的「宇宙形成論之理」，如「太極生陰陽，陰陽生五行，五行生萬物」等；或就事物本然體性而說的「本體論之理」，如萬事萬物都有其本體所以然之理。此種「宇宙形成論」[12]或「本體論」[13]皆就中性角度

---

10 牟宗三，《心體與性體》（一），頁89。
11 牟宗三，《心體與性體》（一），頁88。
12 「宇宙生成論」或譯為「宇宙論」，屬形上學一支，主要探討範疇有二：一為宇宙起源，一為宇宙變化。宇宙起源說假定「宇宙有始」，然後問宇宙是怎麼開始；古希臘先蘇期思想家，將此問題分成：宇宙起源之「太初」課題，及宇宙構成元素之「太素」問題；關於宇宙變化問題，則有兩種主要見解：一是機械論，主張宇宙乃因偶然環境因素而作變化；一是目的論，主張宇宙變化是有方向目的性。先蘇期探討宇宙組成之「氣」、「水」、「原子」等是宇宙論之範疇，中國陰陽家的太極陰陽五行說、兩漢氣化宇宙論，基督教神創造說、佛教阿賴耶緣起、六大緣起，以及朱子的「理生氣」說等皆是宇宙論範疇。〔以上說法參考羅光等，《哲學大辭書》（臺北：輔仁大學出版社，1997），頁1658～1660。〕
13 吾等人類感官只呈現「如此」，哲學卻要追問「為何如此」？感官只觸及「現象」，而哲學卻要追問「現象」背後之「原因」。現象界一切皆在變，哲學要問是否有不變者，此種討論現象背後原因或不變者之學問，便是本體論。例

探討宇宙如何生成演變、宇宙存在本質為何。凡此都與道德無關，它屬哲學研究範疇，皆不具「活動義之理」。

> 本體論是宇宙的邏輯構成論，主要的是用邏輯分析法看宇宙是怎樣構成的。宇宙形成論是以當時的科學知識為根據，講具體的世界是怎樣發生和發展的。[14]

> 此如非先道德自覺地意識到此道德創造之源之理道，而只即物窮理以求之，未必即能至此理道也。……就天地鬼神、日月陰陽、草木鳥獸以窮之，其所窮至者未必是道德的理道也。[15]

前章說明「本體論」與「宇宙形成論」之意義與內涵，本質上它與道德無關。次章說明若無道德之自覺意識，則所探究事物之理，便與「道德」無干，便決非「活動義之理」。

### 3.非「道德底形上學之理」

「道德底形上學」一詞為牟先生首創，它不同「道德的形上學」，牟先生曰：

> 「道德底形上學」與「道德的形上學」這兩個名稱是不同的。……前者是「道德」的一種形上學的研究，以形上地討論道德本身之基本原理為主，其所研究的題材是道德，而不

---

如柏拉圖提出理相（eidos）說，便是解釋變動現象界背後之原理，故是一套本體論；又如形質（eidos-hyle）說、實現潛能（actpotency）說、四因（four causes：material, formal, efficient, final）說，以及本章所談朱熹「理氣論」中之「理」皆屬本體論範疇。〔以上說法參考鄔昆如，《哲學概論》（臺北市：五南出版社，1990），頁213～214。〕

14 馮友蘭，《中國哲學史新編》（五），頁182。

15 牟宗三，《心體與性體》（三），頁394。

是「形上學」本身，形上學是借用。後者則是以形上學本身
為主，（包含本體論與宇宙論），而從「道德的進路」入，
以由「道德性當身」所見的本源（心性）滲透至宇宙之本
源，此就是由道德而進至形上學了，但卻是由「道德的進
路」入，故曰「道德的形上學」。[16]

簡單言，「道德底形上學」是透過心識想出來以解釋道德原理之形
上學，它本質上只是一套理論，且未必為真。若經「道德底形上
學」方式建構出一套講道德的形上理論，則此種「理」只是建構
者創造出來之概念，當非「活動義之理」。朱子《語類》載：

> 問：先生說太極有是性則有陰陽五行云云，此說性是如何？
> 曰：想是某舊說，近思量又不然。此性字為秉於天者言。
> 若太極只當說理。[17]

朱子弟子問「太極有是性則有陰陽五行」，朱子答說「想是某舊說，
近思量又不然」，今無法確定朱子之「性」、「理」、「太極」等概念
是否全為「思量」而得，若是由己心識構做而來，則為一套「道
德底形上學」，此種「理」便無「活動義」。

### 4.非「他律道德之理」

前文三種「理」，一是外在中性科學之理（形構之理），它當
不具「活動義」；二是外在哲學之理（宇宙形成論與本體論之理），
亦不具「活動義」；三是己心識構作出的道德理論之理，此亦不具
「活動義」。四是雖為道德事行之理，亦未必具「活動義」，例如
聽信別人善言而努力行善，此種「理」只是律則規範，並無法產

---

16 牟宗三，《心體與性體》（一），頁140。
17 宋‧黎靖德編，王星賢點校，《朱子語類》，卷94，頁2371。

生力量而讓您非如此行不可，故仍無「活動義」。牟先生說：

> 如是其所言之理或性乃只成一屬于存有論的存有之理，靜
> 擺在那裡，其于吾人之道德行為乃無力者，只有當吾人敬
> 以凝聚吾人之心氣時，始能靜涵地面對其尊嚴。……而最
> 大之弊病即在不能說明自發自律之道德，而只流于他律之
> 道德。[18]

牟先生認為朱子「性」或「理」本質上是客觀外在之「理」，它擺
那裏為我們行事準則，它並無法起作用要我們遵行，我們必另用
「主敬」等功夫，乃能實現道德行為。朱子格物所得的道德之理，
牟先生都認定是他律之理，屬無「活動義」之理。

### 5.非「超越而不內在之理」

　　若宇宙間有一道德實體，它客觀地存在世間，又超越一般事
物之上，屬絕對理體，若此「理體」不能內在我心，僅能為我所
對，為我景仰追求對象，則此「理」不具「活動義」，牟先生說：

> 如是，理益顯其為吾人之心所攀企的對象，客觀地平置于
> 彼而為心之所對，理益顯其只為靜態的「存有」義。而通
> 過格物致知以言理，並由此以把握理，則理益顯其為認知
> 心之所對。道體性體只成這個「存有」義與「所對」義之
> 「理」字。已喪失「於穆不已」之道體、實體義，亦喪失
> 原初言性體之實意。[19]

雖表象上類「於穆不已」之道體，若此理僅超越之存在，無法內
在我心，則此理無法對我起作用，便無「活動義」。牟先生認為朱

---

18　牟宗三，《心體與性體》（三），頁142。
19　牟宗三，《心體與性體》（一），頁80。

子「太極之理」便是宇宙絕對理體[20]，但僅為吾所對而無法與我心合一，故仍非活動之理。

### 6.非「橫攝之理」

以上諸理本質上皆為橫攝之理，它是由認知心起認識了別，由我心識所認識者，此對象物與我心為平行同質者，並非異質超越之作用，由此作用所生之理皆為橫攝之理，皆無「活動義」，牟先生曰：

> 朱子雖注遍群書，而其實只以伊川之綱維落實於《大學》，由此以展開其靜涵靜攝之系統，即對於那屬于「本體論的存有」之存在之理之靜的函攝之系統。[21]

> 總之，朱子依其泛認知主義將仁體、性體，乃至形而上的實體皆平置而為普遍之理，通過其格物窮理而成為心知之明之認知作用之所對，永為客為所而不能反身而為主為能，而立體創造的實體性的心體亦不能言。[22]

「橫攝」亦稱「靜攝」，指認知心在主客對立下所得之理，此「理」是我心認識之對象，而非透過道德主體發用而顯之理，故此理無法自主活動，當無「活動義」。

### 7.非「心外之理」

一切理若不在我心，不與我心合為一，皆無法成「活動義」

---

20 陳佳銘先生亦持相同看法：「本研究指出朱子的心與理是有距離的，且此二者呈現主、客對立的樣態。因此，朱子的心與太極或人與天即無法完全合而為一體。」見陳佳銘，〈朱子的太極理氣論與格物工夫之探究〉，《華梵人文學報》，期10（2008.7），頁137。

21 牟宗三，《心體與性體》（三），頁48。

22 牟宗三，《心體與性體》（三），頁363。

之理，因活動源頭是心，理無法變成心，便注定無法活動，故一切心外之理，包括前此諸理，都無法與心合為一，故都非「活動義之理」。牟先生言：

> 朱子「中和新說」書所表示之義理間架，心並不是道德的超越的本心，而只是知覺運用之實然的心，氣之靈之心，即心理學的心；仁義禮智本是性體中所含具之理，是實然之情之所以然理；心之具此理而成為其德是「當具」而不是「本具」，是外在地關聯地具，而不是本質地必然地具，是認知地靜攝地具，而不是本心直貫之自發自律地具，此顯非孟子言本心之骨架。[23]

牟先生謂朱子自「中和新說」後學問路數，心僅為「氣之靈」而非「本心」，此種「氣心」經窮理所得「理」皆為「心外之理」，當「心」已窮得此「理」，亦可稱「心具理」，但此「具」非「本具」僅是「當具」，雖可說「心」和「理」關聯為一，但此為認知心靜攝之涵具，非心與理冥合為一之真具，故此「理」仍無「活動義」。

## （二）表詮

　　以上從遮詮角度說那些「理」非「活動義之理」，以下從表詮方式明「活動義之理」指何種理；其實，若清楚何種「理」不是，便可確定何種「理」是，因「不是」之對反便為「是」，若具體言其內容則為「存在之理」、「道德之理」、「道德的形上學之理」、「自律道德之理」、「超越而內在之理」、「縱貫之理」、「心即理之理」。

---

23 牟宗三，《心體與性體》（三），頁143。

## 1.「存在之理」

「形構之理」屬科學探討範疇,「存在之理」在探討事物之「存在性」,它屬道德學範疇,牟先生曰:

> 此理不抒表一存在物或事之內容的曲曲折折之徵象,而單是抒表一「存在之然」之存在,單是超越地、靜態地、形式地說明其存在,不是內在地、實際地說明其徵象,故此「所以然之理」即曰「存在之理」(principle of Existence),亦曰「實現之理」(principle of Actualization)。……是說明一現實存在何以單單如此而不如彼者。[24]

牟先生謂,存在之理是站在道德上說明萬物之理道,宇宙之道體僅一個,這道體展現在事物上,便是該事物「存在之理」,我們「窮理」便是透過個別事物「存在之理」,以求得宇宙絕對之理,故此「存在之理」有可能是「活動義之理」。

## 2.「道德之理」

「道德之理」相對於「非道德之理」,非道德之理包括中性的科學之理,與探討宇宙形成及宇宙本體的哲學之理;「道德之理」則是探討道德活動之理,牟先生曰:

> 在物處,固不能起道德創造之用,只收縮而為一存在之理,舟車有所以為舟車之理,階磚有所以為階磚之理,枯槁有所以為枯槁之理,此即是其定然之性、本然之性。……(朱子之理)並不是本性體之「能起道德創造之用」而為實踐,如孟子所謂「沛然莫之能禦」。[25]

---

24 牟宗三,《心體與性體》(一),頁89。
25 牟宗三,《心體與性體》(一),頁85。

「非道德之理」本身無「活動義」，如舟車、階磚、枯槁等理，都非道德之理，惟如孟子「沛然莫之能禦」者，乃為能活動的道德之理，牟先生以為朱子之理，尚非「自發、自律、自定方向、自做主宰」[26]的道德之理，惟真正「道德之理」乃有望為「活動義」之理。

### 3.「道德的形上學之理」

「道德的形上學」是從道德實踐入路，由此建構之形上學稱之；「道德底形上學」是經思辨建立者，目的在解說道德活動。「道德的形上學」經體證而來，相同體證必建立相同形上學，此陸象山所謂「東海有聖人出焉，此心同也，此理同也；西海、南海、北海有聖人出焉此心同也，此理同也，千百世之上至千百世之下，有聖人出焉，此心此理亦莫有不同也。」[27]千聖所證必同一道體，由此建構之形上學，其內容必全同，它即聖人之心，此理當有「活動義」。反之，若已經思辨建構者，必難完全冥合聖者所證，故無法成「活動義」之理。牟先生曰：

> 其窮在物之理，雖無積極知識的意義，然其認知之方式卻影響其言性體、太極之形上學之型態。其結果是觀解的、外在的形上學，而與先秦儒家之所開發者不合。說其系統主觀地說是靜涵靜攝之系統，客觀地說是本體論的存有之系統，即就此客觀地說者見其形上學為一種觀解的、外在的形上學。[28]

此謂朱子透過格物窮理，目的雖在窮「存在之理」，但其心思是橫

---

26 牟宗三，《心體與性體》（一），頁 85。
27 宋・陸九淵，〈象山年譜・13 歲〉，《象山先生全集》，頁 489。
28 牟宗三，《心體與性體》（三），頁 366。

攝靜態，由此所建構者為「觀解的、外在的形上學」，此種「道德底形上學」之理，是由朱子構思者，不全由實踐而得，當為無「活動義」之理，唯「道德的形上學」乃有「活動義」。

### 4.「自律道德之理」

「他律道德」之理是外在規範，當無「活動義」；唯「自律道德」之理乃有「活動義」，「自律道德」有多種，我聽從別人指示行事，此當為「他律」；若我聽從己成見、慾望、習氣，此仍「他律」；若我聽從己之「良心」，此仍「他律」；必我與本心合一，我即本心即理，或「我」全消失僅存本心活動，此乃真正自律。此時行為才是真正善、真正理、真正合乎道德，此種「理」方能自主判斷行事，此為真正「活動義」之理。牟先生曰：

> 實則唯是心之自主、自律、自決、自定方向，方真正是道德，此是道德之本義，並不是只要順理即是道德也。[29]

真正自律是「心之自主、自律、自決、自定方向」，此才是道德本義，朱子之理是透過窮理，以得出一該遵守規範，我們再依之而行，此為標準「他律」，故知惟自律之理乃有「活動義」。

### 5.「超越而內在之理」

「理」一方面是「超越」，高高在上為一切事物準則，另方面為「內在」──內於我心；必同具此兩特性，乃可能有「活動義」。若只內在而非超越，則僅為我之真理，未必是普遍絕對真理；若只「超越」而無內在，則無法存於我身以活動，便無「活動義」。牟先生曰：

> 明道云：「只心便是天，盡之便知性，知性便知天，當下便

---

29 牟宗三，《心體與性體》（一），頁 111-112。

認取，更不可外求。」明道如此說，實因其生命智慧與孟
子相呼應，……「天」是客觀地、本體宇宙論地言之，心
性則是主觀地、道德實踐地言之。及心性顯其絕對普遍性，
則即與天為一矣。明道如此呼應，宋明儒之大宗亦無一不
如此呼應。惟伊川、朱子則轉成另一系統，遂亦不能有此
呼應矣。[30]

心、性、天三者本是一體，故盡心會知性知天，「天」雖「客觀地、
本體宇宙論地言之」，但其內容仍是「心、性」內涵；「心、性」
雖「主觀地、道德實踐地言之」，但其極致便為「天」；故二者說
法有別，內涵無殊，都講同樣東西。就天言是「超越性」，就心性
言是「內在性」，講超越性必蘊內在性，講內在性必涵超越性，若
此二者一體之理，便為「活動義」之理。

### 6.「縱貫之理」

「橫」與「縱」指兩種關係，「橫」指平列關係，二者在同層
次上，如「我研究桌子」，此處「研究」便是橫攝關係，因我與桌
子同在現象界，都是形下存在，此種橫攝關係較易理解。「縱」指
垂直關係，表二者不在同層次上，如聖者在現實世界之活動，對
凡人言都是高一層作為，此便為「縱貫系統」。牟先生認為真正道
德屬本體界、絕對界；由道德良知所發者，便是縱貫之理、本心
之理，便屬「活動義」之理。牟先生曰：

吾以為由《論》、《孟》而發展至《中庸》、《易傳》完成此
縱貫系統，乃先秦儒家之真精神，亦是先秦儒家之原始義
理，正本「維天之命」詩這一根源智慧而來，而復徹底完

---

30　牟宗三，《心體與性體》（一），頁27。

成之，相契接而不悖者。……總之，是一本體宇宙論的實
體之創生直貫之縱貫系統。[31]

牟先生認為孔、孟、《中庸》、《易傳》，都談縱貫之理，此為先秦
儒家真精神，亦先秦儒家原始義理，唯此縱貫說法乃可講道德創
生，從道德上談宇宙生成變化。此種「縱貫──道德創生義」之
理，便屬「活動義」之理。

### 7.「本心即理之理」

以上諸義之理，最後都可總攝為「本心即理」之理，任一義
理系統能講到「本心即理」，即為一圓滿究竟系統，此「理」必會
活動。此為生命本然狀態之「理」，它即「體」、「善」、「天」、一
切道德、一切圓滿概念；擁有它即為聖者、得道者、覺悟者，是
宇宙真理之了悟者，是生命實踐之極頂。此種「理」自然會發用
活動，不僅使己善，亦能成就世人為善，牟先生曰：

> 「心」以孟子所言之「道德的本心」為標準。孟子言心具
> 體而生動，……乃是內在而固有的、超越的、自發、自律、
> 自定方向的道德本心。……心即是體，故曰心體。自其為
> 「形而上的心」（metaphysical mind）言，與「於穆不已」
> 之體合一而為一，則心也而性矣。自其為「道德的心」而
> 言，則性因此始有真實的道德創造（道德行為之純亦不已）
> 之可言，是則性也而心矣。[32]

本心即「理」即「體」，此「心」與超越客觀之絕對理體合一，故
是絕對善，同時是本心，故能做道德創造，此種融合天、性、心

---

31 牟宗三，《心體與性體》（三），頁 54。
32 牟宗三，《心體與性體》（一），頁 41-42。

之體，便是生命實踐所要達到之目標，亦牟先生教判之依據，此
「理」最大特性是「自主、自判斷、自做主宰」及全然之善，為
「理之活動義」源頭。牟先生對此「理體」總結曰：

> 此中體，如統宇宙而言之，即是「維天之命，於穆不已」
> 這一本體宇宙論的、即活動即存有的實體。如就命于人而
> 言之，即為吾人之性體，此性體非他，即是此於穆不已之
> 實體之具于個體中也。……如就其為吾人之性體言，此性
> 體亦是心、亦是理，性體即心體，心即是理。此是一本體
> 宇宙論的創生直貫之實體、性體。此即是作為「天下之大
> 本」之中體、誠體、神體，亦得曰心體。[33]

此為牟先生對「活動義之理」的綜述，這理體若就宇宙論言，即
「於穆不已」之「道體」；若就命於人言，即「性體」；若就個體
主宰言，即「心體」；同時亦可因出現處不同而有「中體、誠體、
神體」等之稱，實者如何稱呼並非重要，重在是否能了知其所指
涉內涵，此為道德實踐最重要依據，故說為「天下之大本」。

# 四、朱子學定位問題

　　每一義理系統通常有一常模——基本認定之範域，所有文句
詮釋都不宜踰越此範限。唯朱子義理非常龐雜，定位朱子義理常
是言人人殊，然今又不得不做出判定，否則詮釋時將會漫漶無邊
際。對朱子義理定位，牟先生說似較具體明確，因牟先生有專門
論著以探析朱子學，故此處先述牟先生說。牟先生首言初見朱子

---

33　牟宗三，《心體與性體》（三），頁 61-62。

學之困惑：

> 吾為此困惑甚久，累年而不能決。朱子《文集》、《語類》，
> 卷帙浩繁。隨便徵引一段，順此說下去是如此，但又引一
> 段，似又不然。[34]

> 吾讀《朱子語類》此一卷，心中最為着急。此卷是最近于
> 陸、王者，所謂心學，然而終湊泊不上。看着上去了，然
> 而又落下來了。最令人着急，又最令人搖蕩不定。若不知
> 其底子，順其援引之辭語一直說下去，可以完全依孟子講
> 成陸、王之講法。然而再回頭仔細看看，照顧到別的，如
> 「心具」義、心性情三分義、致知格物義，則又不能這樣
> 一直說下去。[35]

此兩段很能說明朱子學特色，因朱子年壽高，加以絕大部分時間
都在從事學術活動，非講學即著書，又遍注群書；著作非常豐富[36]，
包括《文集》100 卷，《語類》140 卷，及其他專著，故各種不同
義理詮釋，類皆可於朱子資料中找到證據，故牟先生說「隨便徵
引一段，順此說下去是如此，但又引一段，似又不然」，其中最為
牟先生頭痛者為：讀《語類》14 卷，「心中最為着急」，因朱子游
移己說與陸王間，有時看似陸王說法，但因沒著實體會，只表面
相似，很快便又滑落下來。牟先生以自己經驗說：

> 如是出入游蕩，其實義究何在耶？若非明澈其義理形態與

---

34 牟宗三，《心體與性體》（三），頁 66。
35 牟宗三，《心體與性體》（三），頁 383。
36 牟宗三謂：「然朱子並非如此者，乃是由遍注群經、講遍北宋四家而形成其系
　　統者。是故其要點之確義頗不易握，其思理之清楚亦不易凸顯。」見牟宗三，
　　《心體與性體》（一），頁 57。

義理背景，則其表面相似之辭語，蓋盡可以左右講也。衝
突矛盾，觸目皆是。幾不可辨矣！[37]

朱子亦未嘗不尊德性，亦未嘗無「心之德」、「心具眾理」、
「心理合一」、「無心外之法」等語句與議論。……然而仔
細一想，認真去處理內部之義理問題，則並不如此簡單，
亦決不如此儱侗。[38]

前章牟先生說明朱子義理可左右講，可左右講表示內在理論架構
是兩套標準，本身義理是衝突矛盾。次章言朱子亦有類似陸王之
語詞命題，但不能以表層意思理解，故牟先生說：「吾為此困惑甚
久，累年而不能決」[39]，於是紮實下功夫，花五年完成艱鉅任務，
牟先生曰：

吾乃決心進去，予以剔剝。先整理《二程遺書》，分別編錄
明道語與伊川語而確定之，凸顯明道，使其從隱形的轉為
顯形的，于朱子之不解處正之。次對于濂溪之《通書》若
干章及《太極圖說》予以確定之疏解，而同時亦指出朱子
理解之偏差，而于朱子之解語亦予以確定之詮表。……關
于朱子部，分量最多，工作亦繁重。然握其要，則其思理
亦很清楚。[40]

牟先生因弄不清朱子混雜義理系統，無法對此期學術交代，決心
深入鑽研，先分別二程（程顥 1032-1085,程頤 1033-1107）文獻資

---

37 牟宗三，《心體與性體》（三），頁65。
38 牟宗三，《心體與性體》（一），頁55。
39 牟宗三，《心體與性體》（三），頁65。
40 牟宗三，《心體與性體》（一），頁56-57。

料，並弄清《太極圖說》與《通書》義理，最後確定朱子義理系
統。牟先生說：

> 義理間架至伊川而轉向。伊川對于客觀言之的「於穆不已」
> 之體以及主觀言之的仁體、心體與性體似均未能有相應之
> 體會，既不同于前三家，亦不能與先秦儒家之發展相呼應。
> 他把「於穆不已」之體（道體）以及由之而說的性體只收
> 縮提練，清楚割截地視為「只是理」，即「只存有而不活動」
> 的理。……朱子雖大講《太極圖說》，然實以伊川之思理理
> 解太極，故對于太極真體理解有偏差，即理解為「只是理」，
> 「只存有而不活動」者，蓋對于其所言之誠體、神體、寂
> 感真幾、無相應之體會故也。[41]

牟先生說明朱子學走向，從孔孟至周（敦頤 1017-1073）、張（載
1022-1077）、明道之學，到伊川而轉向，伊川對客觀「於穆不已」
之體與主體之心性，皆無相應體會，既不同孔、孟、《中庸》、《易
傳》，又別於周、張、明道，他將「於穆不已」之體與「性體」解
為「但理」——只存在而不活動者，接著朱子以伊川思想理解《太
極圖說》之「太極」為只存有而不活動之「但理」，對濂溪「誠體、
神體、寂感真幾」等，皆無相應體會。朱子系統牟先生總結之曰：

> 此種心性情三分、理氣二分之拆觀，既不合孟子就內在道
> 德性言心性之義，亦不合《中庸》、《易傳》就於穆不已之
> 天命流行之體，言誠體、神體、道體、性體之義。……依
> 朱子，道體、性體只成為只存有而不活動之只是理，心情
> 神俱屬于氣，此即其系統之所以客觀地說為本體論的存有

---

41 牟宗三，《心體與性體》（一），頁44、52。

之系統，主觀地說為認知地靜涵靜攝之系統，而其所論之道德為他律道德之故。[42]

朱子義理系統主要為「心性論」、「理氣論」、「格物窮理論」，心性論主「心」、「性」、「情」三分，亦即此三東西各自獨立存在，此當然與牟先生所疏理「心性天合一」之儒家傳統思想有落差，與孟子從道德上言心性亦不同。在本體論部分，朱子嚴分理氣，一為形上之理，一為形下之氣，二者不能混為一談，此與先秦《中庸》、《易傳》「天命流行」思想亦有別。在工夫論上，朱子要透過個別物以窮得「存在之理」亦有問題。最後牟先生判定：朱子將「道體」理解為「只存有而不活動之但理」，「心」和「神」原來都附屬道體之存在，將之理解為形下之氣，讓儒家道德形上學本義喪失殆盡。此系統牟先生定位為：從客觀上說是一套探討宇宙本體之系統；從主體上說是一套以認識心去認識客觀理則之系統。用此方式講道德，道德變成外在規範，主體只是依外在規範行事之他律道德，儒家道德形上學風華盡失；此為牟先生對朱子學定位。

除牟先生外，學界大家較無專論述及朱子，馮友蘭、勞思光兩先生有關朱子義理主要見於二家哲學史論著，唐君毅先生所論較多，但分散於《中國哲學原論》各冊；此等大家對朱子義理，較無如牟先生之明確具體完整全面性之論述與判定。

## 五、文獻的引證問題

基於以上討論，要確定朱子「理」是否有「活動義」，首先要

---

42 牟宗三，《心體與性體》（三），頁451。

接受牟先生判教系統，認為圓滿教理系統「理」必有「活動義」；其次要知悉牟先生「活動義」內涵；接著確立朱子義理定位；最後則為文獻資料解讀，以下說明之。

## （一）「理」有無「動靜」

本章旨在探討朱子「理」有無「活動義」，若朱子文獻有「理會動」，且此「動」為牟先生之「活動義」，則朱子「理有活動義」便獲證明。

周敦頤《太極圖說》：「太極動而生陽，動極而靜，靜而生陰」[43]，若據「太極動而生陽」說，則「太極」或「理」有「活動義」，不然如何「動而生陽」。案此乃周敦頤將《太極圖說》解為宇宙形成論——太極創生陰陽五行與萬物，故太極會動乃自然之事。

但朱子同時又以本體論解「太極」或「理」；就本體論言，它是事物所以然之理，在此觀點下，事物「本體」或「理」便不會動；這便形成矛盾。[44]從宇宙形成論言，「太極」會動；從本體論言，「太極」不會動或說與動靜無關。朱子混此二者為一，將「太極」或「理」一面解為宇宙論，另一面解為本體論，於是說「理」會動不是，說不會動也不是，真是左右為難[45]。若朱子能將此二義

---

43　宋・朱熹，《朱子文集》，卷56，頁2721。

44　陳來，《朱子哲學研究》，頁100：「在解釋發揮《〈太極圖〉說》的思想時，除理先氣後而外，在邏輯上出現的另一個問題是：被朱熹規定為理的太極究竟是否能動靜？如果說太極有動靜，那麼在什麼意義上肯定它有動靜？如果說太極自身不能動靜，又如何解釋『太極動而生陽』？這是朱熹理氣觀中一個頗為複雜的問題。」

45　可參考馮友蘭先生之說：周敦頤的《〈太極圖〉說》和邵雍的《皇極經世》都是講的宇宙形成論。朱熹的《〈太極圖〉說注》是先從本體論講起，後來轉為宇宙形成論。怎麼轉呢？這是朱熹所遇到的一個難題。《〈太極圖〉說》的第一句「無極而太極」，朱熹的註解用的是本體論的方法，講的是本體論。到了第二句「太極動而生陽」問題就發生了。照朱熹的說法，太極是理，理是「無情意、無計度、無造作」的，怎麼會動而生陽呢？（見馮友蘭，《中國哲學史

之「太極」或「理」分別說明，則太極動靜問題便可迎刃而解。
先看朱子如何解決此問題：

> 理卻無情意，無計度，無造作。……若理，則只是箇淨潔
> 空闊底世界，無形迹，他卻不會造作。[46]

此為朱子從本體論立場出發，說明「太極」或「理」為靜，因太
極沒「情意、計度、造作」、非「主體」、只是「淨潔空闊底世界」、
沒「力量來源」、只是「所以然之理」，故當然為「靜而非動」。然
朱子須進一步解釋：為何周敦頤要說「太極動而生陽」？於是朱
子提出如下說明，首先說「理有動靜」：

> 問：「動靜，是太極動靜？是陰陽動靜？」曰：「是理動靜。」
> [47]

朱子為避免和周敦頤《太極圖說》相左，於是承認「動靜」是「太
極」或「理」本身之動靜。但如此說又會和「理」是「無情義計
度造作」之「靜」矛盾，故朱子想出兩法子：

> 「『太極者本然之妙，動靜者所乘之機。』太極只是理，理
> 不可以動靜言，惟『動而生陽，靜而生陰』，理寓於氣，不
> 能無動靜所乘之機。乘，如乘載之『乘』，其動靜者，乃乘
> 載在氣上，不覺動了靜，靜了又動。」曰：「然。」[48]

> 陽動陰靜，非太極動靜，只是理有動靜。理不可見，因陰

新編》（五），頁182。
46 宋・黎靖德編，王星賢點校，《朱子語類》，卷1，頁3。
47 宋・黎靖德編，王星賢點校，《朱子語類》，卷94，頁2375。
48 宋・黎靖德編，王星賢點校，《朱子語類》，卷94，頁2370。

陽而後知。理搭在陰陽上，如人跨馬相似。[49]

太極，理也；動靜，氣也。氣行則理亦行，二者常相依而
未嘗相離也。太極猶人，動靜猶馬；馬所以載人，人所以
乘馬。馬之一出一入，人亦與之一出一入。蓋一動一靜，
而太極之妙未嘗不在焉。[50]

站在本體論立場「理」為「靜」，那為何有動靜？因「理」寓於動
之「氣」，「理」僅隨「氣」動，「理」本身沒「動」——好似人騎
馬，人對地言有動，但對馬言沒動；太極是本然之妙，為無動，
但隨所乘之機而有動靜。

　　朱子用此說想解決「太極」一面能創生萬物，故有動；另一
面只是所以然之理，本身不動；想出「人跨馬喻」。其實此乃遁辭，
完全沒解決效力，因即使「人跨馬」人隨馬動、「理寓氣」理隨氣
動，仍無說明「理」或「太極」之創生萬物義；或說朱子說來說
去，僅說明「理是靜」，因即使「人跨馬」、「理寓氣」之「人」、「理」
都仍是靜，都無法創生萬物。只是此說甚巧妙，易誤導人以為解
決了「宇宙論之太極為動說」與「本體論之太極為靜說」之衝突，
其實並未真正處理二者之矛盾。

　　朱子另一說，提出「太極」包動靜之理，以說明「太極」雖
靜但亦有動之特質，故可說太極會動，朱子說：

理有動靜，故氣有動靜；若理無動靜，則氣何自而有動靜乎？
[51]

---

49 宋・黎靖德編，王星賢點校，《朱子語類》，卷94，頁2374。
50 宋・黎靖德編，王星賢點校，《朱子語類》，卷94，頁2376。
51 宋・朱熹，《朱子文集》，卷56，頁2721。

此解法亦未針對問題，只站在本體論言，「太極」或「理」是宇宙萬事萬物所以然之理，它包「動之理」與「靜之理」，但即使如此說「太極」仍為「靜」，雖「太極」含「動靜之理」，但本身仍沒動能，無法創造宇宙萬物。此與「人跨馬喻」同為巧妙地逃避問題，都未真正解決問題。

其實此問題乃屬無解──當朱子說太極會動，反駁者馬上可說：所以然之理、沒情意計度造作之理，如何會動？當朱子說太極是靜，反駁者馬上會問：太極創生陰陽宇宙，為何太極不會動？案此問題癥結在：朱子用同一詞語（「太極」或「理」）表達兩不同概念及說明兩問題──「本體論」與「宇宙論」，而此兩問題答案對「動靜」言為對反，因此永遠無法彌合。

故知朱子「理」或「太極」有兩屬性意涵：一是宇宙論「太極動而生陽」之「動」，以此解釋宇宙萬物之形成變化，此「動」為形下之動，並非道德活動，此「理」或「太極」不內在於心，更非本心之理，當然無「活動義」。另一為本體論之「理」，朱子認為「太極」或「理」為「不會動靜」，即使「氣」會動，「理」跨氣上，表面上「理」似會動；或「太極」、「理」含「動理與靜理」，謂太極亦有動靜，此等說法都未改變「理」為「靜」，不會創生萬物、不會起道德實踐，當然無「活動義」。

經此討論可知朱子「理」並無牟先生「活動義」。

## （二）「理」可否「生氣」

前目較站在「本體論」立場，說「理」或「太極」為靜，以下則立基「宇宙論」立場，說「理」或「太極」為動，朱子：

有是理後生是氣。[52]

氣雖是理之所生，然既生出，則理管他不得。[53]

天地之間只有動靜兩端循環不已，更無餘事，此之謂易，而其動其靜，則必有所以動靜之理，是則所謂太極者也。太極生陰陽，理生氣也。[54]

太極動而生陽，動極而靜，靜而生陰。[55]

上引各章朱子皆明提「理可生氣」，此乃站在宇宙論觀點而說。當然此觀點便無法解釋為何「所以然之理」會生「氣」，此與從本體論立場說「理」為靜，具相同困難性。今先不問「理生氣」說如何回應本體論與宇宙論之矛盾，我們只看依朱子此說，是否「理」便有「活動義」。

要回答此問題，須先問何謂「理生氣」？歷來詮釋此語者多，不同詮釋者，便有不同判釋，陳來先生：

朱熹所謂生氣以及《易》與《太極圖說》所謂「生」的觀念都可有兩種解釋。一種是理可產生氣，另一種是把「生」解釋為「使之生」，這兩種意思在朱熹可能都有。[56]

陳來認為朱子「理生氣」有兩意涵，一指由「理」直接產生「氣」，一指「理」間接讓「氣」出現，但無論何意涵都是從宇宙形成論

52 宋・黎靖德編，王星賢點校，《朱子語類》，卷1，頁2。
53 宋・黎靖德編，王星賢點校，《朱子語類》，卷4，頁71。
54 宋・周敦頤，《周濂溪先生全集》，收入《漢籍電子文獻資料庫》／叢書／《正誼堂全書》，卷之1，頁7-2。
55 宋・朱熹，《朱子文集》，卷56，頁2721。
56 陳來，《朱子哲學研究》，頁91。

說——「理」可創造宇宙萬物之意。若「理生氣」為此義，則必肯定一前題——「理」「氣」有先後，且理先氣後，不然如何由「理」生出「氣」；唯「理氣先後」又是朱子學中複雜問題，因非本章重點今暫不表。[57]

此種「理生氣」為宇宙論之生，是由無而有之生，是理變現出萬物，若此義之「生」，則非「本心之理」、「縱貫之理」、「超越內在之理」、「自律之理」等義，便非「活動義之理」。

次言勞思光先生說：

> 「理」或「太極」之能生陰陽五行以及萬物，皆就「氣依於理而生」一義講，此「依」處即「理」或「太極」之「顯用」或「運行」處，但非在時空中「造作」或「有作用」耳。「氣」既依理而生，故「天地生物千萬年，古今只不離許多物」，換言之，「氣」受「理」之限制，雖生萬物而不能不依理而生。故就生物言，萬物「莫不有種」，每「種」即含「本性」，亦即各有「殊別之理」。[58]

勞先生認為「理生氣」非指在時空中造作，故非由無而有，如母生子之生，而是「氣」依理而顯用，「氣」之作用受「理」支配，而所謂受「理」支配是指每物各有「性」，每物之生成必在「性」範圍中生成，不能溢出此「性」外，否則世界便亂，此為「氣依理而生」。故勞先生所謂「生」並非無中生有，而是物之生必循物之「性理」，故枯槁有枯槁「性理」，不會生成街磚。

勞先生此種「理生氣」，仍非「本心之理」、「縱貫之理」、「超

---

57 關於「理氣關係」，陳來先生有很精闢詳盡的探討，可看陳來，《朱子哲學研究》，頁75-154。
58 勞思光，《新編中國哲學史》（三上），頁282。

越內在之理」、「自律之理」等義，故仍非「活動義之理」。

　　再看牟先生說：

> 「理生氣」不是從理中生出氣來，只是依傍這理而氣始有
> 合度之生化。就人言，則是依這理引生心氣之革故生新。
> 心氣通過其心知之明之認識理而嚮往理而依之，則引生心
> 氣之合度之行，不依之，則昏沈墮落而暴亂。此即朱子系
> 統中之「理生氣」也。[59]

牟先生說又不同陳、勞兩先生，他認為「理生氣」是一道德活動
或功夫歷程，「氣」指不合度行為，「理」指外在合度的道德之理，
當我們不合度之心認識外在道德之理，便生對合度理之嚮往與追
求，於是引生心氣革故生新，使不合度心氣起變化而轉為合度之
行，此歷程稱「理生氣」；人若不依「理」起生化，便會昏沉墮落
與暴亂。若朱子「理生氣」是此義，則較接近「活動義」，唯因「理」
仍為外在而為認知心所對，故仍非真正「活動義」。最後看唐君毅
先生「理生氣」說：

> 然理雖非直接生物者，而氣之生物，則本于理為必有氣以
> 實現之理。此之謂理生氣，理生氣乃生物。故理為真正
> 之生物之本。故曰生理，生生不息之理。[60]

> 然吾人若視理原不離於氣，則此理之生氣，即氣之依理而
> 生，依理而行，如人依道路而自有其行走，則理之生氣之
> 義，即不難解。[61]

---

59　牟宗三，《心體與性體》（三），頁507-508。
60　唐君毅，《中國哲學原論・原道篇》（三），頁444。
61　唐君毅，《中國哲學原論・導論篇》，頁485。

首章言「理」生「氣」而後「氣」生「物」,「氣」之生「物」必依實現之理,故物生之源頭便是「理」,所以說「理是生物之本」,此「理」即生理、生生不息之理;次章說此生物之理原不離於氣,而所謂「理生氣」是指氣「依理而生,依理而行」,如人依道路而行。此說與牟先生為近,皆謂一切存在氣物依「理則」活動,此理則為外在標準或軌範,故朱子「理生氣」之「理」仍在心外,非真正「活動義」。

此外,唐先生亦就個人道德實踐中,良知善性之呈現,及改變吾人心氣,以言「理生氣」:

> 當然之理之呈現于吾人也,乃首表現出一命令之姿態,命令吾人應遵此理而行,以實現此理。質言之,即表現為當實現之一理。……吾人既遵理之命令而以心氣實現之,吾人此實現之活動,即為理所貫徹、所寄託、所表現之處。[62]

此謂當吾人有不如法度心行,當然之理的良知會以無上命令姿態出現,要求我們遵行實現此良知之理,最終亦實際實現此理,於是我們心行便為此「理」所貫徹寄託,而表現出完美之理。若朱子「理」指此良知善性,便具「活動義」。唯唐先生詮釋常為「朱子注我」而非「我注朱子」,常未依朱子文獻而作詮釋[63],故僅能視為唐先生創造性詮釋,並非朱子本身義理如此。

## (三)「理」有無「神義」

朱子文獻有關「神義」說法,亦影響「理有無活動義」判斷,朱子相關文獻有:

---

62 唐君毅,《中國哲學原論・原道篇》(三),頁 458。
63 見本書第六章第三綱「理氣論」之探討範疇(二)中有關唐君毅先生之論。

鬼神只是往來屈伸，功用只是論發見者。所謂『神也者，妙萬物而為言』，妙處即是神。其發見而見於功用者謂之鬼神，至於不測者則謂之神。[64]

鬼神是有一箇漸次形迹。神則忽然如此，忽然不如此，無一箇蹤由。要之，亦不離於鬼神，只是無迹可見。[65]

功用是有迹底，妙用是無迹底。妙用是其所以然者。[66]

「神無方而易無體」，神便是忽然在陰，又忽然在陽底。易便是或為陰，或為陽，如為春，又為夏；為秋，又為冬。交錯代換，而不可以形體拘也。[67]

「神無方，易無體。」神自是無方，易自是無體。方是四方上下，神卻或在此，或在彼，故云「無方」。[68]

問：「『動而無動，靜而無靜，神也』，此理如何？」曰：「譬之晝夜：晝固是屬動，然動卻來管那神不得；夜固是屬靜，靜亦來管那神不得。蓋神之為物，自是超然於形器之表，貫動靜而言，其體常如是而已矣。」[69]

「動而無動，靜而無靜」，非不動不靜，此言形而上之理也。理則神而莫測，方其動時，未嘗不靜，故曰「無動」；方其

64 宋・黎靖德編，王星賢點校，《朱子語類》，卷68，頁1686。
65 宋・黎靖德編，王星賢點校，《朱子語類》，卷68，頁1685。
66 宋・黎靖德編，王星賢點校，《朱子語類》，卷68，頁1685。
67 宋・黎靖德編，王星賢點校，《朱子語類》，卷74，頁1895。
68 宋・黎靖德編，王星賢點校，《朱子語類》，卷74，頁1895。
69 宋・黎靖德編，王星賢點校，《朱子語類》，卷94，頁2403-2404。

靜時,未嘗不動,故曰「無靜」。[70]

神有兩義:一說明存在物奇妙特別,難以平常知識理解,如宇宙間陰陽變化、四時更迭、生生不已等,對任何人事物之巧妙變化,我們都可讚之曰「神」,牟先生說:「神亦可能只是作為形容詞之虛位字」[71],朱子所謂「妙處即是神」、「不測者則謂之神」、「神則忽然如此,忽然不如此,無一箇蹤由」等,皆屬此神義,因非主體,故非「活動義」。陳來先生有相同說法:

> 周敦頤在《通書》的〈動靜章〉中說神是「動而無動,靜而無靜」的。朱熹以神為理,故理也可以說是動而無動,靜而無靜的。……這些思想都是說,當氣動時理隨氣動而自身未動,這就是「方其動時未嘗不靜」。當氣靜時理隨氣靜,而理作為使氣靜極復動的內在動因,含有動之機,這就是「方其靜時未嘗不動」。在這個意義上利用周敦頤的思想資料,可以說理是動而無動,靜而無靜的。[72]

陳先生謂朱子將「動而無動,靜而無靜,神也」之「神」解為「理」,此「神」說明太極之理雖在「氣動時理隨氣動而自身未動」,及「氣靜時理隨氣靜,而理作為使氣靜極復動的內在動因,含有動之機」,故太極之理是「動而無動,靜而無靜」,此與一般動靜不同,故為「神」,此神義非牟先生「活動義」。

　　「神」另一義指「體」——聖者之「體」,即牟先生所謂「神體」、「道體」、「理體」、「誠體」等,簡單說,若此「神」指聖者

---

70　宋・黎靖德編,王星賢點校,《朱子語類》,卷94,頁2403。

71　牟宗三,《心體與性體》(三),頁452。

72　陳來,《朱子哲學研究》,頁106。

心境隨時在「道」中，隨時做道德創發，則此「神」便有「活動義」，牟先生說：

> 若能正視這誠心仁體之神用，則聖人之一切言行，皆是神體之流行，皆是誠心仁體之睟面盎背。故由聖人之言行以及其睟面盎背之氣象即可徵神。若不能正視這誠心仁體之神用，則體只是理，而聖人之言行以及睟面盎背亦只是聖人之氣之依理而行，是則神體義亦虛脫。[73]

> 必須能正視神體自己，透澈其既是形而上者，又是神即理、神理是一，方能使神為實位，不失其實體義。[74]

牟先生重在說「誠心仁體之神用」，聖人會有神奇妙用展現，其本為「誠心仁體」，若有聖者心靈，則一切言行皆「神體流行」，自然睟面盎背；但若無聖者心靈，即使依理而行、合乎聖者法度，或有些許神奇表現，皆不能稱「神體流行」，便非「活動義」之理。

據此義以檢視朱子文獻，似有研判上之困難，牟先生說：

> 細案其語脈，卻極模稜……是否能保持神之實體義，尚難說。神亦可能只是作為形容詞之虛位字。……總因其對于道體不能理會為理體、心體、誠體、神體是一之道體，理會為「即活動即存有」之道體，故對于心體、神體，總不能明確地正視之，而認為即是太極也。……然體悟不透，故說來說去，結果只成理，而神義則虛脫。[75]

---

73 牟宗三，《心體與性體》（三），頁455。
74 牟宗三，《心體與性體》（三），頁462。
75 牟宗三，《心體與性體》（三），頁452。

從文字表面看朱子之「神」有可能為實體義，但依牟先生判別，似覺「極模稜」、「尚難說」、「可能只是作為形容詞之虛位字」，牟先生如此判定理由是「總因其對于道體不能理會為理體、心體、誠體、神體是一之道體」，亦即對真正道體無真實契悟，不知「理」即「心」即「神」，即聖者圓滿心境表述，在此關鍵處若把握不住，所說便不相應，牟先生便據此說朱子「神」無「活動義」。

### （四）「理」可否「發用流行」

從「發用流行」亦可看理有無「活動義」，朱子《文集》「流行」有 155 見，《語類》「流行」有 245 見，足見「流行」在朱子為常用概念，以下探討其說：

> 有理，便有氣流行，發育萬物。……有此理，便有此氣流行發育。[76]

> 天道流行，發育萬物，有理而後有氣。雖是一時都有，畢竟以理為主。[77]

> 心須兼廣大流行底意看，又須兼生意看。且如程先生言：「仁者，天地生物之心。」只天地便廣大，生物便流行，生生不窮。[78]

> 心之全體湛然虛明，萬理具足，無一毫私欲之間；其流行該徧，貫乎動靜，而妙用又無不在焉。[79]

---

76 宋・黎靖德編，王星賢點校，《朱子語類》，卷 1，頁 1。
77 宋・黎靖德編，王星賢點校，《朱子語類》，卷 3，頁 36-37。
78 宋・黎靖德編，王星賢點校，《朱子語類》，卷 5，頁 85。
79 宋・黎靖德編，王星賢點校，《朱子語類》，卷 5，頁 94。

做到私欲淨盡，天理流行，便是仁。[80]

如非禮勿視聽言動，便是把定處；「一日克己復禮，天下歸仁」，便是流行處。[81]

上引僅朱子言「流行」小片段，「流行」意涵甚多，張永儁先生分為兩大類：

「流行」也者，具有兩種不同的意義：一是指萬物的生生不窮，變化不已，如川之流而「逝者如斯，不舍晝夜」；另一是指「天理」主體之自我呈現，客觀實現為各種價值。[82]

此為最簡單兩分法，一是「非價值」者，一切萬物變化都是「流行」，中性之「氣」受「理」支配而有各種變化便是流行，「理」讓「氣」產生陰陽、五行、萬物等生成變化亦為流行，此義較易理解。二是「價值」者，指價值主體之自我呈現，由此展現為各種事為，如因道德主體之飽滿，讓道德生命揮灑世間，無私我造作而一任天理朗現，自然潤化外在世界，此種流行必是道德高超、忘懷自我、自然任運地展現生命美善。後一流行是中國哲學精彩內涵，中國哲學最高境界便說此種天理流行，牟先生有深入說明：

如就原初義「天命之體」是即存有即活動者而言，則所謂「流行」最初是就此體自身之「於穆不已」說。「於穆不已」是形容此體永遠不停止地起作用，即就此「不已地起作用」說「天命流行」，乃至說「天命流行之體」，言此天命不已

---

80 宋·黎靖德編，王星賢點校，《朱子語類》，卷6，頁117。
81 宋·黎靖德編，王星賢點校，《朱子語類》，卷6，頁122。
82 張永儁，〈從程朱理氣說略論朱熹心性論之成立〉，《台大哲學論評》，期12（1989.1），頁82。

> 地起作用即是流行，而此亦即是體也。此雖是就體說流行，
> 然亦實是流而不流，無流相也，行而不行，無行相也。唯
> 因其不已地起作用遂有氣之生化不息之實事呈現，就此生
> 化不息之實事言，遂流有流相、行有行相之實流行，此是
> 氣化之流行也。氣化之流行有流行相，而為其體的那於穆
> 不已之天命流行之體實無流相，亦無行相也。……此體是
> 即存有即活動之體也，亦是誠體、神體、妙萬物而為言之
> 體也。[83]

此牟先生就中國「流行」古義，謂流行乃指「於穆不已」之道德
主體，永無止息地起作用，因「體」不已起作用，遂有「氣」之
生化不已，就道德實體流行言稱「天理流行」，它是無相發用流行；
就呈現之生化事實言稱「氣化流行」，它本質上雖根於無相之體而
展現具體有相外貌，但皆為聖者心行功業；能否有此「流行」展
現，最關鍵所在為此生命是否具「誠體、神體、妙萬物而為言」，
若此生命是「誠體、神體、妙萬物而為言」之主體，則其事為便
是無執私我染著下之無功用行，便是真正「流行」；反之，若主體
為有限存在之私我，則為染污行而非「流行」。以下針對此二義說
明朱子之「理」。

　　前一義「流行」指「氣」依「理」流衍產生，此義流行無「活
動義」，陳來說：

> 所謂以流行而言，可謂太極有動靜，又何所指呢？其實也
> 就是《太極圖說解》所說的「太極之有動靜，是天命之流
> 行，所謂一陰一陽之謂道」。流行這裡指天命之流行，天命

---

83　牟宗三，《心體與性體》（一），頁 375-376。

之流行這裡是兼理氣而言，指氣在理的支配下動靜闔闢往來運動的過程。[84]

如果說到太極動靜，也只是指理隨氣而動，事實上朱熹常常講的「天理流行」正是在這個意義上講的，並不是指理在氣中運動或現實世界之外有一個理的世界在運動。[85]

陳先生說，朱子為何說「理有動靜」，因理有「流行義」，「流行」指天命流行──「氣」在「理」支配下之各種活動過程。故所有氣化現象全是理之流行，因理支配氣，讓氣有各種變化，此即朱子「流行義」。而此處所謂「氣」之活動指「動靜闔闢往來運動」等，亦即一切中性變化而與道德無關。次章陳先生認為朱子所謂「太極動靜」只是指「理隨氣而動」，好比人乘馬，馬動人跟著動，此等「理隨氣而行」便是「天理流行」；並非「理在氣中運動或現實世界之外有一個理的世界在運動」。若此為朱子「流行」義，則此「理」為被動者，是「氣」流行而非「理」流行，此「理」當無「活動義」。

勞思光先生雖不用「流行」而採「發用」、「運行」，但意義相近，其言曰：

蓋「理」本身「無動靜」，但其發用或運行，即使「氣」有動靜。如此，由「太極」生陰陽、五行以至於萬物之歷程，即「理」落在氣上發用之歷程。……然「氣」本身又依「理」而有生成變化；由此，世界萬物之生成變化，皆是「理」

---

84 陳來，《朱子哲學研究》，頁 101-102。

85 陳來，《朱子哲學研究》，頁 102-103。

在「氣」中之顯現，所謂「從微而至著」是也。[86]

勞先生所謂「理」之「發用、運行」，是指「理使氣有動靜」，一方面太極之「理」創生「陰陽、五行、萬物」，另方面「氣」又依「理」生成變化；此兩現象皆為「理」發用在「氣」之作用，便是「理的發用、運行」。前者採宇宙論說法，但所創生者為陰陽、五行、萬物等現象世界，而非道德意義之世界，故非「活動義」；後者是「氣依理而變化」，亦說現象界之「理」「事」關係，故皆非「活動義」之理。

　　再看牟先生之判定：

> 關於「天命之流行」亦須予以簡別。依朱子，天命即是理，其自身無所謂「流行」，流行是假託氣之動靜而說。流行之實在氣之動靜，理之流行是杖託氣之實流行而虛說耳。何以能有此虛說？蓋因理不離氣也。氣之一動一靜、呈現為流行之實，而理亦寓焉而定然之，遂亦得虛說理之流行也。剋就理自身而言之，理實無所謂流不流、行不行也。此是就朱子意謂理（天命、太極）為只存有而不活動言。[87]

依前說流行可就「體」上言，此為「天命流行」或「天理流行」；流行亦可就「氣」上說，此為「氣化流行」。就朱子言「體」上無所謂流行，因其「理」為靜態無活動者；朱子「流行」只能就「氣」上言，理之流行是虛說，理是假託氣而行，如人乘馬，馬行走人跟著行走，氣流行而理跟著流行。故牟先生判此「流行義」非古意，只是氣流行而理全用不上力，理本身無主動性，只搭在氣上

---

86　勞思光，《新編中國哲學史》（三上），頁281-282。
87　牟宗三，《心體與性體》（一），頁375。

隨氣而行，故非「活動義」之流行。

## （五）結　語

朱子「理」有無「活動義」，就朱子文獻言，約可歸為上列四類：（一）理有無動靜；（二）理可否生氣；（三）理有無神義；（四）理可否發用流行。

第（一）類：朱子較站在「理為靜」立場，雖說理同時含動靜之理、理寓氣如人乘馬，馬動人隨之動，氣動理跟著動，用此想彌合「理之動靜」，但朱子根本上仍主「理靜」，故當無「活動義」。第（二）類：朱子站在宇宙論立場，認為「理」會生「氣」，然此種宇宙論之「生」，並非道德義之生，故亦無「活動義」。雖有學者從道德上詮釋「生」，說明「理生氣」是使「氣」合度依理而行，但並無文獻依據。第（三）類：「理」有無神義，若理有神體義，則理有「活動義」，若僅為形容詞，則「理」無「活動義」，此部分判定稍有難度，唯牟先生據其對朱子義理把握，判朱子「神」僅為形容詞而無「神體」義，故無「活動義」。第（四）類：理可否發用流行，有「活動義」之理必可發用流行，真正可發用流行者必為「活動義」之理，學者普遍認為朱子流行僅為「氣」流行，理只搭氣上流衍變化，非真正古意之流行，故仍判無「活動義」。

就學者部分言，陳來、勞思光兩先生，較從中性存有物觀點，探討朱子「理氣關係」，故與道德無關，理自然不具「活動義」。牟宗三先生雖從道德層面探討「理氣關係」，但仍判定朱子理不具「活動義」；唐君毅先生較牟先生更體貼朱子義理，唯發言有限，且較未從文獻上徵引論述，故證據力較顯薄弱。

# 六、小　結

　　朱子「理」有無「活動義」，是學術界爭議多時問題，本章嘗試對此問題做釐清；本章認為此論題涉及四層面。

　　首為「教判」問題，牟先生藉由他對中國哲學疏理，得出儒家道德形上學，謂此為最理想圓滿之理論系統，在此系統中之「理」必具「活動義」。唯因「教判」乃見仁見智之論斷，每人基本設定不同，教判系統便因之而異，故教判可有多種，未必一定要接受牟先生論斷。亦即我們亦可另建教判系統，而設定最高系統之「理」不必具「活動義」，如此便可不落「理有活動義」牢籠；反之，若我等接受牟先生教判，則不能對「理有活動義」命題提出質疑；此為第一層面問題之確定。

　　當理之「活動義」被確認為圓滿系統最核心標準後，下一問題是：其意涵為何？我們不能自定「活動義」內涵，否則即使提出解決方案，屆時仍是枉然，因所論不相值，故必探析原創者「活動義」意涵，當「活動義」定義清晰後，乃可據此審視朱子有無此義之理。經本章探析牟先生「活動義」，從遮詮說，它不是：「形構之理」、「非道德之理」、「道德底形上學之理」、「他律道德之理」、「超越而不內在之理」、「橫攝之理」、「心外之理」。從表詮說，它必是：「存在之理」、「道德之理」、「道德的形上學之理」、「自律道德之理」、「超越而內在之理」、「縱貫之理」、「心即理之理」。此中最重要關鍵是：此「理」必和「心」結合，「心」外之理永無可能為「活動義」之理。

　　以上二層面為討論此問題必接受者，否則此論題便無得討

論，再來是朱子「義理定位」，唯此問題頗難確定，本章只引牟宗三之說，蓋牟先生有一鉅冊專論朱子義理，而唐先生說則散見《中國哲學原論》各冊，且唐先生自言其所詮釋，「非一般哲學史之尋文繹義之疏釋，而同于佛家所謂密義之疏釋。吾文中所陳之論辨，多非朱子之言中所已有，而唯是朱子理論系統中所當涵。吾之所言，既不能一一皆于朱子所已言者，得其明顯之根據」、「此則更不必皆有朱子之明言足證，而只視之為吾個人之見，亦可也」。故知唐先生本質上屬自己主觀詮釋，未必有客觀文獻可佐證，故本書但以牟先生說為據。

　　最後是朱子「活動義」資料判讀，此等資料歸納為四類：一是「理之動靜」，若朱子主「理能動」，則其「理」可具「活動義」，但經本章討論，雖朱子認為「理」為動，但此種「動」有兩義：一是含動之理，一是理搭於氣，氣動理隨之動，此兩義「動」皆非真動。二是「理生氣」，倘「理」真能生「氣」，便可能具「活動義」，馮、勞兩先生從宇宙論觀點說此「生」是現象界之「產生」，牟先生雖從道德上談「理生氣」，但謂此理是客觀外在道德之理，故仍不具「活動義」。唐先生亦從道德上詮釋，謂其理指「心之理」，唯缺客觀文獻佐證。三是「理之神義」，若朱子「理」具「神義」，且此「神」非描述詞，指主體生命在道體之朗現，則此「神」具「活動義」，陳來先生認為朱子此「神」在說「動而無動，靜而無靜」之玄妙性；牟先生雖認為從文句上模稜兩可，但依朱子義理定位言，認為當非「神體義」，朱子只將「神」當形容詞而非當「體」。至於唐先生則未論及朱子「神義」問題。四是「理之發用流行」，若「理」可真正發用流行，必與心結合乃辦，陳來與勞思光兩先生皆謂朱子「流行」，指外在「氣」流行衍化，「理」只搭在氣上

而跟著流行，理無主動性，故不具「活動義」，牟先生看法相近，認為流行只虛說，唯唐先生認為是真流行，其理具「活動義」，但仍缺文獻佐證。

　　本章重在釐清問題，尤重從第二序上探討，並從四層面解析朱子理是否具「活動義」；經此探索，冀此問題本質得以明白，此問題討論不致失焦，此問題相關變數皆能瞭解，此問題原典依據全得掌握；由此而對朱子「理是否具活動義」有更清晰理解，斯為本章撰述旨意。

# 第六章　朱子「形上」義析論及反省

## 一、前　言

　　中國哲人使用哲學語詞，有時渙散模糊而不精確（混含），有時一詞語同時包括數概念於其中（歧義），甚至此等概念間矛盾衝突，且作者又無此自覺，若此等詞語為哲人關鍵概念，則其影響將更大；後學在閱讀此等哲人作品時，便會如入五里霧中，無法精準把握哲人所要表達之意涵，無法認識作者所要呈顯之義理。因此，有必要對此等混含歧義詞語，重新釐析確立其真正指謂，以方便後學理解前賢之義理學說。

　　「形而上」概念自《周易‧繫辭傳》提出後，便成後儒重要哲學語詞，以朱子論，在《朱子語類》中使用 78 次，在《朱子文集》中使用 45 次，顯見為朱子重要哲學概念。再者，「形而上」與朱子「理氣論」之「理」，「格物窮理」之功夫，皆有密切關連性；因此，弄清「形而上」意含，亦將有助於朱子義理掌握。但「形而上」到底何意涵，此等意涵可分幾類，哪類才合乎朱子義理原意，此便為本章所要處理者。

　　「形而上」與「形而下」相對，要瞭解「形而上」必透過「形而下」，故本章先探討朱子如何區隔「形而上」與「形而下」，透過「形而下」之對顯將益能確立「形而上」意涵；朱子各意「形

而上」內涵明晰後，接著可確定何者為朱子原意，最後則討論朱子「形而上」意旨及在義理上限制；末後作一總結。

# 二、朱子「形而上」、「形而下」解析

朱子對「形而上」、「形而下」詮釋具多樣性，此等詮釋有些偶一論及，有些則密集出現；有些從外相上作分判，有些從內涵上作區隔；以下以朱子《文集》與《語類》論及「形而上」、「形而下」者為準據，分從兩面述論：一從表層屬性上作區別，一從深層內涵上作分判，前者論述較空泛，後者說明較具體。透過此等分類釐清後，再對朱子「形上」義作一衡定。

## （一）從表層屬性上區別

朱子從表層屬性上區別「形而上」與「形而下」，所論較少，且所說較模糊，並非朱子論形上、形下主軸，唯仍釐析解說之：

### 1.無形/有形

「形而上」、「形而下」最直接簡單分法，是據「形」說，無形者為「形而上」，有形者為「形而下」，朱子：

> 蓋太極是理，「形而上」者；陰陽是氣，「形而下」者。然理無形，而氣卻有迹。[1]

> 「形而上」者，無形無影是此理；「形而下」者，有情有狀是此器。[2]

> 「形而上」為道，「形而下」為器。如今事物，莫非天理之

---

1　宋・黎靖德編，王星賢點校，《朱子語類》，，卷5，頁84。
2　宋・黎靖德編，王星賢點校，《朱子語類》，卷95，頁2421。

所在，然一物之中，其可見之形，即所謂器；其不可見之
理，即所謂道。[3]

以上朱子將有形跡、情狀、可見者稱「形而下」或「器」；反
之，無形跡、無形影、不可見者稱「形而上」或「道」。簡言之，
是據人感官能否碰觸而論，若可眼見、耳聞、鼻嗅、舌嚐、身觸
者屬「形而下」；反之，人無法透過五種感官碰觸者屬「形而上」。
當然，若加上今日科技知識，則宜修正為包括科學儀器在內，亦
即透過人類感官與科學儀器之助無法感知者，屬「形而上」範疇；
透過感官與科學儀器之助所能碰觸者，屬「形而下」範疇。

如此區隔表面言之似清晰明確，然若落於實際存在物上便有
分判困難，如「陰陽」、「愛」等究竟屬「形而上」或「形而下」，
似屬難解，《語類》載：

> 問：「陰陽如何是形而下者？」曰：「一物便有陰陽。寒暖
> 生殺皆見得，是形而下者。事物雖大，皆形而下者，堯舜
> 之事業是也。理雖小，皆形而上者」。[4]

> 舜弼以書來問仁，及以仁義禮智與性分形而上下。先生答
> 書略曰：「所謂仁之德，即程子穀種之說，愛之理也。愛乃
> 仁之已發，仁乃愛之未發。若於此認得，方可說與天地萬
> 物同體。不然，恐無交涉。仁義禮智，性之大目，皆形而
> 上者，不可分為二也」。[5]

「陰陽」到底屬有形或無形確實難認定，它是否為人感官所

---

3　宋・朱熹，《朱子文集》，卷 51，頁 2366。
4　宋・黎靖德編，王星賢點校，《朱子語類》，卷 75，頁 1936。
5　宋・黎靖德編，王星賢點校，《朱子語類》，卷 117，頁 2810。

能碰觸者？朱子將它規定為「形而下」，若依有形無形之說，當然
朱子弟子會疑惑，為何「陰陽」是有形而可以感知者？其次，若
「陰陽」可感知仍勉強可理解，那為何「愛」亦屬「形而下」；朱
子只說「性」及「仁義禮智」為「未發」屬「形而上」，「愛」為
「已發」當屬「形而下」；難道「愛」不是無形者，為何它屬「形
而下」。足見以「有形」、「無形」區隔「形上、形下」，似未的當。

## 2.不可言/可言

前目言「形而上」為無形影、情狀而不可見者，此則進一步
說明不只眼耳鼻舌身等感官不能碰觸，即使心之官亦不能接觸，
因心難接觸知曉，故無法透過言語概念表出，朱子：

> 且如此火是器，自有道在裏；「形而上」者指理而言，「形而
> 下」者指事物而言；事事物物，皆有其理；事物可見，而其
> 理難知。[6]

> 性不可言；所以言性善者，只看他惻隱、辭遜四端之善則可
> 以見其性之善，如見水流之清，則知源頭必清矣。四端，情
> 也，性則理也。發者，情也，其本則性也，如見影知形之意。
> [7]

前章說明「形而下」事物可見，但「形而上」之理難知；因有形
東西為具體者，我們方便用感官把握，無形東西屬抽象者，我們
難透過感官精準明確掌握其內涵；次章舉「形而上」之「性」以
說明其不可知不可言，我們只能透過外顯之形影，亦即四端之「情」
見之，但透過外顯之「情」，終隔一層。因此，「形而上」是難瞭

---

6 宋・黎靖德編，王星賢點校，《朱子語類》，卷75，頁1935。
7 宋・黎靖德編，王星賢點校，《朱子語類》，卷5，頁89。

知者，無法透過概念表達，故具不可言詮性。

### 3.體/用

「形而上」與「形而下」關係，朱子有時亦以「體/用」為說，蓋前已言「形而上」是無形而不可言者。就事物言，我們只能看到它的表象作用，它本來體性我們難於了知，所以朱子便謂我們可了知者為「形而下」，我們看不到但卻能產生表象作用之本來體性，稱為「形而上」，此便是以「體/用」說明形而上與形而下，朱子：

> 費，道之用也；隱，道之體也。用則理之見於日用，無不可見也。體則理之隱於其內，「形而上」者之事，固有非視聽之所及者。……「形而下」者甚廣，其「形而上」者實行乎其間，而無物不具，無處不有，故曰費。費，言其用之廣也。就其中其「形而上」者有非視聽所及，故曰隱。隱，言其體微妙也。[8]

朱子解《中庸》：「君子之道，費而隱」，謂「費」是道顯發於日用常行者，無物不具，無處不有，為吾人所能見識者；「隱」則是道之體性隱藏於日用常行之內者，其體微妙非視聽所及；朱子謂「形而上」是難知者，是表象作用背後之體性，但何謂「體性」，朱子則未明示；此種對「形而上」與「形而下」詮釋，仍甚抽象而不易分判。不唯此也，朱子有時又謂「形而上」與「形而下」各有體用，則「體」未必為形而上，「用」未必為形而下：

> 若以「形而上」者言之，則沖漠者固為體，而其發於事物之間者為之用；若以「形而下」者言之，則事物又為體，

---

8 宋・黎靖德編，王星賢點校，《朱子語類》，卷63，頁1532。

> 而其理之發見者為之用。[9]

> 道未嘗離乎器，道亦只是器之理。如這交椅是器，可坐便
> 是交椅理；人身是器，語言動作便是人之理。理只在器
> 上，理與器未嘗相離。[10]

朱子此處之體用論是將世界分兩類，一是「形而上」世界，一是
「形而下」世界，且兩界各有一套體用論；在「形而上」世界中，
本心沖漠無朕便是體，本心發用於日常生活中，便是用；此時二
者為「體用一如、顯微無間」關係，此乃正統儒家（包括陸王系
統）之體用關係論；朱子此種用法僅偶及。

　　至於「形而下」世界之體用論，朱子謂事物屬有形存在，而
其作用功能便是用，便是「道」，他將事物當成「器」，而將其作
用當成「理」，例如椅子或人身是「器」，而椅子可坐，人有語言
動作，此種事物作用功能，朱子便稱為「道」。若朱子「形而上」
是此義，則「形而上」不該是無形不可言者，故與前文所說似又
悖矣。

　　故知朱子此處分「形而上」與「形而下」兩界，各說其體用
論，一則背離其本然核心義理，此義之形上朱子僅偶及之；二則
以作用功能為道，背離前此謂道是隱密難知難言者，故此種形上
形下之分類，當非朱子本然義理；其真正體用論，當仍謂我們可
把握之表象世界，為「器」、「形而下」；而隱藏器物內為吾人難知
難言之體性，乃為「道」、「形而上」。但即使如此說解「形上、形
下」，仍屬空泛而難確實把握其意。

---

9　宋・朱熹，《朱子文集》，卷48，頁2186。
10　宋・黎靖德編，王星賢點校，《朱子語類》，卷77，頁1970。

### 4.無動/動

朱子對「形而上」、「形而下」有時用「有無動靜」為說明，按動靜說較早有《孟子》「不動心」[11]，《禮記·樂記》有「人生而靜，天之性也；感於物而動，性之欲也」[12]；其後周敦頤《通書·動靜》亦有：「動而無靜，靜而無動，物也。動而無動，靜而無靜，神也。動而無動，靜而無靜，非不動不靜也」[13]。朱子便據周子《通書·動靜》說，以詮釋「形而上」、「形而下」，他謂周子「動而無靜，靜而無動，物也」在說「形而下」，周子「動而無動，靜而無靜，神也」在說「形而上」，其言曰：

> 「動而無靜，靜而無動者，物也」。此言「形而下」之器也。
> 「形而下」者，則不能通，故方其動時，則無了那靜；方
> 其靜時，則無了那動。如水只是水，火只是火。就人言之，
> 語則不默，默則不語；以物言之，飛則不植，植則不飛是
> 也。「動而無動，靜而無靜，非不動不靜」，此言「形而上」
> 之理也。理則神而莫測，方其動時，未嘗不靜，故曰「無
> 動」；方其靜時，未嘗不動，故曰「無靜」。靜中有動，動
> 中有靜，靜而能動，動而能靜，陽中有陰，陰中有陽，錯
> 綜無窮是也。[14]

按以動靜加在事物上，猶以體用加在事物上，若就本體言，它是

---

11 漢·趙岐注，宋·孫奭，《孟子注疏》，《重刊宋本十三經注疏附校勘記》，收入《漢籍全文資料庫》／經部／十三經，卷3，頁54-1。

12 漢·鄭玄，唐·孔穎達疏，《禮記注疏》，《重刊宋本十三經注疏附校勘記》，收入《漢籍全文資料庫》／經／十三經，卷37，頁662-1。

13 周敦頤，《通書》，《周濂溪先生全集》收入《漢籍電子文獻資料庫》／叢書／正誼堂全書／卷之5，〈動靜第十六〉，頁33-2。

14 宋·黎靖德編，王星賢點校，《朱子語類》，卷94，頁2403。

即體即用，體用一如；無動無靜，即動即靜，超越動靜，無動靜相。簡言之，這是在說聖者心境，不執著動靜，動亦可，靜亦可，動靜皆宜，此便是周敦頤「動而無動，靜而無靜，神也」之意；若動靜落現象世界，則為凡夫二元對立下之宇宙，當事物靜止時只執著於「靜」，當它變化時只執著於「動」，心抓對象不放，所執物便是死物，此周敦頤所謂「動而無靜，靜而無動，物也」。如此詮釋「動靜」是傳統哲人通常解法。

因朱子非此路中人，故對現象界——「動而無靜，靜而無動」之說明尚屬正確，但對本體界為何是「動而無動，靜而無靜」，朱子但以「理」為說，而其「理」又是所以然之理，如此系統實無法解釋周敦頤「動而無動，靜而無靜」之義理。[15]

故知朱子以「體用說」與「動靜說」，詮釋區隔「形而上」與「形而下」，因非自己所擅長義理，所論不精準、不相應，並未能成功說明二者區隔。

### 5.精純/渣滓

對「形而上」與「形而下」，朱子有時用「純淨精細」與「糟粕渣滓」等概念形容之，謂「形而上」屬事物精華細密者，「形而下」屬事物粗糙殘渣者：

> 理未嘗離乎氣。然理「形而上」者，氣「形而下」者。自「形而上下」言，豈無先後！理無形，氣便粗，有渣滓。[16]

朱子謂「形而下」之氣為「粗」、「渣滓」，相對之「形而上」便是「細」、「菁華」，但此等詞語非常抽象，只描述兩種相對概念，甚至帶有價值判斷，朱子認為「形而上」較高尚、重要、根本、

---

15 此等義理分疏，詳見牟宗三《心體與性體》（三），頁 457-464。
16 宋・黎靖德編，王星賢點校，《朱子語類》，卷 1，頁 1。

屬有價值者,「形而下」則較低下、次要、無價值者;唯此僅說明朱子對「形而上」與「形而下」主觀之價值分判。

上列從「無形/有形」、「不可言/可言」、「體/用」、「超越動靜/動靜」、「精純/渣滓」等區隔「形而上」、「形而下」,皆較從表層屬性或範疇作說明,此等說明較不具體,尤其後三項更是模糊不精準,且從表層屬性上說明「形而上」與「形而下」之別,在朱子著作中仍屬少數。朱子另又從深層內涵分判「形而上」與「形而下」,此種說明較具體清晰,所論亦較多,透過此種探討,將較易把握朱子「形而上」內涵。

## (二)從深層內涵上分判

朱子對「形而上」與「形而下」最清晰具體分判,當屬「理氣論」架構——所有存在物(氣)皆有其所以然之原理(理),朱子:

> 天地中間,上是天,下是地,中間有許多日月星辰、山川草木、人物禽獸,此皆「形而下」之器也。然這「形而下」之器之中,便各自有箇道理,此便是「形而上」之道。[17]

> 若熹愚見與其所聞,則曰:「凡有形有象者,皆器也;其所以為是器之理者,則道也」。如是,則來書所謂「始終晦明奇偶之屬,皆陰陽所為之器,獨其所以為是器之理,……乃為道耳!如此分別,似差明白,不知尊意以為如何?[18]

朱子所謂「形而下」,乃指有形有象者,包括天地、日月星辰、山川草木、人物禽獸等,亦即我們感官所認識之存在物。至於「形

---

17 宋・黎靖德編,王星賢點校,《朱子語類》,卷 62,頁 1496。
18 宋・朱熹,《朱子文集》,卷 36,頁 1446。

而上」則較難把握，首章他說「形而下」之器，各有個道理；但到底是哪樣「道理」？實有各種可能：如以「天地之道理」為例，它可指：何時出生之理？如何出生之理？為何天高地厚之理？天廣地闊之理？天為上、地為下之理？天覆地載之理？…，到底朱子指何種「道理」實難臆測。再者，若論「天地之生」，有科學說法、哲學說法、神學說法、神話說法，到底何種方屬「形而上」；凡此朱子皆未清楚交代。

　　次章朱子雖將「理」限制在「所以為是器之理」——此存在物所以為此存在物之原理，將範圍縮小為該存在物之本質原理，但此種本質原理是屬科學的、哲學的、或道德的，朱子仍未指明。如以「名物度數」為例，「形而上」是研究名物度數科學之理？或在哲學上探討名物度數之真實性？或從道德上探討此等名物度數宜如何成就善？或從宇宙實相上探討此等存在本體之理？

　　故知朱子雖將「形而上」定義為「所以為是器之理」，但仍充滿著想像空間，朱子雖自覺「形而上」與「形而下」之別「似差明白」，然對客觀第三者言，則仍存在甚多迷惑而難於把握其意涵。即使朱子當時弟子與時人，對「形而上」內涵，亦有甚多不解。故有必要將「形而上」意涵作深入釐析，以期朱子「形而上」義理清晰具體完整而明確地呈露出來。以下就朱子《文集》、《語類》中有關「形而上之理」的內容作分類，然後討論何者為朱子「形而上之理」的真正意涵。

　　關於「形而上之理」的內容，可有很多分類方式，本章僅依朱子主要論及者，而將「理」分為：（一）物之理；（二）事之理；（三）道德之理；（四）存有之理；（五）本體之理。第一種「物之理」指單純存在物本身之理則，包括本質、構造、運動變化等原理；第二種「事之理」指人類如何駕馭掌控存在物之理。第三

種「道德之理」指人類如何成就道德行為之理。第四種「存有之理」指宇宙最高之總原理；第五種「本體之理」指聖者面對萬事萬物之理。此五者便是朱子「形而上之理」的內涵，最後，將經由分析討論以確定朱子「形而上之理」的本旨。

### 1.物理/物

生而為人不能不接觸外在存在物，而要認識、面對、利用此等存在物，便需對此等存在物之理有所了解，甚至需將此等理瞭解到徹底窮盡地步，朱子：

> 人之生也，固不能無是物矣，而不明其物之理，則無以順性命之正，而處事物之當，故必即是物以求之知，求其理矣；而不至夫物之極，則物之理有未窮，而吾之知亦未盡，故必至其極而後已。[19]

所謂「物理」乃指存在物所以然之理，唯存在物面向甚多，任一面向都可有其理，故每一存在物「所以然之理」往往不只一個。此種「物理」便是朱子「形而上之理」的第一種內涵，朱子：

> 語厚之：昨晚說「造化為性」，不是。造化已是「形而下」，所以造化之理是「形而上」。[20]

> 衣食動作只是物，物之理乃道也。將物便喚做道，則不可。[21]

每一存在物皆有其所以為此存在物之原理本質，這便是此存在物

---

19　宋・朱熹，《朱子文集》，卷44，頁1969。
20　宋・黎靖德編，王星賢點校，《朱子語類》，卷4，頁63。
21　宋・黎靖德編，王星賢點校，《朱子語類》，卷62，頁1496。

「形而上」之理，朱子以「造化」為例，謂即使如「造化」之大
之極，都仍屬「形而下」或「器」，唯造化所以為造化之原理本質，
乃為「形而上」或「道」；同理，「衣食」亦只是形而下之器，「衣
食」所以為衣食者，乃為形而上之道。此乃將世間存在物分兩層
次，一是具體存在，是「然」之世界；一是挑高一層，探討其存
在之原理原則，是「所以然」之世界；朱子謂此兩層之分是天經
地義且是壁壘分明者，絕對不能模糊。「道」或「形而上」是上層
之「所以然」，而不是下層之「然」，故不能謂「砍柴挑水」是道，
因「砍柴挑水」只是下層之「然」，唯有「砍柴挑水之理」乃為「形
而上」所以然之道。

　　因「形而上」或「道」是指存在物之所以然，故只要是物，
不管是何等物，必有所以然之理，即使枯槁之物，亦必有其「形
而上」之理，朱子：

> 問：「枯槁之物亦有性，是如何？」曰：「是他合下有此理，
> 故云天下無性外之物」。因行街，云：「階磚便有磚之理」。
> 因坐，云：「竹椅便有竹椅之理。枯槁之物，謂之無生意，
> 則可；謂之無生理，則不可。如朽木無所用，止可付之爨
> 灶，是無生意矣。然燒甚麼木，則是甚麼氣，亦各不同，
> 這是理元如此」。[22]

朱子「形而上」之理是指「該存在物所以然之理」，此種「所以
然／然」之架構，只是探討事實層面為何如此，故當屬「科學原
理」而非「道德原理」；例如朱子是在探討「枯槁物」、「階磚」、「竹
椅」、「朽木」等存在物所以為此存在物之理，而非探討人在面對

---

22　宋・黎靖德編，王星賢點校，《朱子語類》，卷4，頁61。

使用此存在物應該如何之問題，故此種理與道德無關，乃為純粹科學之理；站在此觀點，則任何存在物必有其所以然之理，階磚、竹椅、朽木等，皆有其獨特之理而不同於其他物者，故曰「枯槁有理」。

我們可對朱子「形而上」定義提出異議，然而一旦接受其定義，我們便需承認「枯槁有理」之論定；因枯槁是一存在物，既是存在物便有該存在物所以為此存在物之理。雖此說法異於正統儒家，但亦能言之成理，牟宗三先生與劉述先先生並有論及此者：

> 若依孟子之「就內在道德性言性」之義說，不但枯槁無此性，即禽獸亦不能有。朱子是由存有論的解析，就然推證其所以然之理以為性。枯槁之物有其所以然之理，自然亦有性。但如此言性，顯然不同于孟子中庸易傳之說法，而如此所說之性，亦不同于孟子中庸易傳之所說。[23]

> 孟子之論性側重人禽之別則不只枯槁無性，禽獸亦不能有此性。朱子之說顯然與孟子不符，他所謂性是由事物之然推至其所以然之理，元無差別，則人獸草木枯槁雖分殊，本來只是一理。[24]

牟、劉二先生並謂「枯槁有理」非中國傳統哲人說法，但二先生亦皆接受朱子可有此說法。其實朱子「所以然/然」之說屬科學層面，其「形而上之理」指科學上之原理本質，此系統主要在解決科學上存在物與原理間之問題，此與道德學關連不大，即使探究

---

23 牟宗三，《心體與性體》（三），頁487。
24 劉述先，《朱子哲學思想的發展與完成》（臺北：臺灣學生書局，71年2月），頁213。

出竹子「形上之理」，仍與成就聖賢無甚關係。

其次，朱子在說明存在物所以然之理時，是從多面向去說明，首就存在物成分以論該存在物所以然之理，《語類》載：

> 問：「曾見〈答余方叔書〉，以為枯槁有理。不知枯槁瓦礫，如何有理？」曰：「且如大黃附子，亦是枯槁。然大黃不可為附子，附子不可為大黃」。[25]

此為就存在物成分以言所以然之理，大黃與附子各有不同成分，大黃所以為大黃，是因其中含大黃而非附子成分；同理，附子所以為附子，亦因附子中含附子而非大黃成分，此便是大黃、附子各自所以然之理，亦即朱子所謂「形而上」之理；其次，朱子以為所以然之理並非單一，蓋大黃所以為大黃是具有很多面向之理，成分外，還有結構、外觀、作用等，以下分別說之。

存在物所以然之另一切入點，即透過結構以說明該物的所以然之理，朱子：

> 且如這箇椅子有四隻腳，可以坐，此椅之理也。若除去一隻腳，坐不得，便失其椅之理矣。……且如這箇扇子，此物也，便有箇扇子底道理。扇子是如此做，合當如此用，此便是「形而上」理。[26]

朱子舉椅子以說明椅子結構的所以然之理；唯朱子舉椅子四腳，於此處並非至當，蓋桌子亦四腳，且椅子多或少於四腳，皆無礙椅子所以為椅子，但此處我們僅需以意逆志，瞭解朱子旨在透過存在物結構，以指陳它所以然之理；朱子舉扇子之例亦同，皆在

---

25 宋・黎靖德編，王星賢點校，《朱子語類》，卷4，頁61。
26 宋・黎靖德編，王星賢點校，《朱子語類》，卷62，頁1496。

說明存在物結構上的所以然之理。

　　此外，朱子亦用存在物運行之準則原理，以說明該存在物之理，朱子：

> 夫「天生烝民，有物有則」，物者，形也；則者，理也。形者，所謂「形而下」者也；理者，所謂「形而上」者也。[27]

朱子此處以存在物運行之法則或規律，為該存在物所以然之理，亦即為該存在物「形而上之理」。

　　以上就存在物本身以言所以然之理，此種詮釋方向似在處理科學上之「所以然/然」，此有悖中國傳統哲學道德取向路數，唯唐君毅先生則以為此種詮釋入路與道德有相輔相成之效，其言曰：

> 吾人之求知此道或理，則恆賴吾人之先知吾所處之情境之為何所是，吾欲對之盡忠盡孝之親、君、家、國之何所是，我之所實能為、實能施及於親、君、家、國之何所是，親、君、家、國之所需要於我者為何，及我之所實能對之而為而施者之中，何者實為其所堪受而能受等；然後方能決定吾之所當以感之應之之具體特殊之善道，或當然之理之何所是。由是而此中之善道或當然之理之決定，乃賴於對具體情境中之「我之為物」「君、父、家、國之為物」之種種「實然及其所以然之理」之知，而受其規定；而此中所決定之善道與當然之理，亦即包含物之實然及其所以然之理於其中，而互相交錯，因而亦可以理之一名統稱之。[28]

---

27 宋・朱熹，《朱子文集》，卷 44，頁 1968-1969。

28 唐君毅，《中國哲學原論・導論篇》（臺北：臺灣學生書局，67 年 3 月），頁 317-318。

此亦即朱子所謂「蓋凡一物有一理，須先明此，然後心之所發，輕重長短，各有準則。」[29]世間存在物之理的認識瞭解是為成就道德事業，故唐先生以為道德只決定方向，尚須有科學知識之助——透過科學對相關事物作如實深入之瞭解，乃能保證此一道德行為最終走向善。唯朱子大部分論述，不僅未將科學收歸道德下，甚至泯道德而但言科學，只從科學層面以論存在物之所以然，而未有即時引歸於道德之說，故至少可謂朱子大部分皆未自覺地指陳此種論述之份位意義，故未必盡如唐先生所理解者。

### 2.事理/事

「物之理」只單就存在物本身說，若有「人」加入此場域，便會對世間存在物有所作為，此便是「事」；有「事」便可探討如何讓「事」巧妙無比，其要領竅訣為何？此即事之所以然或「形而上」之理。

此種駕馭外物之理，與「物之理」皆不涉善惡對錯，它僅係純中性活動，如：如何織布作衣服、種稻種菜、建造房屋、泡茶開車等，各有其理，此便是此事所以然或「形而上」之理。朱子：

> 麻麥稻梁，甚時種，甚時收，地之肥，地之磽，厚薄不同，此宜植某物，亦皆有理。[30]

> 飢而食，渴而飲，『日出而作，日入而息』，其所以飲食作息者，皆道之所在也。若便謂食飲作息者是道，則不可。[31]

「物」有物所以然之理，「事」亦有其所以然之理，何時種稻？何

---

29　宋・朱熹，《朱子文集》，卷30，頁1156。
30　宋・黎靖德編，王星賢點校，《朱子語類》，卷18，頁420。
31　宋・黎靖德編，王星賢點校，《朱子語類》，卷62，頁1496-1497。

時收割？如何種？如何割？種與割要領為何？如何才能種出最香甜之稻？土地貧肥差異為何等，皆各有要領竅門，此便是事之所以然者，此亦是朱子「形而上」內涵之一。人間事非常多，人若要左右逢源，讓每事皆得心應手，便需事事理會其所以然之理，朱子：

> 事事要理會。便是人說一句話，也要思量他怎生如此說；做一篇沒緊要文字，也須思量他怎生如此做。[32]

每事都有理，大事有理則，小事亦有理則，要讓事事皆能圓滿實現，便需探索此等事「形而上」之理，即使只是別人講一句話，亦需思索他如此說之理則，寫一篇文章亦需講明如何寫得好之理，此便是朱子「事」的所以然之理。此種辦事理則竅門，日積月累，經驗漸增，對事理掌握便不斷提升，朱子舉己例為說：

> 且如一百件事，理會得五六十件了，這三四十件雖未理會，也大概可曉了。某在漳州有訟田者，契數十本，自崇寧起來，事甚難考。其人將正契藏了，更不可理會。某但索四畔眾契比驗，四至昭然。及驗前後所斷，情偽更不能逃。[33]

朱子說明斷訟事理，訟案常為人間事中最棘手者，因攸關雙方利害，兩造必各用其極，鬥其機詐巧偽，故斷案事理必最難理會，朱子憑其經驗累積及對人性瞭解，讓一件複雜訟案真相昭然，此種斷訟案之理，便屬該事所以然之理或「形而上」之理。

### 3.道德理/道德行為

「物之理」與「事之理」是中性之客觀世界所發生者；有德

---

32 宋・黎靖德編，王星賢點校，《朱子語類》，卷14，頁273。
33 宋・黎靖德編，王星賢點校，《朱子語類》，卷117，頁2823。

君子為成就人間美善，於是有道德之理產生，此亦朱子「形而上之理」的內涵。中國傳統哲學旨在探討「道德學」，朱子亦志在闡揚中國傳統哲學，故此義朱子所論亦多。只是朱子往往於事物之理與道德之理混淆不清，甚至泯二者為一，而未做嚴明區隔，致常讓人誤解其義，朱子：

> 「形而上」者指理而言，「形而下」者指事物而言。事事物物，皆有其理；事物可見，而其理難知。即事即物，便要見得此理，只是如此看。但要真實於事物上見得這箇道理，然後於己有益。「為人君，止於仁；為人子，止於孝」。必須就君臣父子上見得此理。[34]

> 若熹愚見與其所聞，則曰：「凡有形有象者，皆器也；其所以為是器之理者，則道也」。如是，則來書所謂「始終晦明奇偶」之屬，皆陰陽所為之器，獨其所以為是器之理，如目之明，耳之聰，父之慈，子之孝，乃為道耳。[35]

> 窮理者，欲知事物之所以然，與其所當然者而已。[36]

首章朱子言「形而上」是理，「形而下」是事物；每件事物皆各有其理，至此朱子意似偏在說一般事物，如桌子、椅子各有其所以然之理，唯末段又點出「君仁子孝」的道德之理。次章，朱子謂道器之別，在有形象者與它所以然之理；此亦有兩種解法，一就一般事物，如末段舉「目明耳聰」是；一就道德，如末段舉「父慈子孝」是。末章仍同，「所以然」是科學求真，「當然」是道德

---

34　宋‧黎靖德編，王星賢點校，《朱子語類》，卷75，頁1935。
35　宋‧朱熹，《朱子文集》，卷36，頁1446。
36　宋‧朱熹，《朱子文集》，卷64，頁3236。

求善。由此可知朱子往往將事物之理與道德之理混而為一，朱子雖主要在談道德行為，但他或無法分辨此兩種行為差異，於是常不自覺混淆此二者，遂讓朱子弟子及後學，在認識朱子形上之理時，易有錯誤理解與聯想。

唯朱子雖常有混淆兩界之說，但亦有單論道德之事與道德之理者：

> 如為君，須止於仁，這是道理合如此。為人臣，止於敬；為人子，止於孝；為人父，止於慈，這是道理合如此。[37]

> 窮理，非是專要明在外之理。如何而為孝弟，如何而為忠信，推此類通之，求處至當，即窮理之事也。[38]

> 聖人千言萬語教人，學者終身從事，只是理會這箇。要得事事物物，頭頭件件，各知其所當然，而得其所當然，只此便是理一矣。[39]

首章謂為君「形而上」之理為「仁」，而不是如何任命大臣、發佈詔令、祭天祀祖等；同理為臣「形而上」之理是「敬」，亦非聚焦如何辦理公務、國防外交、民政教育等；其他為父之理、為子之理皆非中性事務之理，而是指道德之理。次章，直謂窮理非窮外在科學之理，而是針對孝弟忠信向度而說。末章朱子更言：聖人所以教導我們，與我們終身所需理會者，只道德當然之理。故知朱子「形而上」之理，有時以此為主要；劉述先先生曰：

---

37　宋・黎靖德編，王星賢點校，《朱子語類》，卷75，頁1936。
38　宋・黎靖德編，王星賢點校，《朱子語類》，卷30，頁776。
39　宋・黎靖德編，王星賢點校，《朱子語類》，卷27，頁678。

> 首先我們必須辨明，朱子所談的理究竟是怎樣的理？很明
> 顯的，它決不是形式邏輯之理，因為它所關涉的是實質的
> 內容，不是推論的形式。表面上看來，它似乎即是經驗科
> 學所研究之理如物理之類，因為朱子講格物窮理，天文地
> 理無不窮究，顯然是有經驗知識的相干性。但朱子的思想
> 雖也對自然的研究表現了相當興趣，然而明顯的是，他的中
> 心興趣是在人倫。[40]

朱子「形而上」之理，就他嚮往方向言，當是此道德之理，但就
朱子生命氣質言，則較接近前兩者—「物之理」與「事之理」；或
說得更精確些，當是朱子心中並無此區隔之自覺，他不知此兩種
理不屬同一範疇，遂將二者混雜在一起講，論此種理，卻舉彼種
例子；論彼類理，反舉此類例子；亦即將二者毫無分別論述。

　　故知以上三種理皆同時存在朱子義理系統中，等量齊觀而難
分軒輊。此為朱子論「形而上」之理的一大特色。

### 4.存有理/存有

　　「存有」是宇宙一切存在之統稱，「存有之理」是宇宙一切存
在之總原理；朱子「所以然之理」亦有指此而說者，牟宗三先生：

> 伊川朱子所說的「所以然之理」則是形而上的、超越的、
> 本體論的、推證的、異質異層的所以然之理。此理不抒表
> 一存在物或事之內容的曲曲折折之徵象，而單是抒表「存
> 在之然」之存在，單是超越地、靜態地、形式地說明其存
> 在，不是內在地、實際地說明其徵象，故此「所以然理」

---

40　劉述先，《朱子哲學思想的發展與完成》，頁 347。

即曰「存在之理」，亦曰「實現之理」。[41]

牟先生認為從伊川到朱子「所以然之理」，其內涵便是「存有之理」，它不談個別存在物之所以然，而是談超越現象界「形而上」存在之理，牟先生因而認為朱子之格物，非格個別存在物之理，而是格此最高存有之理，其言曰：

> 就窮存在之理說，不能只格一物，亦不能盡格天下之物。此即表示須多格、多磨練、而且不容間斷。雖然如此，但就存在之理說，格一件是此存在之理，格多件亦只是此存在之理，並無多樣之存在之理。[42]

簡言之，牟先生最少認為朱子「形而上」之理，主要非論個別事物之物理、事理、道德之理等，而當指一切存在物總全之理，此一存有之理在朱子系統中，便是「太極」，朱子：

> 語道體之至極，則謂之太極；以為在無物之前，而未嘗不立於有物之後；以為在陰陽之外，而未嘗不行乎陰陽之中。[43]

> 仲履云：「太極便是人心之至理」。曰：「事事物物皆有箇極，是道理之極至」。蔣元進曰：「如君之仁，臣之敬，便是極」。曰：「此是一事一物之極；總天地萬物之理，便是太極」。[44]

萬物皆有此理，理皆同出一原。但所居之位不同，則其理

---

41　牟宗三，《心體與性體》（一），頁88。
42　牟宗三，《心體與性體》（一），頁107。
43　宋・朱熹，《朱子文集》，卷36，頁1441。
44　宋・黎靖德編，王星賢點校，《朱子語類》，卷94，頁2375。

之用不一。[45]

朱子認為世間最高存在即為「太極」，此種太極雖在宇宙創生前便存在，但宇宙創生後仍不變地續存著；它雖高於一切萬物，但又充滿於一切萬物中；次章，弟子問太極之理是否即為人心之理，朱子立刻答以不是，因不僅人有此太極，事事物物皆有此太極。另一弟子又問「太極」是否即為「君仁、臣敬」之理，朱子又斷然否定，以為此種「君仁、臣敬」只是「物物一太極」而非「總天地萬物之太極」；由此可知朱子太極之理，固非物之理、事之理、亦非道德之理，它是超越此等之上而為宇宙之總原理。末章說明萬物各有其理，而此等萬物之理皆同出於太極。故知太極是一切萬理之總源頭，為一切萬理之理。

　　此種太極之理類似西方「存有之理」，「存有」是宇宙間最抽象而為總全一切存在之代稱，它將所有存在物透過不斷抽象化，最後保存含括所有存在物共同之理，故知此種太極之理，其內容幾近於零，為無任何內容之空洞概念，牟宗三先生與勞思光先生並有此論：

> 須知在伊川朱子的系統中，此存在之理（太極、性理）是空無內容者，其多相是對應「存在之然」而被界劃出，其自身只是存一之理，並無定多之理存于其自身之中。[46]

> 朱氏之言「格物」是「凡天下之物」皆須「格」；故其下手功夫是在一一物上窮理；而最後目的在求「豁然貫通」，故

---

45　宋・黎靖德編，王星賢點校，《朱子語類》，卷18，頁398。
46　牟宗三，《心體與性體》（一），頁109。

其最後歸宿又是落在「共同之理」上。[47]

牟、勞兩先生皆謂此種太極之理，是宇宙萬物共同之理；而能成為宇宙萬物共同理者，其內容必少之又少，是空洞無內涵者；朱子格物窮理所要窮者，便是此種理，朱子用以詮釋「形而上」之理者，有時亦指此種太極之理，只是朱子論及此者不似上列三種理之多，故非朱子詮釋「形而上之理」最主要內涵。

### 5.本體理/聖者事蹟

上文所列四種「形而上之理」的內涵，為朱子詮釋「形上」較主要者，唯尚有一種詮釋內涵，雖非朱子主要義理，然亦偶及之，朱子：

> 則陰陽也，君臣父子也，皆事物也，人之所行也，形而下者也，萬象之紛羅者也。是數者各有當然之理，即所謂道也，當行之路也，形而上者也，沖漠之無朕者也。[48]

> 性命，形而上者也；氣則形而下者也。形而上者，一理渾然，無有不善；形而下者，則紛紜雜揉，善惡有所分矣。[49]

首章朱子指出君臣父子等人倫，為「形而下」者，而君臣父子各有當然之理，此乃「形而上」者，接著說明此種「形而上」之理特性為「沖漠之無朕」，此謂空靈自在無我之境界 —— 當下無主體，為自由廣大無邊際之境，此種描述為對真正「形而上」之恰當描繪，唯如此對「形而上」描述朱子頗少用。次章，朱子謂「形而下」有善惡之分，「形而上」則「一理渾然，無有不善」，如此對

---

47 勞思光，《新編中國哲學史》（三上），頁302。
48 宋・朱熹，《朱子文集》，卷48，頁2186。
49 宋・朱熹，《朱子文集》，卷67，頁3386。

形而上世界描述，亦頗類陸、王等哲人說法，只是在朱子《語類》、《文集》中，僅屬零星之說，故無法以此作準；且看朱子他處之論，便能瞭解朱子對「本體之理」真實認識與態度：

> 似他佛家者雖是無道理，然他卻一生受用，一生快活，便是他就這「形而下」者之中，理會得似那「形而上」者。而今學者看來，須是先曉得這一層，卻去理會那上面一層方好。而今都是和這下面一層也不曾見得，所以和那下面一層也理會不得。[50]

此為朱子明白指出佛教「形而上」之理，且謂此種「理」確能讓人一生受用快活；只是他覺得宜先理會下面一層；但不知朱子所謂「下面一層」究何意涵，若是傳統儒家所謂形下世界或現象二元對立世界，則不會有朱子所謂宜先瞭解下面一層之問題。蓋此兩層只是兩種心態，一是聖者心境，一是凡人心境，並非一定要先通過、認識、學習凡者心態，才適合走入聖者心境，此與蹞等無關；若已能快步走路，何必強求回去學爬行。若朱子「下面一層」是指他所謂「形器」，則實不相妨，聖者「形而上」之境並不妨礙「形器」存在，故無所謂要先理會「下面一層」問題。由此可知，朱子對佛教「形而上」之理似未真切如實把握。再看朱子其他之論：

> 或問：「橫渠先生『清虛一大』之說如何？」曰：「他是揀那大底說話來該攝那小底，卻不知道纔是怎說，便偏了；便是「形而下」者，不是「形而上」者。須是兼清濁、虛

---

50　宋・黎靖德編，王星賢點校，《朱子語類》，卷62，頁1497。

實、一二、小大來看，方見得「形而上」者行乎其間」。[51]

此為朱子對張載「清虛一大為道」之批評，朱子依自己系統認定「形而上」之理是統括宇宙萬有之理，故認為張載「清虛一大為道」有誤，即使張載說「清、虛、一、大之理為道」仍錯，朱子以為張載此說只講到宇宙萬理之一半，必兼兩邊之理而全言之乃為道，方是真正「形而上」（太極）之理；故朱子謂需兼「清濁、虛實、一二、小大」總全之理，乃為真正「形而上之理」。從朱子對張載批評可知朱子對張載「形而上」之道似無把握，張載「清虛一大」當就超越對立之上，而言其清明、虛靈、整一、無所不包之體性。由此可知朱子雖偶及「本體之理」，但此與自己生命與義理系統並不相契，所論實不貼切。

## （三）朱子「形而上」本旨衡定

朱子對「形而上」、「形而下」論述雜多，前文主要從兩方面探討二者之別，一從朱子論述此兩範疇表層屬性不同而說，一從朱子論及形上形下深層內涵而論；前者之論較抽象，後者之說較具體；前者為零星偶談，後者為密集論述；透過此兩面向之探研可相當程度瞭解朱子形而上與形而下之分，亦可相當程度確定朱子「形而上」本旨。

從表層屬性上言，朱子分從五面向說形上、形下之別，首謂「形而上」屬無形者，「形而下」屬有形者；此為朱子對「形而上」、「形而下」重要觀點，但此觀點與後文觀點頗有出入。次謂「形而上」指不可言或難於言者，「形而下」則是可言說者；此就認識論立場而論；三就「體/用」說以論，「體」為本來體性——「形而

51 宋・黎靖德編，王星賢點校，《朱子語類》，卷99，頁2538。

上」、「用」為功能作用——「形而下」，但朱子有時反以一物之功能妙用為「形而上」；故知此一區隔不一致也不成熟。四就「超越動靜/動靜」論，朱子依周敦頤「動而不動，靜而不靜，神也」，說明「形而上」是動而能靜、靜而能動，但其所言並非周敦頤之說，故以「超越動靜/動靜」簡別亦未成熟。五就「精純/渣滓」言，謂「形而上」價值高，「形而下」價值低；此為朱子對「形而上」、「形而下」之價值判斷，但每個人價值觀不同判斷便因之而異，故此種簡別仍為無效。由此可知朱子就表層屬性上區別「形而上」、「形而下」，主要為「無形/有形」，或再加「不可言/可言」，其他之分判皆未見成功。

　　從深層內涵上言，朱子分「形而上」、「形而下」，主要架構為「理/事物」或「所以然/然」。蓋朱子認為宇宙間事物之存在方式有二，一是「理」或「所以然」，此為「形而上」；一為「事物」或「然」，此為「形而下」。此種區隔為朱子普遍廣泛採用者，唯此「所以然」之「形而上之理」究何意涵，透過對朱子言論分析歸類，可得出「物理」、「事理」、「道德之理」、「存有之理」、「本體之理」等五種，至於何種理方為朱子「形而上之理」的本旨？經本章論析得知：除「本體之理」所論不切外，其他各理皆曾為朱子所主張與論述，尤其前三種朱子所論更多。

　　基於以上論析，可知朱子「形而上」意旨，就表層屬性言，它是無形而難於言說者；就深層內涵言，主要為「物之理」、「事之理」、「道德之理」與「存有之理」，而以前三者為最主要。

## 三、朱子「形而上」義之限制

　　朱子對「形而上」詮釋，在義理上有無困難？若有，困難何

在？以下言之：

## （一）形式上之限制

### 1.意涵雜多，不知何義為確解

　　一位哲學家在使用某一語詞時，必有固定明確意涵，如此乃能建構嚴密之理論系統，讀者乃能藉助其概念而瞭解作者義理精義；但朱子在使用「形而上」一詞時，卻有甚多不同指謂。如朱子論及「形而上」表層屬性時，謂屬無形者、不可言者、為存在物體性者、超越動靜者、精純者；但此等特性所描述者，並非精確指向同一對象；故無法從此等論述把握朱子「形而上」真確意涵。其次，朱子「形而上」內涵定位，可就「物之理」、「事之理」、「道德之理」、「存有之理」、「本體之理」說，朱子亦未明示何者方為真正「形而上」之理。此牟宗三先生所謂：

> 窮存在之理是哲學的，窮存在之然之曲折本身是科學的。朱子之窮在物之理，對此分別未能自覺，或至少未能自覺地清楚地予以分別規定。[52]

故知朱子對「形而上」所指出之屬性內涵，並無共同指謂對象；朱子對「形而上」所述內容為多面向、多層次；甚至朱子不同時空所說內容每多不同，致後學很難精確把握其「形而上」意旨，此為朱子對「形而上」詮釋之第一限制。

### 2.所涵各意，充滿相互矛盾性

　　因朱子有如上所言之多種「形而上」定義，此等定義既無共同指謂，於是衝突在所難免，以下舉數例以言：

---

52 牟宗三，《心體與性體》（三），頁365。

> 問：「諸先生多舉『形而上、形而下』，如何說？」曰：「可
> 見底是器，不可見底是道。理是道，物是器」。因指面前火
> 爐曰：「此是器，然而可以向火，所以為人用，便是道」。[53]

　　朱子先用「無形/有形」以區隔「形而上」與「形而下」，接著
又用「所以然/然」說明二者不同，此明顯為兩標準，且朱子似未
自覺，進而將此兩標準參雜使用，於是好學深思者便進一步提問：
「心」屬「形而上」或「形而下」──因「心」屬無形，但非「所
以然」之內容，那「心」宜歸何類？且看朱子回答：

> 問：「人心形而上下如何？」曰：「如肺肝五臟之心，卻是
> 實有一物。若今學者所論操舍存亡之心，則自是神明不測。
> 故五臟之心受病，則可用藥補之；這箇心，則非菖蒲、茯
> 苓所可補也」。問：「如此，則心之理乃是形而上否？」曰：
> 「心比性，則微有迹；比氣，則自然又靈」。[54]

因有不相容之兩標準，故朱子弟子便可見縫插針而問朱子，汝既
言：「不可見底是道」，那「心」是「形而上」或「形而下」？結
果朱子顧左右而言他，朱子弟子又含蓄地追問：是否「心之理」
方為「形而上」者，朱子仍無法正面回答，只說「心」似介「形
而上」與「形而下」間。那朱子是否需於「形而上」與「形而下」
外，另置「形而中」？足見朱子說法存在著依違兩標準之矛盾性。
此外「所以然之理」是指何種理，朱子亦常依違於各說法間而不
自覺。

> 問：「枯槁有理否？」曰：「才有物，便有理。天不曾生箇

---

53　宋・黎靖德編，王星賢點校，《朱子語類》，卷 24，頁 579。
54　宋・黎靖德編，王星賢點校，《朱子語類》，卷 5，頁 87。

筆，人把兔毫來做筆。才有筆，便有理」。又問：「筆上如
何分仁義？」曰：「小小底，不消恁地分仁義」。[55]

依朱子「所以然/然」或「理/事物」架構，所有存在物皆有理，枯
槁之物亦當有枯槁物所以然之理；另一方面，朱子是理學家，理
學家當然講道德之理。那枯槁「形而上之理」為何？便有兩種可
能：一是枯槁所以為枯槁的「物之理」，另一是枯槁所以為枯槁的
「道德之理」（性理），此兩種「形而上」之理完全不能等同，不
能將「物之理」等同於「道德之理」；因此，若謂枯槁的「形而上」
之理，當指「物之理」而非「道德之理」，此兩種理分判朗然，但
朱子似無此自覺，於是混淆二者而一之，乃謂枯槁有「道德之理」
——「筆」有「道德之理」，致弟子反詰：筆上如何分仁義？此時
朱子竟仍未自覺自己義理之矛盾性，還說在小小筆上不需論仁義，
此明顯為遁詞。其實，根本原因在朱子對「理」之內涵、種類，
並無清晰意識，他混同物之理、事之理、道德之理、存有之理、
與本體之理，不知其間分際為何，於是造成上舉之矛盾與衝突。

### 3.形上形下，不知當如何歸類

#### (1)「造化」

依朱子「形而上」、「形而下」分判標準，將產生某些物事難
分形上形下之問題，主因仍為朱子對「形而上」與「形而下」，有
多套分判標準，而用此多套標準分判有時並不一致，如：「造化」、
「愛」、「氣」等，到底是形上或形下，便頗費思量，《語類》載：

> 且如造化周流，未著形質，便是形而上者，屬陽；才麗於
> 形質，為人物，為金木水火土，便轉動不得，便是形而下

---

55 宋・黎靖德編，王星賢點校，《朱子語類》，卷4，頁61。

> 者，屬陰。若是陽時，自有多少流行變動在。及至成物，
> 一成而不返。[56]

> 語厚之：「昨晚說『造化為性』，不是。造化已是形而下，
> 所以造化之理是形而上」。[57]

「造化」是「形而上」之理或「形而下」之器，朱子有三種主張：
一認為造化是無形之存在，故屬「形而上」；二認為造化宜分兩階
段，未著形質前屬陽，是「形而上」；已麗形質後屬陰，為「形而
下」；三認為造化本身是「然」而非「所以然」，故是「形而下」，
造化之所以然方為「形而上」。朱子對「造化」有如此多歧分判，
後學將如何掌握其說。

## （2）「仁義禮智」

　　「性」、「仁」、「義禮智」、「孝愛」、「道德行為」等宜安排為
「形而上」或「形而下」，亦大費周章，「性」與「仁」較無問題，
依朱子說當皆屬「形而上」，但「義禮智」為四端之另三端，到底
宜歸「形而上」或「形而下」便有兩種分法。若屬「形而上」，則
需問「孝、愛」為何不能比照而同屬「形而上」；若「義禮智」屬
「形而下」，我們可問：為何孟子四端要割成兩截？故如何安排此
等德目便煞費心思，且看朱子如何說：

> 如父當慈，子當孝，君當仁，臣當敬，此義也。所以慈孝，
> 所以仁敬，則道也。[58]

> 舜弼以書來問仁，及以仁義禮智與性分「形而上」下。先

---

56　宋・黎靖德編，王星賢點校，《朱子語類》，卷94，頁2390-2391。
57　宋・黎靖德編，王星賢點校，《朱子語類》，卷4，頁56。
58　宋・黎靖德編，王星賢點校，《朱子語類》，卷52，頁1255。

生答書略曰:「所謂仁之德,即程子『穀種』之說,愛之理
也。愛乃仁之已發,仁乃愛之未發。……仁義禮智,性之
大目,皆「形而上」者,不可分為二也。[59]

首章朱子將「慈孝仁敬」皆歸「形而下」,只將「道」歸「形而上」;
次章則將「性」與「仁義禮智」同歸「形而上」,而將「愛」歸「形
而下」。據朱子說詞知其乃依「所以然/然」架構而定。但若據前一
章,則「仁」是然,「道」乃為所以然;到次章,「仁」又變成所
以然。簡言之,「所以然/然」架構乃屬相對者,如:我買美食給父
母吃,那買美食是「然」,所以然為「孝心」,進一步問為何我有
孝心,則所以然又變成「仁心」,再進一步問為何我有仁心,則所
以然又變為「道」。因此到底是「形而上」或「形而下」,便需視
情境脈絡而定,故要確定一物事到底屬「形而上」或「形而下」,
實屬絕對困難者;而朱子仍勉強要用此二分法,分盡天下物事之
「形而上」與「形而下」,實有捉襟見肘之病。

(3)「陰陽」

　　「陰陽」是「形而上」或「形而下」,除它有兩標準(無形/
有形、所以然/然)之問題外,尚有一難題——《周易·繫辭傳》:「一
陰一陽之謂道」,有此經文便增加判定之複雜度,亦使朱子弟子更
加滿頭霧水。首先若單以「無形/有形」論,「陰陽」到底是有形或
無形,便已充滿爭議,最少是介於有形與無形間,唯朱子既是二
元論者,太極已屬「形而上」,陰陽自當屬「形而下」,包括五行
及有形質物體,宜全屬「形而下」;但更大問題於焉產生,《周易·
繫辭傳》明謂陰陽是「形而上」之道;此一問題在朱子弟子中,
便引起軒然大波:

<hr>

59 宋·黎靖德編,王星賢點校,《朱子語類》,卷117,頁2810。

問：「陰陽如何是形而下者？」曰：「一物便有陰陽。寒暖生殺皆見得，是形而下者。事物雖大，皆形而下者，堯舜之事業是也。理雖小，皆形而上者」。[60]

問：「立天之道曰陰陽。道，理也；陰陽，氣也。何故以陰陽為道？」曰：「形而上者謂之道，形而下者謂之器，明道以為須著如此說。然器亦道，道亦器也。道未嘗離乎器，道亦只是器之理。……所以一陰一陽之謂道」。曰：「何謂一？」曰：「一，如一闔一闢謂之變。只是一陰了，又一陽，此便是道。寒了又暑，暑了又寒，這道理只循環不已。維天之命，於穆不已，萬古只如此」。[61]

首章說明只要是物事皆為「形而下」，即使再大，如陰陽皆為「形而下」；反之，若是「理」便屬「形而上」，即使再小，仍為「形而上」；此定義當然無問題。次章朱子弟子提出詰難：為何《易傳》說：「立天之道曰陰陽」、「一陰一陽之謂道」；前者，朱子以「道器不離」為說，道就是器，器就是道，既然道器是一，那立天之道雖是陰陽之理，但亦可稱為陰陽；如此說法當然牽強，那又何必分形上形下？至於後者朱子透過「增字為訓」，他謂《易傳》「一陰一陽之謂道」原文是「所以一陰一陽之謂道」之減省，亦即一陰一陽之原理才是道，此為求合乎己說而致「改經為訓」，實非理想之詮釋法。

其實，原文本可通，只要不以朱子「所以然」去解釋「道」，而將「道」解為「本體之理」，本來陰陽就是道，因沒有一物事非道，當然陰陽亦是道。

---

60　宋・黎靖德編，王星賢點校，《朱子語類》，卷75，頁1936。
61　宋・黎靖德編，王星賢點校，《朱子語類》，卷77，頁1970。

### 4.配義與道，氣可離道而獨存

朱子「理氣論」中，「理」是所以然，「氣」是一切存在之然；「理」與「氣」二者緊密結合，無「然」便無「所以然」，亦不可能只有「所以然」而無「然」，故理氣二者不相離，「氣」不能無「理」，「理」亦不能離「氣」，然據《孟子》之說則並非如此，《孟子·公孫丑上》

> 其為氣也，至大至剛，以直養而無害，則塞于天地之間。其為氣也，配義與道，無是餒也。[62]

此文為孟子詮釋浩然之氣的內容——至大至剛，若能以直養而無害，便能充塞宇宙中，此種浩然正氣，若未依道義而行，便會萎縮而消失殆盡。依《孟子》此說，「氣」似可不配「道義」。若套在朱子哲學，似謂「形而下」之「然」似可離「形而上」之「所以然」，「氣」未必要和「理」同時出現。今若用朱子「理氣論」系統詮釋《孟子》「氣可不配道義」之說，顯然解釋不通，故朱子弟子便提出疑難，唯朱子似未針對疑難作答：

> 「氣」是「形而下」者，「道義」是「形而上」者，如何合得？況「配義與道」，分明是將此「氣」配彼「義道」，而為之助，豈是養氣之後又將此而為助也？如此看得，全然不識文義，更宜深思，未易遽立說也。[63]

其實，朱子無論「理氣論」或「所以然/然」之訓解架構，皆無法解開「配義與道」問題，因「所以然/然」系統是在處理科學實然

---

62 《孟子·公孫丑上》，收入「漢籍電子文獻資料庫」／經／十三經／斷句十三經經文，頁9。

63 宋·朱熹，《朱子文集》，卷48，頁2199。

問題——說明每一物事有其所以然之理，而非在說明「應然」之道德問題；在科學範疇中，「氣」有氣之所以然，且二者亦如朱子所謂「理氣不離」；然孟子「配義與道」，並非講「氣」之所以然，而是論「氣」應配「道義」，此種「道義」之理當然可與「氣」分離。朱子「理氣論」在談科學實然問題，孟子「配義與道」在談道德應然問題，二者風馬牛不相及；但朱子硬以自己系統綰合兩個原不相干之事，此患不知統類之誤。

以上分就「形而上」意涵雜多，不知何義為確解，且此雜多意涵間充滿矛盾性，又朱子形上形下定義，落實具體事物中又難做分判，再者，此種形上形下（理氣）關係，與《孟子》說不協，由此說明朱子「形而上」說在形式上有其限制。

## （二）義理上之限制

朱子「形而上」之詮釋，另一問題是屬義理上者，朱子認為「理/事」絕然二分，無論「物之理/物」、「事之理/事」、「道德之理/道德行為」、「存有之理/一切存在」、甚至「本體之理/萬象」，都屬二元對立者，且皆在心外；在此說統中，理是「形而上」，而事物只會是「形而下」，事物絕不屬「形而上」。唯如此立論將無法解釋傳統哲學中「無適非道」、「灑掃應對皆天道」等義理，因依朱子系統，我們所面對之事物，包括灑掃應對進退都是「形而下」者，此等物事之理乃為「形而上」者，但歷來聖哲經典又都謂我們所面對之事物，本身即為道，即為理，即為「形而上」。朱子因其義理系統之限制，對此便無法作說明。

### 1.「無適非道」

此與《中庸》「道不遠人」、「道不可須臾離」同義，「道不遠人」說明空間上之無處非道，「道不可須臾離」說明時間上之無時

非道，亦即在任何時空中，皆是「道」之顯現，故曰「無適非道」，但在朱子系統中，人所面對之物與事皆非「道」，因此不可能說「無適非道」：

> 楊通老問：「中庸或問引楊氏所謂『無適非道』之云，則善矣，然其言似亦有所未盡。蓋衣食作息，視聽舉履，皆物也，其所以如此之義理準則，乃道也」。曰：「衣食動作只是物，物之理乃道也。將物便喚做道，則不可。且如這箇椅子有四隻腳，可以坐，此椅之理也。若除去一隻腳，坐不得，便失其椅之理矣。『形而上為道，形而下為器。』說這形而下之器之中，便有那形而上之道。若便將形而下之器作形而上之道，則不可。飢而食，渴而飲，『日出而作，日入而息』，其所以飲食作息者，皆道之所在也。若便謂食飲作息者是道，則不可，與龐居士『神通妙用，運水搬柴』之頌一般，亦是此病」。[64]

引文中楊通老與朱子有相同觀點，皆謂「道」或「理」乃指事物之所以然，不該指事物本身，故無法理解「無適非道」之旨，他們皆認為我們所適者皆為「物」與「事」，而「道」是「物之理」、「事之理」；因此我們所看到感覺到者，皆為「物」與「事」而非「道」；例如我們看到椅子，此為「物」，若探索椅子之理，乃為「道」；同理，佛教所謂「砍柴挑水皆為至道」，道家所謂「目擊道存」、「屎溺有道」，凡此在朱子系統中皆不可通，皆患「以事物為道」而非「以事物之理為道」之病。很明顯地朱子用「所以然/然」或「理/事」義理系統，以詮釋「形而上」之理，實背離中國傳統哲學理路。

---

64 宋·黎靖德編，王星賢點校，《朱子語類》，卷62，頁1496-7。

實者,「形而上」之道不在心外,物亦不在心外,當主客消融,物我一如,萬物皆備於我,宇宙即吾心,吾心即宇宙,亦即心境到達聖者境地時,則無物非道,無事非道,屎溺即道,一切時空萬象皆為道之顯現,此時觸物即真,目擊道存,行住坐臥、砍柴挑水、一切事為,都在我道心覺潤下,當下便是「無適非道」。

## 2.「灑掃・文章皆天道」

此與上目類似,在說明「灑掃應對進退」及「文章」等技藝,是否屬「天道」範疇,首言「灑掃應對進退」,朱子言:

> 亞夫問:「伊川云:洒掃應對,便是形而上者,理無大小故也。故君子只在慎獨」。……(朱子)曰:「某向來費無限思量,理會此段不得。如伊川門人,都說差了。且是不敢把他底做不是,只管就他底解說;解來解去,只見與子夏之說相反,常以為疑。今看伊川許多說話時,復又說錯了。所謂洒掃應對與精義入神,貫通只一理。雖洒掃應對,只看所以然如何。此言洒掃應對與精義入神是一樣道理。洒掃應對必有所以然,精義入神亦必有所以然。其曰通貫只一理,言二者之理只一般,非謂洒掃應對便是精義入神。固精義入神有形而上之理,即洒掃應對亦有形而上之理」。[65]

> 「洒掃應對」是此理,而其「精義入神」亦是此理。「洒掃應對」是小學事,「精義入神」是大學事。[66]

上段為亞夫提問:伊川曾謂「洒掃應對」即是「形而上之道」(精義入神),此說如何?朱子言己曾深致思焉,後覺伊川及門人皆說錯,伊川真正之意並非說「洒掃應對便是精義入神」,而是說「洒

---

65　宋・黎靖德編,王星賢點校,《朱子語類》,卷 49,頁 1208。
66　宋・黎靖德編,王星賢點校,《朱子語類》,卷 49,頁 1209。

掃應對」有所以然的形上之理,「精義入神」亦有所以然的形上之理;若就二者皆有所以然的形上之理言,兩者乃為一致者。但若真為如此糾葛詮釋,則伊川此言便無任何意義,因所有存在物本有所以然之理,又何必說此種同。實者,伊川之意殆謂「洒掃應對」雖是八歲入小學所學小事,但若能做「慎獨」等高段功夫,當下便能體會「精義入神」境界,並非一定要到十五歲入大學而學「窮理、正心、修己、治人之道」才可進到「精義入神」境界。此蓋謂所學之事有小大精粗,此並不重要;重要者乃「心」能否透過功夫而達於聖者之境,若能則一切事為,皆為「精義入神」境界,包括「洒掃應對進退」儀節;若不能則即使入大學而學「窮理、正心、修己、治人之道」,仍非「精義入神」。

　　朱子因用己「所以然/然」架構,以理解「形而上」與「形而下」,遂將「洒掃應對」的「形而上」之理,理解為它所以然之理,而非理解為本體界之理,致不能了知「洒掃應對」即為「精義入神」;同樣問題亦發生於「天道/文章」關係上,《語類》載:

> 鄭曰:「今之學者,多說文章中有性天道。南軒亦如此說」。
> 曰:「他太聰敏,便說過了」。[67]

此源於《論語·公冶長》:「子貢曰:『夫子之文章,可得而聞也;夫子之言性與天道,不可得而聞也。』」到底「文章」與「天道」有何區別,朱子意蓋謂:文章就是文章,天道就是天道,二者截然不同,文章有文章所以然之理,天道有天道所以然之理,二者不能混為一談。而據提問者所言,當時學者包括朱子老師張栻都認為「文章」本身就有「天道」存乎其中;亦即「文章」可能就

---

67 宋·黎靖德編,王星賢點校,《朱子語類》,卷44,頁1140。

是「天道」。此謂文章雖小技，但若以聖者心靈從事，則文章對聖者言，當下便是天道之體現。

　　何止「洒掃應對」與「文章」，人間所有事物，若您心進到聖者心境，則一切事為皆是精義入神、性、天道、本體形上之理，無一物非道；只是朱子拘限於「所以然/然」之義理系統以為詮釋，遂致處處窒礙難通，終至無法理解「灑掃應對進退」即為「形而上之道」、「文章」亦為「形而上之道」、人間無一物事非「形而上之道」。凡此皆朱子詮釋架構之限制，而造成無法理解中國傳統義理精義之例。

# 四、小　結

　　「形而上」是中國哲學重要概念，就朱子言，因他對存在之說明有「理氣論」，對功夫提出「格物窮理」說，故「形而上」概念在朱子哲學中甚顯其重要性，本章乃就朱子言「形而上」者作分析歸類，以期得出朱子「形而上」真正意涵。經本章分析歸納，朱子「形而上」概念，可從兩方面說明：

　　就表層屬性言：第一、朱子認為「形而上」屬無形者，他認為「有形是器，無形乃道」；凡吾等感官（就今世言宜加藉由科學儀器輔助）無法碰觸者皆為無形存在，便是道或理，此為「形而上」世界。反之，吾等感官（就今世言宜加藉由科學儀器輔助）可碰觸者皆為有形存在，便屬器或氣，此為「形而下」世界；第二、朱子認為「形而上」屬不可言說者——此處不可言說當指難言說或難具體指陳之意，因屬抽象界，故無法用概念語言恰當描述；而他認為「形而下」者，屬可認識、可用言語述論者。第三、朱子認為「形而上」指事物「體性」，非常深密難知，吾等所知者

僅為事物功能作用；朱子稱前者為「形而上」，後者為「形而下」。第四、朱子認為「形而上」是超越動靜而不可以動靜說者；若動只是動，靜只是靜，此為世俗層面所認識之事物，屬「形而下」。唯朱子對此特性語焉不詳，並未作深入恰當說明。第五、朱子依己見解，謂「形而上」為有價值者，譽為「精純」，「形而下」為無價值者，貶為「渣滓」，但此種論述屬主觀價值判斷，對「形而上」客觀內容並無所說明。

　　就深層內涵言，本章據朱子所論述者，歸納出五類「形而上」內涵：第一、朱子「形而上」指「物之理」，「形而下」指具體之「物」。第二、朱子「形而上」指「事之理」，「形而下」指具體之「事」。上兩類內容相近，一言物，一言事，物是客觀靜態存在，事是動態屬人所為者；二者皆在自然世界中。第三、朱子「形而上」指「道德之理」，為人類道德活動所應遵守之理；若前兩項為「所以然/然」關係，則此項為「所應然/行為」關係。以上為朱子言「形而上」最主要三說，只是朱子常將此三說混為一談，而不知其間確然有別。第四、朱子「形而上」有時指「存有之理」，當朱子談及「太極」或宇宙總原理時，便謂此太極之理為「形而上」，唯朱子談及此者不若前三項之多。第五、朱子「形而上」偶亦指「本體之理」，但所論不真切，朱子似與此種理不相應，故知朱子所論「形而上」絕非傳統哲人「本體義」之理，此種理在朱子哲學中並無地位。

　　因朱子「形而上」義雜多且矛盾，致帶來時人與弟子疑難，如「造化」、「心」、「仁義禮智愛」、「氣」、「陰陽」等之難歸類；與《孟子》「配義與道」不協等形式上之限制。以及對「無適非道」、「灑掃應對進退就是精義入神」、「文章即為天道」之難於詮釋等義理上限制。

　　經本章釐析朱子「形而上」意含，知其所謂「形而上」實仍

在主客二元對立之世界，其所謂「形而上之理」乃為常人「心識」活動下之產物。簡言之，朱子義理系統仍在凡人世界中討生活，它在探討事物實然之理或道德活動應然之理，即使朱子稱為無形者、難言說者、事物體性者、精純者，仍皆在傳統哲人所謂現象世界中；對傳統哲人所謂本體界，朱子似乎說不清楚、講不明白，甚至帶有批判態度，而所批判者又非真如其說。

　　為何朱子學說會有此等限制，主要當為見道不真，對道無真實體驗，於是只能透過思辨，而朱子頭腦又非思辨型頭腦，他並不擅長概念辨析，於是只能說個大概，對自己而言似覺清晰明白，但對別人則如墮五里霧中。此種哲學用牟先生語便是「觀解形上學」，它是透過心識去思索理會，所得出之理論系統，此種理論系統若思辨力強者，尚能自圓其說而讓人無懈可擊，如西方哲學家是；但朱子因生命特質非此道中人，故所建構系統便見鬆散不嚴密，且有其自身之矛盾性。就本章所探究之「形而上」言，它意涵雜多，且朱子蓋不知「形而上」概念承載如此眾多意涵，亦不知己同時並用此眾多意涵，甚至亦不知此等意涵間，語意內涵不僅不相等，且有矛盾衝突性；由此看來，朱子或為優秀之道德實踐家，但或非思辨精明之思想家，他並不擅長概念思考與理論建構。

附註：本章資料蒐集撰寫為許宗興，義理辨析則自李光泰；故由二人掛名發表。另本章於華梵中文系【第十屆生命實踐論文研討會】發表時，承吳冠宏老師指出甚多態度與內容上之瑕疵，於此深致謝忱。

　　本章發表資訊：許宗興、李光泰，〈朱子「形上」義析論及其反省〉，《華梵人文學報》，期19（2013年1月），頁83-123。

# 第七章　朱子「性理」內涵析論

## 一、前　言

　　朱子哲學的定位至今仍眾說紛紜，尤其到底屬正統或旁枝，近年更是爭訟不已；本章嘗試從文獻學進路，將朱子有關「本性」屬性與內涵的資料作論析，期能得出朱子對本性之看法，進而探究其是否合乎傳統儒家本性論主張。

　　本性論旨在探討人是否具「成聖質素」之問題，這關係到成聖是否有必然性；若人天生具成聖質素，則只要將此成聖質素開發彰顯便能成聖，故成聖有必然保證，頂多是時間有遲速；反之，若人天生未具此成聖質素，則若要成聖必需向外求取，於是成聖便為偶然機會而無必然保證，因此不是人人必可成堯舜。

　　對此問題，傳統儒家類謂吾人生來本具成聖質素（生具、內具、本具）；且此成聖質素將永遠具足己身（永具）；再者不唯我具此成聖質素，且所有人皆具此成聖質素（皆具）；最後，人人所具成聖質素與聖者所具者為無二無別（圓具、同具）；此為傳統儒者共同主張[1]，故要探析朱子是否為正統儒家，便可透過本性論觀察，以瞭解朱子主張是否與傳統儒者有出入。

　　而要比較朱子本性論與傳統儒者本性論間之異同，首需審查

---

1　見許宗興，《先秦儒道兩家本性論探微》（臺北：文史哲出版社，2008）之論述。

此二者對本性之語意、定位、內涵是否一致；若二者本性論概念完全吻合，接著便可探究二者是否皆主張吾人「生具」「永具」「皆具」「圓具」成聖質素；若然，則在本性論範疇中，便可確立朱子是否為正統儒家。

因這問題相當複雜，本章將僅處理朱子「性」之意涵，包括他所謂的「性」是何意涵？「性即理」之「理」是指哪類「理」？「性即理」之「理」具體內容為何？透過此等解析，或可確定朱子「性」與傳統儒者之「性」，是否具相同指謂，二者內涵是否完全等值。

## 二、朱子「性」之意涵

朱子《文集》與《語類》使用「性」處甚多，唯非所有「性」皆為本章所要探討之範疇，為區隔本章之「性」，有必要簡要列出朱子「性」之各種用法，然後再定位本章所要探討範疇，朱子「性」字大致有五種用法：

（一）生命——指每一生命體之自然性命，亦即我們活著能行為之身軀，如：「不可小有遲緩齟齬，有誤民間性命之計」[2]、「恐誤一郡軍民性命，日夕憂懼」[3]、「殺傷性命，破費財物」[4]，此等處「性」皆指能活動之自然生命，此種性命雖人人相同，但無關成聖質素，非本章所謂之「性」。

（二）官能——指人天生的各種感官能力，如：「視則有明，

---

2 宋・朱熹，《朱子文集》，卷26，頁995。
3 宋・朱熹，《朱子文集》，卷26，頁998。
4 宋・朱熹，《朱子文集》，卷27，頁1039。

聽則有聰，動則有節，是則所謂天性者」[5]，此亦指自然生命中天生官能，仍與成聖質素無必然關係，蓋即使眼瞎耳聾，仍無害其可為聖賢。

（三）個性——指人先天之生命氣質，此為中性概念，無好壞對錯可言。如「性本疏拙，不能稽考收拾，……鄙性伉直，不能俯仰」[6]、「狷介之性，矯揉萬方」[7]、「鄙性疾惡，終不能無過當處」[8]，此等「性」皆指每一生命體獨具之特質，屬氣性範疇，往往人各不同，故非此文所謂的「性」。

（四）心地——指人之心理狀態，如：「近世人家子弟，多因為此壞却心性」，「心」與「性」不同，「性」指生命本質，永不壞缺；「心」則視個人修養而可變化；此處謂「壞却心性」，則當指心地而非成聖質素。

（五）性理——指人天生「理」之匯集，此「性」指成聖質素言，如「性只是此理」[9]、「性是理之總名，仁義禮智皆性中一理之名」[10]、「性是許多理散在處為性」[11]，此種「性理」便是此文所要探討之「性」。

朱子「性」用法有如上五種，第一種指自然生命本身，第二種指自然生命之各種感官能力；此較偏身體形質，非本章所探討範疇；第三類雖指無形生命特質，但偏向人各不同之氣性，仍與成聖質素無關；第四類指心地，是有雜染的生命主體，仍非成聖

5　宋・朱熹，《朱子文集》，卷42，頁1828。

6　宋・朱熹，《朱子文集》，卷26，頁966。

7　宋・朱熹，《朱子文集》，卷25，頁952。

8　宋・朱熹，《朱子文集》，卷34，頁1360。

9　宋・黎靖德編，王星賢點校，《朱子語類》，卷5，頁83。

10　宋・黎靖德編，王星賢點校，《朱子語類》，卷5，頁92。

11　宋・黎靖德編，王星賢點校，《朱子語類》，卷5，頁83。

質素；唯第五類之「性理」乃本章所要探討的「性」義。

而此種「性」到底存於何處，據朱子說，「性」似存身上某空間或處所，它彷彿是個儲藏室，於此中存放著「理」，朱子曰：

> 仁、義、禮、智，同具於性，……但此四者，同在一處之中。[12]

> 理在人心，是之謂性。性如心之田地，充此中虛，莫非是理而已。[13]

> 「天命之謂性」，有是性，便有許多道理總在裏許，故曰性便是理之所會之地。[14]

此三章皆說明「性」可能在「心」之中虛處，而「理」便在這「性」之中，朱子意或謂：每人天生都有一儲存先天之「理」的處所，裏面含藏著「理」，此處所可能在心中。且朱子認為「性」中所存放者非虛理而是實理，亦即是具體之理，他認為佛教之理則只是虛理，朱子曰：

> 性雖虛，都是實理。心雖是一物，卻虛，故能包含萬理。[15]

> 「明德者，人之所得乎天，而虛靈不昧，以具眾理而應萬事者也。」禪家則但以虛靈不昧者為性，而無以具眾理以下之事。[16]

---

12 宋・朱熹，《朱子文集》，卷 56，頁 2688。
13 宋・黎靖德編，王星賢點校，《朱子語類》，卷 98，頁 2514。
14 宋・朱熹，《朱子文集》，卷 40，頁 1745。
15 宋・黎靖德編，王星賢點校，《朱子語類》，卷 5，頁 88。
16 宋・黎靖德編，王星賢點校，《朱子語類》，卷 14，頁 265。

朱子以為儒佛差異點是：到底將「性」認定為實或虛，朱子謂「性」表面雖為一虛之處所，但裡面充滿著具體實在之「理」；而他認為佛家之「性」則只是空理，裡面無道德意識，也無具體理之存在，這當然只是朱子之見，但他很強調此種儒佛虛實之別，所以他要具體指出「性」中所含具之各種「理」；以下便對此種「性理」的類別與內涵做探討。

# 三、朱子「性理」分類

　　朱子曾多次言及「性即理」[17]，但未說「理即性」，由此可推知「性」包括於「理」，而「理」未必包括於「性」；亦即「理」的外延與內涵當等於或大於「性」，於是只要分析歸納「理」的意涵，便可以在其中找到「性」的意涵。

　　其次，「理」在朱子哲學中是一個非常關鍵性的概念，朱子詮釋理解存在界用「理氣論」，朱子說明心性論用「心性情三分說」或「性即理說」，朱子提出他的工夫論用「格物窮理」，朱子在他哲學三大領域所使用的「理」到底是什麼意思，有無相通處；要解答此等問題都非弄清「理」之種類不可，而要弄清「理」之種類，首先便需對朱子「理」進行分析與綜合研究，當朱子「理」的種類清晰後，哪一類是朱子「理氣論」之「理」，哪一類是朱子「性即理」之「理」，哪一類是朱子「格物窮理」之「理」，哪一類與道德有關，哪類與道德無關；哪類是朱子常言，哪類朱子僅偶及之；便能清晰呈顯。

---

17 牟宗三，《心體與性體》（三），頁136：「新成立後甚至即在新說中，朱子一貫而明確的態度是視性為理。伊川『性即理也』一語，在朱子決不能有動搖，似亦從未有問題。」

　　蓋朱子同一「理」字實承載著各種不同意涵之「理」，有時甚至朱子本人亦不自覺，故透過朱子「理」之分類，除可解決「性即理」意涵外，將有助於對朱子義理之把握，朱子「理」之種類顯明後，當我們提到朱子某一「理」概念時，我們便可精準地說這是哪類「理」，而非另一類「理」，若能做到如此，對朱子義理之掌握或將有所裨益。

　　雖然朱子的「理」目前中文學界「尚未獲得任誰都可認同的共同理解，或決定性的定義，學界對『理』的意義理解，堪稱仍然處於不確定狀態」[18]；但這一問題對探究朱子義理言又是如此重要，若對朱子「理」掌握不清，便對朱子的義理把握不住。因此，我們必須嘗試透過分析歸納，以釐清朱子「理」的各類意涵。以下先將朱子所談過的「理」依其與「成德」之關聯性而劃分為數類，然後再論哪類才是本章所要討論「性理」的意涵。

　　若將宇宙一切存在分為窮盡的兩類，便是「形上之理」[19]與「形下之理」，「形上之理」是聖者所體證最究竟圓滿的「理」，而「形下之理」是二元對立下的凡人所體會的「理」。「形下之理」又可分為與道德有關的「道德之理」，及與道德無關的「中性物之理」。「道德之理」又可分為：（1）探討一切道德的總原理──「道德總原理」；（2）探討本心本性之理──「心性論之理」；（3）探討功夫實踐之理──「工夫論之理」。這三種都與凡人成德有直接關聯。

---

18　藤井倫明，《朱熹思想結構探索——以「理為考察中心」》（臺北：臺灣大學出版中心，2011），頁215。

19　本章此處所謂的「形上」亦稱「本體」，而本處所謂「本」並非指時間的最初，乃指價值的最根源、最究竟、最高之義，類似《孟子‧告子上》所謂「本心」，禪宗《六祖壇經‧行由品》所謂「本來面目」，它是在說明聖者心境—道、絕待、不落二邊、不二、實相等生命境界。此種用法與西方哲學所謂的「形上學」、「本體論」（存有論）等並非相同意涵。

最後「中性物之理」又可分為（1）探討一切中性物的總原理——「存有之理」[20]，亦即朱子所謂「體統是一太極」[21]的「太極之理」。（2）探討每一存在物所以為此存在物之理，包括物理、事理等——「殊別之理」。以下分別解說之：

### （一）形上之理

中國哲學史上歷來分判形上形下之標準甚多，其中最主要者為依據「現象/本體」及「然/所以然」的兩種分判法，因分判之觀點與標準不同，所謂「形上之理」便會因之不同。此處先談立基於「現象/本體」觀點下所分判出來的「形上之理」：

「現象」是有限人類所認識的世界，在此世界中之人生活於：二元、分別、比較、取捨、得失、苦樂的世界中，此為「有」的系統，在此世界中追求的道德，便是二元有相世界中安立的道德，便有道德與非道德之分，有仁義禮智與非仁義禮智之別，各種德目都在二元相對界中安立的德目；故是有善有惡、有聖有凡、有己有人的可思議世界，在此世界中講道德，只能成就人中君子或賢人，這雖已難能可貴，但當知此仍非生命最究極圓滿之境，仍非真正聖者境界，此仍是傳統儒者所謂的「形下世界」。

「本體」則是真正聖者所呈顯之世界，他們生活於「無執」、「無得失比較」、「無分別取捨」、「無為」、「不二」、「一元」、「一

---

20 此處所謂的「存有之理」類似西方哲學的「本體論（英語：Ontology），又譯存在論、存有論，它是形上學的一個基本分支，本體論主要探討存有本身，即一切現實事物的基本特徵。」以上定義見《維基百科全書》(http://zh.wikipedia.org/wiki/%E6%9C%AC%E4%BD%93%E8%E8%BA_%28%E5%93%B2%E5%AD%A6%29)，而本章的「存有」即指此處的「一切現實物」，「存有之理」即指「一切現實物的存在原理」。朱子的「存有之理」便是在探討「一切現實物的存在原理」。

21 宋・黎靖德編，王星賢點校，《朱子語類》，卷94，頁2409。

味」、「齊物」、「喜樂」、「無緣大慈」、「同體大悲」、「煩惱即菩提」、「一體之仁」、「萬物皆備於我」、「不動心」、「宇宙即吾心」、「超越」、「無善無惡」、「物我一如」、「萬物靜觀皆自得」、「也無風雨也無晴」、「屎溺有道」、「目擊道存」、「即事而真」、「真空妙有」等詞語所描述之圓境中；在此世界中沒有現象界所呈顯的對立性，故無取捨得失苦樂，所有對立都在本心中被超越，故為絕對喜樂自在充實之境；雖說是無善無惡，但所為之事都屬絕對至善者；他行仁義而不執仁義；心是空靈、明晰、喜樂、慈悲、無染地，這便是聖者「本體」的境地，也就是真正「形上」之世界。

　　以上這兩種聖凡區別，即牟宗三先生所謂「兩層存有論」：

> 除 Object 外，還有 Eject 一詞，即良知感應之物，Eject 可翻為「自在物」。假如我們知此良知感應之物為物自身之物，這便是本體界之存有論。識心一加進來才有現象界的存有論。故康德說現象是對人而說的，「上帝只創造物自身，不創造現象」，這說法很精彩。他在《實踐理性批判》才說這話，我一看便豁然開朗。故物自身之意甚高，這是從良知明覺上說。康德於此說物自身是對上帝而言；但在中國則不然。成心、道心，德性知、聞見知，都可在自己心上開出來。這在中國極清楚，故必肯定智的直覺，成聖成佛人方有可能，故這點非爭不可，不可閒看，這便是兩層存有論，儒家可以陽明為代表，不能以朱子為代表。[22]

牟先生此處非常清楚精要的說明兩層存有論之別：一為本體界的存有論，此為道心、德性之知、良知感應之物、智的直覺所呈顯

---

22　牟宗三，〈儒家的道德的形上學〉，《鵝湖月刊》，期 3（1975.9），頁 8。

的存有論，這在康德只承認上帝才有；在中國則儒釋道三家皆有，當人進到聖者世界，則主客消融，所有存在物皆以自在面目顯現（Eject），吾等便可看到本體界之物自身，由此所呈顯之世界稱為本體界的存有論。另一是現象界的存有論，此為成心、識心、聞見之知所呈顯的存有論，此為凡人所存在之世界，是有主客對立之現象界，在此現象界中，有主體與所對之對象（Object）。

　　這便是兩層存有論，或說對於這世界的兩重看法，聖人立於智的直覺（道心）看這世界，所看到的是本體的世界（存有），而凡人站在分別心（成心）看這世界，所看到的便是現象的世界（存有）；牟先生認為中國哲學同時肯定此二種世界，而成聖成佛便是由現象界走入本體界，此種本體與現象之別，便是形上與形下之分，本體界就是形上，現象界就是形下；牟先生又認為陽明義理乃有此種區分，可為儒家代表；而朱子系統則無形上範疇，故不能為儒家代表。其實朱子對此種「形上之理」偶亦言之，只是所言甚少，甚至有時還表示難於理解，朱子曰：

> 季隨主其家學，說性不可以善言。本然之善，本自無對；才說善時，便與那惡對矣。才說善惡，便非本然之性矣。本然這性是上面一箇，其尊無比。善是下面底，才說善時，便與惡對，非本然之性矣。「孟子道善」，非是說性之善，只是贊歎之辭，說「好箇性」！如佛言「善哉」！[23]

> 某嘗辨之云，本然之性，固渾然至善，不與惡對，此天之賦予我者然也。然行之在人，則有善有惡：做得是者為善，做得不是者為惡。豈可謂善者非本然之性？只是行於人

---

23　宋・黎靖德編，王星賢點校，《朱子語類》，卷101，頁2585。

者，有二者之異，然行得善者，便是那本然之性也。若如其言，有本然之善，又有善惡相對之善，則是有二性矣！……此文定之說，故其子孫皆主其說，而致堂五峰以來，其說益差，遂成有兩性：本然者是一性，善惡相對者又是一性。他只說本然者是性，善惡相對者不是性，豈有此理！[24]

性不可以善惡名，此一義，熹終疑之。蓋善者，無惡之名，夫其所以有好有惡者，特以好善而惡惡耳，初安有不善哉？然則名之以善，又何不可之有？[25]

按胡大時，字季隨，為胡五峰季子，故朱子稱「主其家學」，首段是胡大時對五峰之學的概括，謂「性善」之「善」屬本體界事，是本自無對者，孟子說「善」僅為歎美之辭；此若用陽明「無善無惡心之體」[26]或更能說明此義，蓋此處所謂「善」並非善惡二元對立中的「善」，它無法用凡人概念去瞭解。因此季隨說善有兩種並不誤，一種是無善無惡，超越善惡的本體之善，另一種是凡人二元對立心境下有善有惡之善；傳統哲人所謂性善之「善」，當指本體無對之「善」言；但朱子對於此種無善惡分別之善「熹終疑之」。

　　朱子並無法瞭解此種「形上義」之善，於是做了一些不相應的批評；首先他也認為有「無對的善」，但他只相信此種善唯存「性理界」，人間不可能存在此種善，並且認定善惡對立的善，便是本

---

24 宋・黎靖德編，王星賢點校，《朱子語類》，卷101，頁2586。

25 宋・朱熹，《朱子文集》，卷32，頁1244。

26 明・王守仁，《傳習錄》：「無善無惡是心之體，有善有惡是意之動；知善知惡是良知，為善去惡是格物。」見王守仁，《王文成全書》，收入《文淵閣四庫全書電子版》/集部/別集類/明洪武至崇禎，卷3。

然之善，否則便有兩種善了。關於此牟宗三先生曾批評道：

> 「常主于別有一物之無對」，如胡五峰言「性不可以善名，
> 況惡乎哉」？此意顯示性體超越乎善惡者之相對之上而為
> 一無善惡相、不可以善惡名之超然絕對體，亦即至善之絕
> 對體。胡氏之意實如此，而此義亦實可說。此義亦實本於
> 明道「人生而靜以上不容說，才說性時已不是性矣」一段
> 而來。而明道於「識仁篇」言仁體時亦曰：「此道不與物對，
> 大，不足以名之」。……胡氏之意亦如此，而朱子見之卻大
> 起反感，以為其「性不可以善惡名」是「性無善惡」之說，
> 如同告子。此難免深文周納，故意誤解之譏。[27]

由此看來，朱子是無法瞭解本體界無對的善，他所瞭解者只是現
象界有善有惡之善爾。再看以下一則：

> 舜弼以書來問仁，及以仁義禮智與性分形而上下。先生答
> 書略曰：「所謂仁之德，即程子『穀種』之說，愛之理也。
> 愛乃仁之已發，仁乃愛之未發。若於此認得，方可說與天
> 地萬物同體。不然，恐無交涉。仁義禮智，性之大目，皆
> 形而上者，不可分為二也。」[28]

周謨字舜弼，為朱子晚年弟子，他問朱子關於「仁」、「仁義禮智」、
「性」之間的形上形下關係；朱子認為這只有兩層，一層是「愛」
屬於形下，一層是「仁義禮智」及「性」屬於形上，而朱子所以
謂為「形上」，乃因「仁」是「愛」之「所以然之理」；猶「理氣
論」中之「理」是「氣」存在的所以然；此處所謂的「所以然」

---

27 牟宗三，《心體與性體》（三），頁302-303。
28 宋·黎靖德編，王星賢點校，《朱子語類》，卷117，頁2810。

是指存在物所以如此之原理，朱子便稱此種「所以然之理」為「形上」。其實朱子的「然」與「所以然」，都同在現象界，它們都是凡人心識活動下的產物，雖表面上好像「所以然」是挑高一層去探討事物的原理原則；但即使是挑高一層次，仍都是在現象界中打轉，仍非真正本體界的形上義。牟宗三先生曰：

> ……則凡未曾發出來底是性，凡已發出來底是心乃至是情，把本心之「發見」亦都一律看成是已發出來底，如是，則不但本心與情無分別，即心、情、與性亦無異質之分別，總之全無形上形下之分，全無感性層與超越層之別，只成一個渾淪無間的流。如此言心性，真成骨肉皮毛一口吞，此真所謂一團糟也。[29]

此為牟先生認為朱子分不清楚真正的「形上/形下」、「本體/現象」，於是將「本心」與「情」、「心情」與「性」等等，此種本該屬異質的兩層級：一是感性層，一是超越層，但在朱子卻全部攪成一團而釐不清，結果變成一個渾淪無間的流。其實真正原因還不是朱子分不清楚，而是朱子根本不知有此本體的形上界，也不知形上界的內容是什麼？只能用自己的「理氣論」（然/所以然）去說形上形下，於是將聖者的心性之學，完全理解成平面的心理學，如此頂多成就了凡人的道德學，舉凡最上一機，朱子都無相應理解，於是將形上/形下全攪在一起說，最後造成牟先生所謂「骨肉皮毛一口吞」之景象。

　　唯朱子雖對「形上之理」無相應體會，但仍嚮往此一理境，有時仍會在著作中述及此「形上之理」，如：

---

29 牟宗三，《心體與性體》（三），頁89。

則陰陽也，君臣父子也，皆事物也，人之所行也，形而下
者也，萬象之紛羅者也。是數者各有當然之理，即所謂道
也，當行之路也，形而上者也，沖漠之無朕者也。[30]

性命，形而上者也；氣則形而下者也。形而上者，一理渾
然，無有不善；形而下者，則紛紜雜揉，善惡有所分矣。[31]

首章朱子說「形上之理」特性為「沖漠之無朕」，此謂空靈自在無
我之境界，當下心境是自由廣大而無邊際，此種描繪便頗接近「形
上之理」。次章朱子謂形而上為「一理渾然，無有不善」，如此描
述亦頗類陸、王等哲人說法，只是在朱子《語類》、《文集》中，
此類言論頗為少見。

　　此為朱子文獻中第一種可能為「性理」內涵之「理」，朱子所
述不多，也不甚理解，但有時朱子又嚮往之，且在道德實踐上是
最重要的一種「理」，故將此「形上之理」訂為朱子哲學中之第一
種「性理」。

## （二）道德之理

　　「形下之理」分為與道德有關的「道德之理」及與道德無關
的「中性物之理」，今先言「道德之理」；此為在二元對立心境下
去追求德性增上所講的「理」，只要是凡人談道德都指此一類
「理」；因自己是二元對立、有比較取捨、有得失苦樂之心識，故
所認識「道德之理」亦必是此平台下之「理」，它是有限的「道德
之理」，或說是在「執的存有論」[32]下的「道德之理」。朱子因對形
上本體無相應體悟，故其所論有關道德者，殆皆為此第二義的「道

---

30　宋・朱熹，《朱子文集》，卷48，頁2186。
31　宋・朱熹，《朱子文集》，卷67，頁3386。
32　牟宗三，《圓善論》（臺北：臺灣學生書局，1996），頁337-340。

德之理」。按此種「道德之理」在朱子哲學中存在著三類：

## 1.「道德總原理」

這是探討宇宙間一切道德的總原理，朱子「太極之理」是探討一切道德與非道德的總原理，故此種「道德總原理」也屬於「太極之理」的範疇，朱子曰：

> 萬物皆有此理，理皆同出一原。但所居之位不同，則其理之用不一。如為君須仁，為臣須敬，為子須孝，為父須慈。物物各具此理，而物物各異其用，然莫非一理之流行也。[33]

> 性字蓋指天地萬物之理而言，是乃所謂太極者。[34]

> 太極只是箇極好至善底道理。[35]

首章謂所有存在物都有一共同之「理」，它們同源於「太極」，因這「太極之理」具道德性，故能發為仁、敬、孝、慈等德行；二章說明宇宙間道德的「太極」（性），是一切理的總根源，它是人間一切道德行為所以如此的最終理由；第三章說明此種「太極之理」是「極好至善」的內容，亦即它是道德意涵，而非中性無善惡之內容；此等處所言者便是道德的「太極之理」。陳來先生說：

> 朱熹哲學中的太極並不是一個純粹自然觀的範疇，太極常常用指人物之性。在朱熹看，以人身而言，性即太極，……無論心之動靜、已發未發，太極作為性始終具於心中。[36]

---

33 宋・黎靖德編，王星賢點校，《朱子語類》，卷18，頁398。
34 宋・朱熹，《朱子文集》，卷52，頁2458。
35 宋・黎靖德編，王星賢點校，《朱子語類》，卷94，頁2371。
36 陳來，《朱子哲學研究》，頁107。

陳先生謂「太極」不僅是客觀宇宙中非道德存在物的總原理及總源頭，且是一切道德行為的總原理及總源頭，就後一意思言「太極便是性」、「性即太極之全體」[37]，此種「太極之理」便是「道德總原理」。

### 2.「心性論之理」

朱子所言「道德之理」中，有論及心性善惡問題者，這便是「心性論之理」，朱子「性情說」謂：「情」是「已發」、是用、是外顯行為；而「情」的根據是「性」、它是「未發」、是體、是內在原理。在此「性情說」架構下，「性」是一切道德之總源頭，它是一切「理」的發源地，我們的所有道德行為都從這裡發出；在此充滿著一切理，所以朱子所謂的「理」，有時便是「性」的同義詞，此種「理」就是「性理」，是天生本具而存於「性」中的「道德之理」。

### 3.「功夫論之理」

立基工夫論立場來看「道德之理」，是指用「然/所以然」架構去探究道德行為，由現實事行去探究此等事行應然的「道德之理」，相當於朱子「格物窮理」所窮之「理」，經由此窮理過程，您便知道事親、事長、孝弟之道，這便是「功夫論之理」，此種意涵之「性理」是朱子義理主軸。朱子曰：

> 如事親必於孝，事長必於弟，孝弟自是道理合當如此。……則道理合做底事自然行將去，自無下面許多病痛也。[38]

> 如為君，須止於仁，這是道理合如此。為人臣，止於敬；

---

37 宋・朱熹，《朱子文集》，卷61，頁3036。
38 宋・黎靖德編，王星賢點校，《朱子語類》，卷8，頁146-147。

> 為人子，止於孝；為人父，止於慈，這是道理合如此。[39]

> 說窮理，只就自家身上求之，都無別物事。只有箇仁義禮智，看如何千變萬化，也離這四箇不得。[40]

此為生命中最平實之「性理」，人人能做且做得到；所謂事親、事長、孝弟、君臣、父子、仁義禮智等「理」，吾人若要成為君子賢人，必踐履此平實之「理」，然後可漸次達到。此種理在朱子《文集》、《語類》中可謂俯拾皆是。

此種理若用朱子存有論的「理氣論」（所以然/然）架構來解釋，「然」是指人間的各種道德行為，「所以然」是指道德的準則規範（理）；亦即人的一切作為都有它應然之道，包括各種人際關係、處事之道、面對一切存在物的態度作為等等，都有他應遵守的應然之理，此種應然之理便是人間一切德目內容，包括父「慈」、子「孝」、兄「友」、弟「恭」等等，此便是朱子「功夫論之理」。

### （三）中性物之理

從道德觀點探究世間事物之理，便會得出「道德之理」；若從中性觀點探究世間事物之理，便會得出「中性物之理」；中性觀點是指與道德無關，站在世俗一般人角度，不付予道德意義，例如科學、哲學觀點便是。

### 1.「存有之理」

人類雖是有限存在，但總希望探求無限真理，而「存有之理」便是人類在此願望下所要求得的宇宙總原理，它是宇宙間最根源、最究竟、最終極之「理」，這是哲學家探求宇宙總原理所得出

---

39　宋‧黎靖德編，王星賢點校，《朱子語類》，卷 75，頁 1936。
40　宋‧黎靖德編，王星賢點校，《朱子語類》，卷 14，頁 255。

者，亦即朱子所稱的「太極」；朱子曰：

> 總天地萬物之理，便是太極。[41]

> 蓋體統是一太極，然又一物各具一太極。[42]

> 嘗謂太極是箇藏頭底物事，重重推將去，更無盡期；有時看得來頭痛。[43]

此言「太極」為宇宙一切存在之總原理，朱子有時也稱為「大頭腦處」、「大總腦處」[44]。依朱子哲學言，此種總原理存在於兩個地方，一是所有存在物的總匯歸處，朱子所謂「體統是一太極」；另一是存在於每一個存在物本身——「一物各具一太極」；但即使是存在個別存在物上的「太極」，它仍是與總原理的「太極」無二無別；亦即「物物一太極」的「太極」，並非單指個別物的分殊之理——如桌子有桌子所以為桌子的分殊之「理」，椅子也有椅子所以為椅子的分殊之「理」，此種個別物的分殊之「理」，並不是此處「一物各具一太極」的「太極」，此部份陳來先生已辨之矣[45]。此種宇宙萬物之總原理，是非常深密而難於窮盡，所以即使是朱子本人，探求此種最奧義的「太極」之理都會覺得「頭痛」，更何況我們？

41 宋・黎靖德編，王星賢點校，《朱子語類》，卷 94，頁 2375。

42 宋・黎靖德編，王星賢點校，《朱子語類》，卷 94，頁 2408。

43 宋・黎靖德編，王星賢點校，《朱子語類》，卷 100，頁 2552。

44 宋・黎靖德編，王星賢點校，《朱子語類》，卷 9，頁 155、156。

45 陳來，《朱子哲學研究》，頁 116：「一物各具一太極」，這裡的太極只性理而不是分理。「理一分殊」在朱熹哲學中的一個重要意義即指做為宇宙本體的太極與萬物之性的關係。照這個思想說，總起來看宇宙萬物的本體只是一個太極，同時每一事物之中也都包含著一個與那「為一太極而一」的太極完全相同的太極作為自己本性。在此種關係中，「理一分殊」實即指「理一分多」，「多」之間並無差別。

以下再引數章以見出此種「太極之理」的內涵，朱子曰：

> 方其為太極，未有兩儀也，由太極而後生兩儀；方其為兩
> 儀，未有四象也，由兩儀而後生四象；方其為四象，未有
> 八卦也，由四象而後生八卦。此之謂生。[46]

> 只見太極下面有陰陽，便知是一生二，二又生四，四又生
> 八，恁地推將去，做成這物事。[47]

> 原「極」之所以得名，蓋取樞極之義。聖人謂之「太極」
> 者，所以指夫天地萬物之根也。[48]

> 所謂「太極」，乃天地萬物本然之理，亙古亙今，顛撲不破
> 者也。[49]

前兩章是從宇宙論觀點說明「太極之理」是宇宙萬物的創造者，
宇宙間一切存在皆由此出；後兩章則是從存有論上說，「太極之理」
是一切存在物的總原理，它是存有所以為存有之理（本質），此種
存有之特質便是「太極之理」、「天地萬物之根」、「萬物本然之理」。
若宇宙萬物有一個根源、總原理、究竟的理則，那便是此「太極
之理」的內容。

「太極之理」有兩型，一就道德言，即是「道德的總原理」，
一就中性物言，即是「存有之理」；前者是道德家想要追求的「理」，
後者是哲學家所要探究的「理」；朱子雖是道德家，理應追求「道
德的總原理」，只因朱子生命特質，對客觀存在仍有其先天興致，

---

46 宋・黎靖德編，王星賢點校，《朱子語類》，卷 67，頁 1679。
47 宋・黎靖德編，王星賢點校，《朱子語類》，卷 66，頁 1624。
48 宋・黎靖德編，王星賢點校，《朱子語類》，卷 94，頁 2366。
49 宋・朱熹，《朱子文集》，卷 36，頁 1448。

故文獻中亦不少論及「存有之理」。

這兩種「太極之理」要如何去獲取，朱子說明探求之法：

> 太極者，自外而推入去，到此極盡，更沒去處，所以謂之太極。[50]

朱子只說「自外而推入去」，但到底如何「自外推入」並未清晰表述，牟宗三先生於此有詳細補充：

> 從下面節節推上，到最後的普遍之理，便是太極。……節節推上並不是憑空推上，自有一個可以推上去的契機，此即呈現在眼前的事事物物之「然」，「然」必有其「所以然」。如是，就特殊而具體的「然」，便見到「所以然」的普遍之理，此即是「窮在物之理」。[51]

簡單說，要推得「太極」之法，是透過格物窮理方法，先推眼前個別物，探究它所以然之理，接著得到很多的所以然之理後，又再推此等所以然之理背後的所以然之理，最後便會到達頂極無上的萬物存在的總原理，這便得到了「太極之理」。譬如我們研究所有「動物」，便可以抽象出動物所以為動物之「理」（本質）；再往上一層，研究「生物」（包括動、植物），便可以得出生物所以為生物之「理」（本質）；再往上一層，研究「物」（包括生物、無生物），便可以得出「物」所以為物之「理」（本質）；若再往上一層，便是研究一切「存有」（包括有與無），那便是「太極之理」。

透過此種經由層層推求「所以然」，最後推到極頂時所得到的「太極之理」，它不是個別的分殊之理，也不是所有分殊之理的總

---

50 宋・黎靖德編，王星賢點校，《朱子語類》，卷98，頁2526。
51 牟宗三，《心體與性體》（三），頁360。

集合；亦即「太極」是綜攝宇宙萬理而成之最極頂的「理」；它是一而非多，關於此學者討論甚多，因非本章重點故今暫只引一家為說：

> 朱子亦常說太極含萬理、具眾理、有動靜之理，「許多道理條件皆自此出」。然則理究是一乎？抑是多乎？……今可答說：朱子之意是一、為真一，多只是權說之假象。所謂權說之假象者，就存在之然而為其所以然之理，是因「存在之然」之多而權說為多，而實無多理，只是此整全之一之理也。……就得一整全之理言，則其所得以為性者不是得一綜體之全，乃是得一整一之全。[52]

此為牟先生說明此種「太極之理」是整全的一之「理」，它是綜攝了所有萬事萬物之理後所得出的一「理」，關於此一問題雖仍有異說，但就義理言，當是如此理解乃能無病。[53]

接著要說明此種太極之理的內容是什麼，透過層層往上推求，最後所推求得到的「太極之理」是什麼內容？一般學者對太

---

52 牟宗三，《心體與性體》（三），頁 505-6。

53 此外馮友蘭先生對於太極則取「總和義」，其言曰：「從另一方面說，如果不把『有』作為一個類名，而作為一個集體名，『有』就是包括一切存在的東西的大集體，它包括一切的類，如果一切類的理也用一個集體名把他們包括起來，這個集體名就是『太極』」。（見馮友蘭，《中國哲學史新編》（五），頁 176。）陳來先生亦取「綜攝義」，其言曰：「（朱子曰：）『所謂太極者，合天地萬物之理而一名之耳』，似乎認為宇宙的普遍規律即一切具體規律的總和。但這個思想與理一分殊不合，其實朱熹這裡所講的總合併不是集合，不是指包含各種具體元素的總體、全體，而是指總規律、普遍規律、一般規律。總之，在表述宇宙本體與萬物之性的關係上，理一分殊是指萬物之性來自宇宙本體並以之為根據，且與宇宙本體的內容沒有差別。」（見陳來，《朱子哲學研究》，頁 118。）而勞思光先生則認為朱子是依違於兩說間，見勞思光，《新編中國哲學史》（三上），頁 278-279。

極內容普遍持懷疑態度，亦即推求太極之理，在理論上可能可以說得通，但事實上能否實際找到，是否真的透過所以然的推求，最後可能豁然貫通，而得到宇宙萬物的總原理，包括第一型道德的與第二型中性存在物的「太極之理」；那如果真有此種理那是怎樣的內容？先看學者之說：

> 類有大小，最大的類是「有」，包括一切存在的東西，這是一個最大的類名。一個「名」的內涵外延成反比例，外延越小，內涵越多；外延越大，內涵越少。「有」這個名「名」的外延最大，大至無所不包，它的內涵也就最小，小至似乎等於零。[54]

> 任何物有各方面的相，而每一相均為可與他物共同者，即有各方面之理，由是而人或任何物皆為一大堆共相共理之集合體，而不見其共同之理。縱見其共同之理，亦被視為無數共相所成之無數理之一。則朱子之所謂理有善無惡，性有善無惡，一切理皆善之說，與理一之說，皆不得其正解。[55]

前段馮友蘭先生謂推求「太極之理」是透過類概念，然後抽象出當類的所以然之理，越下層的類概念所含之理越多，越高層的類概念所含之理越少，而「太極之理」是最極頂的類概念，所以所含的內容便會少之又少。案朱子之說，有兩方面問題：一方面是能否抽象出此種「理」來，以及是否人間真有可以統攝「萬理之理」——包括中性萬物的總原理，及一切道德行為的總原理；第二方面是若真能抽象出此種總原理來，裡面的內容可能幾近於零，

---

54 馮友蘭，《中國哲學史新編》（五），頁176。
55 唐君毅，《中國哲學原論》（原道篇卷三），頁454。

因為要找出所有存在物共通的特性，似乎不是容易的事，即使找到了可能也沒什麼用。上引末章唐君毅先生認為，此種能夠通用於所有存在物之普遍原理中，必不可能存在「有善無惡」的「理」，這可能只是聖人的「理」，未必是凡人的「理」，也未必是動物、植物、無生物之「理」，因此唐先生感嘆無法「得其正解」。

### 2. 「殊別之理」

中性存在物所以然之「理」有兩大類，一類是探求宇宙萬物所以然的總原理，此即前項所談的「存有之理」；一類是個別事物所以然的原理，此即本處所論的「殊別之理」；牟宗三先生說：

> 此就「然」而推證「所以然」，此所見之理是什麼理？關此吾人隨處早已說過，此是實現之理或存在之理（存在之存在性）。就存在之然而推證說，名曰存在之理，存在之存在性。就此理能使「然者然」說，名曰實現之理，即實現其為如此而不如彼。[56]

所以此種「殊別之理」，因它是使此存在得以存在之本質，故可稱「存在之理」，從另一方面說，它是能使此存在物得以如此實現之理，故又稱「實現之理」；此為科學探究之範疇，此種「理」似較前面諸「理」易於理解掌握，朱子曰：

> 天地中間，物物上有這箇道理，雖至沒緊要底物事，也有這道理。[57]

> 且如這箇椅子有四隻腳，可以坐，此椅之理也。若除去一隻腳，坐不得，便失其椅之理矣。……且如這箇扇子，此

---

56　牟宗三，《心體與性體》（三），頁360。
57　宋・黎靖德編，王星賢點校，《朱子語類》，卷62，頁1497。

物也，便有箇扇子底道理。扇子是如此做，合當如此用，此便是形而上之理。天地中間，上是天，下是地，中間有許多日月星辰，山川草木，人物禽獸，此皆形而下之器也。然這形而下之器之中，便各自有箇道理，此便是形而上之道。所謂格物，便是要就這形而下之器，窮得那形而上之道理而已。[58]

世間任一存在物皆會有此種所以然之「理」，無論是重要或不重要的事物，朱子舉例說：像椅子四隻腳、扇子如此結構，天、地、日、月、星、辰、山、川、草、木、人、物、禽獸等等，都有它所以然之「理」。不僅人有此種「理」，動物、植物、無生物、枯槁之物，皆有此物所以然之「理」，此為朱子談「理」之大宗。牟宗三先生曰：

> 朱子語類卷第二理氣下、論天地下，卷第三論鬼神，此兩卷所論者皆是就存在之然（氣本身之曲折）而說，故其所窮知者雖未進至科學階段，然亦實是科學式的積極知識。[59]

牟先生謂《語類》二、三卷幾乎都在討論此種「事物之理」，雖然「事物之理」與道德實踐無直接關聯，但卻是朱子哲學中佔很大比例的一種「理」，雖歷來學者都會為朱子辯解[60]，說明朱子追求此種「理」非其本旨，但朱子書中大量充滿著此種意義的「理」，則是不爭的事實；最少朱子不自覺地在講道德的所以然時，常會不經意地將此種「事物之理」帶出。

---

58 宋・黎靖德編，王星賢點校，《朱子語類》，卷 62，頁 1496。
59 牟宗三，《心體與性體》（三），頁 366。
60 唐君毅，《中國哲學原論・原教篇》（臺北：臺灣學生書局，1990），頁 277：人之聞見知識之擴充，原無不可連於人之當然之理之知之擴充，與當有行為之擴充，因而亦連於心性修養、或聖賢之學之增進之故。

　　以上乃將朱子哲學中有關「理」者，透過義理釐析歸類簡別，將之歸為三大類，其中二、三類中又有亞型，總共有六種，茲將這六種「理」簡明列示：

1.形上之理——（非）所以然 — 形上之理：(1)「形上之理」
2.形下之理—（不全）所以然 — 道德之理：(1)「道德總原理」
（2)「心性論之理」(3)「工夫論之理」
3.形下之理——（全）所以然——中性物之理：(1)「存在總原理」
（2)「殊別之理」

　　以上分類有幾個要點：首先將形上（本體界）、形下（現象界）區隔開來；朱子「理」之主軸是形下而非形上[61]；其次，朱子因生命特質因素[62]，非常強調「所以然之理」，在形下世界中的「理」，幾乎都是「所以然之理」——如「工夫論之理」、「道德總原理」、「存在總原理」、「殊別之理」等都屬此種「所以然之理」。其次，因朱子生命特質所致，對科學哲學興致特高，雖己為理學家，所關心當為道德問題，但在形下各「理」中，有近半與道德無直接關聯——包括「存在總原理」與「殊別之理」。此外，同是「道德之理」，但「工夫論之理」是透過格物窮理以回返地認識「理」；而「心性論之理」則是經由肯定相信以接受本性中具此「理」；所以這兩種「理」得到方式途徑並不一樣，所得到者也有總與別之分，格物窮理是由單一事物，漸漸去獲得總原理；心性論之理是透過把握體用關係，由體顯用，先握住根源性的「理」，再將之推展於實踐細目上。最後，關於「殊別之理」是純粹科學之「理」，

---

61 見第四章（三）之二「形上或形下」之論。
62 見徐復觀：「在朱子的精神中，實在很強烈的躍動著希臘文化系統中的知性活動的要求。」見徐復觀，《中國思想史論集》，頁35。

朱子所言不少，他常不自覺地走入此種理境中，這對道德家言亦甚特別。

以上三類六種「理」間之分際，朱子在使用言說時，似未能完全注意到其間範疇之差異，因此常造成弟子與後學理解的困難，牟宗三先生舉「存在總原理」與「殊別之理」之間，朱子常無法自覺的區隔為例：

> 窮存在之理是哲學的，窮存在之然之曲折本身是科學的。科學式的積極知識或特殊的專門知識是在其窮存在之理時接觸物，因而成其為泛觀博覽，所謂道問學，通過此泛觀博覽、道問學之過程，而即在此過程中拖帶出來，其重點與目標固不在此；朱子之窮在物之理，對此分別未能自覺，或至少未能自覺地清楚地予以分別規定（此或即以前所謂德性之知與見聞之知之別，他們也許以此來標識，但因不離日用見聞諸辭語，畢竟未能清楚規定），遂使人有混雜之感。[63]

牟先生指出「窮存在之理」是探究宇宙的總原理，亦即前文所謂「存在總原理」，它屬哲學範疇；而「窮存在之然之曲折之理」則屬科學範疇，此即前文所謂「殊別之理」，這雖都是在窮存在物「所以然之理」，但一個是求總原理或總源頭，另一是求存在物個別之「理」；二者各有份際；且這二者都與道德無直接關聯性；但朱子未能「自覺地清楚地予以分別規定」，致使後學在研讀朱子著作時，便有混雜而理不清頭緒之感。其實朱子無法有意識的區隔上列六種理，例子很多，有時他談道德時，卻不自覺地以「殊別之理」

---

63 牟宗三，《心體與性體》（三），頁365。

舉例；有時以「枯槁有性」的「性」為「仁義道德」之「性」，而認為「筆」亦有「仁義之理」[64]。後學若要恰當瞭解朱子義理內涵，必需先釐清朱子每處所講的「理」，到底是形上或形下之「理」，是道德之「理」或中性物之「理」，是透過工夫論的所以然探究出來的「理」，或只要相信便得的本性論之「理」，是底層事物的所以然之「理」，或最究極的所以然之「理」；倘能做如此分辨，對瞭解朱子「理」之內涵乃不致墮五里霧中。

以上將朱子「理」歸納為三類六種，那本章所要談的「性」中之「理」，到底屬哪一種類之「理」？按透過前文解析可清楚知悉，此種「性理」在朱子系統中，並非「形上之理」；亦非形下之「理」中，有關「中性物之理」的「存在總原理」或「殊別之理」；亦非「道德之理」中的「道德總原理」。排除這幾項「理」外，只剩「道德之理」中的「工夫論之理」與「本性論之理」；「工夫論之理」是透過所以然的推求而得者；而本性論之「理」則是每位哲人自己依自己的體驗或相信，對本性所作之規定，譬如有些哲人依其體驗或相信而認定本性為「善」，或為「惡」、「無善無惡」、「有善有惡」等等，經此哲人如是規定「性」中所具之內涵者，便是此哲人之本性論。所以朱子之本性論，也是朱子如是體驗或相信，於是作如是認定者，朱子認為人之本性內涵為「性理」或「理」，這便是朱子個人的本性論內容；故知朱子的「理」有那麼多內涵，惟「道德之理」下的「本性論之理」，才是本章所要探討之「性理」內涵。

---

64 《朱子語類》：「問：『枯槁有理否？』曰：『才有物，便有理。天不曾生箇筆，人把兔毫來做筆。才有筆，便有理。』又問：『筆上如何分仁義？』曰：『小小底，不消恁地分仁義』」。見宋·黎靖德編，王星賢點校，《朱子語類》，卷4，頁61。

# 四、朱子「性理」內涵

朱子「本性論之理」不是「形上之理」，也不是朱子「然/所以然」系統下的「所以然之理」。按朱子形下之「理」幾乎都是「所以然之理」，如「工夫論之理」、「道德總原理」、「存在總原理」、「殊別之理」等，此等全是透過所以然以推知者；形下之「理」中唯「本性論之理」非透過所以然方式推得者。此種「本性論之理」是由朱子自己確信認定者。至於朱子到底是根據什麼而做此認定，這有可能是透過自己生命實踐體悟者，有可能是透過閱讀古聖賢書發覺者，亦有可能經由思慮推想而為想當然爾者；但無論如何得知，此等「性」之內容，必都是朱子自己所認定而確信者。

那此等「性理」內容而為朱子所確信者，其內涵為何？是單一之「理」或含多種之「理」？若有多種之「理」，那到底是哪幾種？此等「理」彼此間有無主從？若有主從關係，那以何者為主？又此等眾「理」間有無組織架構，若有組織架構，那其架構為何？此便為本綱目所要處理者。

## （一）性理是一或多

人所得於天的此種「性理」，到底是一或多？按朱子若在講「性」這個整體概念時通常將之當為一，「宇宙之間，一理而已，天得之而為天，地得之而為地，而凡生於天地之間者，又各得之以為性」[65]、「蓋性者，理之得於天而自然者也」[66]；然而若說到「性」的具體內涵，朱子則又列舉眾理。朱子曰：

> 天理既渾然，……非是渾然裏面都無分別，而仁、義、禮、

---

65 宋・朱熹，《朱子文集》，卷 70，頁 3500。
66 宋・朱熹，《朱子文集》，卷 58，頁 2837。

> 智，却是後來旋次生出四件有形有狀之物也。須知天理只是
> 仁、義、禮、智之總名，仁、義、禮、智便是天理之件數。[67]

此為朱子最常說的內容，亦即天理雖渾然好像一整體，無法分出
裡面到底有什麼東西，但事實上若仔細分析則裡頭是有形有狀的
仁義禮智四理，天理只是這四理的總名；故知朱子說「天理」或
「性理」是就整體言，具體內容則是「仁義禮智」四理；所以「性」
中之「理」是具體的多數而非單一。[68]

### （二）性理是哪些理

「性」中所具之「理」，朱子曾指出哪些具體明確之內容？除
上文所說「仁義禮智」四理外，朱子有時又說為五理，他說「蓋
人之性，皆出於天，而天之氣化，必以五行為用，故仁、義、禮、
智、信之性，即水、火、金、木、土之理也」[69]，此為據五行說，
在四理外加「信」而成五理。五理外當然還有很多「理」，但都包
含於此四理或五理中，譬如「孝悌」朱子便認為不在「性」中，
但所謂不在「性」中，並非指它不在「性」的空間範疇中，只是
它不屬「性」下第一階層之「理」，它可能是「性」中第二或第三
階層之「理」，朱子曰：

> 「性中只有仁義禮智，曷嘗有孝悌來？」此語亦要體會得
> 是，若差了，即不成道理。蓋天下無性外之物，豈性外別
> 有一物名孝悌乎？但方在性中，即但見仁、義、禮、智四
> 者而已，仁便包攝了孝悌在其中，但未發出來，未有孝悌

---

67 宋・朱熹，《朱子文集》，卷 40，頁 1741。
68 此處的「理」是指「本性論之理」，而非「太極之理」，若是「太極之理」則
　　為一。因此，朱子的「理」到底是一或多，要看所謂的「理」是哪一種類而
　　定。
69 宋・朱熹，《朱子文集》，卷 56，頁 2688。

之名耳。[70]

雖小程子講過「性中只有仁義禮智，曷嘗有孝悌來」，但朱子詮釋：此非謂「性」中沒「孝悌之理」，而是說它不屬「性」中第一階層之「理」，但仍屬「仁」下之「理」，如此說來朱子似認為「性」中具萬理，而在第一層中只四理或五理而已。那這四理或五理相互間是平行或有含攝關係？

### （三）四理是否平行

若「性」中有「仁義禮智」四理或增「信」為五理，朱子似謂其中「仁」最重要，它可統括其他三理或四理，朱子說：

> 仁、義、禮、智，同具於性……。而仁乃生物之主。[71]

> 但仁乃天地生物之心，而在人者故特為眾善之長，雖列於四者之目，而四者不能外焉。[72]

> 性之中只有是四者，……故仁為四德之長，而又可以兼包焉。[73]

此三章朱子說明「仁」之獨特地位，它是宇宙間生生之德的主要之「理」，在諸德中居最高地位，且諸德又都包含於其中。此外，朱子有時也認為「義」在四理中與「仁」同居領導地位，他說：

> 熹嘗謂天命之性，……即所謂仁；……即所謂義。立人之

---

70 宋・朱熹，《朱子文集》，卷 39，頁 1664。
71 宋・朱熹，《朱子文集》，卷 56，頁 2688。
72 宋・朱熹，《朱子文集》，卷 32，頁 1261。
73 宋・朱熹，《朱子文集》，卷 67，頁 3390。

道，不過二者，而二者則初未嘗相離也。[74]

此處朱子認為「性」中「仁、義」二理相互緊密關聯，是立人之道的僅有二理，故「仁、義」在四理中似較其他諸理為重要。

## （四）眾理組織架構

「性具眾理」，那除第一層的四理或五理外，其他諸理是以怎樣的架構存於「性」中？朱子曾列出一階位表：

> 孝弟不是仁，更把甚麼做仁！前日戲與趙子欽說，須畫一箇圈子，就中更畫大小次第作圈。中間圈子寫一「性」字，自第二圈以下，分界作四去，各寫「仁義禮智」四字。「仁」之下寫「惻隱」，「惻隱」下寫「事親」，「事親」下寫「仁民」，「仁民」下寫「愛物」。「義」下寫「羞惡」，「羞惡」下寫「從兄」，「從兄」下寫「尊賢」，「尊賢」下寫「貴貴」。於「禮」下寫「辭遜」，「辭遜」下寫「節文」。「智」下寫「是非」，「是非」下寫「辨別」。[75]

按朱子意謂：總說為「性」或「性理」，「性理」中最上一層分「仁義禮智」四理；就「仁」言，其意為「惻隱之心」，「仁」下第二層是：「親親」、「仁民」、「愛物」；就「義」言，其意為「羞惡之心」，「義」下第二層是：「從兄」、「尊賢」、「貴貴」；就「禮」言，其意為「辭遜之心」，「禮」下第二層是：「節文」；就「智」言，其意為「是非之心」，「智」下第二層是：「辨別」。此為朱子為「性理」中萬「理」所做歸類排序。

故朱子「性理」內容，總名「性理」，具體內容朱子規定為「仁

---

74 宋・朱熹，《朱子文集》，卷38，頁1589。
75 宋・黎靖德編，王星賢點校，《朱子語類》，卷20，頁473。

義禮智」四理，有時另增「信」為五理；這四理或五理間的關係，朱子認為「仁」最主要，它可包攝眾理，其次為「義」；四理或五理是性理第一層大綱，每綱下又有小目，如「仁」下有：親親、仁民、愛物等支目；依朱子意每支目下當又有更小的支目；如此層層推衍成有層級組織之架構。

　　對朱子如此規定之「性理」，我們可提出如下疑問：

　　（一）首先，朱子認為「性理」含具眾理，且具體明確的指出眾理，牟宗三先生辨之曰：

> 就太極含眾理說，朱子說太極有動靜等等之理，吾已明實無所謂有，亦無所謂含，亦無所謂眾理皆自太極出，皆屬於此太極而為其所有也。此皆是順權說之多而名言上不諦之方便說耳，無相應之實可言。其實是太極之整一對動之然說，即為動之理，對靜之然說，即為靜之理，……並不是太極含具有此等等理也，亦不是真有此等等理而總屬於太極也。如其如此，則太極為一綜體，太極之為一便成虛名。只太極便是是動之理，並不是太極中別有一個動之理單管動。[76]

牟先生此處所言「太極」，與「性體」實為同一意涵；意即謂「本心」、「本性」中當是空無一「理」，雖是空無一「理」，但又能善善惡惡的做應感，當性體澄明朗現之時，該忠便忠、該孝便孝、該信便信；而心中根本無忠、孝、信等具體明確德目，只是一任性體之感應而恰到好處的回應；而旁觀者此時會覺此人做了忠孝信之道德行為，如是而已。並不是真的有一個含具忠孝信之「性

---

76 牟宗三，《心體與性體》（三），頁506。

體」，然後一切的忠孝信等德目，都附屬於「性體」，牟先生說性體不應該以如此形式去含具眾理。當如陸象山所謂：「此心但存，則此理自明，當惻隱處自惻隱，當羞惡處自羞惡，當辭遜處自辭遜，是非在前自能辨之。……當寬裕溫柔，自寬裕溫柔；當發強剛毅，自發強剛毅；若然則無所用乎思矣；非孟子先立乎其大者之本旨也夫。」[77]朱子宜無此等生命經驗，故從表面上見此人有忠孝信之行為，便逆推回去，以為此人心中必有忠孝信之理具其「性」中；其實只是本然性體朗現的自然回應而已，到底您要稱它為什麼德目？裡面到底有幾個德目？此等德目彼此關係或架構等，都是憶想猜測爾，根本都不會發生於「性體」上。朱子當是透過觀察、推想、假設，另據聖賢書表層意涵，而以為「性理」當以如何形式存在，此或當都是朱子本人臆測之說。

（二）此具體眾理朱子進一步指出即為「仁義禮智」或「仁義禮智信」，朱子將「性理」內容規定為「仁義禮智」，當是據孟子《孟子·告子上》：「惻隱之心，人皆有之；羞惡之心，人皆有之；恭敬之心，人皆有之；是非之心，人皆有之。惻隱之心，仁也；羞惡之心，義也；恭敬之心，禮也；是非之心，智也。仁義禮智，非由外鑠我也，我固有之也」[78]，朱子或是見「仁義禮智，非由外鑠我也，我固有之也」之文，以為孟子認為「仁義禮智」非由外鑠，故必為我固有之「性」，於是據此而將之規定為「性」之內涵。按用「仁義禮智」來代表一切諸理，此種歸類本身並不窮盡；例如廉恥、忠孝、和平、勇敢等德目，便很難歸入四理中；孟子當是隨意列舉指點而已，並非真謂「性」中大項僅此四理。

---

77 明·羅欽順，《羅整庵先生困知記》，卷2，頁4-2。

78 漢·趙岐注，宋·孫奭疏，《孟子·告子上》，收入《漢籍全文資料庫》／經／《十三經》／《重刊宋本十三經注疏附校勘記》，卷11上，頁195-1。

再說，老子有「失道而後德，失德而後仁，失仁而後義，失義而後禮」[79]，則知「仁、義、禮」或未必是平行德目。進一步言，若有人只相信《中庸》義理，試問他不用孟子系統之四理，而改用《中庸》「智、仁、勇」三達德系統列舉歸類「性理」，是否便不行？而人間這類詮釋系統實所在多有；故知將「性理」內涵訂死為「仁義禮智」或「仁義禮智信」，恐未必恰當。

（三）朱子認為「仁」可包攝眾理；若朱子真如此認定，那此分類法便有瑕疵，這表示此分類並非立於同一標準下，且各類間重疊性將會過高；這便非理想的分類法，當然也就不會是人天生「性理」的存在形式。牟先生認為若以朱子義理論，「仁」宜無法包攝眾理，其言曰：

> 若就仁義禮智各自成體用，各自分性情，各有定體定義說，則仁固不足包四德，不忍之心固亦不足以包四端也。此非論語之仁之為全德義，亦非孟子所言之本心之含萬德也，且亦非明道所謂「義禮智信皆仁也」之意。……朱子之所謂「包」，正因其分體用，而使仁之為理不足以包四德，且亦使惻隱之心之為情不足以包四端。[80]

牟先生認為朱子的四理是各自平行，且各為體用，各有封域，不相統屬，所以「仁」無法包四理，也非居領導地位；所以若「性理」可以四理說明，那四理間應該是平等並列的四理；「仁」不該有獨特性，「義」也不當有差別性。故就分類規則言，不宜說四理中有一理是長上或可含攝其他諸理，否則便犯了分類法的謬誤；故朱子「仁」可包括或含攝其他眾理，此說無法說得通；此當是

---

79 《老子》，收入《漢籍全文資料庫》／子／道家，頁 152。
80 牟宗三，《心體與性體》（三），頁 263。

孟子言「仁義禮智」四理，而孔子只說「仁」之「理」，於是朱子以為「仁」之重要性當在四德之上，甚至一切諸德都出於「仁」，故謂「仁」可統攝四德。

（四）朱子說「性理」內容是有層次性者，有大綱、小目、支目之階位；問題是此為誰訂的綱目，不同時代會不會有調整空間，「仁」的部分，朱子認為小目是親親、仁民、愛物。是否所有事相都可歸為此三類中，如今人之寵物當歸何處，是物、民、或親？我們當以哪一級德目對待牠？再說，如此複雜的組織關係，會不會有居於兩理之間，或兩層級之間的可能，屆時會不會有管轄權爭議，甚至還會讓負責分派歸位的中樞神經疲於奔命；如果宇宙間大大小小事情的「理」都要歸類放入其中，這個組織圖可能會龐雜到難於繪製；簡單說，此等「性理」組織圖為真實的可能性並不高，當是朱子為讓複雜的萬理各有統屬，讓人易於把握瞭解，故指點式說明其中大要爾。

綜上所說朱子首先對「形上之理」（本體界之理）無所體會，於是不能如傳統哲人，將「性理」定位為「形上之理」，此為朱子第一個失誤；既然「性理」不是「形上之理」，於是只能歸為有善有惡、可以言說、有具體內容之「形下之理」（現象界之理），此或因讀孟子「仁義禮智，非由外鑠我也，我固有之也」之文，於是認定「性理」內容為「仁義禮智」或增「信」而為五理；而這四理或五理中，孔子特別強調「仁」，於是認為「仁」當長眾德，至於世間眾理要如何安頓？朱子想出一個由四德領銜的倫理德目架構表。基本上朱子所以有此等創發，本質上當不是自己由體證而實際見到者，當是透過閱讀詮釋聖賢書，加上自己推想臆測，最後建構起自己的「性理」內容架構圖。唯此種「性理」內容的詮釋並不能相應於孔孟之學，牟宗三先生舉「仁」為例做說明：

> 他只能順伊川之抽象的、分解的思路入；但正因此，其所
> 瞭解之仁亦是抽象的、理智的、乾枯的、死板的（以定義、
> 名義的方式入），與論語之仁不相應。[81]

孔子「仁」便是生命本質，便是人之「性」，朱子對「性理」因無真實體會，對「形上之理」把握不住，於是僅能就「形下之理」言說，透過思辨的心將之作「抽象的、理智的、乾枯的、死板的」分析解說，於是建構起他如上的「性理」內容。

　　然而人的思辨不免有漏洞，無法完全契合於真相，而朱子又自信滿滿的建構起「性理」架構圖來；倘若朱子能保留一些義理詮釋空間，只將「性理」內容規定為一切倫理德目，至於是哪些具體內容則保留為開放空間，然後也不談眾理之主從關係，以及彼此的層級架構，則朱子之「性理」，雖非正統「形上之理」，但仍可以在形下之理的範疇中，得到較少之批評。

# 五、小　結

　　朱子義理在哲學史上定位，是當今學術界爭訟之問題，本章嘗試從本性論立場，探討朱子本性思想是否與傳統本性論思想一致；亦即探討朱子是否也認為人天生具有（生具）、永遠具有（永具）、人人具有（皆具）、圓滿具有（圓具）「成聖質素」；而在探討此問題前，必先確定朱子所謂「性」或「性理」與中國傳統「本性」意涵是否等值，故本章先處理朱子所謂「性」或「性理」到底是什麼意思，此種「性理」是屬哪一類「理」？它的內涵為何；當此等問題都釐清，下一問題便可探討朱子此種「性理」是否「生

---

81 牟宗三，《心體與性體》（三），頁232。

具」、「永具」、「皆具」、「圓具」於吾人之身。

　　本章首先說明朱子「性」之五種意涵，然後說明何意之「性」方為本章探討的範疇，接著將朱子文獻中的「理」分為三類六種：「形而上之理」、「道德總原理」、「本性論之理」、「工夫論之理」、「存在總原理」、「殊別之理」。在此六種理中，朱子主要之「理」首先排除「形而上之理」，而在形下之五種理中，再去除非道德之理的「存在總原理」、「殊別之理」兩種；接著說明此種「性理」之性質，實不同於從「然/所以然」中所推得之「所以然之理」，無論是在一一行事中推得的「工夫論之理」，或道德推到最後的「道德總原理」。本章所謂的「性理」是本性論提出者對於本性之認定，此種「理」不需經層層推證過程。當然，他也可證明自己推論的合理性，但即使他的證明為無效論證，仍不妨礙他可提出如此之本性論主張；而朱子本性論之「性理」便屬這類型之「理」，此即本章所謂的「本性論之理」。

　　最後，關於朱子如何規定「性理」內容問題，朱子認為「性」中所存在的「理」，可總說為「性理」，若大別分之便是「仁義禮智」四理或「仁義禮智信」五理，而這四理或五理間關係，朱子認為「仁」是諸理之長，它可包攝眾理；有時朱子也把「義」提高位置到和「仁」一樣高度。最後關於此四理或五理外的諸理，是否也存「性理」中，其存在狀態為何之問題；朱子認為所有道德之理，都存於「性理」中，此等「性理」有一個組織嚴密的架構關係，他們由仁義禮智四理領銜，分不同階位而層層遞衍。

　　朱子「性理」即「本性論之理」，此種「理」不是由推理得來，它是由提出本性論者所做的認定，所以重點是他規定了哪種「理」為本性之「理」，據前文之說朱子因對形上之「理」（本體界之理）少所體會，無法清楚精準意識到其內容，所以僅能以相對世界的

道德之理為「性理」內容，此與傳統哲人之以「形上之理」為本性論內容者大異其趣。

「性」是生命本質，而將生命本質作徹底完全的朗現，便是聖者生命的高度。今若只將「性」規定為相對的道德之理，當我們依此本質去盡性時，便只能成就相對世界中的賢人君子，而無法抵於真正的聖境；故知若將「性」定位為形下世界的「道德之理」，最後所開出的心性論便只能是凡人的心性論，而無法成為聖凡兩用的心性論。同理，由此心性論所開出的工夫論，便只能用於成就賢人君子的工夫論，而無法成為入聖的工夫論。同理，由此工夫論所達到生命境界，便只會是賢人君子的境界論，而於真正聖者所體證的本體、無二、一味、滿心而發充塞宇宙無非此理，等等的聖者生命境界，便難有所體會。

簡單說，整個格局便成牟宗三先生所謂的「橫攝」平面的道德學，而非立體縱貫的聖人之學。當然，利弊得失不易輕言，是否朱子亦知有此聖者之學，只因朱子衡量眾生需要，於是開出一個以量取勝的賢人君子之學，讓廣大民眾悉能蒙其利，直到真有一天自己真正達到賢人君子後，若尚覺有未盡之時，再跳開此系統，繼續往前深造，是未可知也。但基本上，若就朱子現有文獻言，朱子哲學架構當是形下系統（現象界）之論，或可無疑。

因朱子將「性理」定位為「形下之理」，於是便只能具體的規定其中德目，共有哪些德目、彼此主從關係如何、是否有組織架構存在等等；朱子做了很具體明確的說明，不過這樣具體清晰列舉說明將會帶來很多的質疑；因此等內容未必是自己親眼所見、親身體會者，只藉由聖賢之書、自己詮釋、主觀認定等而認定之，那每個人所讀書、所採詮釋見解、各自主觀看法等都不盡相同；您據《孟子》之說，我據《中庸》、《論語》之論，您認為「仁義

禮智」是帶頭的「理」，我為何不能說「智仁勇」才是領銜之「理」，其他包括組織圖等，都是可諍之論，因此等都非根據體證而得，故非百世以俟聖人而不惑者；朱子若當初將此一部份「性理」內容只講大原則，認定其中有很多理，至於更細的具體內容、關係、主從等都保留有詮釋空間，或可減少一些質疑。

朱子將「性理」定位為形下的道德之「理」，此便與傳統哲人所謂的「性」有落差，此等「性理」即使是「生具」、「永具」、「皆具」、「圓具」，也只能是成就賢人君子的「性理」，而非成為真正聖者的「性理」，故此種「性理」宜非傳統哲人所謂之「性理」。

本章發表資訊：許宗興，〈朱子「性理」內涵論析〉，《淡江中文學報》，期 32（2015 年 6 月），頁 39-76。

# 第八章 朱子「本性論」探析

## 一、前 言

　　「本性論」在探討人是否具有「成聖質素」問題，傳統儒者普遍認為吾人「生具」（內具、本具）、「永具」、「皆具」、「圓具」（同具）成聖質素[1]，那朱子是否亦有相同主張？透過此問題之探討，將可確定朱子與傳統儒者對本性看法是否一致，他是否屬純正傳統儒者，屆時便可一目了然。

　　按「本性論」是哲人對本性之主張，基本上不需證明，只要哲人將他對本性看法表出，便是一套本性論系統。唯此等主張必具統一性與一致性，不能在心性論中如此說，到工夫論中又如彼說；有時如此主張，有時又如彼持論；當主張確定後再看與古聖賢之說有無抵觸，若能冥合古聖之說，便是理想本性論。

　　朱子主「性即理」，且「理」又是純善，所以朱子認為人性具「善」。唯人性是如何的「善」？便有討論空間，包括吾人所具之「理」是哪類「理」？「理」是存於「性內」或「性外」？「性內」與「性外」之「理」有何不同？為何要向外「格物窮理」？

---

1 按「生具」、「永具」、「皆具」、「圓具」四概念乃作者探討先秦儒道兩家本性論後所提煉出之結論，詳見許宗興，《先秦儒道兩家本性論探微》（臺北：文史哲出版社，2008）。

「格物」所窮之「理」與本具之「理」有何不同？此種成聖質素之「理」會一生都具於我，或只具於生命中某時段？此種「理」只會具於我，或所有人都具？甚至包括動物、植物、無生物、枯槁之物都具此「理」？再者，同是人，我所具之「理」是否與堯舜所具之「理」同質等量，甚至與草木瓦石所具之「理」亦全相同？就朱子言，此等問題到底如何主張，前後有無一致性，與傳統儒者主張有無不同？此便為本章所要處理者。

## 二、性之善惡

在朱子系統中，「性善」是分析命題，是不證而自明者，因「性」＝「理」＝「善」，故「性」、「理」、「善」是同義字。所以「性」當然是「善」，朱子曰：

> 心有善惡，性無不善。若論氣質之性，亦有不善。[2]

> 卻是心之本體本無不善，其流為不善者，情之遷於物而然也。性是理之總名，仁義禮智皆性中一理之名。[3]

> 性纔發，便是情。情有善惡，性則全善。心又是一箇包總性情底。[4]

由上可知，在朱子哲學系統中，「性」是「理」之總名，其內容是「仁義禮智」，它是心之本體，純然至善者。從體用論說，由「性」發為「情」，在未發時「性」純善，已發時「情」則有善有惡。若

---

2 宋・黎靖德編，王星賢點校，《朱子語類》，卷5，頁89。
3 宋・黎靖德編，王星賢點校，《朱子語類》，卷5，頁92。
4 宋・黎靖德編，王星賢點校，《朱子語類》，卷5，頁90。

從「性」與「氣質」結合過程言，「本然之性」純善，「本然之性」墮入氣質所成的「氣質之性」，乃有善惡。至於「心」則統括「性」與「情」、「未發」與「已發」，故心有善有惡；「性」是唯善無惡。故勞思光先生說：

> 在朱氏學說中，「性」與「理」乃「善」觀念之根源，故絕不能說「性」或「理」有「不善」，但「心」則可以是善或不善。[5]

唯「性」雖「至善無惡」，但朱子有時亦套用其存有論之「理氣論」，認為現實一切存在都有其所以然之「理」（性），而現實世界事物既是有善有惡存在，所以善惡之「理」亦當存於「性」中，於是「性」便成了「有善有惡」，朱子曰：

> 問：「『莫非天也』，是兼統善惡而言否？」曰：「然。正所謂『善固性也，然惡亦不可不謂之性』，二者皆出於天也。陽是善，陰是惡；陽是強，陰是弱；陽便清明，陰便昏濁。」[6]

> 中人之性，半善半惡，有善則有惡。[7]

前章朱子用「陰陽說」解釋萬有，認為宇宙間有對立之二元存在，例如乾坤、陰陽、清濁、仁義、善惡等，有「陽」就有「陰」，有「善」就有「惡」，此等都是宇宙本有之二元性；所以，「善」是本性，「惡」亦本性。此為朱子用他氣化宇宙論系統來解釋人性，

---

5 勞思光，《新編中國哲學史》（三上），頁293。
6 宋・黎靖德編，王星賢點校，《朱子語類》，卷98，頁2517。
7 宋・黎靖德編，王星賢點校，《朱子語類》，卷72，頁1813。

於是人性變成「有善有惡」。此問題在朱子學說中成一糾纏，中國正統哲人是用自己體證之道德去詮釋客觀宇宙，此即牟宗三先生所謂「道德的形上學」；而朱子反其道而行，卻用他所建構之形上學，來解釋心性論、本體論等道德範疇，此即牟宗三先生所謂「道德底形上學」[8]，於是對心性、本體所論便與古聖賢有齟齬，馮耀明先生有相同看法：

> 朱熹作為北宋道理之學的集大成者，其思想學說無疑有極濃厚的本體宇宙論傾向，而不免使其心性學說負背沈重的包袱不能得到純淨的發展。對朱熹來說，其天道論與心性論之組合是不成功的，時有相互衝突之處出現。……如果我們放棄他的天道論的尊嚴，只就其心性論的純淨一面來加以探討，未嘗不可以給其心性論學說以一種新的解釋，從而擺脫其天道論的糾纏。[9]

馮氏認為朱子對自己建構之天道學說「理氣論」過於自信，以為它可放諸四海而皆準，認為宇宙間萬物萬事都可用此「理氣論」詮釋，而不知每一學說都有其適用畛域，尤其心性、本體、工夫等生命課題，透過心上體證才是唯一可靠入路，若拿自己有限心識所想出來之理論，將之強套在心性、本體、工夫上，將會方柄圓鑿格格不入，且是本末倒置作法，陳來先生亦有類似批評：

> 理學雖然在性與天道之間建立起直接的聯繫，但這種聯繫由於出於人為的玄想，從而在解釋這種聯繫的具體內容

---

8　牟宗三，《心體與性體》（一）（臺北：正中書局，1991），頁 139-140。

9　馮耀明，《朱熹心性論的重建》，收於鍾彩鈞主編，《國際朱子學會議論文集》（臺北：中央研究院中國文哲研究所籌備處，1993），頁 450。

上，不可避免地要採取牽強附會的各種說法。[10]

理學家若以自己生命體驗為基礎，對本體有真實相應體悟，將之用以詮釋宇宙萬物，便怎麼說怎麼對，此所謂「道德的形上學」；但若無真實生命體驗，則只能經由自己有限心識去構思一套系統，以資解釋宇宙萬物生成變化，此種學說必有其限制性，若用以解釋深層生命之心性、道體等，更會錯誤百出而流於「牽強附會」，此時便會怎麼說怎麼錯；朱子用他存有論系統來說明人性，而認為人性是「有善有惡」，便是犯此錯誤。只是朱子如此說法，在《文集》與《語類》中較少見，故不能將之當為朱子論「性」主要看法。

## 三、生具（本具、內具）

朱子謂「性理」是「生具」、「本具」、「內具」於吾身者，「生具」相對於「生後具」，亦即說明「性理」是先天具於我，當我初生時「性理」便在我身上，並非出生後才習得。「本具」相對於「末具」，指本來具有，亦即生而為人時便具有，非後來才獲此「性理」。「內具」相對於「外具」，指「性理」內在具於我，非本存外在世界，我需透過學習才能使之歸我。此三者雖強調重點不同，但所要表明者實相近，都在說我一出生，此種「性理」便存在我身，它非後天、人為、向外求取而得者，關此朱子述說甚多：

此心元初自具萬物萬事之理，須是理會得分明。[11]

---

10　陳來，《朱子哲學研究》，頁196。
11　宋・黎靖德編，王星賢點校，《朱子語類》，卷31，頁790。

人之有是生也，天固與之以仁義禮智之性。[12]

這箇道理，與生俱生。今人只安頓放那空處，都不理會，
浮生浪老，也甚可惜！[13]

首章朱子清晰說明，吾人自出生時，便具萬事萬物之「理」，次章
說明人初生固具之「理」為「仁義禮智」，三章說明雖天生具此「性
理」，但今人都不理會，甚屬可惜。

### （一）「理」存在之樣貌本質

　　雖然朱子認為吾人生具「性理」，但此處仍可討論：到底存於
「性」上之「理」，其樣貌本質為何？它是如陸王心學所謂「本心
即性即理」之存在，或「理」只是一個或數個空概念，而無實際
具體詳細內容；甚至只是一塊空地而連概念也沒有，必透過後天
格物工夫來增添補足內容。此等問題便是朱子談「生具」時需進
一步探討者。

　　首先，朱子此種「性理」如同於心學家「本心即性」之「理」，
則工夫只需發明本心，讓「性理」朗現便可，當「性理」現前時，
則一切聖人之事，便都在其中，「此心但存，則此理自明，當惻隱
處自惻隱，當羞惡處自羞惡，當辭遜處自辭遜，是非在前自能辨
之」[14]，朱子本性論之「理」宜非此義之「理」，否則工夫只需在本
心下，便自可成聖賢。

　　第二種可能是認為朱子「理」是空無內容者，所以需要透過
心之靈明去格物致知，以獲取外在之「理」，牟宗三先生曰：

---

12 宋・朱熹，《朱子文集》，卷14，頁448。
13 宋・黎靖德編，王星賢點校，《朱子語類》，卷9，頁154。
14 明・羅欽順，《羅整庵先生困知記》，卷之2，頁4-1。

其所謂之「固有」絕非孟子心即理、本心即性體系統中之「固有」。……其所意謂之「固有」仍是認知心的靜攝之關聯的固有。其意蓋謂人心之靈覺本有知是非之明。……由本有之認知之明之靜攝義理而把義理帶進來而說「固有」，此是認知靜攝之關聯的固有。[15]

在言性之分際上，雖言其為固有，此「固有」只成一句如此一說之空話，說訖便置之，而卻只走其格物窮理之路，以求靜攝那普遍之理，……如此，內在而固有之真正道德主體全被拆散而消失，而主體義亦泯滅。[16]

牟先生說朱子「理」之固有，絕非孟子本心意涵下之「固有」，牟先生認為朱子「固有」是透過認知心，將「理」弄明白後帶入「性」中，此等「固有」，若說得精準一點當是指「心之明」之固有——我本有此心之明的認知能力，然後用此認知心去格物，再將所得外在之「理」填入「性」中。它是藉「心之明」之固有，轉折地說明所求得之「理」的固有。牟先生認為如此說「性理」固有，其實只是空話；因真正之性是沒內容，只是一空儲藏室，必透過格物才能讓性中有「理」。因牟先生如此定位朱子「理」，故牟先生不許朱子「理」為「本具」：

無論是認知地具或實踐地具，就心氣自身言，總是「當具」而不是「本具」。[17]

朱子所謂「具」或「包」是心知之明之認知地具，涵攝地

---

15 牟宗三，《心體與性體》（三），頁188。
16 牟宗三，《心體與性體》（三），頁322。
17 牟宗三，《心體與性體》（三），頁245。

具,「包」亦如之,大學補傳所謂「人心之靈莫不有知」是
也。即在此心知之明之認知作用中,把理帶進來。[18]

牟先生認為此種透過心知之明,去認識探究事物之「理」,然後將
之帶入「性」中,以成自己行為準繩,如此說「本具」不是傳統
儒者「非由外鑠我也,我固有之也」之義,此僅為「認知地具」、
「涵攝地具」、「當具」而非「本具」,與傳統儒者之說有距離。牟
先生此說等於謂朱子「性理」是虛說,並無具體內容,說此種「性
理」是內具、本具、生具並無意義,因真正之「理」仍須透過格
物去獲得,仍須向外而透過後天、人為、心知之明等方式去探求,
此說幾乎完全否定朱子「性理」本具、內具、生具之義。

　　此外,又有介此二者間說法,認為「性理」所固具、本具、
生具者,是指大方向、綱要式、一般性、抽象地、概念性的具「理」,
若要讓此「理」具體、明確、深刻化,仍須透過後天格物窮理乃
辦,楊祖漢先生曰:

> 朱子也肯定一般人對道德原來有理解,而可以以「一般了
> 解」為根據,對道德法則或義務做進一步的了解。如此一
> 來,則吾人就可以認為朱子的格物致知說並非是在心不知
> 理的情形下,要靠對事物作格致的功夫才能明白道德之
> 理。朱子所以強調格物致知的功夫,是要藉格致來加強對
> 本來有所知的道德法則做進一步的理解。[19]

楊祖漢先生認為朱子所謂人本具之「理」,它是有內容的,但只是

---

18　牟宗三,《心體與性體》(三),頁357。
19　楊祖漢,〈牟宗三先生的朱子學詮釋之反省〉,《鵝湖學誌》,期49(2012.12),
　　頁186-187。

一般性的、模糊的、大概的、粗略的認識而已，若要更深入清晰獲得此種「理」詳密內涵，那無法從先天固有之「理」得到，必透過後天由「格物窮理」去認識理解，如此乃能真正得到全部「性理」內涵。

以上三種可能中，第一種可能性不高，因朱子對「本心即性即理」之義理綱維並不嫻熟。第二種完全否定朱子「性理」內容，等於不認為朱子所謂「生具」、「本具」、「內具」之論說有其內容，只認為朱子是透過認知心將「理」帶進來，在認知心還沒活動前是空無一「理」的，這有背朱子自己對「性理」之論述。第三說謂朱子認為先天本具之「理」，只是大方向、一般性、概略之「理」，楊先生此說法似較有可能，以下據此發揮說明之。

## （二）「理」當為概念之粗具

按朱子自謂吾人「生具」、「本具」、「內具」性理，此等說法當無法否認；只是朱子所謂「性理」並非孟子、象山、陽明等心學家「本心即性即理」之「理」；朱子自言此種「理」內容是「仁義禮智」等四理，甚至其他眾理亦皆收歸此四理統轄，而成層級隸屬分明之「性理」組織表。

按「本性論」本可各自主張，各自規定內容，而朱子此等內容或因讀孟子而觸發得之，再加自己想像推測，而建構出一套有組織之德目表。朱子此等德目中，包括領銜之「仁義禮智」等，但此等概念很可能只是空概念，並無具體深刻內容，只是一些模糊概念，誠如楊祖漢先生所謂「本來有所知的道德法則」，但都只是模糊、概略、一般性之認識，其後經格物致知工夫，再填入具體明確深刻之內容。因朱子將宇宙間所有理，規定為皆統攝於「仁義禮智」四理中，當然就無外於四理者，故可說所有眾理都本具「性理」中。從這角度說，當然吾人「生具」、「本具」、「內具」

性理，只是它本質上是空概念或粗略概念——含括一切理之粗略概念，此或為朱子「性具眾理」本意。朱子曰：

> 自家身上道理都具，不曾外面添得來。然聖人教人，須要讀這書時，蓋為自家雖有這道理，須是經歷過方得。聖人說底，是他曾經歷過來。[20]

> 所以《大學》之教，使人即事即物，就外面看許多一一教周遍；又須就自家裏面理會體驗，教十分精切也。[21]

> 許多道理，皆是人身自有底。……只是見得不完全，見得不的確。[22]

首章朱子說外面所有道理，都具於自家身上，此乃朱子用「性理」概念涵蓋所有一切眾理，此「性理」具體說便是「仁義禮智」，所以當然可說「性理」具一切萬理；但須知此等「理」都只是空概念或粗略概念，於是需讀書以充實此等概念內容，需透過實際遭遇歷練，讓此等原為粗略之「理」變成有真實具體內容之「理」，聖人能教我們者，亦為他經事上磨練而得之「理」。次章，說明《大學》即物即事窮理，亦是要我們對外在之「理」能一一磨練過，然後回歸己身便會倍感「精切」。末章說明我們本具固具之「理」，只是粗枝大葉，不甚周備深入，「見得不完全，見得不的確」，所以要透過外理探求以增補填滿空隙，讓原本性上大綱粗目之「理」，能具實質深刻詳盡之內容。

若如此理解「生具」、「本具」、「內具」，則理論上吾人似具眾

---

20 宋・黎靖德編，王星賢點校，《朱子語類》，卷 10，頁 161。
21 宋・黎靖德編，王星賢點校，《朱子語類》，卷 46，頁 1174。
22 宋・黎靖德編，王星賢點校，《朱子語類》，卷 9，頁 154。

理，但並無真實具體內容可言，此等本性論當然無法成就聖賢，因只是粗略之理，當然無法將之發明張揚出來，頂多可透過格物窮理後，將眾理內容具體化、明確化、深刻化，最後找到成為君子賢人應遵守之詳盡道德規範（理），然後兢兢業業持守此道德規範而行事，如此努力一生一世，必可成世間有德之正人君子與賢者，但此仍是過他律道德者，仍非真正聖者。

　　按「自律」與「他律」為相對兩概念，決定一行為是自律或他律，主要看「參考點」，所立參考點不同，屬自律或他律之判定便因之而異。若以「我」為參考點，那由我自己決定此行為該作或不該作，便屬自律行為；反之，若一行為由「我」以外條件決定要做或不做（例如聽命於外人指示），便是他律行為。但我們若將參考點往內移，由「我」移到「心上」，若一行為決定要做或不做，完全依「己心」自己決定，便是自律行為；反之，若一行為做與不做是聽命於「己心」以外之存在所指揮（例如聽從習得之法律、道德、輿論等），此便是他律行為。若將參考點再往內移，則為究竟義之自律，此時「心」、「性」合一，「本心」即「理」即「道」，則隨心所欲不逾矩，此即心學系統真正的自律。若為程朱系統，格物所格得之「理」為道德規範、行事標準、行為典範，我之行事作為需完全符合此種律則，乃為正人君子所當為者；但在陸王心學系統看來，此仍只是他律道德，此為程朱系統之限制，亦牟宗三先生等新儒家不斷強調程朱為他律道德，會將道德力減殺之立論所在。[23]

---

23 牟宗三，《心體與性體》（三），頁478：「朱子所說之性雖亦是先天的、超越的，但卻是觀解的、存有論的，實踐之動力則在心氣之陰陽動靜上之涵養與察識，此即形成實踐動力中心之轉移，即由性體轉移至對於心氣之涵養以及由心氣而發之察識，而性理自身則是無能無力的，只是擺在那裡以為心氣所依照之

　　以上說明朱子本性論所謂「生具」、「本具」、「內具」意涵，從此一意涵說，朱子本性論與傳統儒家本性論有別，他所謂生具、本具、內具之「理」，很可能只是一些德目概念，並無真實明確具體內容；若要讓它有內容，還需透過不斷格物窮理，去具體化、明確化、深刻化其內容；此種透過格物所窮得之理，便是生後、外在、人為方式所具者，故不同於真正傳統儒者之本性論。

# 四、永　具

## （一）「性」存在「生後」

　　傳統儒者的本性論，認為「成聖質素」充滿於人生中任何時段，亦即吾人「永具」成聖質素，以下探討朱子「性理」是否亦具於生命全時段，朱子曰：

> 「人生而靜」是未發時，「已上」即是人物未生之時，不可謂性；才謂之性，便是人生以後，此理墮在形氣之中，不全是性之本體矣。然其本體又亦未嘗外此，要人即此而見得其不雜於此者耳。[24]

> 「人生而靜以上」，即是人物未生時。人物未生時，只可謂之理，說性未得，此所謂「在天曰命」也。「纔說性時，便已不是性」者，言纔謂之性，便是人生以後，此理已墮在形氣之中，不全是性之本體矣，故曰「便已不是性也」，此

---

標準，此即為性體道德性道德力之減殺，而亦是所以為他律之故。」
24 宋・朱熹，《朱子文集》，卷 61，頁 3040-3041。

所謂「在人曰性」也。[25]

以上兩段意義相近，前者出於《文集》，後段來自《語類》，朱子將人生分為兩時段，一出生前，一出生後；出生前沒「性」存在空間，因「性」是談人是否具「成聖質素」，未生前此問題根本不存在，故此時朱子認為「性」安不上。但依朱子「理氣論」，宇宙萬有總源頭為「太極」，「太極」便是「理」，人與物雖未出生，但宇宙萬理（太極）早已存在，故雖無個別「性理」，但仍存在著「太極之理」，唯此時「只可謂之理，說性未得」；朱子認為這猶《中庸》所謂「天命之謂性」之「在天曰命」，因它尚未「命」於我身，故此時無「性」可說。

當人出生後，依朱子對宇宙萬有解釋，有氣便有「理」，當人存在時，「性」（理）便具於吾身，直至亡故止，故一生中皆有「性」存在；朱子認為此猶《中庸》「天命之謂性」之「在人曰性」。只是朱子認為當「天命之性」具於吾身時，因受氣質[26]限制，「本然之性」會轉變為「氣質之性」；唯此種「氣質之性」實只是「本然之性」墮於氣質中之稱謂，雖名「氣質之性」，「然其本體又亦未嘗外此，要人即此而見得其不雜於此者耳」；亦即此時人所受於天的「本然之性」，仍存此物中，且此種「本然之性」並不雜於此物之氣質，只是會受氣質影響而不能完全展現其本質爾。故「本然之性」雖已轉為「氣質之性」，然仍無害「本然之性」繼續以他自己存在之方式存在著。

基於如上討論，朱子初則謂「性」無法單獨存在於人物出生

---

25 宋・黎靖德編，王星賢點校，《朱子語類》，卷95，頁2430。

26 「氣質」意涵，陳來先生有精準說明，見陳來，《朱子哲學研究》，頁198：「氣質並不是氣質之性，氣指陰陽五行之氣，質指由氣積聚而成的一定形質。」

前，於人物出生後乃有「性」存在；唯朱子認為人出生後「本然之性」便墮入氣質中而為「氣質之性」；然雖成「氣質之性」，其中仍有不雜於氣質的「本然之性」。且直到此人消逝前，此「本然之性」皆會一直存在。如此立論與傳統儒者謂吾人「永具成聖質素」者，當係相同意涵。至於雙方所謂「成聖質素」是否相同，及本然之性與氣質之關係等微細部分，則留後文分解。

## （二）「性」寄於「未發」

朱子用「未發」說「性」，認為「性」屬「未發」狀態。那何謂「未發」？「未發」有幾義？而朱子之「未發」究屬何義？當朱子「未發」義明白後，便可知朱子「已發」義；當未發已發皆明白後，便可跟著說明朱子是否主「永具」。按「未發」、「已發」最早見《禮記‧中庸》首章：

> 喜怒哀樂未發，謂之中；發而皆中節，謂之和。中也者，天下之大本也；和也者，天下之達道也。致中和，天地位焉，萬物育焉。[27]

《禮記》據王夢鷗先生考證，其作者、性質、內容為：

> 《禮記》者，孔門弟子為習禮而雜記禮文之意義者也，按其所記，不自一時一地，亦非出自一人之手，蓋師徒傳授，各有述作，短簡零篇，傳世久遠，又遭秦禁學，其剝落散失，殆為必然之勢。[28]

王先生以為《禮記》是孔子弟子「習禮而雜記禮文之意義者也」，

---

27　漢‧鄭玄，唐‧孔穎達疏，《禮記注疏》，頁 879-1。
28　王夢鷗，《大小戴禮記選注》（臺北：正中書局，1971），頁 3。

從孔子死後至漢初這長時間中，師徒代代相傳，各有增益，最後由戴德與戴聖整理刪削而成，《中庸》便是其中一篇；上引《中庸》未發已發一段，有無斷簡訛誤無法確知，文中「喜怒哀樂未發，謂之中」究何旨意，頗屬難解，若就邏輯可能性言，「未發」有如下幾種可能內容：

（一）「未發」指「性體」朗現言，因「未發」連著「已發」，「未發」既是「性」、是「中」，那「已發」便是中節之「和」，且此時當無「未發」「已發」之別，只一任「性」之發用流行，一切都在「性體」、「道體」朗現覺潤中，此為聖者生命寫照，如此定位較屬心學家第一義諦說法，唯朱子僅偶及之：

> 天命之性，渾然而已，以其體而言之，則曰「中」；以其用而言之，則曰「和」。「中」者，天地之所以立也，故曰「大本」；「和」者，化育之所以行也，故曰「達道」。此天命之全也。人之所受，蓋亦莫非此理之全。[29]

> 「繼之者善」，是已發之理；「成之者性」，是未發之理。自其接續流行而言，故謂之已發；以賦受成性而言，則謂之未發。及其在人，則未發者固是性，而其所發亦只是善。[30]

此二章說明一切都是天命流行，勉強從體用可說為「未發」「已發」，但並無「未發」「已發」之相，因本來只是一體而化，沒「大本」「達道」之別，亦無「中」「和」之分，只有道體完全流行朗現，亦無善惡分別可說，此為最上一義，只是朱子仍說得不透徹，且《文集》、《語類》說及此者亦不多。

---

29 宋・朱熹，《朱子文集》，卷67，頁3374。
30 宋・黎靖德編，王星賢點校，《朱子語類》，卷65，頁1604。

　　（二）「未發」指性之「理」言，朱子將「未發」定位為「性」、「理」；將「已發」定位為「情」，然後儼然劃清二者界限，將「性」、「情」打成兩截，致無法相容為一。於是「性」是「形上之理」，「情」是「形下之氣」。朱子曰：

> 性是理之總名，仁義禮智皆性中一理之名。惻隱、羞惡、辭遜、是非是情之所發之名，此情之出於性而善者也。[31]

> 性是人之所受，情是性之用。[32]

朱子喜用「理氣論」架構，將宇宙萬有之存在分為「理」與「氣」二類，「理」屬「形上」，層次較高；「氣」屬「形下」，層次較低；「性」與「情」亦如「理」與「氣」關係，故有「仁性愛情」說，將「性」、「情」分隔，「性」是「理」、是「體」、是「本」；而「情」只是「氣」、是「用」、是「末」；於是「未發」便是「性理」，而「已發」只是「情用」。如此定位「未發」是朱子「未發」義正解，如此解「未發」數量也最多[33]，唯如此定位將有如下難題：（1）「性」是「未發」、是「理」、是「形上」、是「靜」；於是只有「情」屬「氣」，才會活動，故「性」便成「但理」——只存有而不活動，此將悖離傳統儒家本性說。（2）「性」是「未發」，「情」是「已發」；將把「道體」打成兩截，道體、性體是一體而化，哪有「性」與「情」、「未發」與「已發」之別，此甚不合聖者心境狀態。（3）朱子用「未發」說「性」，但須知「未發」只能指「心」言，只有心才有「未發」與「已發」之別。因此若依凡人心之「未發」例

---

31　宋・黎靖德編，王星賢點校，《朱子語類》，卷 5，頁 92。
32　宋・黎靖德編，王星賢點校，《朱子語類》，卷 5 卷，頁 82。
33　陳來：「朱熹對未發已發的使用，更多用以指性與情之間的體用關係。」見陳來，《宋明理學》（臺北：允晨出版社，2010），頁 134。

之，則凡人心必是「有善有惡」；因此就朱子「性」＝「未發」言，便無法說「性」是「至善無惡」或只是「理」。（4）朱子除用「性」說「未發」外，於「中和新說」後，亦將「心」狀態說為「未發」「已發」；故在朱子系統中「性」與「心未感物前」朱子都稱為「未發」，但此二者並非相同意涵，「性」是絕對善的形上存有，而「心」在朱子則是有善有惡的形下存在，如此易造成同一個「未發」，卻有兩種意涵，將造成義理混淆。

　　（三）「未發」指心未感應外物前狀態，此為朱子「未發」之第二種定義，朱子曰：

> 以思慮未萌，事物未至之時，為喜怒哀樂之未發。當此之
> 時，即是心體流行，寂然不動之處，而天命之性體段具焉，
> 以其無過不及，不偏不倚，故謂之「中」；然已是就心體流
> 行處見，故直謂之「性」則不可。[34]

此就「思慮未萌，事物未至」時，說「心」狀態為「未發」，此時「心」是寂然不動，很靈敏澄澈，屬尚未接物前狀態；嚴格言之，此時並無朱子所謂「無過不及，不偏不倚」等情事，因「過」、「不及」、「偏」、「倚」都就事上言者，此時「心」只是空明虛靈之體。

　　至於此時是否可稱為「中」之問題，若就聖者「心」言，「心」是完全純淨澄明靈敏狀態，無一絲私意染著之雜質存在，當然可言「中」；但若就凡人「心」言，此時雖尚未接觸外物，可能尚無欲求雜染執著等情緒現前，但就「心」總品質言，雖雜質未顯現，但私意染著之根必仍潛伏其中，即使透過工夫以提撕警策，但必仍與聖賢心之「未發」狀態有別。故知朱子將凡人「心」的「未

---

34 宋・朱熹，《朱子文集》，卷67，頁3376-3377。

發」稱為「中」，或有不當；此時只能稱「未發」，但不宜稱「中」[35]。

（四）「未發」指心已有私情物慾，接著讓心用「合禮」方式表露出來，此即《鄭注》、《孔疏》對「未發」之詮釋，《中庸》原意或即指此，當吾人接觸各種外在人事物時，喜怒哀樂之情便會產於心上，只是尚未表達出來以讓人見到。故鄭玄《注》：「中為大本者，以其含喜怒哀樂，禮之所由生，政教自此出也。」[36]說明此時心中已有喜怒哀樂之情，唯尚未用合乎禮之方式表達。孔穎達《疏》說得更清晰：「中也者，天下之大本也者，言情慾未發，是人性初本，故曰：天下之大本。和也者，天下之達道也者，言情慾雖發，而能和合道理，可通達流行，故曰：天下之達道也。」[37]此明確說明「未發」是指心上已有情慾，但尚未將它表露出來。所以《鄭注》、《孔疏》皆謂此時心已有情欲，只是尚未用合禮方式表達而已。

（五）「未發」指心已有情慾，並將之直接無修飾地表露出來，此為世俗人「未發」「已發」狀態。此與前一類「未發」為相同意涵，只是「已發」部分有別，受過禮教薰陶者，會用合禮方式表達，未受禮教陶冶者，則自然無節制的顯現；但二者所指「未發」都指凡人有雜染之心，只是最後有無顯現雜染之不同而已。

以上五說，（一）說以「未發」為形上狀態；其餘四說為形下狀態。（二）說以「未發」為性；其餘三說都指心。（三）說以「未

---

35 此一問題相當複雜，牟宗三先生認為這是朱子義理認識不清，就凡人言，未發當有中與不中；已發亦當有和與不和；牟先生提出解決方法，認為「未發之中」乃是「于情變未發時見中體」之簡語，非是「就未發出來的說中」。相關論述請見牟宗三，《心體與性體》（三），頁85-101。

36 漢‧鄭玄注，唐‧孔穎達疏，《禮記註疏》，卷52，頁879-1。

37 漢‧鄭玄注，唐‧孔穎達疏，《周禮註疏》，卷52，頁880。

發」為純淨心之狀態；其餘兩說都認為有雜質。（四）說以「未發」有雜質，但表現卻合乎禮。（五）說以「未發」有雜質，且表現未遵從禮。

以上五說「未發」義，最後兩義為《鄭注》、《孔疏》與凡人「未發」義；其餘三說皆朱子所曾主張者：

（一）義因屬形上義，若由此言「永具」，乃為真正「永具」，超越時間相之「永具」，此為傳統哲人本性說，惜朱子言之甚少，非朱子「永具」本旨。

（二）義以「未發」為「性」，此為朱子最主要「未發」義，朱子將人行為分「未發」、「已發」，並謂「未發」即「性理」本身，那「已發」有無「性理」存在？據朱子「仁性愛情說」，「性」、「情」絕然二分，朱子曰：「指愛以名仁，則迷其體」[38]，「仁」是性理，「愛」只是發用，故不能混為一談；「不可認情為性耳」，不過雖「性」、「情」分屬兩階段，而謂「未發」為「性」，此並非意謂「已發」就無「性」；「性理」在「已發」時仍可延續顯現，「至於感物而動，然後見其惻隱、羞惡、辭遜、是非之用，而仁、義、禮、智之端，於此形焉」[39]，故知平時事為，「未發」時是「性理」靜態存在狀態，「已發」時則為「性理」實現狀態。基於如此理解，故無論「未發」、「已發」——亦即人存在的兩種樣態，在朱子哲學系統，都有「性理」顯現其中，從此觀點可說性理「永具」吾身。

（三）義以「未發」為心未感物前狀態，此義與「性」無關，「性」純然至善，「心」則含善惡，本質與雜染，是生命主體綜合狀態。本性論在談「性」是否永具成聖本質之「理」，而非心上是

---

38 宋・朱熹，《朱子文集》，卷 67，頁 3390。
39 宋・朱熹，《朱子文集》，卷 56，頁 2688-2689。

否存在「理」之問題，故此義「未發」無法與「永具」拉上關係。故知朱子用「未發」談性，但不僅將「未發」定位為「性」，還將「未發」規定為「心」未感物前狀態。同一「未發」概念卻承載兩不同語意，且朱子未作清晰說明，這當然會造成義理錯置，及理解上困難與混淆。

　　本綱目在說朱子對「性理」存於人身之時段論析，朱子一面說：人生後才可言「性」，另一面又說，出生後之「性」只是「氣質之性」，它已非「本然之性」。但即使出生後轉為「氣質之性」，亦仍有「本然之性」存於「氣質之性」中。其次，朱子謂「性」為「未發」，此為朱子解「未發」最主要說法。所有行為都有「未發」「已發」兩時段，「未發」有「性理」存在，據朱子「理」「氣」不離不雜說，及「情」根於「性」，「情」是「性」之延續發用。故知在「已發」中仍有「性理」存在。所以，就人存世間時段中，依朱子說法雖有些不明確，表面看似謂出生後便無「性」，好像「已發」後「性」便不存在。但依前文討論，朱子「性」當含人生中每一時段，亦即合乎傳統哲人「永具」之本性論說；只是朱子所謂永具之「性理」是何意涵，此仍可討論。

# 五、皆　具

## （一）人人皆具

　　「人人皆可為堯舜」、「眾生皆可成佛」，此為中國傳統哲學通義，是中國諸哲學家共許命題，不僅我可成聖，且人人可成聖；唯此前提需是人人皆具成聖質素，乃能保證人人可成聖；若就朱子義理言，必主人人皆具「性理」，乃合傳統哲人之說，朱子曰：

蓋均善而無惡者，性也，人所同也。[40]

此箇道理，人人有之，不是自家可專獨之物。[41]

便是天之所命謂性者；人皆有此明德，但為物欲之所昏蔽，故暗塞爾。[42]

首章朱子說此種「均善而無惡」性理是「人所同也」，次章說「人人有之，不是自家可專獨之物」，三章說「人皆有此明德」，只是為物欲所昏蔽。朱子相關論述甚多，因這是中國傳統哲學家共同主張，朱子如是主張不足為奇。朱子對此問題獨特看法在：他將「性理」由己具推至人具，再由人具推至物具，亦即「成聖質素」不僅具於我，具於所有人，更甚者連動物、植物、無生物皆具「性理」，此種立論在中國哲學史上是獨一無二主張，有必要深入探討。

### （二）人物皆具

朱子人物皆具「性理」說，因大異傳統哲人，故引起廣泛討論，包括當時弟子與後代學者都有不同看法，先看朱子說：

所謂性者，人物之所同得；非惟己有是，而人亦有是；非惟人有是，而物亦有是。[43]

宇宙之間，一理而已，天得之而為天，地得之而為地，而

40 宋・朱熹，《朱子文集》，卷14，頁457。
41 宋・黎靖德編，王星賢點校，《朱子語類》，卷17，頁379。
42 宋・黎靖德編，王星賢點校，《朱子語類》，卷16，頁315。
43 宋・黎靖德編，王星賢點校，《朱子語類》，卷98，頁2511。

> 凡生於天地之間者，又各得之以為性。[44]

> 天之生物，有有血氣知覺者，人獸是也；有無血氣知覺而
> 但有生氣者，草木是也；有生氣已絕，而但有形質臭味者，
> 枯槁是也。是雖其分之殊，而其理則未嘗不同；……但其
> 所以為是物之理，則未嘗不具耳。若如所謂「纔無生氣，
> 便無此理」，則是天下乃有無性之物，而理之在天下，乃有
> 空闕不滿之處也，而可乎？[45]

首章朱子說「我」、「人」、「物」三者皆具「性理」；次章說為何人
物皆具「性理」，因據朱子形上思想——「蓋體統是一太極，然又
一物各具一太極」，整個宇宙有一總原理（太極），由此總原理再
化成宇宙萬物，因萬物由太極而生，故同具此太極之理，而個別
物上之太極即體統之太極；因所有物都具與「體統太極」無二無
別之「太極」，所以說一切存在物皆具「性理」；此是朱子以其形
上學說，保證每存在物皆具「性理」。末章朱子將存在物分：有血
氣之「人獸」、無血氣知覺但有生氣之「草木」、無生氣但有形體
臭味之「枯槁」，大致可用動物、植物、無生物三概念表示；朱子
認為所有存在物都當有該存在物所以然之「性」，若只因它是無生
物，便謂其無「性」，此違所有存在物皆有其「性」之理則。故朱
子總結：所有存在物（含枯槁之物）都有「性」或「性理」。

　　此主張不僅當時引起不少弟子質疑，當今學界亦普遍認為此
主張違背儒家傳統說法，姑舉三家為說：

> 孟子之論性側重人禽之別，則不只枯槁無性，禽獸亦不能

---

44　宋・朱熹，《朱子文集》，卷70，頁3500。
45　宋・朱熹，《朱子文集》，卷59，頁2912-2913。

有此性。朱子之說顯然與孟子不符。[46]

無論人與物之性是同是異，人與人性是絕對相同的，但不可把論人性完全相同當作論人物之性完全相同。和許多問題一樣，朱熹常常沒有清楚說明（或所錄不詳）討論著眼的角度需要認真加以分析。[47]

若依《中庸》《易傳》之「就『於穆不已』之天命流行之體說性」之義說，則禽獸與枯槁之物亦不能以此道德創生之實體為其自己之性。此實體雖創生地實現之、存在之，但卻並不能進入其個體中而為其性，而禽獸與枯槁之物亦並不能吸納此實體于其個體中以為其自己之性。[48]

首章劉述先先生認為，此說違背孟子義理，孟子不僅無生物、植物不能有「性」，即動物之禽獸亦不能有「性」；次章，陳來先生認為人人之性相同此無問題，但由此推出人物之性亦相同，此便有問題；陳先生認為朱子說人物性同，當是起於己無清楚釐清「討論著眼的角度」。末章，牟宗三先生說明，為何動物與植物不能有「性」，即使依《中庸》《易傳》天命流行之義說「性」，雖動植物在天命流行中，各安其位的存在著，但並非謂道德創生實體真實存在於動植物生命中，故依儒家孟子義，說一切萬物包括枯槁都有「性」並不恰當。

此說既悖離傳統儒家說，朱子為何要主此新說，而謂一切存在物包括枯槁物都有「性」？學者第一種看法是朱子有很大企圖

---

46 劉述先，《朱子哲學思想的發展與完成》（臺北：臺灣學生書局，1995），頁213。
47 陳來，《朱子哲學研究》，頁142。
48 牟宗三，《心體與性體》（三），頁487。

心，他想用其「理氣論」解釋一切存在物，包括自然界及道德界，但此種努力最後是兩頭空，陳來先生曰：

> 按照《太極解義》，物物各具一太極而互無假借，提出萬物之性都是稟受天地之理而來，這種學說是要為儒家傳統的性善論進一步尋求本體論的支持。可是，這樣一來，由於強調仁義禮智內在的普遍性而犧牲了人之所以為人的特殊性。從而，人物各具一太極便與孟子以來儒者強調人物本性的差異存在著突出的矛盾。[49]

陳來先生認為朱子是要將儒家道德學（含心性論等），收歸其形上學系統下[50]，以求得形上學支持與保證，讓道德學得以站得住腳，但這想法似不夠成熟，傳統中國哲學是透過道德學來保證與建構形上學，此所謂「道德的形上學」；今朱子卻反其道而行，想用形上學來保證道德學，此為「道德底形上學」系統；最後不但沒成功，結果混淆人與禽獸之別，將人等同禽獸而視為只是一般存在物，而一概謂他們都有「性理」，任一正統儒家哲人都無法接受「枯槁有性」，且此「性」乃指「道德仁義」。

　　另有學者認為朱子如此主張，乃本其「然/所以然」之推證方式而得者，任一存在物都有它存在原理，此存在原理便是「性」，所以人有存在原理（性）、動物有它存在原理（性），植物有它存在原理（性），枯槁亦有它存在原理（性），所以枯槁當然有「性」。

---

49 陳來，《朱子哲學研究》，頁 126。

50 類似的主張尚有劉述先，《朱子哲學思想的發展與完成》，頁 216：「朱子是偏向在宇宙論、存有論的觀點談性，事至顯然。朱子自己是有一套一貫的想法，尤其到了晚歲，信心甚堅。但它的說法是否合乎古義，是否優於另外的說法，此則是完全不同的問題，不可一概而論。」

> 按朱氏曾論「枯槁之物」有「性」；此尚不難言之成理；蓋
> 所謂「性」指殊別之理，則「枯槁物」自有「枯槁物之理」
> 也。[51]

此勞思光先生說，謂朱子認為所有存在物皆有該存在物「殊別之理」，所以枯槁之存在物，亦必有「枯槁物之理」。

> 無論有無表現，或表現得有多少、或全不全，皆是氣上的
> 事，皆是因氣之差異因而有如此這般之不同之表現上的
> 事，而其有理有性固自若也。此即朱子學之綱維。[52]

此牟先生從朱子「本然之性」與「氣質之性」觀點說，朱子哲學系統謂任一存在物都具相同「本然之性」，只因氣質不同，所表現出來者便有多少全缺之異，但就朱子學綱維言，此並不害「本然之性」的完整，故枯槁亦有「本然之性」，只是它表現出來的本然之性幾近於零耳。不過，須知「枯槁之物」即使有「本然之性」，但它幾乎不會表現出來，它永遠不可能會覺得「心不安」，那此等具有「性理」又有何意義，此與不具又有何差別。

　　其實朱子「人物皆具性理」說，除陳來、劉述先、勞思光、牟宗三等先生，從存有論、形上學、本體論等推論其所以如此主張理由外；另一可能原因是：朱子沒守住每一概念各有意涵之分際，而將同一概念分別代表多種語意內涵，於是在不同言說脈絡中，將不同內涵概念全用相同詞語表示，而己又無此自覺，於是往往在使用同一概念表示甲意涵時，會不自覺地想成乙意涵；在使用同一概念表示乙意涵時，又不自覺地想成丙意涵，於是造成

---

51 勞思光，《中國哲學史新編》（三上），頁297。
52 牟宗三，《心體與性體》（三），頁495-496。

詞語、概念、意涵、思想之錯亂；讓聽者讀者都不知所謂，最後連自己亦搞混了。

朱子在使用「理」或「性理」時，便有此種嫌疑。朱子「理」或「性理」經過分析發現可有六種意涵[53]：「形而上之理」、「道德總原理」、「本性論之理」、「工夫論之理」、「存在總原理」、「殊別之理」；此等不同意涵概念朱子都用同一語詞表示，而統稱為「理」或「性理」；但此等理各有不同指謂，無法相互取代；此等「理」中：有的談道德，有的談中性物；有些是形上，有些是形下；有些談所以然之「理」，有些是規定之「理」；有些是工夫論之「理」，有些是心性論之「理」；此等概念差別非常大，朱子在使用它們時，若不自覺自己在使用的是哪義之「理」，那言說之混淆雜亂便在所難免。

其實朱子想表示：所有存在物（包括「枯槁」）皆具「性」或「性理」，此處所謂「性」或「性理」，若依前文六種理檢視，則：一.「形而上之理」，此為不可能，因此種「性理」孟子只承認人身才有，禽獸便無此「性理」。二.「道德總原理」，此為透過「然/所以然」方式推求宇宙間最高的道德總原理，唯人類能透過工夫推求，枯槁之物宜無此「理」，故不能說「枯槁有性」；三.「本性論之理」，本性內容是「仁義禮智」，當然枯槁之物無有。四.「工夫論之理」，此為人透過「格物窮理」所推得的道德之理，當然枯槁之物無有。五.「存在總原理」，亦即朱子所謂「太極」，它是所有存在物之總原理，當它落於各存在物中，仍與總原理有完全相同內涵，所謂「物物一太極」，故此種太極之理，在朱子哲學系統中，可存枯槁物上，故可說「枯槁有性」。六.「殊別之理」，此為個別

---

53 相關論析請見本書第七章。

存在物各自有其所以然之「理」，枯槁是存在物當然有枯槁之「理」，故此義可說。

故知朱子「枯槁有性」主要並不在談道德問題，而是在談中性存在物所以然之「理」；因此，朱子「枯槁有性」之「性」不能和道德混淆，而以為「枯槁有性」就是指有「善性」、「成聖質素」、「仁義禮智」等，進一步謂它們可以透過修練而成就聖賢。會有此誤解其實大部分起於朱子在使用概念時，沒清晰精準界定概念內涵，又將不同意涵之概念，用相同詞語表示；於是說者混淆自己意涵，讀者亦不知所謂，結果讓其弟子與後學墮入五里霧中，此為概念意涵界定之問題。

基於如上討論，朱子認為「人人皆具」性理，此為傳統一般本性論主張；而朱子更進而主動物、植物、無生物「皆具」性理，由朱子論證可知，朱子所謂「枯槁之理」並非指道德上能成聖之質素，而是指該存在物所以然之「理」，只是朱子自己亦不甚自覺，故當弟子提出質疑時，並不能清晰說明二者分際，致讓後儒懷疑其說背離傳統儒家；其實當只是語意概念混淆耳。

# 六、圓 具（同 具）

此在討論朱子是否主張：吾人所具之「性理」與聖人所具者無二無別，亦即我們是否圓滿具足成聖質素，此本屬簡單容易分辨之事；但朱子有「氣質之性」說法，讓此問題增添複雜度；就朱子義理言，人剛出生時具「本然之性」，此無容置疑；但出生後「本然之性」受氣質影響，此時「本然之性」是否繼續存在？若繼續存在，那是以何種方式存在？是與氣質「化合」而成另一種存在物？或只是「混合」而仍保存原有「本然之性」？再者，「本

然之性」入於氣質時是暫時隱微？或從此永久隱微？最後，當氣質與「本然之性」結合時，因有氣質限制，此時氣質所接受之「性理」是有殘缺或為完全者？此等問題必需深入分析，乃能確定朱子是否主張吾人「圓具」成聖質素。

## （一）本然之性

「本然之性」指吾人接收上天給我們之「性理」，它是完全未受污染，亦即純然至善，是百分之百的善。在朱子義理系統中，此「本然之性」是無法言說的。迨「本然之性」落入吾身，馬上受吾人氣質影響，而成「氣質之性」，朱子曰：

> 問「人生而靜以上」一段。曰：「程先生說性有本然之性，有氣質之性。人具此形體，便是氣質之性。才說性，此『性』字是雜氣質與本來性說，便已不是性。這『性』字卻是本然性。才說氣質底，便不是本然底也。『人生而靜』以下，方有形體可說；以上是未有形體，如何說？」[54]

朱子認為「性」基本上是不能說者，或說根本不存在，因在未有人身前不是「性」（只是理），有人身後已是「氣質之性」；所以劉述先先生要說，這樣談「性」是「有趣的弔詭」[55]，然而真如此神秘？無法抽象、理論地討論？那歷來談人性者到底如何辦到？雖如此，但朱子仍提出很多對此「本然之性」看法：

---

54 宋・黎靖德編，王星賢點校，《朱子語類》，卷 95，頁 2431。
55 劉述先，《朱子哲學思想的發展與完成》，頁 207：「這樣談性必形成一有趣的弔詭，因為人物未生之時根本不可以談性，但此理墮在形氣之中，卻又不全是性之本體矣！又無法抽離地談性之在其自己。由此可見，朱子並不相信有一離存的性之本體，它是因氣質而見，卻又不與氣質相離，與之形成一種不離不雜的微妙關係。」

> 伊川言：「極本窮源之性，乃是對氣質之性而言。」言氣質之稟，雖有善惡之不同，然極本窮源而論之，則性未嘗不善也。[56]

> 這道理，非獨舜有之，人皆有之。[57]

> 問：「性分、命分何以別？」曰：「性分是以理言之、命分是兼氣言之。命分有多寡厚薄之不同，若性分則又都一般。此理，聖愚賢否皆同。」[58]

首章朱子認為「極本窮源之性」未嘗不善，不唯舜具有，我們人人皆具此「本然之性」；那為何所秉之「性」同為善，而人間會有惡人惡事產生，朱子認為此非「性分」問題，而是「命分」問題；亦即人間惡之來源在「氣質」，每人「氣質」不同於是造成「聖愚賢否」差異。故知朱子基本上肯定，人在剛出生際，皆具足純善「本然之性」。

## （二）氣質之性

「性」本義是「生之所以然者」[59]，亦即先天元素；而人先天元素據牟宗三先生歸類共有三種：一是動物生理本能之性，包括慾望、情緒等，此屬形軀層；一是「氣質之性」，包括才華、個性、生命特質等，此屬生命層；一是道德心性，此為良知、善性，此屬最高層。[60]此是對「性」之普遍分法，但朱子只講一種「性」——

---

56 宋・黎靖德編，王星賢點校，《朱子語類》，卷95，頁2430。

57 宋・黎靖德編，王星賢點校，《朱子語類》，卷58，頁1357。

58 宋・黎靖德編，王星賢點校，《朱子語類》，卷4，頁77。

59 荀況，〈正名篇〉，《荀子》，收入《漢籍全文資料庫》／子／儒家，頁506。

60 牟宗三，《心體與性體》（三），頁179：「氣之凝聚結構而成形軀，直接發於此形軀者，為一般之動物性；生物本能、生理慾望、心理情緒等皆屬之，此可

「氣質之性」，且其所謂「氣質之性」與傳統說法有異，其言曰：

> 又謂「枯槁之物，只有氣質之性，而無本然之性」，此語尤可笑。若果如此，則是物只有一性，而人卻有兩性矣。此語非常醜差，蓋由不知氣質之性，只是此性墮在氣質之中，故隨氣質而自為一性，……安得謂枯槁無性也？[61]

朱子弟子依「性」通常分法，認為「性」宜分「氣質之性」與「本然之性」，但朱子卻深不以為然，認為此說「尤可笑」、「非常醜差」，故知朱子強烈主張只有一種「性」，而此種「性」就是「本然之性」，當「本然之性」墮入氣質中後，就成「氣質之性」。亦即在時間流程中，未墮入氣質前是「本然之性」，時間往後走，當「本然之性」與氣質結合，此時之「性」便是「氣質之性」，所以，「本然之性」與「氣質之性」是在時間流程下之兩種稱謂，亦即不可能同時存在兩種「性」，在同一時間點上只會有一種「性」──不是「本然之性」就是「氣質之性」。上文便是朱子回答弟子疑問，認為所有存在物都會有「本然之性」，也都會有「氣質之性」[62]，枯槁之物亦然，在不同時間軸中，分別有「本然之性」與「氣質之性」，人亦如此。

在「氣質之性」階段有本然美善一面，亦有受氣質影響一面，此二面交織之生命狀態，朱子便稱「氣質之性」。朱子對自己發現

---

曰形軀層，亦曰基層。此一般之動物性，如果可以說普遍性，當是生理形軀的普遍性。就人類言，有此形軀，即有其自然生命中之種種殊特性，此即氣質之殊是也。故氣質之殊是屬於生命層的，此是個個不同的，此是屬於差別性、特殊性的；所謂氣性才性皆屬此層。再進即為道德的心性，此方是真正的普遍性。」

61 宋・朱熹，《朱子文集》，卷 58，頁 2813。
62 陳來，《朱子哲學研究》，頁 207：「朱熹反對的只是把二者視為並立的人性，並不是反對人有氣質之性」。

此「本然之性」與「氣質」相互交織狀態，似覺非常滿意，他說：

> 若只論性而不論氣，則收拾不盡，孟子是也。若只論氣而
> 不論性，則不知得那原頭，荀揚以下是也。韓愈也說得好，
> 只是少箇『氣』字。若只說一箇氣而不說性，只說性而不
> 說氣，則不是。[63]

這是說孟子性善論，只說到「本然之性」，而沒說受「氣質」影響
部分，所以朱子認為不完備；荀子、楊雄等人，則只知「氣質」
一面，而不知「本然之性」，是不知生命源頭；韓愈對「性」雖說
得不錯，但仍欠缺「氣質」部分，所以他認為對人性觀點，當如
程子說：「論性不論氣，不備；論氣不論性，不明，二之則不是」
[64]。朱子「氣質之性」便在說明此種「性」、「氣」兼具之看法。

　　在「氣質之性」時間流中，朱子認為「本然之性」雖受氣質
影響，但「本然之性」仍存其中，朱子曰：

> 然則人雖為氣所昏，流於不善，而性未嘗不在其中，特謂
> 之性，則非其本然；謂之非性，則初不離是。[65]

此意即「本然之性」仍在存在物中，只是已與「氣質」結合，那
現在要問：

　　（一）「本然之性」與「氣質」結合，到底是「化合」或「混
合」。「化合」指已起化學變化，「本然之性」已改變原貌與本質，
已與氣質糾纏不清而無法分辨，且亦不可逆返，無法回到原初狀
態；「混合」則只起物理作用，雖與「氣質」結合，但沒改變原貌

---

63　宋・黎靖德編，王星賢點校，《朱子語類》，卷59，頁1389。
64　宋・黎靖德編，王星賢點校，《朱子語類》，卷4，頁66。
65　宋・朱熹，《朱子文集》，卷67，頁3387。

與本質，雖有被遮掩致不清晰，但它獨特形質作用永遠存在；朱子「氣質之性」中「本然之性」與「氣質」到底是「化合」或「混合」？若是「化合」則朱子本性論並未主張「圓具」，若是「混合」則朱子本性論是傳統儒家本性論，皆同主張「圓具」。

（二）當「本然之性」進入「氣質」時，此種「本然之性」是全部湧入，或視所入氣質而定，某些氣質「本然之性」會全部湧入，另某些氣質則「本然之性」僅部分進入；此即「理同氣異說」與「氣異理異說」[66]之別，若是「理同」那表示無論什麼對象氣質，「本然之性」都完完全全存在；倘因對象氣質不同就會產生「理異」，那表示不是所有存在物都接受百分之百的「本然之性」，那便非人人「同具」、「圓具」成聖質素。

以下即就此兩問題討論之，首先看學者如何看待此等問題，陳來先生說：

> 「理同氣異」問題，按其內容實即指人物之性的同異問題。……整個來看，在朱熹的著作、書信、語錄中，這個問題上的說法十分紛雜，幾乎是朱熹哲學中最為混亂的一個問題。這對於出於玄想的道學性理哲學當然是十分自然的。[67]

陳來先生所說「理同氣異」問題，簡單說就是在探討不同人，甚至人與物間，是否都具有相同「性理」。陳來先生認為這論題在朱子現有文獻中，最屬紛雜混亂，亦即朱子在不同時期、不同地方、對不同對象便會有不同說法，陳來解釋說此亦不足為奇，因朱子哲學本質上是「玄學」，是「想出來」之學說，是每個人都可想一

---

66 陳來，《朱子哲學研究》，頁124-136。
67 陳來，《朱子哲學研究》，頁124。

套,甚至同一人也可想很多套,因此,本身說法會有不一致是可理解者,甚至與自己其他範疇無法無縫接軌,亦可瞭解;因這只是主張,未必是真理。

以下先討論「本然之性」與「氣質」關係是「混合」或「化合」,朱子說:

> 惟其梏於形器之私,滯於聞見之小,是以有所蔽而不盡。[68]

> 初間說人人同得之理,次又說人人同受之氣。然其間卻有撞著不好底氣以生者,這便被他拘滯了,要變化卻難。[69]

> 人性本善而已,才墮入氣質中,便薰染得不好了。雖薰染得不好,然本性卻依舊在此。[70]

以上三章朱子都說此種「本然之性」雖墮入「氣質」中,但不受「氣質」污染而起化學變化。按「氣質」本意是「氣指陰陽五行之氣,質指由氣積聚而成的一定形質」[71]。「氣質」是中性存在物,如人之剛柔強弱、內向外向、豪放婉約等。其實,此種氣質並無害「本然之性」彰顯,只是會影響彰顯之風格特色而已,真正會造成「本然之性」遮蔽者當是「意、必、固、我」、「慾望、瞋怒、習氣」等負面心理,朱子此處所謂「氣質」染污,當指此種生命負面情愫言。

上引首章朱子只說「蔽而不盡」,「蔽」是遮蔽掩蓋蒙蔽之意,因「蔽」而致本然之性無法全然展現;次章,說「本然之性」被

---

68 宋・朱熹,《朱子文集》,卷 67,頁 3384。

69 宋・黎靖德編,王星賢點校,《朱子語類》,卷 17,頁 376。

70 宋・黎靖德編,王星賢點校,《朱子語類》,卷 95,頁 2432。

71 陳來,《朱子哲學研究》,頁 198。

「氣質」給「拘滯」，仍是限制義，非謂將它同化改變，而成另一新存在物；末章意思更明顯，雖受「氣質」影響，但「本然之性」卻「依舊在此」。故知朱子認為「本然之性」與「氣質」關係，在這幾章所表示者都是「混合」而非「化合」[72]；故知「朱熹對於理的理解是實體化的，所以又多強調理在氣質之性中而未染」[73]。

若是「混合」則「本然之性」依舊存個別物中，此則合乎傳統儒者「圓具」思想；於此另衍生一問題：朱子「性理」是「圓具」於所有存在物中？包括動物、植物、無生物，枯槁之物？前已言朱子「枯槁有性」之「性」，當非道德義之「仁義禮智」，否則枯槁之物應會產生不安之情，來日亦該會全然展現「仁義禮智」？但枯槁之物確定無此可能；故知「枯槁有性」當指非道德之存在物總原理（太極）言，亦即「物物一太極」之「太極」。故知朱子謂一切存在物「圓具」成聖質素，當只指人而言，人乃有可能「圓具」性理。若謂枯槁之物亦「圓具」成聖質素必是自欺欺人之論，且永不會展現，如此說圓具並無任何意義。

以下再討論每一存在物在接收「性理」時，是完全地或有選擇性地接收，若朱子主張前者，那他主張人「圓具」成聖質素，若是主張後者，那朱子並非主張人「圓具」成聖質素，且看朱子說：

> 問：「物物具一太極，則是理無不全也。」曰：「謂之全亦可，謂之偏亦可。以理言之，則無不全；以氣言之，則不

---

72 陳來先生持不同看法，但未說明為何是「本然之性」與「氣質」化合，其言曰：「在朱熹哲學中不能說有獨立於本然之性以外的氣質之性，不能說只有氣質之性而無本然之性，因為氣質之性本來就是本然之性與氣質「化合」而有的。」見陳來，《朱子哲學研究》，頁137。

73 陳來，《朱子哲學研究》，頁207。

能無偏。」[74]

> 性一也，人與鳥獸草木，所受之初皆均，而人為最靈爾。
> 由氣習之異，故有善惡之分。上古聖人固有稟天地剛健純
> 粹之性，生而神靈者。後世之人或善或惡，或聖或狂，各
> 隨氣習而成。[75]

> 以理言之，則仁義禮智之稟，豈物之所得而全哉？告子徒
> 知知覺運動之蠢然者，人與物同；而不知仁義禮智之粹然
> 者，人與物異。[76]

首章弟子問：既是「物物具一太極」，那表示所有存在物都接受完完全全飽滿的「性理」，朱子回答得甚迂迴，他說若站在「理」上看，確實圓滿具足「性理」，但若站在「氣」上看，則不能說百分之百圓滿具足；按原問題答案只會有一個——非「全」即「缺」，但朱子未正面明確回答。第二則意思較明確，此言「本然之性」（太極之理）未入存在物前，是完全一樣者，但一墮入存在物後，聖人因有「天地剛健純粹之性」，故所得者最多最靈，所得較差者為「鳥獸草木」。又同為人，因有習氣不同，所接受者便分出「善、惡；聖、狂」；末章更直接明言，雖「本然之性」完全相同，但人物因氣質之殊所稟受者便不完全一樣。至此朱子等於承認「人」與「物」所受「本然之性」有所不同；同理，每人先天氣質不同，所受「本然之性」亦必不同。

　　關於「理同氣異」與「氣異理異」問題，陳來先生曾做過深

---

74 宋・黎靖德編，王星賢點校，《朱子語類》，卷 4，頁 57。
75 宋・朱熹，《朱子文集》，卷 73，頁 3653。
76 宋・朱熹，《朱子文集》，卷 46，頁 2075。

入探究，他結論為：

> 不過，從學庸章句成書（60 歲）到慶元黨禁開始（66 歲）
> 之前這一時期，朱熹的思想似乎還不是十分清楚，因之在
> 此期間的議論文字中，既有理同氣異也有氣異理異的說
> 法。……同時，朱熹也講理有同異偏全。……大體上看，
> 慶元後朱熹比較明確肯定了理有偏全，即由於五行之氣稟
> 受不均造成的五常之理稟受的偏頗。……根據朱熹的這些
> 說法，所謂理得偏全是指物所稟受之理有「欠闕」、「稟得
> 來少」。……如果是這樣，便無法理解朱熹何以長時期不能
> 擺脫既要肯定仁義禮智的普遍內在，又須同時確認人物本
> 性的差別的困難境地。朱熹晚年更傾向於理稟有偏全而導
> 致人物之性有同異的說法這一點應無可疑。[77]

陳來先生對朱子「理同氣異」與「氣異理異」問題，作深入分析
歸納，確認朱子在 66 歲前是搖擺不定，但晚年漸傾向「氣異理異」
說，陳先生認為既在存有論上肯定「氣異理異」，那在心性論上便
不能承認「仁義禮智的普遍內在性」，因「氣異理異」謂每個存在
物（包括人在內）未必接受完全圓滿之「性理」，故非人人同具、
圓具「成聖質素」。於此再度證明朱子喜用他的存有論去解釋全部
宇宙萬象，且認為存有論優先於道德論；但須知存有論是想出來
的，人各異論；道德是體證出來的，千聖同證；為何不信自己體
證，而要相信心識建構出來的系統，此似為其盲點。

　　若以上討論不誤，朱子似謂每個存在物（包括人）所稟受之
「性理」並不相同，只是他認為此種「本然之性」若在人身，則

---

77 陳來，《朱子哲學研究》，頁 129-136。

能不受污染地存在，人雖有負面情愫之污染，此種「本然之性」永以自己形貌作用存在；雖後一說法類「圓具」說，但朱子又承認每人會因氣質之故，致所稟受「本然之性」各不相同，則不能說朱子主「圓具」說。

# 七、小　結

中國哲學中佛教明言所有人皆具佛性，即使一闡提亦不例外；儒家孟子亦明確說人性本善，人人皆可為堯舜；其實包括先秦儒道兩家之孔孟老莊，及絕大部分宋明儒都主人人本具「成聖質素」。那朱子對人性看法為何，似可深入探究，以明瞭其本性論與傳統哲人之差異，進一步將可確定在本性論面向上，朱子在中國哲學史中之地位。

傳統「本性論」通常主張：吾人「生具」（或本具、內具）、「永具」、「皆具」、「圓具」成聖質素。因此，若要問朱子本性論是否同於傳統哲人，只要看朱子是否同主「生具」、「永具」、「皆具」、「圓具」四項，外加他所謂「成聖質素」之內涵是否與傳統哲人相同，便可知其本性論是否背離傳統哲人。

案「成聖質素」部分，朱子所謂「性」並非指傳統儒者「形而上之理」，而是指形而下的「本性論之理」，具體內容是「仁義禮智」，從這觀點看，朱子心性論是凡人之心性論，並非聖者之心性論，亦即透過朱子心性論架構，使用朱子格物窮理工夫，最後只會成就人間有道德之君子賢人，而無法成就傳統哲學所謂真正聖者。亦即朱子所謂「理」、「性理」等概念所描述之「成聖質素」，並非傳統哲人所謂之「成聖質素」。

就「生具」言，傳統哲人認為「成聖質素」是生來便具，是

先天而非後天，是我本具而非習得，是自己本來存於內而非向外求得者；經本章分析發現，朱子雖有「生具」、「本具」、「內具」主張，但意涵完全不同，傳統哲人的本具是具有聖人所以為聖人之內涵，而朱子「本具」是具「仁義禮智」概念，它還要透過格物窮理去充實內容，此為透過心知之明去探求「性理」內容，最後將所求得之「理」歸入「仁義禮智」四概念下，而認定此即是天生本具「性理」之內容，讓原來模糊、概念化、大要之「性理」綱目得以具體充實豐富起來。從這觀點言，朱子本具當非傳統哲人所謂之本具。

就「永具」言，傳統哲人認為「成聖質素」是人本質，故永不磨滅，只會暫時被遮蔽，不會永遠消失，在有生之年「成聖質素」永遠具在。對此問題之答案，朱子似較明確；首先朱子認為：人未生前只能言「理」不能言「性」，「性」是人出生後才有的概念，它充滿於一生中；若用「未發」、「已發」概念言之，「未發」是「性」，「已發」是「情」，「情」表面似脫離「性」，然「情」是「性」的表現、顯發，未發時既有「性」存在，已發時也必有「性」支撐。所以，就「永具」言，朱子似主一生中，皆有「性」存在，或許「性」未必全面發用，但它永遠存在。

就「皆具」言，亦即人人「皆具」成聖質素。對此點朱子主張似過多了，正統儒者類皆主張到「人」而不許「禽獸」有成聖質素；佛教只主張到「眾生有情」，亦未包括無生物的枯槁之物；唯朱子將具「成聖質素」者擴充到所有存在物，包括人、動物、植物、與無生物，故說「枯槁有性」；唯此問題或因朱子將「性理」意涵錯置所致；蓋朱子「性理」意涵很多，其中之一是道德的「仁義禮智」；另一是「存在總原理」的「太極」，它是宇宙一切存在透過「所以然」不斷往上推，所得到的宇宙總原理，在此定義下，

當然枯槁之物亦具太極之「理」；還有一義是「存在殊別理」，是所有存在物所以然之理，枯槁亦為存在物，故有枯槁之理；但絕不能說枯槁之物有「仁義禮智」之「理」。因此，朱子雖主「人人皆具」與「人物皆具」成聖質素，疑因朱子用同一語詞表不同意涵概念所造成之錯置。故知朱子所謂「皆具」亦只是「人人」皆具「仁義禮智」之性，非謂「人物」皆具「仁義禮智」之性。若真如本章所釐析者，便可謂與傳統「皆具」說無異。

就「圓具」言，傳統哲人不惟強調人人皆具「成聖質素」，且謂所具「成聖質素」是百分之百純度，它與聖人所具者同質等量，此便是「圓具」意涵。關於這項需觀察兩要點，才能確定朱子有否主張「圓具」。首先分出朱子是主「氣異理異說」或「理同氣異說」，若是後者則需進一步探討「理」進入「氣質」之存在物後，此種「本然之性」與氣質是「化合」或「混合」。簡言之，若朱子主「圓具」，那他必主「理同氣異說」，且「性理」與「氣質」關係必是「混合」而非「化合」；反之，若朱子主「氣異理異說」或謂「性理」與「氣質」關係為「化合」作用，則朱子並非主「圓具」說。據陳來先生探究，朱子尤其到晚年，似更趨「氣異理異說」，他雖認為此種「性理」進入存在體後，與「氣質」採「混合」作用，但仍無法成為真正「圓具」論者。

基於如上討論可知，朱子將「性理」內涵定位為形下之道德範疇，而具體內容為「仁義禮智」，且是徒有此等德目概念；這便確定岔出傳統哲人本性論之正途。在此前提下，即使與傳統哲人同主「內具」、「永具」，但內具與永具者只是「仁義禮智」概念，而非真正聖者本質，那「內具」與「永具」便無多大意義。「皆具」部分朱子疑因概念錯置，誤將成聖質素之「仁義禮智」轉為等同存在所以然之總原理的「太極」，雖二者都是「理」，但內容千差

萬別，一是道德內容，一是哲學意涵；朱子或因此錯置，而謂枯槁之物亦有仁義禮智之「性」；此為對「成聖質素」認識之嚴重扭曲。最後，因朱子晚年定論主「氣異理異說」，故不能是「圓具」說之支持者。總言之，朱子本性論與傳統哲人本性論，似有相當程度差距。

　　那朱子為何對本性論主張無法完全契合傳統哲人，最主要原因當如陸象山所謂「學不見道」[78]，牟宗三先生亦說「契悟不真」[79]、「朱子很少提到（幾乎沒有）在踐履上具體地體現道體之純熟之義」。[80]因對「道體」無真實體會，但又有很強道德使命，想以復興儒家道統為己志，另加自己才性上優勢，具有「著實之精神，分解之頭腦」[81]，於是透過心識迅速建構起各種理論系統，包括解釋宇宙存在之「理氣論」，有關成聖心理結構之「心性情三分說」，及成聖方法之「格物致知說」，甚至要將這三者綰合為一，想用他對存有之解釋，一體適用於心性論與工夫論上，因本質上是「人為的玄想」，故造成「牽強附會」[82]，這與傳統哲人透過生命體證所建構之「道德的形上學」似有距離，故其本性論當非傳統哲人本性論。

　　**本章發表資訊：**許宗興，〈朱子「本性論」探析〉，《華梵人文學報》，期 23（2015 年 1 月），頁 40-81。

---

78　宋・陸九淵，《象山語錄》，《象山先生全集》，卷 33，頁 413。
79　牟宗三，《心體與性體》（三），頁 63。
80　牟宗三，《心體與性體》（三），頁 37。
81　牟宗三，《心體與性體》（三），頁 63-64。
82　陳來，《朱子哲學研究》，頁 196。

# 第九章　朱子「涵養本原」析論

## 一、前　言

　　成聖方法稱為功夫，成聖方法很多，「涵養」是朱子較常用功夫之一[1]。再者，功夫下手處甚多[2]，「本原」是朱子以為最關鍵下手處。本章便在探討「涵養本原」功夫之相關問題，包括：朱子「本原」有幾義幾類？朱子對這幾類「本原」如何涵養？此等功夫限制何在？此便為本章問題意識。

　　案朱子功夫主要有「涵養未發」與「格物窮理」兩系，朱子曰：「未見端倪發見之時，且得恭敬涵養；有箇端倪發見，直是窮格去」、「涵養於未發見之先，窮格於已發見之後」[3]，故知朱子功夫施用處主要分兩範疇：一是「未發」時，功夫為「恭敬涵養」；二是「已發」時，功夫為「格物窮理」，陳來先生說：「朱熹由原來主心為已發，轉為心有已發未發，貫乎已發未發，把修養方法區分為未發的持敬功夫和已發的致知功夫，從而確立了他以主敬

---

1　「涵養」於《語類》凡 202 見，於《文集》凡 198 見，相較「致知」、「格物」、「窮理」為少，但較「主敬」「持敬」「主一」三者之總量還多，故「涵養」當是朱子重要功夫。
2　成聖功夫下手處，如：本心、本心呈顯、定力、慧力、悲心、精進力、心上、念頭、身體、行為、環境、前世、來世等，本章所要探討者為此等向度中，何者方為最根源關鍵之下手處。
3　宋・黎靖德編，王星賢點校，《朱子語類》，卷 18，頁 403。

致知為宗旨的一生學問大旨」[4]；陳先生認為朱子自「中和新說」後，心分「已發」「未發」，此為一生學問大架構，二者各有功夫——「未發的持敬功夫」和「已發的致知功夫」，此為朱子兩範疇之專屬功夫。

「本原」指「根本」、「本體」[5]、「源頭」等義。「本」就輕重關係說，「原」從時間序位言。故「本原」指一事之根本源頭。人常會因主客因素而產生念頭，接著會將此念頭付諸實行，最後造成善惡或中性後果。若要保證一行為後果為善而非惡，不能只從行為後段解決，法律學者常在犯罪行為已成後追究科刑，教育學者則企圖在行為前防範未然，道德家進而在起心動念處觀照消解，甚至更在本體上施功夫。通常越前段解決便越易見效，此種在行為產生後果前便設法阻止之工夫，便是「本原」功夫。朱子曰：「人自有未發時，此處便合存養，豈可必待發而後察，察而後存耶？」[6]朱子說「未發」是本原，一定要在「本原」未發上做好涵養功夫。屆時「源清則流清」[7]、「其未發也鏡明水止，而其發也無不中節矣」[8]。所以，若要成就聖賢，「人須是於未發時有工夫，始得」[9]。故牟宗三先生曰：「人之一切思慮言動皆屬『已發』，『已發』屬既成結果，非生命本源處，所以必須追到行為本源——「未發」，於此下功夫方是最根本有效之法」[10]。故知「未發」便是「本

---

4 陳來，《朱子哲學研究》，頁 176。
5 本章「本體」意涵是指聖者「一元」「無對」心境，見本書第九章，三之（一）形上之理。
6 宋・朱熹，《朱子文集》，卷 32，頁 1274。
7 宋・黎靖德編，王星賢點校，《朱子語類》，卷 113，頁 2739。
8 宋・朱熹，《朱子文集》，卷 64，頁 3229。
9 宋・黎靖德編，王星賢點校，《朱子語類》，卷 59，頁 1399。
10 牟宗三，《心體與性體》（三），頁 139。

原」,是最適宜下功夫處。

本章主要採文獻解析法,先蒐集朱子《文集》與《語類》相關資料,然後做分析綜合,以對朱子概念作釐清,再據當今學術方家,主要為牟宗三、唐君毅、勞思光、陳來等先生,偶及其他學者意見,以期定位出朱子義理走向與真正內涵;透過此種文獻解析法,與前輩學者對朱子義理之論斷,為本章主要探究法。

## 二、「本原」之語意歸類

本章之「本原」約等於朱子習用之「未發」,只是「未發」原意偏向時間概念,體用關係之「體」朱子雖亦稱「未發」,但那僅為「未發」之引申義;且尚有屬「本原」範疇而不包括於「未發」者,如相對於成年之「小學童年」,歸為「未發」有些牽強,但置「本原」則無疑義。故知「本原」可括「未發」,而「未發」無法含「本原」,亦即「本原」外延內涵大於「未發」,且可包含「未發」,而「未發」外延內涵小於「本原」,故就本章所論者言,用「本原」較「未發」恰當。「本原」朱子於《語類》凡 72 見,於《文集》凡 96 見,直接用「涵養本源」有 12 見,而未有使用「涵養未發」者,故本章以「本原」代「未發」。

案朱子講述義理每多有模稜,且用詞不甚嚴謹,又所論常多變,就本章論:到底「未發」是何意涵?「未發」是純淨無瑕或有雜染狀態?是指「心」或「性」?是說「時間軸」或「體用論」?此等問題朱子論述便模糊難辨,唯有透過文獻董理,與藉助前輩學者學養與智慧力之論斷乃辨。

朱子論「本原」(未發)約有三意涵與類別。一是時間序位之「本原」(未發),此為「未發」本義——因「未」屬時間詞,指

尚未發生者，而「已」則指已發生者，此義之「未發」指事情「先後」，「先」常較重要，「先」會影響「後」，但「先」無獨立意涵、無輕重本末意涵，僅指事情前一片段；且不同事情便有不同內容之先。二是體用關係之「本原」（未發），此為「未發」引申義，它不僅說明先後，且「體」有獨立性、根本性、決定性，它是事情關鍵核心源頭。三是形上形下關係之「本原」（未發），此為「未發」究極意涵，它不僅有「先」、「體」之義，且是拉高一層級之「未發」。以下分論之。

## （一）時間序位之「本原」

時間序位之「本原」有二義：一就心感物之前後階段說，未感物而思慮未起為第一階段，心感物而思慮已起為第二階段，第一階段是「未發」，第二階段是「已發」；一就整體生命童年與成年之前後階段說，童年是人格養成階段，成年是展現童年人格階段，此時「童年階段」亦可稱「未發」。

### 1.心感於物之前後階段：心念未起之「本原」

此將事情分前後兩階段，分段標準是心念是否「發」，心念產生前稱「未發」，心念產生後稱「已發」，此或《中庸》原意，鄭玄注《禮記》便持此說：「喜怒哀樂之未發謂之中者，言喜怒哀樂緣事而生，未發之時澹然虛靜，心無所慮而當於理，故謂之中」[11]。鄭玄謂「喜怒哀樂」尚未遇事前，「喜怒哀樂」之情尚未生出，故稱「未發」，朱子亦說：「方其未有事時，便是未發；纔有所感，便是已發」[12]。朱子認為人心自有「未發」與「已發」時節，「未發」是指「方其未有事時」，心尚未遇事，未有思慮狀態；下階段便是

---

11 漢・鄭玄，唐・孔穎達疏，《禮記注疏》，卷52，頁8801。
12 宋・黎靖德編，王星賢點校，《朱子語類》，卷62，頁1509。

遇事而有思慮階段，是為「已發」，此為就「心」而分兩階段，亦朱子己丑後對「未發」之規定。陳來先生說：

> 按照朱熹己丑反復綜合程頤各種說法所得的理解，「已發」是指思慮已萌，「未發」是指思慮未萌。在朱熹看人生至死雖然莫非心體流行，但心體流行可以分為兩個階段或兩種狀態。思慮未萌時心的狀態為未發，思慮萌發時心的狀態為已發。[13]

此為朱子「中和新說」後對「未發」之規定，此後便未再更動，故此義「本原」（未發）是朱子「涵養本原」之主要意旨。

### 2.整體生命之前後階段：小學童年之「本原」

「未發」原指時間序列之前後關係，尤就「心感物」之前後說，今若仍就時間序列言，將它擴大為整體生命，則「未發」指生命前階段之「童年」，朱子說：「及其少長，而博之以《詩》、《書》、《禮》、《樂》之文，皆所以使之，即夫一事一物之間，各有以知其義理之所在，而致涵養踐履之功也（此小學之事，知之淺而行之小者也）」[14]。此為小學階段，教授《詩》、《書》、《禮》、《樂》之文，與灑掃應對之節，此為生命性格養成階段，此年齡層自我意識較弱，可塑性較高，此時可培養正確人生觀與健康之生命性格，以為來日長大成人使用，故「童年」是生命之前階段，可稱「未發」；「成年」是生命之後階段，可稱「已發」。從這意義說，朱子「涵養本原」便指涵養小學童年人格。

以上兩種「本原」皆就時間序位說，一就「心感於物」之前階段說，一就「整體生命」之前階段說；此兩種「本原」皆朱子

---

13 陳來，《朱子哲學研究》，頁175。
14 宋・朱熹，《朱子文集》，卷42，頁1825。

習言之「涵養」內容。

## （二）體用關係之「本原」

　　「時間」序列之「未發」「已發」，雖時間在前者常會影響在後者，但此種影響非決定性、根本性者，且此種「未發」「已發」屬同一層次；另有「體用關係」之「未發」「已發」，陳來曰：「心的未發已發是區別心裏活動及其狀態的兩個階段，這裡的已發未發是同一層次的概念。而性情未發已發則是與體用相同的概念，兩者不但在實際上有過程的區別，層次也不相同」[15]。陳先生謂體用關係之未發已發間，並非同一層次，「體」是根本決定性，「用」是跟隨次要者，二者間有本末輕重主從關係，體用關係之「未發」「已發」，不僅說明「體」在前，「用」在後，且「體」是絕對關鍵之存在，何種「體」便會決定何種「用」，「用」全據「體」來，此種體用關係之「未發」便變得更重要，「涵養本原」若涵養此種「未發」，便比「時間序列」之「未發」為重要。時間序列之「未發」是經驗意義下之「未發」，而「體用關係」之「未發」與時間無關，在每個心念活動之時間點都可談體用，此種「體用關係」之未發較「時間序列」之未發，無疑地更屬關鍵。

　　朱子曰：「未發時便是那靜，已發時便是那動。方其靜時，便是有箇體在裏了，如這桌子未用時，已有這桌子在了。及其已發，便有許多用」[16]。此為「體用關係」的「未發」，未發是事物的「體」，已發是事物的「用」，以桌子言，「未發」是桌子在裡面的體，屬於「靜」者，我們無法眼觀；而「已發」是桌子外顯的作用，屬於「動」者，我們能夠看見。「體」是根本決定之在內者，而「用」

---

15 陳來，《朱子哲學研究》，頁 180。
16 宋・黎靖德編，王星賢點校，《朱子語類》，卷 116，頁 279。

只是跟隨附帶之外顯者。如此詮釋「未發」「已發」雖非《中庸》原意[17]，但它卻是朱子義理中佔重要地位之詮釋法，它與從「心感於物」談「未發」「已發」，皆朱子論「未發」「已發」之主要詮釋架構。[18]

至於此種「體用關係」之「體」，在朱子義理中則有兩意涵──「心」與「性」。「心」指常人行為之主體，「性」指人性本善之性體；故朱子說「蓋主宰運用底便是心，性便是會恁地做底理」[19]。「心」是行為之主宰者，心善則行為善，心惡則行為惡，故須在「心」上施涵養功夫。「性」是具於心之理，是「情」之依據，「性」是未發，「情」是已發，性善乃可保證情善，故須在未發之「性」上涵養，乃能保證所發之「情」皆中節。

### 1.以心爲體之「本原」

朱子在中和舊說階段，認為只要是「心」都是「已發」，都是「用」，而無所謂「未發」或「體」存在，當然就無法在「未發」本原處下涵養功夫，因未在「體」上施功夫，故在「用」上便出現許多病痛，朱子曰：「向來講論思索，直以心為已發，而日用工夫，亦止以察識端倪為最初下手處，以故闕却平日涵養一段工夫，使人胸中擾擾，無深潛純一之味，而其發之言語事為之間，亦常急迫浮露，無復雍容深厚之風，蓋所見一差，其害乃至於此，不

---

17 陳來：「朱熹實質上把「未發」「已發」當作與「體」「用」相當的一對範疇來處理心性論，這與中庸的作者從情感發作的前後定義「未發」「已發」的意義完全不同。」見陳來，《朱子哲學研究》，頁165。

18 陳來：「未發既指未發之性，亦指未發之心，雖然朱熹後來更多強調未發已發作為性情規定的意義，但從朱熹哲學來看，無論從涵養功夫還是心性論本身，未發已發的兩種意義仍然存在。」見陳來，《朱子哲學研究》，頁192。陳來謂在朱子義理中，「未發」或「本原」主要有兩意旨，一就心言，指心尚未感物而有思慮時；一就人行為之源頭說。

19 宋・黎靖德編，王星賢點校，《朱子語類》，卷5，頁90。

可以不審也」[20]。此為朱子反省舊說缺失，當時認為「心」只有已發而無未發，故只能在「已發」上施「察識」，而無法利用平日暇時對「未發」進行涵養，於是成效差，心中紛擾而無淡定沉潛之味，表現於外在行為上則急躁而缺溫文之風，朱子痛定思痛，認為必須肯認「心」有「未發」之體，他說「心有體用，未發之前是心之體，已發之際乃心之用」[21]。若在心之體下功夫，人的心與行為都會為之改觀，朱子說：「未接物時，便有敬以主乎其中，則事至物來，善端昭著，而所以察之者益精明爾」[22]。朱子說我們心體，在未顯用前，便需做好涵養功夫，涵養後一旦有事，所為便會合善端性理，即使在「察識」時也能讓察識做得更綿密確實。此便是「以心為體」之本原涵養。

　　在朱子心性論系統中「心統性情」，心是主宰者，而「性」是具於「心」之「理」，此為心性之別，朱子說：「今說為臣必忠、為子必孝之類，皆是已發。然所以合做此事，實具此理，乃未發也」[23]。「心」是整個生命之主宰，而「性」是這個主宰之行為依據，我們為何如此做而不如彼做，此道理全具於「性」，「性」因是天所命、人人本具，此種具於心之「性理」便是「未發」（本原），由這「性」所發者便是「情」，性與情間便是「體用關係」，「性」是「體」、「未發」、「本原」，朱子「涵養本原」亦有此一義，陳來：「情以性為內在根據，性以情為外在表現。性情間的此種未發已發關係，很明顯就是體用關係。性對情也可以說具有「本」「根」

20　宋・朱熹，《朱子文集》，卷64，頁3229-3230。
21　宋・黎靖德編，王星賢點校，《朱子語類》，卷5，頁90。
22　宋・朱熹，《朱子文集》，卷32，頁1275。
23　宋・黎靖德編，王星賢點校，《朱子語類》，卷62，頁1509。

的意義」[24]。朱子此種「性情說」，屬於本、根、體、未發之「性」，是否人人本具、皆具、同具，若然則實無必要做涵養，因再涵養還是相同完美之「性」，故《語類》載：

> 或曰：「恐眾人未發，與聖人異否？」曰：「未發只做得未發。不然，是無大本，道理絕了。」或曰：「恐眾人於未發昏了否？」曰：「這裏未有昏明，須是還他做未發。若論原頭，未發都一般。」[25]

門人問朱子：此種未發之「性」，聖凡同否？朱子答說，性就是性，此為上天所命之大本，若聖凡不同，則表宇宙要滅絕了。門人又問，會不會雖有相同之性，但性有明暗之別，朱子說「性理」都一般，無有差別；既然所有人「性」都相同，便無功夫問題，故唐君毅先生說：

> 然在人未感未發時，對此性理之在其心，似無工夫可用。因此性理之在心，而又初無過不及、無時而不中。即此「中」原在，自不待求；又此「中」既未發，亦無「中」可求。[26]

因此種「性」之具於心，並非主宰者，故無法用功夫；且又是百分之百純善，也不需用功夫。「心」乃可用功夫，而朱子「性」是「只存有而不活動」之理，當然無法用功夫，故唐君毅先生要說「此中朱子言根本功夫之要點，在對性理本身無功夫可用」[27]。既此義「本原」朱子雖提及，但此種本原無法亦無須用功夫，故「涵

---

24 陳來，《朱子哲學研究》，頁207。
25 宋・黎靖德編，王星賢點校，《朱子語類》，卷62，頁1508。
26 唐君毅，《中國哲學原論・原性篇》，頁578。唐先生於同書頁580亦有相同論述。
27 唐君毅，《中國哲學原論・原性篇》，頁592。

養本原」當非此義功夫。

## （三）形上意涵之「本原」

此處所謂「形上」[28]乃指超越二元對立，屬絕對本體之聖者境界，亦即牟宗三先生所謂的「Eject」[29]，若人能將心修養到此境界，則由此心所發者，皆自然中道，朱子義理中亦有此義之「未發」或「本原」，朱子曰：

> 於是退而驗之於日用之間，則凡感之而通，觸之而覺，蓋有渾然全體、應物而不窮者，是乃天命流行，生生不已之機，雖一日之間萬起萬滅，而其寂然之本體則未嘗不寂然也。所謂未發，如是而已，夫豈別有一物限於一時、拘於一處而可以謂之中哉？然則天理本真，隨處發見，不少停息者，其體用固如是，而豈物欲之私所能壅遏而梏亡之哉！[30]

此屬朱子「中和舊說」思想，案朱子在參中和時，遍尋「未發」

---

28 本章所謂「形上」亦稱「本體」，所謂「本」並非指時間之最初，乃指價值之最根源、最究竟、最高之義，類似《孟子·告子上》所謂「本心」，禪宗《六祖壇經·行由品》所謂「本來面目」，它在說明聖者心境——道、絕待、不落二邊、不二、實相等生命境界。此種用法與西方哲學所謂「形上學」、「本體論」（存有論）等並非相同意涵。

29 牟宗三：「除 Object 外，還有 Eject 一詞，即良知感應之物，Eject 可翻為『自在物』。假如我們知此良知感應之物為物自身之物，這便是本體界之存有論。識心一加進來才有現象界的存有論。故康德說現象是對人而說的，『上帝只創造物自身，不創造現象』，這說法很精彩。他在《實踐理性批判》才說這話，我一看便豁然開朗。故物自身之意甚高，這是從良知明覺上說。康德於此說物自身是對上帝而言；但在中國則不然。成心、道心，德性知、聞見知，都可在自己心上開出來。」見牟宗三，〈儒家的道德的形上學〉，《鵝湖月刊》，期3（1975.9），頁8。

30 宋·朱熹，《朱子文集》，卷30，頁 1157-1158。

不得,有日突驚覺人身本有「未發之中」,此種未發之中不同前綱目所說之「性」,此種未發之中,是能感通觸覺、應物無窮而生生不已之本體,雖與外物周旋應感,其體性仍寂然不動,此種寂然不動而又隨處發見之「本體」即「未發之中」,便是生命「本原」。

此種「未發之中」是超越現象之二元對立,它乃非動非靜、即動即靜、超越動靜、不可以動靜說之狀態(未發已發、寂感、往來等皆同),那是不可言詮思議之世界,但又確實有此世界存在,人一證此本體,則無處非道、一是一切是、即事而真、目擊道存;此種本體境界朱子早期參中和過程中,曾稍品嘗過,朱子便稱此種本體為「未發之中」或「本原」。只是當中和新說成立,朱子便改從心之感物有思慮上說,加以朱子對形上本體義之未發體會不深[31],致此義「未發」在朱子義理中不顯。

其實此義「本原」乃為生命哲學最究竟意涵,若能在此「本原」用功夫,便是「即本體即功夫」,當下一覺,便一步到家,馬上進到本體形上世界,此為最圓頓功夫,當然前提必先對「本體」有體悟,此後一提便進入此世界,象山所謂「才自警策便與天地相似」[32]者是。惜乎朱子義理僅「中和舊說」階段偶提及。職是之故,朱子「涵養本原」便少有涉及此「本體」者,故本章亦無法闡述。

---

31 牟宗三:「如上三點所說,好像此書亦未見得『非是』。然而朱子竟自注其為『非是』何耶?此示朱子此書雖在辭語上如此說,然對于此等辭語之實義,彼並無真切之體悟,亦並不真能信得及,其如此說亦並非真能自覺地清澈其原委而如此說,恐只是順北宋諸子之體悟而不自覺地浮光掠影如此說。此非其生命之本質,彼于此用不上力。故著實磨練幾年後,至四十歲而覺其『非是』。『非是』者是對四十歲時『中和新說』而說,亦是自朱子本人主觀地而言之,非是客觀義理上,此書之辭語所示之方向真有謬誤處也。」見牟宗三,《心體與性體》(三),頁 75。

32 宋・陸九淵,《象山語錄・上》,《象山先生全集》,卷 34,頁 410。

　　以上是朱子義理有關「本原」（未發）意涵，「本原」可從三向度歸類，一就時間序列之前後關係言，此為「未發」本義，又可分兩類：1.就「心感於物」前後流程言，以「心念未起」為「本原」（未發）；2.就「整體生命」前後階段言，以「小學童年」為「本原」（未發）。此兩義「本原」朱子皆論及。二就體用關係言，此為「未發」引申義，亦可分兩類：1.就「心」上之體用關係言，何種「心」便有何種行為，行為決定於心，此「心」便是「本原」（未發）。2.就「性」上之體用關係言，朱子之「性」只存有而不活動，且人人本具又聖凡同具，因此無法也不需在「性」上談功夫，故朱子雖有此義「本原」（未發），但無法也無須做此種「性」之涵養。三就形上義之本體說，此亦「未發」引申義，屬「未發」究極意涵，亦生命最上一機，可惜此義「未發」朱子義理中僅曇花一現，中和新說後，朱子幾不言此義「本原」（未發）。

　　由是言之，「本原」雖有五義，但在朱子義理中主要有三說：一就「心念未起」時言，朱子主要涵養功夫為「持敬」、「靜坐」等。二就人生「小學童年」階段言，朱子主要為灑掃進退應對之節的涵養。三就「心之主體」言，朱子主要利用各種美善義理進行涵養。三說中，一、三兩說為近，但仍有區別，一說是「心念未起」之涵養，此時雖也會涵養到「體用義」之心體；但只涵養到一半，因「心念已起」之心體涵養，便未包含其中；至於第二說「小學童年」之涵養，與第一說相同在「時間序列」，但它的時間就一生之大階段說，故仍不同「心念未起」之涵養。二說與三說同在「心體」上涵養，但二說僅限生命中特殊時段，特指人格未定型前之涵養，而三說則指全階段之涵養。故知三說之涵養各有不同範疇，但也互有交集處。

# 三、「心念未起」之涵養

要探討「心念未起」涵養功夫前，須先確定二事：一是「心念未起」是否為「中」狀態，因若此時為「中」，則此功夫便無必要，此乃朱子未說清楚者。二是朱子所欲涵養成之「心」是何種心，是聖人本心或是清明之認知心，此乃學界爭論問題之一。必確定「心念未起」前非「中」，功夫乃有可說；接著需確定朱子理想之心為何，功夫涵養乃有方向目標可言。

## （一）「心念未起」是否「中」

朱子「本原」（未發）有多種意涵，有時指「性」──具於心之性理，若是此義則「未發」當是「中」[33]，此種「性」義之本原無須討論。有時指常人之「心」言，「心」便有善惡可說，有中不中可言。那朱子認為「未發」是指「性」（中）或「心」（未必中）。先看朱子說：「『喜怒哀樂未發謂之中』，只是思慮未萌，無纖毫，自然無所偏倚。所謂『寂然不動』，此之謂中」[34]。朱子明言「思慮未萌」，「思慮」惟心乃有之，當「心」尚未思慮，沒一點渣滓慾念，自然此時之「心」無所偏倚，故為「中」。朱子又說：「『未發』，只是未應物時，雖市井販夫、廝役賤隸，亦不無此等時節，如何謔得！方此之時，固未有物欲泥沙之汩」[35]。此說明「心」未應物時節，即使販夫走卒卑賤廝役之「心」仍皆未雜物欲，都在「中」狀態。牟先生對朱子此說提出異議：

---

33 此例非常多，今舉一例以見一斑：「『喜怒哀樂之未發，謂之中』，性也；『發而皆中節，謂之和』，情也。子思之為此言，欲學者於此，識得心也。心也者，其妙情性之德者歟！」見宋・朱熹，《朱子文集》，卷32，頁1248。

34 宋・黎靖德編，王星賢點校，《朱子語類》，卷62，頁1509。

35 宋・朱熹，《朱子文集》，卷54，頁2599。

　　　　若只就「喜怒哀樂之未發謂之中」一語句本身看，可容有
　　　　此一解。然《中庸》該段整文卻是有中與中節之和之曲折
　　　　與抑揚，此即顯出有異質線之界畫，不同分際之關聯。故
　　　　融該段全文觀之，未發句不能同質地直解為「不發便中」
　　　　之意。然則只想在情變之同質的一條線上講中顯非《中庸》
　　　　之意明矣。[36]

牟先生認為朱子對《中庸》「喜怒哀樂之未發謂之中」原句理解有
誤，原句當是說「喜怒哀樂之情」產生之際，隨即心中有一中體
彰顯，因工夫施用，遂讓喜怒哀樂之情轉為「中」，接著此合乎「中」
之情，又發而為中節之和。[37]這當中有「情」之感性面，亦有「中」
之超越面，此間有兩界曲折抑揚之關聯，而朱子將它解為同質一
條線——只在情中說明，故牟先生認為非《中庸》原意。不惟此
也，若「不發」即「中」，且針對「心」言，那何必用功夫。《中
庸》接著說「發而中節之謂和」，那不僅「未發」沒工夫，連「已
發」都不需功夫。

　　但朱子原典中，有時亦認為「心念未起」前之「未發」為不
「中」：「蓋眾人雖具此心，未發時已自汩亂了，思慮紛擾，夢寐
顛倒，曾無操存之道；至感發處，如何得會如聖人中節」[38]。朱子
明確承認「未發」時，眾人「自汩亂了，思慮紛擾，夢寐顛倒」，

---

36 牟宗三，《心體與性體》（三），頁92。
37 牟宗三說：「致中和的問題，只是由感性之情未發時，見一異質之超越之體，
　　復返而由此體以主宰情，以成為情發之和。決不能將未發已發移向體上，平
　　鋪地將體拉成一條未發已發之無間線。至于中體主宰氣化情變，將氣化情變
　　全收攝于體上，成為體用圓融之一體平鋪，則是另一義，而非以體為未發者，
　　以用為已發者，未發已發無間而為一條直線流也」。見牟宗三，《心體與性體》
　　（三），頁84-85。
38 宋‧黎靖德編，王星賢點校，《朱子語類》，卷95，頁2415。

除非做工夫否則「心」之未發為不「中」。朱子又說：「喜怒哀樂未發之時，只是渾然，所謂氣質之性亦皆在其中。至於喜怒哀樂，卻只是情」[39]。此處更清楚說明，不唯「心」不「中」，即使「性」都不「中」──非純義理之性，而是義理之性入於氣質中而成的「氣質之性」。據此則一般俗人之性，亦只是雜染的「氣質之性」爾。關於「喜怒哀樂未發、已發」與「中、和」間關係，牟宗三先生做簡要結論：

> 《中庸》明是就喜怒哀樂說未發已發。而喜怒哀樂是情，非即道體也。《中庸》原意是就喜怒哀樂未發時見中體，非其不發自身便是中也。就其發而中節時而說和。既是由發而中節而說和，則喜怒哀樂之發有中節時，亦有不中節時可知;是則喜怒哀樂之發並不同于本心之「發見」。「已發」與「發見」非同義也，亦非同指也。已發之發是情之激發起，而「發見」則是本心中體之呈露。朱子未能察及此兩發字之不同也。[40]

牟先生結論是「發」有兩種，一是「情」之發，一是「本心中體」之發，情之發未必中、未必和，而本心中體之發，則必然中和;《中庸》原意是由情之發，因做工夫而見中體，於是所發轉為和。所以，若就常人言，「心念未起」前之「心」，此為「情」之未發，非「本心中體」之未發，既是「情」之未發，所以此種「未發」未必「中」，亦正因「未必中」，所以才有涵養功夫可說。

---

39 宋・黎靖德編，王星賢點校，《朱子語類》，卷4，頁64。
40 牟宗三，《心體與性體》（三），頁77。

## （二）朱子「心」之定位

「未發」未必「中」，若透過涵養使之「中」，最後所達心境是如何？必弄清合乎朱子「中」之心境，涵養才有具體目標。此問題仍朱子學之爭論焦點，亦即朱子之心可否與「性」結合、或朱子之「性」是否只存有而不活動、朱子之心是否為本心等問題，朱子說：

> 人心如一箇鏡，先未有一箇影象，有事物來，方始照見妍醜。若先有一箇影象在裏，如何照得！人心本是湛然虛明，事物之來，隨感而應，自然見得高下輕重。事過便當依前恁地虛，方得。若事未來，先有一箇忿懥、好樂、恐懼、憂患之心在這裏，及忿懥、好樂、恐懼、憂患之事到來，又以這心相與滾合，便失其正。事了，又只苦留在這裏，如何得正？[41]

朱子用「鏡」比喻理想之「心」，類似說法曾見戰國莊周[42]，但朱子此處論述更詳盡，鏡與心有兩相同特質——「虛」、「明」，就鏡言，必「明」才能照物，乃能見鏡中物；必「虛」才能呈顯新物，未照前之鏡與已照後之鏡皆「虛」，乃能容納新物。人心亦然，心「明」乃能做恰當反應，「自然見得高下輕重」，而做出最美善處置。心「虛」乃能除前此留下之情緒，亦不致留下情緒於後。相對而言，俗人之心便是「實濁」，「濁」指看不清，當下散亂迷糊，「實」指抓住不放，對過去、未來執著太多而放不下，故需做工

---

41 宋・黎靖德編，王星賢點校，《朱子語類》，卷16，頁347。
42 《莊子・應帝王》：「至人之用心若鏡，不將不迎，應而不藏，故能勝物而不傷。」見中研院史語所，《漢籍電子文獻資料庫》／子／道家／《莊子集釋》，卷3，頁309。

夫以對治心，使之「虛、明」。朱子續言：「未發而知覺不昧者」[43]，心在「未發」時是「知覺不昧」，意為心自能明晰己之境況，即「虛明」之「明」，唐君毅曰：

> 所謂未發，只是心未嘗有接物之思慮之謂，而非耳無聞，目無見，心亦俱無之謂，於伊川所謂「靜中有物始得」之此「物」所指。[44]

唐先生說心在未發時，是指未有接物之思慮，但心還在，眼耳功能亦在，只是此種知覺不昧之心，是「本心中體」或只是清明之認知心，牟先生以為是後者：

> 而其由已發未發所見之心之寂然與感發，因其與性平行而為二，非本心，固亦不函有此道德意義之良心之義，固不易凸現道德意義之良心也。此為空頭的涵養察識分屬下道德意義的良心本心之沈沒。[45]

牟先生認為朱子理想「未發」狀態之心，仍是與「性」平行而非一，並非心即是性、心性一體之心，是心具眾理，但此種具是綜合的具而非分析的具，亦即心具理但無必然保證者[46]，由此而言，朱子理想之心並非「本心中體」之心，因非「本心中體」之心，故依此種「心」去涵養察識，並不能保證其具道德意識，此牟先生之判。勞思光先生則直接稱此理想之心為「經驗主體」，其言：

> 朱氏言「心」，本取經驗主體意義；故其初亦從此一角度省

---

43 宋・黎靖德編，王星賢點校，《朱子語類》，卷42，頁1811。
44 唐君毅，《中國哲學原論・原性篇》，頁588。
45 牟宗三，《心體與性體》（三），頁143-144。
46 牟宗三，《心體與性體》（三）146。

察，而覺此心在經驗歷程中念念遷革，無頃刻止息，遂覺
「未發」為不可解，而以為所謂「未發」只是發用中之寂
然不動之體；此點若作為描述「經驗心」之語，則亦無大
誤。[47]

勞先生以為朱子之心就是「經驗主體」，從中和舊說開始，朱子就
用「經驗主體」去理解人心，當時認為因念念遷革所以找不到「未
發」，於是認為發用中有一「寂然不動之體」，便是所謂未發，勞
先生認為這仍是從經驗角度所理解之未發。對朱子之心探究最深、
論證最詳者，當屬陳來先生，陳先生謂朱子「寂然不動」與「感
而遂通」事實上都只在描述「經驗心」：

朱熹認為即使是無所思慮時，耳亦有聞，目亦有見，知覺
不昧，故仍屬心體流行，當此之時，思慮作用沒有主動發
揮，亦未被動反應，相對於思慮萌發而言，屬於靜的狀態，
故說是寂然不動。而思慮意念產生在主體與客體相互作用
之後，總的看屬於動的狀態，故說是感而遂通。[48]

「寂然不動」與「感而遂通」表面看似覺神祕，有類智思界之形
上本體，但據陳來先生長期深入研究，認為「寂然不動」只在講
我們凡俗之心，當它心念未起時，眼耳等各種官能仍存在發用，
但思慮尚未生起，此時相對於發用言便是靜態，故曰「寂然不動」；
一旦外物映現，主體便會做出回應，這便是「感而遂通」，此皆就
俗人心境之未發已發而描述，陳先生接著說，即使朱子所用的「心
之本體」仍是凡俗心境下之虛明心，其言曰：

---

47　勞思光，《新編中國哲學史》（三上），頁 325-326。
48　陳來，《朱子哲學研究》，頁 176。

> 朱熹一般所講的心之本體，心是指作為一般意識活動主體
> 的知覺思慮之心，只有經過一定的修養功夫才能使主體解
> 除偏蔽，達到一種無所偏蔽的狀態。此種狀態本來是主體
> 修養的理想境界，而朱熹認為實際上就是心之本體。因此，
> 主體修養的目的就其本來的意義說是回復到心的本然狀
> 態，所以說「心猶鏡也，但無塵垢之蔽，則本體自明，物
> 來能照。」[49]

陳先生認為朱子所謂「心之本體」，並非真正之「形上本體」，而
是指心之本然狀態，那心之本然狀態是什麼？即是虛明之特質，
常人之心易有偏蔽，如果透過涵養將偏蔽解消，而回復心之本然
狀態，此種虛明如鏡之心便是「心之本體」；朱子在〈答王子合十
二〉中，便直指無塵垢之蔽為「本體自明」。最後，陳來先生為朱
子之「心」做一總結：

> 朱熹關於心的理論具有以下特點：「心」只是一個現實的、
> 經驗意識的概念，只是一個感應知覺之心，在經驗意識與
> 現實知覺之外之後，不存在其他做為本體的心，在變化出
> 入的心之外不存在其他不起不滅的心。質言之，朱熹所說
> 的「心體」指未發時心，它與已發時心並不是不同層次的
> 東西，而是同一層次上不同時態的表現而已。所以朱熹在
> 心說之辨中所不得不使用的「心之本體」，都不是指意識結
> 構的內在實體，而是指意識過程的原始狀態。[50]

此為陳來先生所做總括，陳先生認為朱子之心，就是我們凡俗生

---

49　陳來，《朱子哲學研究》，頁 217-219。
50　陳來，《朱子哲學研究》，頁 249。

命在現實中所經驗到之心，是一個能知覺感應之心，在這之外之後，並無一稱為本體之心、絕對超越之心、不生不滅永恆之心、形而上本體之心，在朱子生命中並不存在兩個層級之心，即使它使用近於形上本體的「心之本體」，其意涵仍只是說心之原始狀態。因朱子此種對心之說法近似荀子，故陳來先生認定此種意涵之「心」是繼承荀子而來者，其言曰：

> 從認識論來看，朱熹主張修養主體使之如明鏡無塵垢之蔽，實際上是荀子提倡的「解蔽」思想，而所謂「湛然虛明」即荀子所謂「大清明」的主體境界，所不同者，朱熹以虛明不僅為修養所欲達之境界，而且認為在根本上就是心的本然狀態；一切修養不過是復其本體之虛明。[51]

朱子期望「心」如鏡之無垢，類似「解蔽」，「湛然虛明」類似「大清明心」，此種心是認知主體，牟先生所謂「橫攝系統」者，陳先生認為朱子之心並無形上本體意涵，牟先生亦認為朱子對形上本體把握不住；二氏之見不謀而合，再參以勞思光先生「經驗主體」之說，當更可確定朱子之心並非「本心中體」，而宜為形下世界之「認知心」或稱「經驗主體」。

　　由前所論得知：朱子「心念未起」前之心，所謂「未發」者，並非純淨無瑕之「中」，而是帶有雜染之未發，故此種未發需做「涵養本原」功夫。又朱子修養所欲達致之心，並非真正「形上本體」之心，而是「認知主體」之心，它理想狀態是「虛、明」，此便朱子功夫涵養所欲達致之境界。

---

51 陳來，《朱子哲學研究》，頁 218-219。

### （三）觀喜怒哀樂未發前氣象

對「心念未起」之「未發」，朱子原典中提出三項涵養工夫：「觀喜怒哀樂未發前氣象」、「靜坐」、「持敬」，以下說明之：

案「觀喜怒哀樂未發前氣象」指心未應物前，暫將己心隔離事物之外，在此種脫離或尚未接觸世俗事物前之心境中，去體驗「未發之中」，牟先生說：

> 此步功夫含有一種「本體論的體證」，但卻是隔離的、超越的體證，即暫時隔離一下（默坐、危坐）去做超越的體驗，其如此所體悟的本體，就中庸「致中和」言，是「中」體，但中體是個形式字，其所指之實即是「性體」。性體，依「天命之謂性」言，須即是「天命流行之體」。[52]

牟先生認為此種功夫是「本體論的體證」，亦即體證本體之法，牟先生認為體證本體有兩路，一在日用常行中體證，此為「內在的體證」，另一是將己暫時隔離，讓己不受外境影響而能更專注深入地體證本體，此為「超越的體證」；此種「觀喜怒哀樂未發前氣象」屬超越的體證，它所體證之本體即是「中」狀態下之「性體」、「天命流行之體」。此種「觀喜怒哀樂未發前氣象」，雖是隔離超越之功夫，但卻是能讓人走入本體之一套本質功夫，「乃根本是一種本體論的體證，藉此以見體或立體，以期清澈吾人之生命」[53]，若論「心念未起」前功夫，此功夫當屬最究竟者，因它能讓「心念未起」前悟入本體狀態，心若在本體狀態則其應物必能中節而達到「和」。

---

52 牟宗三，《心體與性體》（三），頁4。
53 牟宗三，《心體與性體》（三），頁5。

此種功夫入路，最早見於二程弟子揚時（龜山，1053-1135），楊時曾說「所謂未發之時，以心驗之，則中之義自見，執而勿失，無人欲之私焉，則發必中節矣」[54]，其後羅從彥（豫章，1072-1135）學於龜山，而深得此旨；羅從彥授李侗（延平，1093-1163），令李侗靜中看喜怒哀樂未發時作何氣象；李侗又將此學授朱子，朱子稱此為「龜山門下相傳指訣」[55]，黃宗羲（梨洲，1610-1695）說此為「明道以來下及延平一條血路」[56]。可惜朱子對此種「觀喜怒哀樂未發前氣象」功夫，「當時親炙之時，貪聽講論，又方竊好章句訓詁之習，不得盡心於此，至今若存若亡，無一的實見處」[57]；牟先生說「此義理間架，朱子不必能真切契悟，亦未繼承其師之路而前進」[58]。於是朱子遂「從追求未發體驗的直覺主義，轉為主敬窮理的理性主義」[59]。毫釐之差卻致千里之失，朱子因未接上此工夫，造成對生命本體無法相應，致朱子走向牟先生所謂橫攝系統，而往別子為宗之方向而趨。朱子文中雖論及「觀喜怒哀樂未發前氣象」功夫，但本身無法契悟，故無有關此功夫之深入論述。

## （四）靜　坐

「靜坐」是透過調身調氣以達調心之法，因它能達到調心目的，故是「心念未起」之涵養功夫。朱子有不少鼓勵弟子靜坐之語，朱子曰：「明道教人靜坐，李先生亦教人靜坐。蓋精神不定，

---

54 張伯行編著，《正誼堂全書》，收入《漢籍電子文獻資料庫》／叢書，卷 8，頁 4-2。

55 宋・朱熹，《朱子文集》，卷 40，頁 1699。

56 明・黃宗羲，《宋元學案》（臺北：河洛出版社，1975），卷 39，《豫章學案》，頁 64。

57 宋・朱熹，《朱子文集》，卷 40，頁 1699。

58 牟宗三，《心體與性體》（三），頁 5。

59 陳來，《朱子哲學研究》，頁 193。

則道理無湊泊處。又云：須是靜坐，方能收斂。靜坐無閑雜思慮，則養得來便條暢」[60]。朱子謂程明道與李延平都教人靜坐，朱子甚至勉弟子，若有錢有閒——有時間及無經濟壓力，不妨「半日靜坐，半日讀書，如此一二年，何患不進」[61]，足見朱子甚肯定靜坐功效。

　　至於如何靜坐，朱子：「靜坐只是恁靜坐，不要閑勾當，不要閑思量，亦無法」[62]。朱子認為靜坐就是人靜靜坐那裏，不需使用特別方法——例如數息、觀想、看特定物等閑勾當，只是心中不思量想像，如此身體氣息便會緩慢下，心亦會跟著寧靜，不再心猿意馬、飛走旁鶩，念頭亦漸單一而終致消失；用此法來涵養「未發」之心，讓未發之心穩定凝固、清晰明朗，朱子曰：「只收斂此心，莫令走作閑思慮，則此心湛然無事，自然專一。及其有事，則隨事而應；事已，則復湛然矣」[63]。此為「心念未起」前之鍛鍊，是朱子涵養本原首要功夫，當心能專注清晰，則處理事務便能中節，待事務處理完畢，又再回到此「心念未起」前之湛然心境。此種涵養「本原」功夫乃人文系統之基本功，人們處理事情是靠心運作，若心之品質差，處理事情成效便不如理想，唯有在心念未起前，先鍛鍊好此心，讓心之品質提高，則處理事情能力自然增強；唯此種使心達到較高品質之鍛鍊法，非屬契入「本體」竅訣，此種只是「助緣功夫」——有助入聖但非必可入聖之法。[64]

---

60 宋‧黎靖德編，王星賢點校，《朱子語類》，卷 12，頁 216。
61 宋‧黎靖德編，王星賢點校，《朱子語類》，卷 116，頁 2806。
62 宋‧黎靖德編，王星賢點校，《朱子語類》，卷 120，頁 2885。
63 宋‧黎靖德編，王星賢點校，《朱子語類》，卷 12，頁 217。
64 關於本質與助緣之分首見牟宗三先生，其言曰：「本質的功夫唯在逆覺體證，所依靠的本質的依據唯在良知本身之力量，此就道德實踐說乃是必然的。以助緣為主力乃是本末顛倒。凡順孟子下來者，如象山、如陽明，皆並非不知氣質之病痛，亦並非不知教育、學問等之重要，但此等後天之功夫並非本質

## （五）主　敬

前已言凡人之心乃雜染者，即使在未發時亦不在「中」狀態，所以需借助功夫涵養，而所要涵養達致之目標則為「心之本體」的虛明狀態，「主敬」便是針對此「心念未起」前所使用之涵養功夫，朱子曰：「方無事時，敬於自持；凡心不可放入無何有之鄉，須收斂在此」[65]。當心未感物前，便用「敬」自持涵養，將心收斂在此，在「未發之前，不容著力，只當下涵養工夫」[66]，因「心念未起」前無對象可施力，所以只能用涵養操持法，若此時之心涵養得「虛明本體」，「及至應事接物時，只以此處之，自然有箇界限節制，揍著那天然恰好處」[67]。那「主敬」功夫要如何使用，《語類》載：

> 問：「未發之前，當戒慎恐懼，提撕警覺，則亦是知覺。而伊川謂『既有知覺，卻是動』，何也？」曰：「未發之前，須常恁地醒，不是瞑然不省。若瞑然不省，則道理何在？成甚麼『大本』？」曰：「常醒，便是知覺否？」曰：「固是知覺。」曰：「知覺便是動否？」曰：「固是動。」曰：「何以謂之未發？」曰：「未發之前，不是瞑然不省，怎生說做靜得？然知覺雖是動，不害其為未動。若喜怒哀樂，則又別也。」曰：「恐此處知覺雖是動，而喜怒哀樂卻未發否？」先生首肯曰：「是。」[68]

---

的。」（見牟宗三，《從陸象山到劉蕺山》，頁231。）

65　宋·黎靖德編，王星賢點校，《朱子語類》，卷120，頁2911。

66　宋·朱熹，《朱子文集》，卷53，頁2513。

67　宋·黎靖德編，王星賢點校，《朱子語類》，卷59，頁1401。

68　宋·黎靖德編，王星賢點校，《朱子語類》，卷96，頁2469-2470。

此為朱子大弟子陳淳與朱子討論「心念未起」前之心，陳淳問「心念未起」前使用「戒慎恐懼，提撕警覺」功夫，讓此時之心保持在警覺清明狀態，此是「知覺」與「動」否？朱子未直接回答「戒慎恐懼」是否屬知覺或動，只說「心念未起」前之心，一定要保持在醒覺狀態，乃能成為生命大本；陳淳續追問此時之心是否屬知覺或動，朱子承認是「知覺」，但朱子意謂知覺有兩種，一是「戒慎恐懼」之知覺，此為無傷且必要，一是「喜怒哀樂」之知覺，此則不能有。亦即「心念未起」時做「持敬」功夫，此時雖有「戒慎恐懼」知覺，但仍是在靜而非動中，唯此時無「喜怒哀樂」情緒之動的知覺。

　　朱子將知覺分兩類，一是「戒慎恐懼」，一是「喜怒哀樂」，若僅從字面看易分不清楚，甚至誤解。案「戒慎恐懼」之知覺，是超越主客對立之知覺，只讓事物明晰，而觀照事物，事物尚未和主體連上線。此時無主客分別，更無好壞美醜之二元，亦無佔有與排斥欲，更無得失苦樂感覺，故只是清楚明晰看著事物如實顯現，雖用「戒慎」甚至用「恐懼」，但並無此種字詞表層的情緒意涵，此為朱子「主敬」涵養時之未發心境，所以雖是「知覺」但仍在本體之「靜」中。至於「喜怒哀樂」之知覺，便是常人之知覺，這時已有主客對立、二元分別、欲求執著、得失苦樂等心境，此種知覺當然是悖離「本體」之動。且看朱子以下說明，便更能了解「戒慎恐懼」之狀態，《語類》載：

　　淳曰：「未發時當以理義涵養？」曰：「未發時著理義不得，纔知有理有義，便是已發。當此時有理義之原，未有理義

條件。只一箇主宰嚴肅，便有涵養工夫。[69]

在此種未發主敬狀態中，並沒理義概念，沒善惡好壞之對立想法，所以當陳淳問此時是否可用理義作為涵養物，朱子回說，此時「著理義不得」，因有理義概念便已落入現象界之二元對立中，便是已發；朱子說此時理義源頭存在其中，但未有它產生之條件，故並沒理義概念，此時未發之涵養只有一顆清明之心，如實呈現事物本來面目而已。「未發時，偽不偽皆不可見」[70]，不是不可見，而是「偽不偽」之二元對立性尚未產生。

朱子又怕弟子誤解此種主敬之心境，它雖無喜怒哀樂之情緒，但非什麼都沒有，不是空洞或糊塗，朱子曰：「雖是耳無聞，目無見，然須是常有箇主宰執持底在這裏，始得。不是一向放倒，又不是一向空寂了」[71]。朱子提醒我們，心念未起前之主敬狀態雖無「喜怒哀樂」，但並非一向「放倒」、「空寂」，亦即並非什麼都沒的空空蕩蕩，「須是常有箇主宰執持底在」，亦即有一顆清明之主體心。

主敬功夫最後便要涵養出具虛明本體之心，「無事時，且存養在這裏，提撕警覺，不要放肆。無事時，便著存養收拾此心」[72]；「凡萬事皆未萌芽，自家便先恁地戒慎恐懼，常要提起此心」[73]。朱子談到涵養此本原之語甚多，但所言多近似，如「提撕警覺」「存養」「不要放肆」「存養收拾」「戒慎恐懼」等，簡言之，要有意做此功夫，隨時提起此功夫，將心之本體保存下來，滋養它使之更「虛

---

69　宋・黎靖德編，王星賢點校，《朱子語類》，卷62，頁1514。
70　宋・黎靖德編，王星賢點校，《朱子語類》，卷62，頁1514。
71　宋・黎靖德編，王星賢點校，《朱子語類》，卷96，頁2469。
72　宋・黎靖德編，王星賢點校，《朱子語類》，卷115，頁2778。
73　宋・黎靖德編，王星賢點校，《朱子語類》，卷62，頁1499。

明」，不要忘記而讓心遊走外放，要隨時將心拉回身上做好控管，時時警覺清明地看著心；再簡單說，就是讓心不要外放、讓心專注、讓心明晰，亦即讓心的品質提高，回到它虛明本位，此即朱子涵養未發之功夫。

然此功夫與「靜坐」同其限制，它能讓心品質更佳，但無法讓心質變，經此等功夫，可有一顆高品質高效率之心，以之用於格物致知，感物應事而讓事情辦得更有成效與恰到好處，但與聖仍有隔，此仍在可思議世界中。唯有將心由現象走入本體，由相對走入絕對，由二元走入一元，由可思議世界轉入不可思議世界，乃能超凡入聖，乃為本質功夫，否則都只是入聖之助緣功夫，雖有助成聖，但卻無必然保證，此為朱子此類功夫之共同限制。牟先生論之曰：「以思慮未萌，事物未至之時，為喜怒哀樂之『未發』。此『未發』之時所顯之『中』直接是指心說即平靜之心境」[74]。牟先生認為程朱系統，包括程頤所謂「敬」，都是此義，它是對心識未接觸外物前，做陶冶、滋養與薰習之訓練，牟先生曰：

> 此則只有功夫義，而不能直通「於穆不已」之性體心體也。伊川無實體性的本心義。其言敬只是實然的心氣之經驗的凝聚，其言涵養只是涵養此敬心而已[75]。

牟先生認為程頤之「敬」，只是我之主體生起敬慎戒懼之心，讓自己以此自持，但這與「道體」無干，它並非透過「道體」做功夫，故無法本質地讓己悟道，此為凡人經驗心之自我肅穆；此種意涵之涵養，「其涵養所決定的，是心氣之清明，並無一種超越

---

74　牟宗三，《心體與性體》（三），頁138。
75　牟宗三，《心體與性體》（三），頁45。

之體證」[76]，因與本體無涉，故牟先生稱為「空頭的涵養」，「空頭」指無本，雖對「心念未起」之心作敬慎滋養薰習，但並不知真正「中」（道）為何物？故此時「涵養」便屬空頭涵養，無道體依據之涵養，牟先生曰：

> 知尚有未發時，故復補之以空頭的涵養，此雖亦可得力，然所養成者只是不自覺的好習慣，以此為本只是外部的空頭想功夫之為本，非內部的性體本心之實體自身之為本也。[77]

> 蓋朱子所謂涵養是空頭的並無察識體證之意在內，而《中庸》之言慎獨，則正是在不睹不聞之中，自覺地要面對森然之性體而體證之。……朱子所說之「主宰」，卻只是空頭的涵養之外部的主宰，即外部的涵養功夫為主宰，而不是所體證的實體內部的主宰，即不是內部的性體本心之實體自身為主宰。[78]

牟先生認為朱子對「道體」、「性體」並無體悟，於是對「未發」、「已發」所做之功夫，皆無道體本源之根據，此時無論對已發念頭之察識，或對心念未起時作涵養，都未能連上「道體」、「性體」，故皆為無本空頭之功夫，此種空頭之涵養，誠可養成好習慣，但此屬對一般人勸善戒惡之層次，並非真正本體第一義之道德學。

---

76 牟宗三，《心體與性體》（三），頁210。
77 牟宗三，《心體與性體》（三），頁185。
78 牟宗三，《心體與性體》（三），頁183。

# 四、「小學童年」之涵養

「涵養本原」第二類是「小學童年」之涵養，據朱子《大學章句·序》，古有小大之學，所授內容各不同，朱子曰：

> 三代之隆，其法寖備，然後王宮、國都以及閭巷，莫不有
> 學。人生八歲，則自王公以下，至於庶人之子弟，皆入小
> 學，而教之以灑掃、應對、進退之節，禮樂、射御、書數
> 之文；及其十又五年，則自天子之元子、眾子，以至公卿
> 大夫元士之適子，與凡民之俊秀，皆入大學，而教之以窮
> 理、正心、修己、治人之道。此又學校之教，小大之節所
> 以分也。[79]

朱子文獻記載「小學」之教者甚多，此處所載當是較完備者，首言三代學校普遍設立，學校有兩階段——小學與大學，學生來源與授課內容各不同，小學是全民教育，授課內容有兩範疇——人格踐履教育（灑掃、應對、進退之節）、禮樂陶冶與生活基本知能學習（禮樂、射御、書數之文）。小學課程兩大內容中，第一類「人格踐履教育」便是此處所要探討者，因它是生命初始階段，故可稱「本原」，對人生而言小學童年之涵養，便是「涵養本原」功夫。唐君毅先生認為此為朱子功夫論中最重要者，他說：

> 朱子之工夫論，當其反對五峰、南軒之以察識為本之說時，
> 乃以涵養主敬之小學工夫是第一義。至於大學之格物致知
> 以窮理，應是緣敬而來之第二義之工夫。至於就臨事時意

---

79 朱子，《點校四書章句集注·大學章句序》，收入《漢籍電子文獻資料庫》／經／四書，頁1。

念之發，從事省察與察識，以是是非非，而免於自欺，得
自誠其意，自正其心，以應事物，則應是第三義之工夫。
此三義工夫，固皆朱子所不廢。[80]

唐先生認為當朱子背離胡五峰、張南軒重察識良知萌櫱之發，將
功夫轉向而另創新說，此時朱子提出三功夫，依重要性為：「涵養
主敬的小學功夫」、「格物致知以窮理」、「心念之省察與察識」；唐
先生非常肯定朱子此功夫，唐先生說：

朱子所謂人在未應事接物時之主敬涵養功夫，儘可卑之無
甚高論，初不外于「整齊嚴肅、嚴威儼恪、動容貌、整思
慮、正衣冠、尊瞻視」，以至灑掃應對進退等所謂小學之功。
然此小學之功，正為大學之格物、致知、正心、誠意之
本。……此小學主敬涵養之功，固成童之所先備，然亦學
者一日所不能廢，而當時時以之為主者。此小學主敬涵養
之功，不同于察識以及一切格物、致知、正心、誠意之功
者，在其為先自覺的，亦為超自覺的功夫。此乃傳統儒者
所謂禮樂之教之精義所存。[81]

唐先生首為「涵養主敬」落實於「小學童年」之內涵下定義：「整
齊嚴肅、嚴威儼恪、動容貌、整思慮、正衣冠、尊瞻視」等，此
為行為規矩訓練與人格養成，讓人從內在思慮、外在衣冠、容貌
與行為等方面，做到中規中矩，養成舉止合度、性情平和、具禮
樂教養之文化人。簡言之，此為透過外在禮樂教化反復薰習，以
陶冶塑造出健全品格，使其人格定型於美善，此便是朱子「涵養

---

80 唐君毅，《中國哲學原論‧原性篇》，頁603-604。
81 唐君毅，《中國哲學原論‧原性篇》，頁601-602。

主敬」落實小學童年之意涵，小學童年階段透過灑掃應對進退之
學習，所要造就者便是這副循規蹈矩之性格；當此性格人品養成
後，便可一生受用不盡，所以它是「涵養本原」重要功夫。

此種「本原涵養」之薰習，唐先生認為是「先自覺」或「超
自覺」者，意謂此「小學童年」之涵養功夫，是在人有道德意識
前之習慣養成；或屬超越道德行為之功夫，意謂此種涵養乃道德
行為之奠基者，或已超越道德行為層級，不在自覺道德行為內，
故稱超自覺者；此殆唐先生對「小學童年」涵養工夫之高度肯定。
唯牟宗三先生對此種小學童年之涵養功夫，或道德習慣之薰習養
成，則不持肯定態度，其言曰：

> 朱子以小學教育即為「做涵養的功夫」，此即空頭的涵養。
> 此是混教育程序與自覺地作道德實踐之功夫而為一，而不
> 知其有別也。……小學教育之涵養固不足以取而代之，即
> 從此「涵養將去，自然純熟」，仍是空頭的涵養，仍是習慣
> 之事，亦仍不足以取而代之。即「從此涵養中漸漸體出這
> 端倪來」，亦仍是不自覺的自然成長，還仍不是自覺地作道
> 德實踐之事。人能涵養成一種好習慣，不加鑿喪，其良心
> 得其滋養，亦自能自然生長，隨時容易表露出來，此即朱
> 子所謂「漸漸體出這端倪來」。但此是自然的不自覺的事，
> 但知其當然而不知其所以然，此是風俗習慣中的好人，于
> 此並無真正的道德行為。……是以朱子如此講空頭的涵養
> 以遮「先識端倪」之本體論的體證，實是混習慣與道德而
> 為一。此皆非孔子講仁、曾子講守約戰兢、孟子講本心、《大

學》講誠意、《中庸》講慎獨、致中和之本意。[82]

　　首先，牟先生亦認為「小學童年」屬「涵養本原」功夫，它是德性人格之養成教育，是美善習慣之薰習培養，此種對「生命本原」之涵養，若涵養得好，在未來生命中都會受益，但此種涵養並非自覺活動，即使最後成為一中規中矩之好人，仍非真正道德家，因非經主體自覺而發，只是透過環境所制約塑造出來者；當環境變遷則此人未必仍是好人，甚至反成為非作歹之惡徒。道德貴在自覺，牟先生以為朱子此種「小學童年」之涵養，對成就聖賢意義不大，不屬孔、孟、《學》、《庸》正統儒家所講之道德。此種涵養只是小學階段之習慣養成教育，因非自覺之道德行為，故牟先生稱「混教育程序與自覺地作道德實踐之功夫而為一」。

　　此種「小學童年」之涵養功夫，唐先生認為屬「前自覺」或「超自覺」者，亦即雖非自覺功夫，但屬自覺之前或之上者；而牟先生則謂為「非自覺」者，對成德言意義不大，且此種「涵養」因尚未對本體有所體悟，故仍屬「空頭」——未接上生命大本之「道體」，牟先生曰：

> 其所意謂之涵養只是一種莊敬涵養所成之好習慣，只是一種不自覺的養習，只是類比于小學之教育程序，而于本體則不能有所決定，此其所以為空頭也。涵養既空頭，則察識亦成空頭的。其著力而得力處只在「心靜理明」。涵養得心靜故理明。其涵養所決定的，是心氣之清明，並無一種超越之體證。[83]

---

82　牟宗三，《心體與性體》（三），頁 186-187。
83　牟宗三，《心體與性體》（三），頁 210。

牟先生認為此種「小學童年」涵養，只能培養出好習慣，且是在不自覺前提下進行者，故只是小學之「教育程序」，嚴格言不能稱為道德；更重要者是，此種「小學童年」涵養未與「聖」連上線，因沒有「道體」體會，故它為孤立空頭之涵養，無法抵於聖，只能達到有助於聖之「心靜理明」，此種心境有助於格物窮理，但未必能成聖。唐先生對「小學童年」涵養之限制，似亦查覺到，只是他認為此乃讓本心呈顯之必要過程：

> 人之心靈之清明，首賴於此心之有主乎此身之一面，以種種規矩約束此身一面，方能使此心惺惺了了。此種種規矩，有其機械的形式性，然其意義，則純是消極的為對治氣質物欲之機械的形式而有，其目標只在呈現心靈之清明，使渾然之天理，得粲然於中。[84]

唐先生認為人心有氣質物慾故必加調伏，而「小學童年」涵養功夫，便屬針對此而立之規矩或機械形式，雖無法依之入道，但無之則氣質物慾便猖狂難制，此種「小學童年」涵養便是要消除對治此等習性，以求此心常惺惺，以待天理之得粲然其中。基本上，唐先生亦認同此功夫無法入道，它只是入道之前行，亦即助緣功夫爾。不過真正關鍵在朱子有無預設藉此入道，有無將「道」置於生命中心點，講到每環節都扣緊「道」而論，牟先生似就此點而說其「空頭」。

其實，朱子此種對「小學童年」涵養功夫，通常在年齡尚小、可塑性高時，較為有效，亦較易涵養出穩定健全人格；當年歲漸長，主觀意識變強，若還要透過涵養以改變其性格便屬難事；故

---

84 唐君毅，《中國哲學原論・原性篇》，頁 601-602。

朱子說此屬古小學階段功夫；再者，此種涵養功夫並不易施用。朱子此說相較「窮理」，尚不夠具體、實際、明白；故朱子仍以「窮理」為主軸，牟先生曰：

> 朱子所謂講學，其重點只落在致知格物而不在涵養，正以其是空頭的涵養之故也；此則讀此書者之所應知者也。[85]

一是「小學童年」涵養不夠具體實在，故「無可著講學之力」，另是未碰觸到「道體」，故一切功夫都屬「空頭涵養」，外加「格物窮理」較具體明白，故朱子講學重點，便不在此類涵養，而在具體博文、講究典籍、窮究曲折之理的「格物窮理」上用功夫。

## 五、「以心為體」之涵養

以上兩種涵養本原工夫，屬時間序列之本原，第一類是心念未起前之本原，第二類是整體生命之本原，此二種本原皆就時間之早期或前階段言。今此「本原」則就「體用關係」言；按此二類意涵不同但有重疊，因時間序列之本原功夫，會涵養到「體」之一部分，而「體」上本原之涵養則包括時間序列本原之全部。因就「體用關係」之「體」言，「未發」有體可涵養，「已發」亦有體可涵養，而在已發上之涵養功夫，便不屬時間序列之本原。同理，「小學童年」之涵養功夫，它雖是時間序列之「涵養」，但它是對生命整體之前階段做涵養，它的涵養與「體用關係」之「體」的涵養相近，只是它限於「小學童年」階段，且重在透過規矩薰習，以養成美好習慣與生命人格；而「體用關係」之「體」的涵

---

85 牟宗三，《心體與性體》（三），頁195。

養，則不限人生階段，涵養方式也較多面。故知，這幾種涵養本原功夫雖各有範疇，但亦有交錯處。

「體用關係」之「體」的涵養與前兩種本原的涵養既有其交錯處，今去其重疊處，特就「心念已起」之「體」而談涵養功夫。「心念已起」對「體」涵養功夫，主要透過思維義理，將義理想通，再透過時間消化，以期將義理內涵內化己心中，使成己生命一部分，朱子曰：

> 惟學焉，而時復思繹，勿忘勿助，積累停蓄，浹洽涵養。[86]

> 須平日多讀書，講明道理，以涵養灌培，使此心常與理相入，久後自熟，方見得力處。[87]

平日讀書學習所得道理，必「時復思繹」、「講明道理」，讓己弄懂書中道理，接著靠時間積累「勿忘勿助」、「積累停蓄」、「涵養灌培」，時間越久道理進入心中越深，直到完全與義理「相入」融為一體，此便涵養成功，便有得力處，便可發而皆中節。

那何種方式最易達此理想，朱子以為透過「靜坐」是想通道理，將道理深入人心之好方法，此種靜坐與「心念未起」之涵養有別，「心念未起」之靜坐涵養，前已言重在「只是恁靜坐，不要閑勾當，不要閑思量，亦無法」；「只收斂此心，莫令走作閑思慮」。然而「心念已起」之涵養卻重在「思量」，朱子曰：

> 人亦有靜坐無思念底時節，亦有思量道理底時節，……當靜坐涵養時，正要體察思繹道理，只此便是涵養，不是說喚醒提撕，將道理去卻那邪思妄念。只自家思量道理時，

---

86 宋・朱熹，《朱子文集》，卷 47，頁 2119。
87 宋・黎靖德編，王星賢點校，《朱子語類》，卷 118，頁 2849。

自然邪念不作。[88]

庶幾心平氣和，可以思索義理。[89]

因靜坐時心氣最平，心無旁騖，能專心明晰思索義理，故成效最好，易想得周備深入徹底，當道理越見分明便越易深入己心。朱子認為靜坐有兩方式，一是前文所說「主敬」——只讓心專注明晰以提升心之品質；另一是利用靜坐思索義理，將義理想通便是涵養第一步，且專心思索義理時，雜念便自然不生。除「義理」外，舉凡可讓身心更加美善者，皆為「體」上之涵養物，朱子曰：

涵養之則，凡非禮勿視聽言動，禮儀三百，威儀三千，皆是。[90]

「義理」固可用以涵養我心，各種行為規矩、禮儀規範等，亦是餵養滋潤我心之食物，皆宜浸潤學習，時日既久便會受到感染而變化氣質。除義理、行為規範外，舉凡一切文化內涵，亦是涵養我身心之涵養物，朱子曰：

祖宗百年禮義廉恥之化，其所以涵養斯人者，可謂至深遠矣。[91]

此指所有傳統文化資產，尤其道德教育乃古聖賢生命智慧之展現，若能學習涵養於聖賢人格風範中，亦是最佳涵養物。

將義理、行為規矩、禮儀規範、文化內涵等，透過思維消化，

---

88　宋・黎靖德編，王星賢點校，《朱子語類》，卷12，頁217。
89　宋・黎靖德編，王星賢點校，《朱子語類》，卷11，頁178。
90　宋・黎靖德編，王星賢點校，《朱子語類》，卷12，頁204。
91　宋・朱熹，《朱子文集》，卷89，頁4368。

完全內化成自己生命，當「心體」涵養得越精純，則其發用便越有效，「平日涵養之功，臨事持守之力。涵養持守之久，則臨事愈益精明，平日養得根本」[92]。故要平時能應物得當，根本下手處為平日「體」上涵養之功。

朱子「體用關係」之「體」，依前所言是「心體」而非「性體」，且此「心體」是有雜染不純粹之心體，此種涵養所要達致之理想是讓心中不惟具有虛明本質，且亦有良善義理內涵與文化素養，將此等涵養物透過涵養而內化於己心，最後讓生命能走向美善境地。唯朱子所謂「良善義理與文化素養」，事實上即世間各種道德規範，此等皆屬世間君子之理想典範依據，它當然可造就高尚品格之君子，涵養出具有高等文化素養之文化人，但此等系統仍在二元系統中，故仍無法超凡入聖而走入一元之道體世界，亦如朱子其他功夫一樣，它是有限世界產物而非無限生命境界，此為朱子整體義理限制所在。

## 六、「涵養本原」之反省

朱子「本原」有五義，本章主要探討朱子習言之三義：「心念未起」、「小學童年」、「以心為體」，並間接探討「未發」是否為「中」，及朱子涵養功夫所欲達致之「心境」，透過此等探討，可得知朱子「涵養本原」工夫，有如下幾個限制。

### （一）功夫中缺形上本原之涵養

首先，朱子本原涵養功夫，有時間序列之涵養──包括「心念未起」與「小學童年」之涵養，亦有體用關係之涵養──主要

---

92 宋・黎靖德編，王星賢點校，《朱子語類》，卷 12，頁 204。

是「以心為體」之涵養，但獨缺形上意涵本原之涵養功夫。就中國哲學言，此實大缺漏，因所有功夫總目標便在期望達致此形上境界；若功夫只談形下涵養而未論及形上本體之涵養，便將生命最精采功夫遺漏，殊屬可惜。

朱子所以會遺漏形上本原之涵養，此當與朱子義理系統有關，朱子對形上本體並無真實體會，他所謂「心」是經驗意涵之心，而非聖者本心，他理想生命狀態的「心之本體」，並非真正中國哲學所謂形上本體，事實上只是俗心之虛明狀態，於是朱子所言義理便全在形下界，對形上世界完全不能著墨，於是功夫論所要達致之理想世界，亦只能在形下世界安立。對心性瞭解，亦只是形下世界內凡人之心性論；當然最後所體證到之生命境界，亦不脫形下世界範疇，此為朱子義理及功夫論之最大限制。

## （二）本原涵養皆屬空頭之功夫

因朱子義理未真正論及「形上本體」，於是功夫便無由契入形上本體；再者，在使用功夫過程中，亦無法藉助本體之體悟以作工夫，不惟牟先生所謂「心念未起」、「小學童年」之涵養屬空頭功夫，即使靜坐、心體上之涵養等都屬空頭涵養功夫，因沒形上本體之體會當基準，功夫便無法藉助本體而操作運用；最後所達致之境界頂多是心體虛明而為有德者，但與本心本性無涉，與成聖成道無關；此等涵養功夫都沒和本體活水接上線，皆屬不究竟之涵養功夫，故牟先生稱為「空頭的涵養」。

## （三）本原涵養是助緣而非本質

牟先生說：

> 其對於孟子之本心之真切理解既成為心性情之三分，則工夫即轉為先涵養後察識，靜時（平素）涵養為本，動時察

識致知（格物窮理）為用，而致察識操存之唯施于本心之
工夫上之警策處，以及其道德實踐上之本質的意義，皆全
不能理解而放棄矣[93]。

因對本心本體之操存察識功夫不能理解與隨之放棄，造成朱子沒
本質功夫，沒可用來契入本體之方法，致朱子所有功夫，都只是
為進入道體預作準備，有助入道但沒必然保證入道，此所謂助緣
功夫。靜坐功夫、主敬功夫、小學童年涵養、心體之義理涵養等，
都屬助緣功夫而非直接契入本體之本質功夫，無由依之以入道，
此亦朱子涵養功夫之限制所在。

### （四）本原涵養有屬不自覺功夫

「自覺」是一切道德行為之基本要件，朱子本原功夫雖大部
分為「自覺」功夫，意為作功夫者是自願、主動、自己意識到在
做此等功夫、為何做此功夫，是一種「義內」──自律道德行為。
但本原功夫中「小學童年」涵養，雖唐君毅先生稱為「前自覺」
或「超自覺」，但事實上則只是接受別人安排、被動、不自覺地在
接受制約，是蒙昧期的人格塑造，故是一種「義外」──他律道
德行為。因非出於己自覺判斷，而是根於外在規範，此等道德行
為隨時會走樣，假如來日外在規範變動，己便無所適從，甚至會
因外在錯誤制約，反以邪惡為真理。故此種本原涵養並非真正道
德行為，故牟先生以為屬「非自覺」者，亦即不承認其為「道德」
行為。

### （五）本原涵養可成君子而非聖

「聖」是形上世界概念，屬不可思議界，性質為不二、一元、

---

93 牟宗三，《心體與性體》（三），頁76。

齊物、一味、超越；而「凡」是形下世界概念，屬可思議界，性質為對立、二元、比較、欲求、排斥、得失、苦樂。「凡」之世界中亦有壞人、好人、君子、賢士之分，但都在有限之現象界，心中存在二元平台，雖經由涵養可成為君子賢士，但仍是形下世界之君子賢士。中國哲學講到最高一機，必是探討此本體界之聖者。朱子因種種因緣致未能契入形上世界，故他所說之功夫都只是如何成正人君子、世間善良有德行之賢士。無論是「心念未起」、「小學童年」、「以心為體」等之涵養，理想目標都在造就世俗所謂正人君子或有德賢士。

基於以上反省，無論是空頭功夫、助緣功夫、不自覺功夫、僅造就君子賢士功夫等，皆指向朱子缺乏「形上本體」區塊，因缺乏形上本體體認，故無有運用此本體之功夫，以致造成所有本原功夫都未與本體接上線，終成空頭功夫，又因不知本體為何，故所有功夫雖要走向美善之途，但都無法保證最後能入道，故都只是助緣功夫；另有少部分功夫屬童年性格之養成，因非做功夫者主動願意自覺地如此做，故不夠格稱為功夫，最少是屬不自覺功夫；最後，因此等功夫都是形下功夫，故當然無法透過此等功夫走入聖域，只能走到人間相對世界之君子賢士。此便是朱子功夫，甚至是朱子義理之限制所在。

## 七、小　結

朱子義理定位至今仍具爭議性，本章嘗試從功夫論向度探討朱子義理內涵；朱子功夫主要有兩範疇──「涵養本原」與「格物窮理」，本章就前者論之。

朱子「本原」有三類五義：一是「時間序列」之本原，可分為「心念未起」與「小學童年」兩種；二是「體用關係」之本原，

可分為「以心為體」與「以性為體」兩種；三是「形上意涵」之本原。此五義中「以性為體」之本原，對朱子言是無須也無法涵養者；「形上意涵」之本原，則朱子未曾深論；排除此二者，其餘三類——「心念未起」、「小學童年」、「以心為體」，便是本章所要析論者。

「心念未起」本原之涵養，是朱子涵養本原之主軸，尤其自朱子己丑之悟（中和新說）後，將心分未發、已發，「未發」所用功夫便是此種涵養。為對此功夫深入探究，故同時兼論「心念未起」之「未發」是否為「中」，以及透過涵養本原所欲達致之理想狀態（中），到底是何種狀態，是清明之認知心或道德本心。經本章探析得知朱子對「未發」雖有「中」與「不中」兩說法，但就常人言「心念未起」宜為「不中」乃合真相，也才有功夫施用之問題。其次，朱子涵養所欲達致之心境，牟宗三、勞思光、陳來等前輩皆謂為「虛明之認知心」而非本體無限心，此乃朱子涵養本原最後目標所在。

至於「心念未起」之涵養，朱子提到三法：「觀喜怒哀樂未發前氣象」、「靜坐」、「主敬」，「觀喜怒哀樂未發前氣象」為程門楊龜山（時）所傳，經羅從彥、李侗，再到朱子，可惜朱子雖論及，但無法契入，故未有深論。「靜坐」朱子以為可透過調身調氣而達調心之效，此為收斂此心使專一之法。「主敬」是涵養「心念未起」最主要功夫，因「觀喜怒哀樂未發前氣象」朱子接不上，「靜坐」易墮空寂之佛教系統，唯「主敬」較無病，「主敬」乃涵養「心念未起」時之「心」，目的在使之不外放、專一、明晰，亦即全面提昇「心」品質之謂。

第二類「涵養本原」指「小學童年」涵養，此屬生命性格之

薰習塑造，希望利用童年可塑性高時，培養出正向健康善良之人格，以期成年後能據此人格活出健康善良之生命。至於薰習方式主要是透過「灑掃應對進退」之儀節而習得為人處事之道。因是童年，且只是習慣養成，故道德意義不顯，並非自覺、自律之道德養成，更未與「道體」關聯上。

　　第三類「以心為體」之涵養，重在涵養「心體」，此處心體指凡人行為之主宰，心善則行為善，心惡則行為惡，若能將「心體」涵養為善，便可成就善人君子，故此種涵養甚為必要。涵養之法是將善之義理、規範、禮教、美善文化等，透過理解而深入己心，再經長時間反覆練習，使之與己生命融為一體，一旦涵養成功，所發便能中節，此便是心體之涵養。

　　經此對朱子三種涵養本原功夫所做之析論，可得如下反省：首先朱子對「形上本體」之本原，並無涵養功夫論及，即使由李侗所傳下「觀喜怒哀樂未發前氣象」之法，朱子亦未能相應理解與實踐契入，以致對形上大本活水未能接上，此為朱子涵養功夫最可惜處。因漏失此大本活水，致衍生一連串之功夫限制，包括所論涵養功夫都屬空頭功夫、助緣功夫、甚至是不自覺功夫，經由此等功夫施用僅能造就君子賢士，而無法進入聖者超越二元之本體畛域，此為朱子涵養本原功夫之限制，甚至是朱子一切功夫及全部義理之限制所在。

　　**本章發表資訊：**許宗興，〈朱子「涵養本原」功夫析論〉，《成大中文學報》，期 53（2016 年 6 月），頁 33-68。

# 第十章　朱子「主敬說」探析

## —— 以晚年宗說為據

## 一、前　言

　　本章旨在探討朱子晚年的「主敬」說，而所以定位為晚年，乃因朱子年壽甚長，其絕大部分時間又都投注於講學與學術整理工作，因生命不斷有體悟超越，故義理系統多所更迭，本章便思探究朱子生命最純熟階段，對於「主敬」之立論。本章探討朱子晚年「主敬」說，包括：「主敬」在朱子思想上之地位為何？「主敬」意涵為何？朱子尚用何等詞語表顯「主敬」？「主敬」工夫要領與境界為何？

　　本章副標題訂為「以晚年宗說為據」[1]，所謂「晚年」乃指朱子六十歲至七十一歲辭世前之十一年間；所謂「宗說」乃謂宗主、宗本、正宗之說法；所謂「晚年宗說」係指朱子六十歲至七十一歲間，對「主敬」之主要、根本之立論，此又可稱「晚年定論」，蓋此後朱子便離開人間，它是朱子最後對此問題之看法，雖未必為最正確合理者，但卻是朱子最後主張；此為定此副標題之旨。

　　至於所據資料，本章以為朱子義理最親切之表顯，當在「語

---

1 關於「朱子晚年宗說」之相關論述，請見本書第二章。

錄」而不在「專著」或「文集」，蓋「語錄」是師生親切之對談錄，常是即席問答、直抒胸臆、無迴護轉折修飾；弟子若當下對朱子回答不明其旨或不以為然者，仍可再透過二輪三輪對答繼續追問、探究根柢，直至完全無疑為止；此等問答皆為直接而具體，為朱子最真實之心中寫照。唯朱子義理不同時期便有不同主張，本章為避免系統紛雜、立論不一，故僅以其最後十一年之語錄為據；唯即使最後十一年之語錄，仍卷帙浩繁，於是本章再聚焦於朱子「訓勉弟子」語，此等語錄所談皆為生命實踐課題，多為弟子有實踐困擾，而求教於朱子者，朱子本其數十年實踐心得，用以訓勉弟子，總數共九卷，此等資料現存《朱子語類》卷113-121；在此九卷中再擷取明確標明記載之人與記載時間在六十一歲以後者，此便為本章主要論據所在。本章透過此等資料之分析綜合，冀能探究出朱子晚年「主敬」之真正意涵，「主敬」工夫如何持，其成效如何等問題。[2]

## 二、「主敬」在晚年朱子學中之地位

首看黃榦所撰〈朱子行狀〉：

> 其為學也，窮理以致其知，反躬以踐其實，居敬者，所以成始成終也。謂致知不以敬，則昏惑紛擾，無以察義

---

2 按今本《朱子語類》乃黎靖德依「三錄二類」（李道傳，《池州刊朱子語錄》；李性傳，《饒州刊朱子語續錄》；蔡抗，《饒州刊朱子語後錄》；黃士毅，《眉州刊朱子語類》；王佖，《徽州刊朱子語續類》）編成《景定本朱子語類》，後又據吳堅《建州刊朱子語別錄》於1270年再增訂而成者，黎靖德本於每條語錄下，都將原錄之記錄者及其記錄年代標列出來，因此要尋找朱子晚年之說並不困難。

理之歸；躬行不以敬，則怠惰放肆，無以致義理之實。
持敬之方莫先主一，既為之箴以自警，又筆之書，以為
小學大學皆本於此。[3]

按黃榦為朱子女婿，亦為朱子晚年重要弟子，朱子死前一日，「以深衣及所著書授榦，手書與訣曰：吾道之託在此，吾無憾矣」[4]，朱子死後十年，黃榦承朱子季子之請，「於是追思平日見聞，定為草稿，以求正於四方之師友，如是者十有餘年」，〈行狀〉寫成後，「藏之篋笥，以為未死之前，或有可以更定者，如是又四年」，以此種慎重態度在寫朱子行狀，其介紹朱子義理思想，當甚精準無誤。依上引文黃榦歸納朱子最重要之學術思想有二：一是「窮理致知」，一是「反躬實踐」；一知一行，但無論知或行皆以「敬」為本——致知不以「敬」，則「昏惑紛擾，無以察義理之歸」；實踐不以「敬」，則「怠惰放肆，無以致義理之實。」黃榦接著說明「持敬」是小學與大學工夫之根本，小學時透過灑掃、應對、進退、涵養好習慣；大學探究格物、窮理、誠意、修身、齊家、治國、平天下等道理，二者皆須以「敬」為本。

黃榦雖謂朱子兩大工夫為「窮理致知」與「反躬實踐」，「敬」雖非朱子兩大工夫之內涵，但二工夫根本唯在「敬」，「格物窮理」若無「敬」之工夫作基礎，此種窮理會讓人昏惑紛擾，亦即弄不清格物窮理之來龍去脈；若「力行實踐」，不以「敬」做基礎，此種力行實踐便會懈怠，致無法真正體悟義理內涵。「敬」能讓人在做工夫時，清楚瞭解自己處境與外境之狀態，亦能讓人以戒慎敬畏之心，從事道德實踐，以期道德實踐之效用呈顯，故知「敬」

---

3 宋・黃榦，《黃勉齋先生文集》，卷之8，頁30-2。
4 脫脫，《宋史》，卷430，頁12778。

在朱子學之地位實不下二工夫。以上乃黃榦謂「敬」為朱子一切
義理基底，無「敬」則一切工夫皆難施用，以下再看朱子本人說：

> 程先生所以有功於後學者，最是「敬」之一字，有力人之
> 心性，「敬」則常存，不「敬」則不存。[5]

程頤是朱子所私淑者，亦為朱子義理源頭，朱子認為程頤最有功
聖學，提出最重要工夫者為「敬」，此工夫對回復人本心本性有甚
大力量；只要能「敬」，則本性便存，若忘「敬」之工夫，則本心
便消沈。故朱子謂「敬」為程頤對後學最大貢獻。即使魯鈍之人，
若肯下「敬」之工夫，生命氣象便會改觀，便可直入聖賢領域，
朱子曰：

> 尹和靖在程門直是十分鈍底，被他只就一箇「敬」字上做
> 工夫，終被他做得成。[6]

「敬」之工夫是人人做得，只要肯做便會有成效，朱子舉程門弟
子尹焞（1061－1132）為說，尹焞雖資性較魯鈍，仍因堅毅踏實，
以「敬」為常課並持之以恆，最後成程門高弟。接著朱子論及即
使天資聰慧者，下手仍在「敬」之工夫：

> 堯是古今第一箇人，《書》說堯，劈頭便云「欽明文思」。
> 欽，便是「敬」。[7]

朱子認為堯是古今人物中，第一個具聖人之才者，而《尚書》記
載堯言行，開頭第一句便說他是能「持敬」之人；即使如堯之聖，

---

5 宋・黎靖德編，王星賢點校，《朱子語類》，卷 12，頁 210。
6 宋・黎靖德編，王星賢點校，《朱子語類》，卷 115，頁 2782。
7 宋・黎靖德編，王星賢點校，《朱子語類》，卷 118，頁 2854。

尚持己以「敬」，便知「敬」在聖學中有何等重要地位。再者，「今人既無小學之功，卻當以敬為本」[8]，因從小缺乏小學教育之涵養薰習，更需作「持敬」工夫以為補足。故朱子希望有志聖賢之人，無論資質如何，皆須老實做「持敬」工夫：

> 諸公固皆有志於學，然持敬工夫大段欠在。若不知此，何以為進學之本！程先生云：「涵養須用敬，進學則在致知」，此最切要。[9]

> 大事小事皆要「敬」，聖人只是理會一箇「敬」字；若是「敬」時，方解信與愛人、節用、使民；若不「敬」，則其他都做不得。[10]

朱子觀察晚年弟子，肯定他們皆有志成聖成賢，然成效所以有限者，在「敬」工夫之欠缺；無「敬」之工夫，便缺進學基礎，便難有成果顯現；第二則朱子謂無論做什麼事，都需有「敬」之工夫，方知眼前事為之真正意義，倘不能「敬」則雖表面做得，但無法了知其真實意義，做了等於沒做。朱子進一步綜合「敬」工夫曰：

> 「敬」字工夫乃聖門第一義，徹頭徹尾，不可頃刻間斷，「敬」之一字，真聖門之綱領，存養之要法。[11]

> 也無許多事，只是一箇「敬」；徹上徹下，只是這箇道理；

---

8 宋・黎靖德編，王星賢點校，《朱子語類》，卷115，頁2777。
9 宋・黎靖德編，王星賢點校，《朱子語類》，卷118，頁2855。
10 宋・黎靖德編，王星賢點校，《朱子語類》，卷118，頁2868。
11 宋・黎靖德編，王星賢點校，《朱子語類》，卷12，頁1251。

> 到得剛健，便自然勝得許多物欲之私。[12]

朱子說明此「主敬」工夫乃聖門第一重要之法義，是聖門工夫之核心關鍵所在，且是由開始到最後完成聖賢理想，皆可依恃它且必依恃它，不能須臾離開或間斷。再者，要成就聖賢也無許多事，並無其他巧妙方法，只是實實在在作「主敬」工夫，到得時機成熟，便能將私欲完全克除，成就不折不扣之聖賢。

接著朱子說明此種「基底工夫」，是作任何工夫所需依靠者，「主敬」不但不會和其他工夫抵觸，且其他工夫與此工夫結合將會相得益彰；若不能與此工夫結合，則其他工夫便會減低成效，甚至完全消失作用，所以說「持敬」是「基礎工夫」，為任何工夫之基石，例如讀書、講學等皆然，朱子曰：

> 大凡人須是存得此心，此心既存，則雖不讀書，亦有一箇長進處；纔一放蕩，則放下書冊，便其中無一點學問氣象。舊來在某處朋友，及今見之，多茫然無進學底意思，皆恁放蕩了！[13]

> 須居敬以窮理，若不能敬，則講學又無安頓處。[14]

> 今講學也須如此，更須於主一上做工夫。若無主一工夫，則所講底義理無安著處，都不是自家物事；若有主一工夫，則外面許多義理，方始為我有，卻是自家物事。[15]

此言「讀書」與「講學」，若不能與「持敬」結合，則讀書只是表

---

12 宋・黎靖德編，王星賢點校，《朱子語類》，卷118，頁2852。
13 宋・黎靖德編，王星賢點校，《朱子語類》，卷115，頁2775。
14 宋・黎靖德編，王星賢點校，《朱子語類》，卷119，頁2875。
15 宋・黎靖德編，王星賢點校，《朱子語類》，卷113，頁2744。

面之讀，一旦放下書本，便放蕩去了，沒一點學問氣象；同理，若講學不能與「持敬」結合，便不知為何講學？講何學？完全與己身無關。反之，若能與「持敬」結合，則知我讀何書？為何讀此書？此書與我生命關連如何？我講學，為何講學？講何學？如何講學？等等，皆能了然於心。故知讀書與講學皆須與「持敬」結合乃能成辦。

不唯讀書、講學，其他如「信與愛人、節用、使民」[16]；「博學、審問、慎思、明辨」[17]，乃至從生到死的一切事為，皆需與「持敬」接上線，否則便如斷線風箏，隨處飄搖，無所依旁歸宿。

由上可知「主敬」工夫是朱子學說之總樞紐，一切工夫之基礎平台，人要成就聖賢，最基本處是它，最究竟處仍是它，它是徹上徹下之工夫，在朱子學說中是最根本與最重要之工夫。

## 三、朱子晚年「主敬」工夫之內涵

「主敬」與「格物窮理」是朱子義理兩大工夫主軸，歷來學者對「格物窮理」所論較多且具體，關於「主敬」則所論較少[18]，甚至陸象山更謂朱子「持敬」為杜撰詞，當然「杜撰」與否無關緊要，因若真有此工夫，且施行之能讓生命不斷增上，即使杜撰

---

16 宋‧黎靖德編，王星賢點校，《朱子語類》，卷119，頁2868。

17 宋‧黎靖德編，王星賢點校，《朱子語類》，卷118，頁2835。

18 若以當今重要哲學史書言之，對「格物窮理」工夫所論甚詳盡，唯對「主敬」則多闕如——馮友蘭、韋政通、空大本等皆未論及「主敬」，勞思光先生將之當成附帶說明而未列標目。目前研究朱熹之重要學者之專著，如陳榮捷，《朱子新探索》（臺北：臺灣學生書局，1988）；陳榮捷，《朱子》；劉述先，《朱子哲學思想的發展與完成》；陳來，《朱子哲學研究》等等，都未有專章或綱目羅列。而有關「致知格物」則所有哲學史或學者專著都詳盡論述，故相對而言「主敬」工夫似較為當今學界所忽略。

又何妨？唯象山之意似對此工夫深不以為然，故其結論謂「觀此二字可見其不明道矣」[19]。「主敬」既是朱子最重要工夫，其內涵到底為何，工夫狀態為何，實有必要加以釐析。

## （一）收　斂

「主敬」工夫第一個內涵是「收斂」，因常人之心每向外馳逐而散亂緩縱，此等心根本無法成就一般事業，更遑論聖賢德行，故凡有心於聖賢事業者，先需讓心內收凝聚、縮歸一路，如此乃能成辦大事：

> 倪求下手工夫，曰：「只是要收斂此心，莫要走作，走作便是不敬，須要持敬。」[20]

> 敬只是箇收斂畏懼，不縱放。[21]

> 操存只是教你收斂，教那心莫胡思亂想。[22]

以上朱子對弟子懇切叮嚀，要弟子們「主敬」；而「主敬」第一步是收斂此心，莫向外馳逐、遊蕩、閒散，將外放之心回歸主體；讓放肆、戲慢、緩縱之心，不再遊蕩無根、散漫無主；此種心思之收斂、整齊嚴肅，便是「主敬」工夫第一要義。

---

19 宋・陸九淵：「且如存誠持敬二語自不同，豈可合說，存誠字於古有考，持敬字乃後來杜撰；《書》言曰嚴祗敬六德，又言文王之敬忌，又曰罔不克敬典，《詩》言敬天之命，又言敬之，又言聖敬日躋，《論語》言敬事而信，又言修己以敬，《孟子》言敬王敬兄，未嘗有言持敬者，觀此二字可見其不明道矣。」（見陸九淵，〈與曾宅之〉，《象山先生全集》，卷1，頁3）
20 宋・黎靖德編，王星賢點校，《朱子語類》，卷118，頁2854。
21 宋・黎靖德編，王星賢點校，《朱子語類》，卷113，頁2743。
22 宋・黎靖德編，王星賢點校，《朱子語類》，卷113，頁2742。

## （二）專一

「收斂」後接著要「專一」，收斂是大方向之轉移回歸，讓心不再向外馳逐遊散，繼之便要讓此心聚焦，以專注之心成辦大事乃能有成。朱子晚年提到此種「專一」處甚多，下引數則為說：

> 和之問：「不知敬如何持？」曰：「只是要收斂此心，莫令走失便是；今人精神自不曾定，讀書安得精專！凡看山看水，風驚草動，此心便自走失，視聽便自眩惑，此何以為學？諸公切宜免此！[23]

> 上下四旁，都不管他，只見這物事在面前；任你孔夫子見身，也還我理會這箇了，直須抖擻精神，莫要昏鈍，如救火治病，豈可悠悠歲月！[24]

> 問：敬如何持？莫是「主一之謂敬」？曰：主一是敬表德，只是要收斂，處宗廟只是敬，處朝廷只是嚴，處閨門只是和，便是持敬。[25]

首章朱子回答弟子「如何持敬」，朱子謂「專一」為「敬」重要內涵，持敬就是要讓心專一，不被外物引誘散失，人如無法專一，讀書便不能精專，做事便無成效。例如當人正觀賞山水景物時，突然身旁風吹草動，若無專一力，注意力便會被引開，心情亦隨之起舞，此等心志要如何讀書做事？故朱子謂凡有志聖賢者，皆宜透過「主敬」讓己心具專注力，以期不受外物影響而致心旁騖。上引次章，說明「專一」意涵為：只專注眼前事，其餘外物皆視

---

23 宋・黎靖德編，王星賢點校，《朱子語類》，卷118，頁2855。
24 宋・黎靖德編，王星賢點校，《朱子語類》，卷119，頁2874。
25 宋・黎靖德編，王星賢點校，《朱子語類》，卷118，頁2854-2855。

而不見，即使代表成聖圓滿之孔子，倏然現身眼前，您仍全神貫注當前事為，不為孔子乍現而驚擾；朱子謂若想獲得此種專一力，須具如救火治病之深切感，乃能有成。上引末章，朱子言「專一」就是「敬」德的表顯，若能持敬則在各種場合便都會做出最恰當事為，該敬即敬，該嚴即嚴，該和即和。

　　人所以不能專一，除被紛擾外物牽引而喪失專注力外，更重要者乃己心內在情緒紛亂所致，例如過去與現在之不平際遇，耿耿於懷而難排解，便會讓人沈溺此種負面情緒而無法自拔，終致不能專一；此為有志聖學必克服者，故當內在情緒產生之際，便需透過「持敬」以使心思寧靜專一，朱子曰：

> 須是收拾此心，令專靜純一，日用動靜間都在，不馳走散亂，方看得文字精審；如此，方是有本領。[26]

> 人須打疊了心下閑思雜慮；如心中紛擾，雖求得道理，也沒頓處。[27]

> 蜚卿曰：「靜時多為思慮紛擾。」曰：「此只為不主一，人心皆有此病。不如且將讀書程課繫縛此心，逐旋行去，到節目處自見功效淺深。[28]

凡此皆說明閑思雜慮之困擾，讓人無法成就事業，解決之道便是要「主敬專一」、收拾此心、不令馳走散亂，若能做到便是本領，便是「主敬」之達成。故知「專一」是「主敬」重要內涵，要「主敬」便要培養心的專注能力——不受外物、情緒、過去、未來等

---

26　宋・黎靖德編，王星賢點校，《朱子語類》，卷 120，頁 2901。
27　宋・黎靖德編，王星賢點校，《朱子語類》，卷 118，頁 2835。
28　宋・黎靖德編，王星賢點校，《朱子語類》，卷 118，頁 2836。

事務牽引，而只專注當下事為，此即「主敬」之第二要義。

## （三）明覺

「心」要有完美品質，除讓生命收斂以回歸主體，不使心走作馳逐外；進一步便是培養能聚焦之專注力。此二性質頗相近，皆屬定力範疇；而更高品質之心，尚須培養明察、觀照、清晰之覺觀力；「定力」與「覺觀力」皆完成，乃為真正高品質心之成就，朱子「主敬」工夫，便在成就此種高品質之心。

所謂「覺觀力」或「自覺力」，乃指在每一時空環境，皆能清晰意識到自己之存在狀態，包括心念、身體、應事、格物窮理等，亦即一切心、身、境之狀態，主體皆能了了分明、清晰覺知，此為朱子「主敬」之第三要義，朱子曰：

> 雖是難，亦是自著力把持，常惺惺，不要放倒。覺得物欲來，便著緊不要隨他去。[29]

> 每為念慮攪擾，頗妨工夫。曰：「只是不敬。敬是常惺惺底法，以敬為主，則百事皆從此做去。」[30]

此兩則說明「主敬」是要將自己喚醒、提掇起，好讓自己隨時隨地皆清醒、常惺惺、不要昏晦迷糊——包括自己心、身與外物三面向，皆能清楚意識，以讓自己作主；此種時時醒覺、自覺、自我意識到、跳出來看自己之能力，即朱子「主敬」所要達致之目標。對此種意識自我之能力，朱子曾有深刻之說明：

> 「只隨處警省，收其放心，收放只在自家俄頃瞬息間耳。」

---

29 宋・黎靖德編，王星賢點校，《朱子語類》，卷120，頁2849。
30 宋・黎靖德編，王星賢點校，《朱子語類》，卷120，頁2851。

> 或舉先生與呂子約書，有「知其所以為放者而收之，則心
> 存矣」；此語最切要。[31]

此種自我覺察力，需隨處提起警醒；蓋當此種工夫提起當下，放心便馬上回歸自家身上；此種警策工夫，門人問是否即〈與呂子約書〉所說「知其所以為放者而收之，則心存矣」之意，朱子甚肯定此語，認為此語將「覺察」工夫之關鍵處作了非常深刻的提點。按此言乃謂：吾等宜先知心已放失，有此意識乃能將放失之心收回，此種自我意識己心已放失之能力，便是「覺察力」、「自我意識到自己之力」，若就病患言便是「病識感」──知道自己得病了，能跳出來看清自己狀況之能力，此即朱子「主敬」之重要內容。接著朱子說明此種覺觀力，並非緊張、壓力、有為、恐懼等心境，而是自然舒坦之清晰感，朱子曰：

> 「無時不戒慎恐懼，則天理無時而不流行；有時而不戒慎
> 恐懼，則天理有時而不流行。」此語如何？曰：「不如此，
> 也不得。然也不須得將戒慎恐懼說得太重，也不是恁地驚
> 恐。只是常常提撕，認得這物事，常常存得不失。今人只
> 見他說得此四箇字重，便作臨事驚恐看了。「如臨深淵，如
> 履薄冰」，曾子亦只是順這道理，常常恁地把捉去。[32]

此為朱子大弟子陳淳提問「戒慎恐懼」工夫，朱子言「主敬」只要收斂、提撕、凝聚，以使此心覺察清晰，但不需將「戒慎恐懼」說得太過嚴重，雖曾子曾說此語，然當時曾子只舉《詩》描摩「主敬」，其中實無緊張恐懼成分；故「覺觀力」之顯現當為：心身人

---

31　宋・黎靖德編，王星賢點校，《朱子語類》，卷 120，頁 2888。
32　宋・黎靖德編，王星賢點校，《朱子語類》，卷 117，頁 2823。

我，了了分明、心境平靜舒坦而無緊張感。

### （四）錯誤理解

以上「收斂」、「專一」、「明覺」乃對「主敬」內涵之正面表述；此外朱子亦舉「主敬」之錯誤理解：

> 今人將「敬」來別做一事，所以有厭倦，為思慮引去。「敬」只是自家一箇心常醒醒便是，不可將來別做一事。又豈可指擎跽曲拳，塊然在此而後為「敬」！[33]

此言「主敬」非指外表儀態之嚴肅端整、小心翼翼、畢恭畢敬、行禮如儀、正經八百等樣貌，此等外表之端莊肅穆，並非「主敬」之根本內涵，或說「敬」之有無與外表之端肅無關；內在心理狀態方為是否為「敬」之關鍵點。若此心收斂、專注、覺觀，則此人必知何種場合宜表現何種威儀，朱子所謂「只是要收斂，處宗廟只是敬，處朝廷只是嚴，處閨門只是和，便是持敬。」[34]不同時空環境，有不同儀態要求，故絕不能以外表之「擎跽曲拳」而謂為「敬」。其次，朱子又論及「塊然在此」而為「敬」：

> 今人將敬、致知來做兩事。特敬時只塊然獨坐，更不去思量；卻是今日持敬，明日去思量道理也！豈可如此？但一面自持敬，一面去思慮道理，二者本不相妨。[35]

> 非謂今日涵養，明日致知，後日力行也；要當皆以敬為本，敬卻不是將來做一箇事，今人多先安一箇「敬」字在這裏，如何做得？敬只是提起這心，莫教放散；恁地，則心便自

33 宋·黎靖德編，王星賢點校，《朱子語類》，卷115，頁2771-2772。
34 宋·黎靖德編，王星賢點校，《朱子語類》，卷118，頁2854-2855。
35 宋·黎靖德編，王星賢點校，《朱子語類》，卷115，頁2772。

明。[36]

首先，朱子謂「塊然獨坐」不能稱為「主敬」，其理由與以「擎跽曲拳」為「敬」相同，蓋對某人畢恭畢敬、不敢發一語、唯命是從，此皆外在儀貌表現，與內在「主敬」心理無直接必然關連。

其次誤解是將「主敬」當成一種「事為」，於是以為您若「主敬」便無法同時去作別事，舉例言之，若您「主敬」便不能「格物」、「致知」、「窮理」、「力行」、及做其他事情。於是須待「持敬」已畢，乃可接著去作其他事為，此乃對「主敬」之錯誤認識。朱子解釋，其實「主敬」只是提起此心，讓此心不放散，此為主體心境態度之轉換，之後您要以此心作何事，皆無不可。此兩者不僅不相妨，甚至相得乃益彰，必有一顆收斂專注清明之心，乃能成辦一切事為。一為做事平台，一為所做之事為；此兩者屬不同層面；「主敬」是就做事平台言，意在使此平台更專一、清明、有效率；至於所做事為乃此平台上發生者；兩者可同時且宜同時進行。

按「主敬」乃朱子義理兩大工夫之一，唯對常人言，「主敬」意涵實有些模糊而難於把握，今歸納朱子晚年說，得出「主敬」內涵為：「收斂」、「專一」、「覺觀」；而朱子認為對「主敬」錯誤理解有二：一以外表之肅穆為「主敬」，二謂「主敬」與「事為」無法並存。

## 四、朱子晚年「主敬」工夫近似詞

此工夫朱子除用「主敬」、「持敬」、「敬」外，尚用其他詞語

---

36 宋‧黎靖德編，王星賢點校，《朱子語類》，卷 115，頁 2777。

以為類比說明，此等概念雖未必與主敬完全合一，但可由此看出主敬相關內涵，據此對朱子「主敬」工夫之把握或有裨益，故以下對此等「主敬」工夫之近似詞略作介紹：

## （一）操存

「操存」語出《孟子·告子上》：「故苟得其養，無物不長；苟失其養，無物不消。孔子曰：『操則存，舍則亡；出入無時，莫知其鄉。』惟心之謂與！」朱子解曰：

> 孔子言心操之則在此，舍之則失去，其出入無定時，亦無定處，如此。孟子引之以明心之神明不測，得失之易而保守之難，不可頃刻失其養，學者當無時而不用其力，使神清氣定，常如平旦之時，則此心常存，無適而非仁義矣。[37]

朱子說明人心之性質為「神明不測」，有時存、有時亡，變化甚速，要常保此心存而不亡，並非易事；孟子認為心存亡之關鍵在「操」與「捨」，若您「操」則心存，若您「捨」則心亡；那要如何「操」？朱子認為就是要無時無刻的「養」與「用其力」，如此便會使心「神清氣定」，所為無非仁義。此種「操」與「存」的工夫，即讓本心隨時現前的方法，實際上便類似「主敬」工夫。

> 砥初見，先生問：「曾做甚工夫？」對以近看《大學章句》，但未知下手處。曰：「且須先操存涵養，然後看文字，方始有浹洽處。若只於文字上尋索，不就自家心裏下工夫，如何貫通？」問：「操存涵養之道如何？」曰：「才操存涵養，

---

37 宋·朱熹，《孟子集注》，收入《漢籍電子文獻資料庫》／經部／四書／《點校四書章句集注》，卷11，頁331。

則此心便在。」[38]

洪慶將歸，先生召入與語。出前卷子，云：「合下原頭欠少工夫，今先須養其源，始得。此去且存養，要這箇道理分明常在這裏，久自有覺；覺後，自是此物洞然通貫圓轉」。乃舉《孟子》「求放心」、「操則存」兩節，及明道《語錄》中「聖賢教人千言萬語，下學上達」一條云：「自古聖賢教人，也只就這理上用功」。[39]

上章朱子回答劉砥問下手工夫，朱子告以需「操存涵養」，若能操存涵養，此心便常在；下章為朱子勉石洪慶要養其源，亦即存養，並舉孟子「求放心」與「操則存」兩節，及明道《語錄》作說明，認為自古聖賢教人只是這工夫。朱子進一步對此工夫作描述說：

「操存」只是教你收斂，教你心莫胡思亂量，幾曾捉定有箇物事在那裏！[40]

日用之間，常切操存；讀書窮理，亦無廢惰，久久當自覺有得力處。[41]

孔子曰：「操則存，舍則亡」；操，則便在這裏。[42]

因此種工夫是讓您精神收斂，不要胡思亂想，在日用常行中，時時提撕自己，而不要廢惰，當您一操、一提醒、一用力，當下自己便明覺起來；唯須反覆長時間之「操」，乃能保此心永「存」，

---

38 宋・黎靖德編，王星賢點校，《朱子語類》，卷 119，頁 2871。
39 宋・黎靖德編，王星賢點校，《朱子語類》，卷 115，頁 2782。
40 宋・黎靖德編，王星賢點校，《朱子語類》，卷 117，頁 2833。
41 宋・黎靖德編，王星賢點校，《朱子語類》，卷 118，頁 2855。
42 宋・黎靖德編，王星賢點校，《朱子語類》，卷 115，頁 2774-2775。

讓自己不致糊塗過生活，時時清醒活在每一當下，此時心便「存」。一有廢惰，當下昏迷，不知心走失何處，此時心便「亡」；故朱子要我們時時作此「操存」工夫，以保此心之清明長存，故知朱子所謂「操存」，實即「持敬」、「主敬」工夫。

## （二）求放心

「求放心」與「操存」皆出《孟子·告子上》：「仁，人心也；義，人路也。舍其路而弗由，放其心而不知求，哀哉！人有雞犬放則知求之，有放心而不知求。學問之道無他，求其放心而已矣。」朱子解曰：

> 學問之事固非一端，然其道則在於求其放心而已；蓋能如是，則志氣清明，義理昭著，而可以上達；不然則昏昧放逸，雖曰從事於學，而終不能有所發明矣。故程子曰，聖賢千言萬語，只是欲人將已放之心約之，使反復入身來，自能尋向上去，下學而上達也。此乃孟子開示切要之言，程子又發明之，曲盡其指。[43]

朱子說明學問方法很多，但總原理在「求放心」，能求放心才能使主客清晰明著，否則便會昏昧放逸。那要如何求放心？方法是將之前已外放走失之心，使重返當下之己身來，此為「下學」最重要工夫，有此工夫乃能尋向「上達」境界，朱子說此為孟子開示我們為學非常切要之竅訣，而程子又作了曲盡其指地詮釋。以下舉朱子親切之說：

> 學之道，聖經賢傳所以告人者，已竭盡而無餘，不過欲人

---

43 宋·朱熹，《孟子集注》，卷 11，頁 334。

> 存此一心，使自家身有主宰；今人馳騖紛擾，一箇心都不
> 在軀殼裏。[44]

> 問：「修身如何？」曰：「且先收放心；如心不在，無下
> 手處。」[45]

> 孟子曰：「學問之道無他，求其放心而已。」又曰：「存其
> 心，養其性，所以事天也。」學者須要識此。[46]

此言為學之道，聖經賢傳中已將其內涵全部昭示我們，此等道理
中最核心關鍵者為「存此一心」，亦即要讓我們身中有主宰；一般
人之心到處飛揚，心猿意馬地奔馳，心並不繫屬己身上，所謂魂
不守舍，所以朱子要我們把野放之心，收回軀殼上來，作自己身
軀之主宰，此乃修身最重要之下手處，每位有心求取聖道者，皆
須深刻瞭解此點，那要怎樣求此放心？朱子曰：

> 所謂放心者，不是走作向別處去。蓋一瞬目間便不見，纔
> 覺得便又在面前，不是苦難收拾。[47]

> 所謂「求放心」者，非是別去求箇心來存著，只才覺放，
> 心便在此。孟子又曰：「雞犬放則知求之，心放則不知求。」
> 某常謂，雞犬猶是外物，才放了，須去外面捉將來；若是
> 自家心，便不用別求，才覺便在這裏。雞犬放，猶有求不
> 得時，自家心則無求不得之理。[48]

44 宋・黎靖德編，王星賢點校，《朱子語類》，卷 120，頁 2906。
45 宋・黎靖德編，王星賢點校，《朱子語類》，卷 116，頁 2799。
46 宋・黎靖德編，王星賢點校，《朱子語類》，卷 120，頁 2906。
47 宋・黎靖德編，王星賢點校，《朱子語類》，卷 115，頁 2782。
48 宋・黎靖德編，王星賢點校，《朱子語類》，卷 113，頁 2744-2745。

此言「求放心」並非困難，只要「覺」它馬上回到身上，若不覺則心在外頭奔馳，亡失至何處皆不曉；一旦提起、醒覺、意識到它時，此心便又馬上回到己身上，朱子舉「雞犬放」為例，說明求放心比找回雞犬要容易得多，因雞犬乃身外之物，能否找回來實為未定數，且尋找過程還有時間相；若是求放心，因心本在己身，故必能找回，且當您提起時，當下馬上回到己身，故無時間相。

　　朱子對「求放心」之描述，包括覺、提撕收斂自己、讓自己清晰專注戒慎地活在當下，不要讓心外放昏迷懈怠等等，皆與「主敬」內涵相同，故當屬同一工夫無疑。

## （三）主一

　　「操存」與「求放心」是借孟子語，以說明「主敬」工夫；「主一」則藉程頤說，以詮釋「主敬」工夫，朱子曰：

> 每日工夫，只是常常喚醒，如程先生所謂「主一之謂敬」，謝氏所謂「常惺惺法」是也。[49]

> 書有合講處，有不必講處。如主一處，定是如此了，不用講。只是便去下工夫，不要放肆，不要戲慢，整齊嚴肅，便是主一，便是「敬」。[50]

以上朱子明言程子說過「主一之謂敬」，故「主一」便是「敬」；那「主一」是何等工夫，朱子說要常常喚醒，亦即謝上蔡（良佐，1050 年－1103 年）所謂「常惺惺法」[51]，故知「主一」與孟子「操

---

49　宋・黎靖德編，王星賢點校，《朱子語類》，卷 119，頁 2875。
50　宋・黎靖德編，王星賢點校，《朱子語類》，卷 116，頁 2788。
51　謝良佐，《上蔡先生語錄》：「敬是常惺惺法，心齋是事事放下，其理不同」。

存」與「求放心」無別；因「主一」是「敬」，故當下必戒慎端嚴，不能放肆戲慢。以下朱子更進一步說明「主一」內涵：

> 於無事之時這心卻只是主一，到遇事之時也是如此。若主一時，坐則心坐，行則心行，身在這裏，心亦在這裏。若不能主一，如何做得工夫？[52]

> 無事時須要知得此心；不知此心，卻似睡困，都不濟事。今看文字，又理會理義不出，亦只緣主一工夫欠闕。[53]

> 若動時收斂心神在一事上，不胡亂思想，東去西去，便是主一。[54]

以上說明何謂「主一」，簡言之即「專注力」之培養，無論有事無事，皆需培養專一定力，所以行住坐臥中，心皆在每一事行中；若心不能專注在當下，便如睡著一般——視而不見、聽而不聞、胡思亂想、東奔西竄，如此為學如何理會出文義，所以必須讓心收斂凝定在當下事為上，此為「主一」內涵；這與「操存」、「求放心」、「主敬」等，皆為類似意涵。

### （四）醒覺

　　除上所列諸語詞，朱子有時亦直接稱此工夫為「醒覺」、「省覺」、「醒」等，以描述此工夫之特點為：醒著、明覺、自我覺察，並非糊塗、昏沈、睡著、無感狀態，朱子曰：

---

　　見《漢籍電子文獻資料庫》／叢書／正誼堂全書，卷之中，頁 8-2、9-1。
52　宋・黎靖德編，王星賢點校，《朱子語類》，卷 119，頁 2875。
53　宋・黎靖德編，王星賢點校，《朱子語類》，卷 121，頁 2927。
54　宋・黎靖德編，王星賢點校，《朱子語類》，卷 120，頁 2888。

須時時自省覺，自收斂，稍緩縱則失之矣。[55]

要知只是爭箇醒與睡著耳；人若醒時，耳目聰明，應事接物，便自然無差錯處。若被私欲引去，便一似睡著相似，只更與他喚醒。才醒，又便無事矣。[56]

須是於此處常常照管得分明，方得。[57]

需時時讓自己覺醒、意識到自己、跳出來看自己，這才是真正地清醒；而不是醉生夢死、醒著的睡覺、迷糊過生活、看似醒著實是睡著、不知自己所為何事？此事為與自己生命目標如何關連？凡此狀態皆是渾沌，皆是睡著，便需喚醒，讓他照管分明，使之進入清明世界，此便是「醒覺」工夫，亦與前文「主敬」工夫類似。

　　以上為朱子常用以說明「主敬」工夫狀態的四個近似語，「操存」與「求放心」取孟子成語用之，「主一」依程頤說而言；「醒覺」就此工夫主要性質而說，各有深刻處；透過此等語詞，或更可對朱子「主敬」工夫有更親切把握。

## 五、朱子晚年論「主敬」工夫之要領與境界

　　「主敬」是朱子重要工夫之一，那工夫施用要領為何？施用後會得何等境界？以下說明之。

---

55 宋・黎靖德編，王星賢點校，《朱子語類》，卷113，頁2745。
56 宋・黎靖德編，王星賢點校，《朱子語類》，卷114，頁2763。
57 宋・黎靖德編，王星賢點校，《朱子語類》，卷121，頁2936。

## （一）朱子晚年論「主敬」工夫之要領

做任何事各有竅門，成就聖賢有竅門，用工夫亦有竅門，針對「主敬」朱子提出兩要領——深切與持續，以下說明之。

### 1.深切

「深切」指要切己且有強度，深覺此「敬」之工夫對我異常重要，它能徹底解決我生命問題，成就此生終極價值，讓我無所遺憾，且唯此工夫乃能達致此終極目標實現；故我從內心深處產生強烈意願，非發憤作此工夫不可，念茲在茲、朝思夕想、夜以繼日、永無止息而全力以赴地作此工夫，此即為「深切」。朱子曰：

> 諸公數日看文字，但就文字上理會，不曾切己。凡看文字，非是要理會文字，正要理會自家性分上事。學者須要主一，主一當要心存在這裏，方可做工夫。[58]

> 如兩軍廝殺，兩邊擂起鼓了，只得拌命進前，有死無二，方有箇生路，更不容放慢。若纔攻慢，便被他殺了！[59]

> 持敬，如書所云「若有疾」，如此方謂之持敬。如人負一箇大痛，念念在此，日夜求所以去之之術。[60]

朱子認為「持敬」是凡聖關樞紐，不能將它看成普通理論文字，只當成口頭禪或學術研究對象，而要將它落實己之身心，實際用於自家性命，如此作工夫乃能有效；猶如兩軍對陣，戰鼓響起，唯有勇猛前進乃有生路，若是慢散無緊要，便退無死所。又似身染重病，不得名醫診治，便將一命嗚呼，此種直接關涉己身安危

---

58 宋・黎靖德編，王星賢點校，《朱子語類》，卷 121，頁 2927。
59 宋・黎靖德編，王星賢點校，《朱子語類》，卷 116，頁 2803。
60 宋・黎靖德編，王星賢點校，《朱子語類》，卷 116，頁 2803。

者，我們便會以全副生命去尋覓解決之道；同理當性命有病，亦需找心藥醫治，「持敬」便是治療心病之特效藥，朱子要我們當以此深切心施用工夫，以解決我們生命之沉痾痼疾。

## 2.持續

持敬除要有深切感外，尚須「持續力」；一般身病或為短期造成者，服藥不致太長；心病輒為一生累積而成，常是根深蒂固盤根錯節，我們所看到之病徵往往僅為冰山一角，要將整個病原連根拔除，唯賴日以繼夜堅毅有恆之作工夫、長年積習、漸次潛移默化，乃能讓心病得以徹底痊癒，朱子曰：

> 昨夜與先之說「思則得之」；纔思，便在這裏，這失底已自過去了。自家纔思，這道理便自生；認得著莫令斷，始得；一節斷，一節便不是；今日恁地一節斷了；明日又恁地一節斷，只管斷了，一向失去。[61]

> 如今只用下工夫去理會，見到時也著去理會，見不到時也著去理會。且如見得此段後，如何便休得？自著去理會。見不到時，也不曾說自家見不到便休了，越著去理會，理會到死！[62]

朱子謂「主敬」就某一面向言，為「思則得之」——意為容易做到；當您想要主敬、收斂、專一、明覺，只要心一提起，當下便是「敬」，便是生命的完成；但當您一時昏晦不覺，便又黯淡下去，當下便離開了「敬」，人每於此「敬」與「不敬」間拉扯。唯當工夫不斷嫻熟，「主敬」時間便會增長，不敬時間會相對減低，直至

---

61 宋・黎靖德編，王星賢點校，《朱子語類》，卷119，頁2876。
62 宋・黎靖德編，王星賢點校，《朱子語類》，卷119，頁2874。

有一天，不需提撕警策，便都已在「敬」中，此即主敬工夫之完成；就後一義言，工夫歷程是艱辛漫長之路，當是至死方休，無論作得好、作不好，無論理會得來、理會不來，皆須奮勇直前，直至聖賢境地而後止，故「主敬」需具堅毅心志之持續力。

此種「深切感」與「持續力」，不唯主敬工夫當如是，蓋凡一切聖學工夫皆宜據此要領，前者使您強烈感受此工夫之必要性，後者使您投注無量時間心力體力於其上；一是方向之確立，一是力道之持續；朱子謂此為「主敬」成敗之兩關鍵。

## （二）朱子晚年「主敬」所達之境界

朱子直至晚年仍諄諄以「主敬」訓誨弟子，足見此當為其一生之主要工夫，亦是朱子所深信足以成就聖賢之要法。孔子自述生命境界為經由「十有五志於學」，到「六十而耳順，七十而從心所欲不逾矩」[63]；孟子述其四十「不動心」[64]，朱子乃宋代理學集大成者，其一生「主敬」境界究為何如，朱子曰：

> 也不問在這裏不在這裏，也不說要如何頓段做工夫，只自腳下便做將去。固不免有散緩時，但才覺便收斂將來，漸漸做去；但得收斂時節多，散緩之時少，便是長進處。[65]

> 只要常提醒此心，心才在這裏，外面許多病痛，自然不見。[66]

> 工夫到時，才主一，便覺意思好，卓然精明；不然，便緩

---

63 魏・何晏注，宋・邢昺疏，《論語註疏》，卷 2，16-2。

64 漢・趙岐注，宋・孫奭，《孟子注疏》，卷 3，頁 54-1。

65 宋・黎靖德編，王星賢點校，《朱子語類》，卷 113，頁 2744。

66 宋・黎靖德編，王星賢點校，《朱子語類》，卷 114，頁 2761。

散消索了，沒意思。[67]

朱子訓勉弟子要埋頭作工夫，無論發生何等事，無論在何處，皆不需想太多、期望過高，只是老實作「主敬」工夫；剛開始或有勉強不自在，一旦工夫上路，成效便會漸漸顯現，包括散亂昏昧時間減短，收斂專一明覺時間增多，心理原有病痛消散，物欲等負面心理減弱，精神便有剛健清爽精明等覺受，此等便是朱子作「主敬」之成效，朱子亦以此勉勵弟子。黃榦〈行狀〉：「心不待操而存，義不待索而精。」[68]乃指朱子晚年，不需有意提撕而此心常保收斂專一與明覺，亦即時時處處皆在「敬」之氛圍中，至少是從起床至睡著期間，此心永保明朗清晰收斂專注，隨時知自己存在狀況，能意識到自己所思所為，而無旁騖昏亂之心，即使至臨終，朱子仍「方瞳炯然，徐徐開合，氣息漸微，良久恬然而逝」[69]，此說明即使至生命盡頭，朱子仍清晰意識到自己之存在狀態，收斂專一而無驚慌恐懼之狀，凡此即為朱子「主敬」所達境界。

## 六、小　結

「主敬」是朱子重要的工夫，但「主敬」在朱子義理學上地位如何？「主敬」意涵為何？朱子尚用何等詞語表顯「主敬」？「主敬」工夫要領與境界為何？此等問題皆有必要作釐清探討。

經本章探析發現：「敬」在朱子晚年義理上，具舉足輕重地位；黃榦認為朱子最重要學術思想有二：一是「窮理致知」，一是「反

---

67 宋・黎靖德編，王星賢點校，《朱子語類》，卷113，頁2744。

68 黃榦，〈朱子行狀〉，《黃勉齋先生文集》，卷之8，頁31-2。

69 元・佚名，《兩朝綱目備要》，收入《文淵閣四庫全書電子版》／史部／編年類，卷6。

躬實踐」；但二者皆以「敬」為本，甚至一切德行皆須以「敬」為基石，無「敬」則工夫無法發生效用，朱子亦謂「敬」「真聖門之綱領，存養之要法」，是徹上徹下之工夫，是一切善行之基礎功法。

　　「敬」之內涵歷來學者所論似較少，經本章探究，朱子晚年「敬」主要有三義，一指將心思由外放轉為內收，亦即將注意力回歸主體身上；二指專一、凝聚、能聚焦之定力；三指明覺、觀照、清晰之覺觀力。朱子之「敬」便指提起此三能力，讓心品質增長之謂。此外，朱子說明對「主敬」之兩種誤解：一謂「敬」指外在行為之嚴肅端莊，其實「敬」就心言，心敬則一切行為皆敬，可端可諧，可肅可和；二謂「敬」與其他工夫不能同存；其實「敬」只就基盤平台言，「敬」可結合其他行為而不妨，且是相得益彰。

　　「主敬」內涵，朱子訓勉弟子時，有時亦用其他語詞發揮，如用孟子之「操存」、「求放心」，或程頤之「主一」，有時又用「敬」最明顯特質「醒覺」稱之；藉助此等「敬」之近似語，對弟子與後學言或將有助於義理之把握。

　　關於「主敬」要領，朱子提出「深切感」與「持續力」兩竅訣，若「主敬」事不關己，產生不了旺盛企圖心，則「主敬」便會缺乏動力而無成效。其次，當發現「主敬」價值後，若不能投注夠多之時間心力體力，便無法改變長此以來之習性，便難將心調為收斂、專一、明覺之狀態。

　　最後，朱子一生持守「主敬」所達境界，朱子謂「主敬」起始時較難得力，然一旦工夫綿密進行，便可讓己昏亂旁騖之心減少，心理病痛、私心物欲減弱，使精神剛健爽朗，最後進到任一時空都能收斂、專一、明覺，即使至生命盡頭，仍了了分明，精神集中，而無散亂慌張之狀。

　　本章發表資訊：許宗興，〈朱子「主敬說」探析——以晚年宗說為據〉，《成大宗教與文化學報》，期 22（2015 年 12 月），頁 55-73。

# 第十一章　朱子「格物說」析論

## 一、前　言

　　朱子義理定位，至今仍眾說紛紜，正或歧學者各有主張。而要判定正歧必從朱子義理各面向下手探析，乃能得出較能讓人信服之結論，本章便嘗試從功夫論角度切入，以探討朱子義理定位問題。朱子功夫論有兩大主軸——「主敬」與「格物」，尤其格物是朱子主要功夫所在，因此若能清楚瞭知朱子格物說，便能確定此等功夫是否相應於成聖？

　　唯朱子「格物」語意多歧，且歷來學者詮釋說解差異甚大——陽明曾說「縱格得草木來，如何反來誠得自家意」[1]，馮友蘭謂格物與誠意有打成「兩橛」問題[2]，牟宗三先生認為格物是「泛認知主義」，屬「橫攝系統」[3]說法，無法成就縱貫的德性之學；唯

---

1　明・王守仁，《王文成全書・傳習錄・下》，頁77。

2　馮友蘭，《中國哲學史新編》（五），頁292-293：「從理論上說，增進人對於客觀上各個具體事物的知識是一回事，提高人在主觀上的精神境界又是一回事。二者雖有相通之處，但基本上是兩回事。…朱熹全篇文章是把『即物而窮理』作為『吾心之全體大用無不明矣』的方法，這就成為問題了。這就把兩回事混為一回事，把『為學』和『為道』混為一談，這就講不通了。…他把『涵養』和『進學』對立起來。『涵養』是提高精神境界的事，『進學』是增加知識的事。…這就使他的方法成為『兩橛』。」

3　牟宗三，《心體與性體》（三），頁358-259及48。

唐君毅先生及近代某些學者[4]，則認為格物屬「合內外之道」、「求諸外而明諸內」[5]之功夫，甚至謂「朱子言格物致知之精義所存，而非陸王之言之所及者」[6]。以上學者對朱子格物說之評判差距甚大，故本章將採文獻學入路，透過蒐羅全部文獻資料分析，以爬梳出朱子原典之各種可能說法，然後分別論述之。

## 二、朱子格物之意涵

「格物」是朱子最重要功夫，朱子自言從十五、六歲便知此概念，但不能充分曉其義，中經三十多年往覆體會，約四十五歲後，乃確定此說精當義理。[7]足見朱子對格物下功夫之久長，只因朱子太重此功夫，故在長期講學著述中不斷充實其意涵，終讓「格物」內容紛歧難保握，以下據朱子原典離析此概念。

### （一）「物」之意涵

朱子非常強調「物」，認為「物」屬具體存在，非如「理」之無形而難捉摸，朱子以為佛、道只在理上打轉，儒家則重在具體

---

4 重要期刊論文如：黃瑩暖，〈朱子格物之心性理論與工夫義蘊的再探討〉，《當代儒學研究》6 期（2009 年 07 月），頁 35-58。黃瑩暖，〈從心性架構與格致工夫看牟宗三先生詮釋朱子思想之特點〉，《當代儒學研究》8 期（2010 年 06 月），頁 119-141。黃瑩暖，〈唐君毅先生論朱子格物致知工夫〉，《國文學報》48 期（2010 年 12 月），頁 65-91。陳佳銘，〈朱子格物思想中「心與理」的屬性與關係新探〉，《中國文哲研究集刊》42 期（2013 年 03 月），頁 149～182。

5 唐君毅，《中國哲學原論・原教篇》，頁 267-274。

6 唐君毅，《中國哲學原論・原教篇》，頁 280。

7 宋・朱熹，《朱子文集》，卷 44，頁 1968：「蓋自十五、六時知讀是書，而不曉格物之義，往來於心，餘三十年。近歲就實用功處求之，而參以他經傳記，內外本末，反復證驗，乃知此說之的當，恐未易以一朝卒然立說破也。」

事物上求理，故窮理一定要在實事實物上「格」，那朱子「物」包括那些，牟宗三先生說：

> 蓋朱子所謂「物」本極廣泛，一切事事物物皆包在內。不徒外物是物，即吾人身心上所發之事亦是物。惻隱、羞惡、辭遜、是非等即是心上所發之事，故亦是物。……此是泛認知主義，把一切平置而為認知之所對。[8]

牟先生認為朱子「物」範圍非常廣泛，舉凡認知心所對皆為「物」，包括心外及心上、有形與無形，凡以認知心認識之對象皆為物。但有時朱子以為應排除「心、理」之物，陳來說：

> 「物」不僅指客觀的物質實體，如天地日月草木山川，亦指人類的活動事為，還包括人的某些思維念慮在內，……就是說，一切可以被人們當作思維對象的都屬於被格的「物」的範圍。在朱熹看來，心之念慮固然在窮格範圍之內，但絕不占主要地位，他堅決反對以格物為格心的思想。[9]

陳先生說法同牟先生，認為一切可為認知心所對者皆是「物」，只是離物言「理」或離物言「心」皆朱子所忌，故格物之「物」常只就外在有形事物言。

## （二）「格」之意涵

　　朱子格物之「格」，無論明言或暗指，略有以下諸義：

---

8　牟宗三，《心體與性體》（三），頁358-259。
9　陳來，《朱子哲學研究》，頁295。

## 1.「接」、「至」

　　格物首要接觸「物」，故「接」與「至」是「格」之第一個意涵。《書經》：「格于文祖」，《正義》解曰：「至文祖廟」[10]，此將「格」訓為「至」、「到」。陳來曰：

> 案《大學章句》對經一章的解釋，以「至」訓「格」，則格物即為至物，意謂「窮至事物之理」，何謂「窮至事物之理」？《遺書》二上載「格，至也，窮理而至於物則物理盡」，據此說看，窮理而至於物，即即物窮其理，「至」亦至物、即物之意，此明道之言。[11]

將「格物」解為「至物」，《二程遺書》已有此說，朱子延續此說，曰：「格，至也。」[12]唯此處「至」可做兩解，一是「到」──「格物」即「到物」，將心思用到物上；另一是「至極」，此留下文說明。訓「格」為「接」或「到」，朱子有如下說法：

> 訓「格物」以「接物」，則於究極之功，有所未明，……人莫不與物接，但或徒接而不求其理，或粗求而不究其極。（是以雖與物接，而不能知其理之所以然與其所當然也）。[13]

此言「格物」不能只訓「接物」，因「接物」無「究極」、「窮理」意涵，它只是功夫第一步而非全部，故不能以第一步代表全部。此外朱子還擔心此將雷同佛教，且古書無做此訓者──「今日『一與物接，而理無不窮』，則亦太輕易矣。蓋特出於聞聲悟道，見色

---

10 漢・孔安國注，唐・孔穎達疏，《尚書注疏》，收入《漢籍電子文獻資料庫》／經／《十三經》，卷3，頁43-1。

11 陳來，《朱子哲學研究》，頁285。

12 宋・朱熹，《朱子文集》，卷15，頁492。

13 宋・朱熹，《朱子文集》，卷44，頁1969。

明心之餘論」，又「考之他書『格』字，亦無訓『接』者」[14]；故朱子反對只訓「格物」為「接物」，因「格物」不只「接物」，尚有其他豐富意涵，不宜只將格物化約為「接物」。但「接物」是格物第一步，此朱子亦不否認。

## 2.「探討」、「研究」

格物第一步是接觸「物」，第二步便要「探究」其理，亦即探討、研究該「物」之理，朱子曰：

> 格者，極至之謂，……言窮之而至其極也。[15]

> 格，盡也，須是窮盡事物之理。若是窮得三兩分，便未是格物。[16]

朱子此處說「格」是「窮」而達「至極」之意，若只窮到三分不能稱格物，此即言格物有「探究」過程，「探究」指探討、研究事物之理，朱子未明言「探究」是格物歷程，但從朱子字句間可知暗含此過程，因有此歷程乃存在探究到三分或十分之問題，故知格物第二步是「探究」事物之理。陳來說：

> 在朱熹看來，所謂「格物」包含有三個要點，第一是「即物」，第二是「窮理」，第三是「至極」。格物思想的核心是窮理，但窮理不能離開具體事物，窮理又必須窮至其極。[17]

朱子雖未明言，但「格物」必有「探究」之意；甚至可說「格」最簡單而關鍵之意涵，便是「探究」，格物即探究事物之道理。

---

14 宋・朱熹，《朱子文集》，卷44，頁1969。
15 宋・朱熹，《朱子文集》，卷15，頁480。
16 宋・朱熹，《朱子語類》，卷15，頁283。
17 陳來，《朱子哲學研究》，頁285。

### 3.「盡」、「至極」

格物第三步是主體探究對象之程度，由粗至精，由初步至深邃，由少量至完盡，亦即探討事物道理達究極地步，此為朱子非常強調之項目，他說：

> 格物云者，要窮到九分九釐以上，方是格。[18]

> 十事格得九事通透，一事未通透，不妨；一事只格得九分，一分不透，最不可。[19]

> 格物，須真見得決定是如此。[20]

朱子論及此義者多不勝舉，他認為窮理必窮到十分才算格物，他認為世間物因數量多而格不完，此無關緊要；但若所格物沒格到百分之百，就不能稱格物。因完全認識對象，才能產生徹底知識，方可產生堅定意志，只有真正「知致」才能達絕對「意誠」，所以朱子要人格到「真見得決定是如此」，亦即百分之百之格物要求。當然，在理論上世間物不可能格到百分之百，即使自己最擅長之專業領域，仍無法達全面精微地步[21]，朱子亦深知此無法達成，故有時亦有寬容之論：

> 人若學力未到，其於應事接物之間，且隨吾學力所至而處

---

18 宋・朱熹，《朱子語類》，卷15，頁294。
19 宋・朱熹，《朱子語類》，卷15，頁305。
20 宋・朱熹，《朱子語類》，卷15，頁284。
21 唐君毅，《中國哲學原論・原性篇》，頁624-265：「又朱子之言格物窮理以致知，是否即無過高之弊，亦甚難言。如朱子謂必『即凡天下之物，莫不因已知之理，而一一窮之，以求至乎其極，至眾物之表裡精粗無不到，然後吾心之全體大用無不明，為格物窮理以致知之功，有此功然後可從事省察之誠意正心之事』云云。在陽明觀之，則乃聖人『盡心知性，生知安行之事，非初學所能得』。」

之。[22]

> 然格物亦多般，有只格得一兩分而休者，有格得三四分而
> 休者，有格得四五分、五六分者。格到五六分者已為難得。
> [23]

格物若要求百分之百純度，將無人可到，尤其初學者力道火候更
難達致，便根本無法談格物工夫，故朱子此處開許只要隨學力所
至而處之，甚至讚許只格五六分亦為難得；故知此格物要項雖朱
子不斷強調，但最後似有修正意見。

　　至於格物探討之「理」則有兩類型：一是實然世界──格實
然世界所以然之理；一是道德世界──格道德理則及此等理則所
以然之理[24]。簡言之，格物要探討者為「理」，此種理有時是實然世
界之理，有時是道德世界之理；陳來：

> 按照朱熹所說，不但「天地鬼神之變」「鳥獸草木之宜」有
> 所以然之故，實際上盈天地間一切事物，包括「身心性情
> 之德」，「人倫日用之常」都有所以然之故。[25]

陳先生意謂世間存在物有實然世界（非道德）與應然世界（道德），
皆各有然與所以然，實然世界如「天地鬼神之變」「鳥獸草木之
宜」，這有他們實然與所以然之理；應然世界如「身心性情之德」、
「人倫日用之常」，亦有其應然與所以然之理。故格物窮理，一方

---

22 宋・朱熹，《朱子語類》，卷116，頁2791。
23 宋・朱熹，《朱子語類》，卷130，頁3111。
24 唐君毅，《中國哲學原論・原教篇》，頁269-270：「朱子所謂格物之事，原為即物
　　窮理之事，此朱子所謂窮理之事，不外吾人今所謂知物之實然之狀，與其原因等
　　『實然之理』，與吾人之如何應之當然之理。」
25 陳來，《朱子哲學研究》，頁299。

面格非道德之物，一方面格道德之物。

　　此外，有時是第一序之理，有時是一般理則背後所以然之理。朱子說：

> 凡事固有「所當然而不容已」者，然又當求其所以然者何
> 故。……又如人見赤子入井，皆有怵惕、惻隱之心，此其
> 事「所當然而不容已」者也。然其所以如此者何故，必有
> 箇道理之不可易者。[26]

此處朱子說明所有事物都有「當然而不容已」者，例如乍見孺子將入於井都會有怵惕惻隱之心；此是經格物而窮得第一序道德理則，格物還需往上挑高一層，去格為何有此理則，探討它「所以然者」，例如為何人會有怵惕惻隱之心，此便是格物所格第二序之理則。

　　以上是朱子透過主體認知心去探討對象物之理，所經過之三步驟——先接物、次探究其理、進而達窮盡地步，朱子認為必三過程皆經歷過，才能稱格物，陳來先生總結說：

> 朱熹認為格物之說的全部內容包括：「明其物之理」、「即是
> 物以求之」、「必至其極而後已」。……朱熹認為，格物固然
> 要接物但如果接物而不窮理，或窮理而不至極，那就不能
> 算做格物，所以他反對僅僅以接物解釋格物。[27]

以上是透過主客對立之認知心，去格物之歷程，唯朱子格物尚暗含另一種「格」義，此朱子雖未明言，但在談格物內容時，偶會不自覺顯示此義，以下說明之。

---

26 宋・朱熹，《朱子語類》，卷18，頁414。
27 陳來，《朱子哲學研究》，頁277-278。

**4.「感」、「應」**

前文三步驟是站在主客對立面言，由主體認知心去面對探討事物之理。本目之「感」「應」則屬情感、體貼、對等之感受，故「格物」變成我去感受體貼對象，不再僅為物理接觸而尚有情感交流，唐君毅先生曰：「格又訓為感通（如《書》云：「格於皇天」）」[28]，此謂能感格於皇天，透過情感與皇天交流，而得皇天感動協助，朱子相近論述如：

> 《大學》不說窮理，只說箇格物，便是要人就事物上理會，如此方見得實體。[29]

> 且如禮樂射御書數，許多周旋升降文章品節之繁，豈有妙道精義在？只是也要理會。理會得熟時，道理便在上面。[30]

上兩章朱子皆用「理會」說明「格」，「會」便相當於「感」，是用情意去接觸對象，去體會體貼當中義理所在，此即唐先生所謂「感通」，它是情感平等交流，朱子雖說得少，但此義實隱藏於朱子格物義理中。

**5.「量」、「度」**

「感格」尚屬情感交流，進一步則是主體回應，格物不僅是主體感通外物，且主體會審酌處境而提出德行上恰當回應，此種審酌、量度、衡量亦為朱子「格」之意涵，故唐君毅認為「格」

---

28 唐君毅，《中國哲學原論‧導論篇》，頁 321。案唐先生所引「格於皇天」出自《尚書‧君奭》：「矧曰其有能格」，《正義》：「今與汝留輔成王，欲收教無自勉不及道義者，立此化，而老成德不降意為之，我周則鳴鳳不得聞，況曰其有能格于皇天乎」。見《漢籍電子文獻資料庫》／經／《十三經》／《尚書注疏》，卷 16，頁 248-1。

29 宋‧朱熹，《朱子語類》，卷 15，頁 288。

30 宋‧朱熹，《朱子語類》，卷 117，頁 2831。

可「訓為『量』（如『格高五嶽』）」[31]，陳來先生亦說：

> 以至訓格，無論以格物為至物，或以格物為極盡物理，皆
> 似不通。……就是說，格字古訓除「至」外，尚有「量」「度」
> 之義。這個訓義比較接近「格物」之「格」的本義，而程
> 朱都沒有注意到這一點。[32]

陳來認為將格物之「格」訓為「至」或「盡」並不很恰當，因格
物重點在「窮理」而不在至物，亦非必格之窮盡，陳來認為訓「量」
「度」較近格之本義。朱子亦有此論：

> 所謂格物，只是眼前處置事物，酌其輕重，究極其當處，
> 便是。[33]

朱子謂格物是就眼前所處置事物，去審酌衡量輕重，然後做出最
恰當處置，它不僅在探究事物面，且談及主體自身之衡度，如何
才是最恰當合理之處置，而主體面之衡度當是根據道德心，故進
一步便有良知善性之展現問題，勞思光：

> 朱氏以「格物」為明「心」之工夫，在《語錄》中亦屢言
> 之。如「格物所以明此心也」，案此節問者原說「格物以觀
> 當然之理」，而朱氏則告以「當云：格物所以明此心也」；
> 蓋朱氏深恐學者誤以「格物」本身為目的，則成為向外求

---

31 唐君毅，《中國哲學原論‧導論篇》，頁 321。案唐先生引文出自《昭明文選‧蕪
　　城賦》：「格高五嶽」，李善《注》：「蒼頡篇曰：格，量度也。」見《漢籍電子文獻
　　資料庫》／集／總集／文選／卷 11，頁 504。
32 陳來，《朱子哲學研究》，頁 286-287。
33 宋‧朱熹，《朱子語類》，卷 15，頁 294。

知之活動，失其本意矣。[34]

「格物」與「明心」是兩完全不相干概念，但若透過「衡、度」便會拉上關聯，事實上朱子格物說，有部分便說及主體之善性良知、明德等，此便是經由格字「衡、度」義而來，故勞思光謂朱子屢言「格物所以明此心也」，亦為此義之引申。在朱子當時亦有持「衡、度」義者，唯朱子並不以為然，《文集》載：

> 若但以「格」為法度之稱，而欲執之以齊天下之物，則理既未窮，知既未至，不知如何為法而執之？[35]

此乃朱子友人江德功主張訓格為「法度」，它是衡量之標準，此亦由「衡、度」引申者——蓋要衡度必有標準，標準可為善性明德，亦可為外在準則，但朱子當時認為格物僅為初步功夫，都尚未窮理，如何談掌握法度，亦無「用以衡量事物」之問題。但朱子此處似只言：格物初步功夫應是探討「理」，而非將「理」當為法度，然後持之以衡量是非善惡；看來朱子並未反對訓格為「法度」或「衡度」，僅認為此非格物初步作為而已。

　　以上是格物之「格」的兩類說法，一站在主客相對立場，從事認知活動，從接物開始，然後對事物進行探究，直到對事物有全面深入了解，獲得十足知識為止；一站在主客平等立場，而與對象情感交流，對該事物進行感通體貼理會，然後由主體審酌恰當之應對作法，不僅我感通對象物，同時主體亦透過不斷顯善之回應過程而增長良知善性，最後到明德之徹底展現。以上兩義之「格」在朱子原典中都有資料根據，只是後說數量甚少而已。

---

34 勞思光，《新編中國哲學史》（三上），頁298。
35 宋・朱熹，《朱子文集》，卷44，頁1972。

# 三、朱子格物說類型

　　以下便將朱子格物說，就所格事物，以道德為分類依據，對各類格物說進行討論；案所格事物不同，格的意涵便因之而異，透過此等分類解說，期能更深入了解朱子各類格物說，並進而探討各類格物說之得失。

## （一）格存有之物

　　此據朱子「理氣論」哲學圖像，認為宇宙由「理」與「氣」組成，氣是有形存在物，屬形下界；理是無形存在物，屬形上界；形下界是「然」，形上界是「所以然」，每一存在物（然）有其理（所以然──「物物一太極」），所有存在物又有共同之理（「統體一太極」）；且個別存在物之理，與統體一太極之理為同一理。此為朱子「理氣論」說法，朱子說：

> 天地中間，上是天，下是地，中間有許多日月星辰，山川草木，人物禽獸，此皆形而下之器也。然這形而下之器之中，便各自有箇道理，此便是形而上之道。所謂格物，便是要就這形而下之器，窮得那形而上之道理而已。[36]

此章朱子謂天地間一切存在物為「形而下之器」，亦即理氣論之「氣」，這些「器」或「氣」皆各自有其理，此便是「形而上之道」，亦即理氣論之「理」，格物便要由形下之器（氣）中，去格出形上之理來。且個別事物之理（物物一太極）與共同之理（統體一太極），本質上必屬同一內涵。

---

36　宋・朱熹，《朱子語類》，卷62，頁1496。

　　至於形上之理（太極）內容為何？唐君毅先生將它詮釋為「吾人之內在的性理」，亦即人所以為人之內在本質，就儒家言即良知善性，唐先生認為此種良知善性即所有存在物之本質，格物即格此種所有存在物之本質（太極），此種良知善性不僅為他人且是他物所同具者。唐先生曰：

> 在朱子之意，一切理雖原為吾人之內在的性理，然此內在的性理，不只為吾一人所具，亦為一切人與一切物之所具。如仁義忠信之理，生成變化之理，即我與人及他物所同具。如吾人由格物，而知他人有此仁義忠信，知草木之能生成變化；則當吾人之有此等之知之時，吾人固自顯吾人心中原具之此諸理，然此諸理，原同時為他人他物所自具者，則此諸理應兼說為物之理。[37]

唯朱子格物若是此義，則將很難自圓其說，首先唐先生認為人之性理為「仁義忠信」，而草木之性理為「生成變化」，此已不同理。所以格人類之物會得「仁義忠信之理」，格草木之物則得「生成變化理」，那太極之理是「仁義忠信之理」或「生成變化之理」？再者，人類除「仁義忠信之理」外，有無「生成變化之理」，以及其他中性之理（如才性、藝術、求真等）；同理，草木是否還有其他共同之理。最後，試問若格得「生成變化之理」對德性有無直接影響？足見唐先生對格「存有」之詮釋或未必正確。牟宗三先生則謂格存有物所得之理為「存在之理」：

> 故「統體一太極，物物一太極」，實只是一太極，並無多太極也，只是一「存在之理」。……枯槁亦有此本然之性，即

---

37　唐君毅，《中國哲學原論‧原教篇》，頁275。

> 有其存在之理，此「物物一太極」而言也。[38]

> 單窮超越的所以然這存在之理者為哲學的、德性的，無積
> 極知識的意義；單窮存在之然之曲折本身者為科學式的、
> 見聞的，有積極知識的意義。前者是朱子之本行，後者則
> 是其通過道問學之過程而拖帶出的。[39]

無論是統體一太極之理，或物物一太極之理，人有人之理，枯槁
亦有枯槁之理，此等理牟宗三都稱為「存在之理」，它本質上是哲
學的、德性的；此不同於窮「存在之然之曲折本身者」──此種
理是科學式的、見聞的，牟先生認為朱子窮理是前者而非後者。
但何謂「存在之理」，牟先生似無法說得清楚，試問一般人將如何
從格物中格出存在之理？又此存在之理與道德成聖有無關係，朱
子文獻是否有直接證據，凡此皆是疑問。再看馮友蘭說：

> 類有大小，最大的類是「有」，包括一切存在的東西，這是
> 一個最大的類名。一個「名」的內涵外延成反比例，外延
> 越小，內涵越多；外延越大，內涵越小。「有」這個「名」
> 的外延最大，大至無所不包，它的內涵也就最小，小至幾
> 乎等於零。[40]

若「存有」是一切存在物之共同屬性（理），那存有內涵「小至幾
乎等於零」，若格物是窮存有之理，因它內涵空無內容，實在無需
格了。陳來先生說：

---

38　牟宗三，《心體與性體》（一），頁91。
39　牟宗三，《心體與性體》（三），頁365-366。
40　馮友蘭，《中國哲學史新編》（五），頁176。

> 他的錯誤在於：把他所謂的天理說成宇宙普遍規律，並預
> 先把對天理的認識規定為認識的終極結果，在這樣的前提
> 之下，把人類認識活動從特殊上升到普遍的種種特徵，邊
> 強的用以論述在具體事物上，如何印證所謂天理的過程。[41]

陳來先生認為朱子先自訂「太極」為宇宙普遍真理，說它是人類知識之最究極內涵，人類透過對具體特殊事物之探究，終會達此終極內涵，但此全是錯誤知見。首先，世間是否真有普遍真理，而為所有事物共同本質？若真有此太極之理，試問其內容為何？此種太極之理與道德有無關聯？若有關聯那試問歷來聖哲有誰體會到此太極之理？試問他是透過什麼方式去體會？為何格物會格到太極之理？個別事物真有統體一太極之理來貫穿？此種理氣論是自己創造出來或道德實踐體證出來者？此為千聖同證或惟有朱子如此說法？凡此都將是疑問。

　　故朱子格物論若所格之物為一切存有，所窮之理為太極之理，那此說當與道德無關，此種格物將無法格出成聖之道，且此功夫將無法成就聖者，此義之格物說，或無實質功夫論意涵。

### （二）格中性之物

　　格存有物會得「太極之理」，格中性物會得「形構之理」[42]——它是探討事物外形、結構、內涵、演變等之理，它是透過我們感官心思去觀察研究此等外在事物所得之「理」，朱子相關論述甚

---

41 陳來，《朱子哲學研究》，頁 309。
42 牟宗三，《心體與性體》（一），頁 88-89：「此種『所以然』是現象學的、描述的所以然，物理的、形而下的所以然，內在於自然自身之同質同層的所以然。……此種自然義、描述義、形下義的『所以然之理』，吾人名之曰『形構原則』（principle of Formation），即作為形構原則的理，簡之亦即曰『形構之理』也；言依此理可以形成或構成一自然生命之特徵也。」

多：

> 蓋天下之事，皆謂之物，而物之所在，莫不有理。[43]

> 雖草木亦有理存焉。一草一木，豈不可以格。如麻麥稻粱，甚時種，甚時收，地之肥，地之磽，厚薄不同，此宜植某物，亦皆有理。[44]

> 且如禮樂射御書數，許多周旋升降文章品節之繁，豈有妙道精義在？……又如律曆、刑法、天文、地理、軍旅、官職之類，都要理會。[45]

> 學者須當知夫天如何而能高，地如何而能厚，鬼神如何而為幽顯，山岳如何而能融結，這方是格物。[46]

以上諸章充分說明朱子格中性物之格物論，首章說明「事」亦「物」，有形是物，人所為是事，無論物或事都有理，都可格，格物即在格此等事物之理。次章舉草木之物為例，因草木本身不涉道德，故是中性物，如格麻麥稻粱作物關於栽種收成之時間、土壤、豐瘠等，此為格草木之物；第三章格人文面向之物，包括「禮樂射御書數」生活基本技能儀節，他如人類文化中之法律、軍事、職官、天文、地理、曆法[47]等；第四章更擴及大自然之天地山岳鬼

---

43 宋・朱熹，《朱子語類》，卷15，頁295。
44 宋・朱熹，《朱子語類》，卷18，頁420。
45 宋・朱熹，《朱子語類》，卷117，頁2831。
46 宋・朱熹，《朱子語類》，卷18，頁399。
47 陳來，《朱子哲學研究》，頁303：「他們提倡了解的科學知識大都屬於傳統儒家所規定的、統治國家所需要的天文知識、基本農業知識、以及為禮制服務的律曆知識等。而在他們所理解的知識總體中更多的是屬於歷史知識、政治知識、道德文化知識以及各種典章制度知識。」

神等，有些已涉玄學領域。簡言之，凡我們感官所面對之世界，所有事物都需格，都要探究其「形構之理」。

　　此義之格物說在朱子文獻中占非常大比例，故歷來學者每以此說定位朱子格物論，於是有陽明「縱格得草木來，何能誠得自家意」[48]，馮友蘭「兩橛」說[49]，他們認為中性物的「形構之理」，與德性修養之心性提升無直接關聯，亦無實際幫助，故謂此種格物論是格錯方向，徐復觀先生說：

> 學問大體上可分為兩大界域，知性的知識活動，以物理為對象；德性的道德活動，以倫理為對象。前者屬於實然的世界，後者屬於應然的世界。兩個世界有其關連，但無必然的因果關係；道德未必能隨知識而增高，知識亦不能隨道德而俱進。……應然的世界，價值的世界，只能從這個大本的地方流出來。[50]

實然世界與應然世界屬性不同，前者以中性眼光看世界，探討物理知識，結果會成科學家；後者用道德眼光看世界，探討心性修養之理，結果會成為聖賢；兩世界使用方法各不同，雖有關連但無必然性，格中性物會得「形構之理」，但形構之理無法成就聖賢，頂多只有輔助作用，但朱子卻將兩種理聯繫起來，陳來說：

> 在理學開創時期，無論是張載「德行之知不萌於見聞」，還是程頤的「德性之知不假見聞」，都把對世界的最高了解和見聞之知對立起來，……在成熟的朱熹格物致知論裡，不

---

48 明・王守仁，《王文成全書》，卷3，頁77。
49 見本章注2所引。
50 徐復觀，《中國思想史論集・象山學術》，頁32-33。

　　　再重視「見聞之知」與「德性之知」之辨，朱熹的格物論
　　　的基點是從即物的見聞之知入手，這在理學的發展中是值
　　　得十分注意的。[51]

「德性之知」與「見聞之知」混淆，造成修養理論模糊，讓人誤
以為只要透過「見聞之知」探究，便能獲「德性之知」，便能成就
聖賢，此種模糊化牟宗三先生以為非朱子本意，但簡別不清則是
事實，牟先生曰：

　　　此則于道德實踐有補充助緣之作用。但此非伊川、朱子之
　　　主要目的，但亦未能十分簡別得開，常混在一起說。[52]

牟先生承認「見聞之知」非朱子格物主要目的，只是朱子無法自
覺地分清此兩種知，致常混為一談。但歷來亦有學者屈護此說，
謂「見聞之知」亦「德性之知」一種，唐君毅先生曰：

　　　如吾人讀書而知史事，雖若初與吾人之為聖賢之學無關；
　　　然吾人由知史事，而更辨其是非善惡，而學其善者是者，
　　　即明不能說與德性修養無關也。人多識于草木之名，而更
　　　與草木相接，觀其生意，如周濂溪之由窗前草不除，而言
　　　其生意「與自家意思一般」，即與人之養其生意生幾之德性
　　　修養，自然相關也。[53]

若立基此觀點，確實所有存在物及其理，都與德性修養有關，甚
至生命墮落都有道德意義，但問題是生命有限，成聖艱難，如何

---

51　陳來，《朱子哲學研究》，頁275。
52　牟宗三，《心體與性體》（一），頁50。
53　唐君毅，《中國哲學原論・原教篇》，頁277-278。

在有限年華，發揮最大效力，不走迂迴路而直取聖賢，此便需探討何種知是直接關聯，何種知無必然性，何種知甚至會貽誤成聖；何種知是大本主流，何種知是枝節末流；當嚴辨二者差異乃不致遺誤蒼生，朱子是一位向道心強之儒者，一生艱苦做功夫，若使用不相干方法，最後延誤成聖機緣，能無憾乎。

　　故知此種格中性物，在朱子格物論中雖屬大宗，且歷來學者亦有以此定位朱子格物論者，但此種格物所得只是形構之理，對成德無直接幫助，頂多為輔助作用，唯朱子似未自知自覺。

### （三）格道德之物

　　世間略可分為「實然世界」與「應然世界」，實然是站在凡俗角度，以凡人眼光看待探究事物之理，最後會得中性之科學知識，此即前綱所謂「格中性之物」；應然世界或當然世界，則站在善惡價值立場看待世間事物，最後會得道德倫理知識，此為本綱所要探討者。

　　應然指應該如何，屬價值判斷，不同人會有不同判斷結果，此即孔子所謂「女安則為之」[54]，每人「安」之要求等級不同，判斷結果便因之而異。但人類社會通常有相近之衡量標準，此標準即該社群之倫理規範，此等德目如忠孝仁愛信義和平等等，格物便要在日常各種行為中，格出此等應然當然之行為準則，譬如對父母、兄弟、朋友、夫妻、君臣之對待準則，要經格物將此準則格出來，它不僅為知識上之知，且在情意上真實認定其善，此即格道德之物，朱子曰：

　　　　只是孝有多少樣，有如此為孝，如此而為不孝；忠固是忠，

---

54　魏・何晏集解，宋・邢昺疏，《論語注疏》，卷17，頁157-2~158-1。

> 有如此為忠，又有如此而不喚做忠，一一都著斟酌理會過。
> [55]

> 所以《大學》格物窮理，正要理會這些。須要理會教是非端的分明，……善底的端是善，惡底端的是惡，略無些小疑似。[56]

> 今欲進乎明善之功，要必格物以窮其理，致知以處其義，夫然後真知善之為可好而好之，則「如好好色」；真知惡之為可惡而惡之，則「如惡惡臭」。[57]

首章朱子舉孝、忠為例，「忠孝」本為簡單概念，但忠孝之具體事行則非常複雜，在各時空情境，都各有恰當表現方式，此等都要去格個透徹，當各種情境發生時，才有辦法快速做出合忠孝之事，才算對忠孝之理真正了解，此即格道德之物，亦即探究各種道德事件的面對處置之道。次章，說明要格到「是非端的分明」，亦即弄得一清二楚，完全無疑惑，在何種狀態下應如何處置，在另一情狀下又該如何面對，皆須瞭如指掌，亦即格盡孝之各種事行。末章說明此種知不僅是知識，且能深入生命而與情意結為一體，整個生命都認為如此方是忠孝，不如此則渾身不自在，將它完全融入生命，變成生命中元素，此時便會「如好好色」「如惡惡臭」之自然反應，此為格道德之物的格物論。

　　此種格物論是格「道德準則」，即在何種情境該用何種道德準則；再進一步則是格此準則背後之原理，朱子曰：

---

55 宋・朱熹，《朱子語類》，卷15，頁285。
56 宋・朱熹，《朱子語類》，卷107，頁2667。
57 宋・朱熹，《朱子文集》，卷50，頁2321。

> 格物，是窮得這事當如此，那事當如彼。如為人君，便當
> 止於仁；為人臣，便當止於敬。又更上一著，便要探究得
> 為人君，如何要止於仁；為人臣，如何要止於敬，乃是。[58]

第一層之格物是格道德準則，如為人君當仁，為人臣當敬；第二層便要格為何「為人君當仁，為人臣當敬」？探究道德準則之所以然，而倫理道德最後根據必是良知善性，人為何要忠孝，為何要做各種善行，最後答案不能是外在原因，否則便還可追問：為何要根據外在原因。故道德準則最後必回歸主體天命之性，此為格道德之物最後所要格之主題。

　　如此之格物論乃扣緊道德，不再與道德連不上線而打成兩橛，但此僅就一般道德學言，若用更高標準之道德學，則此說仍有限制。此種格物說主要在探究正確之道德準則，然後依此準則行事；就孝言，當格出孝理後，我在與父母相處時，便時時留意我行為是否合乎孝理，一切依孝而行，此種道德稱為「他律道德」，牟宗三先生說：

> 自此而言，照顧到實然的心氣，則其所成者是主智主義之
> 以知定行，是海德格所謂「本質倫理」，是康德所謂「他律
> 道德」，此則對儒家之本義言根本為歧出、為轉向。[59]

牟先生認為程朱系統，是透過認知心去探究道德之理，然後將所探得知識作為自己行為之標準依據，雖亦為道德行為，但此為他律道德而非自律道德，牟先生認為真正儒家是自律道德系統，故判程朱系統為歧出轉向。牟先生說：

---

58 宋・朱熹，《朱子語類》，卷15，頁284。
59 牟宗三，《心體與性體》（一），頁50。

> 此性體不能由「即物窮理」而把握，只能由反身逆覺而體
> 證。從此性體之自主、自律、自決、自定方向上說應當，
> 此方真能提得住、保得住道德上之「應當」者。此是真正
> 理想主義的自律道德，亦曰方向倫理也。此是以「意志」（康
> 德所說的意志）決定「善」者，以「活動」義決定「善」
> 者，而即活動即存有也。[60]

牟先生認為理想道德學是透過逆覺體證，回歸生命主體身上，肯
認道體性體心體之明覺，由此明覺主體做功夫，由它自作主宰——
—自主、自律、自決、自定方向，它的意志即為道德無上命令，
它就是即存有即活動之理體，此方為真正自律道德，才是真正傳
統儒家之道德學。

故朱子此義格物論，有進於格中性物之格物論，已和道德連
上線，但尚差一著，仍非真正傳統儒家之格物論。

## （四）兼格前兩物

前兩種格物論朱子是分開說，亦即在不同段落中各自表述，
今所言是同段落中兼言此兩義格物說，先看朱子說：

> 使於身心性情之德，人倫日用之常，以至天地鬼神之變，
> 鳥獸草木之宜，莫不有以見其所當然而自不容已者。[61]

> 格物只是就事物上求箇當然之理。若臣之忠，臣自是當忠；
> 子之孝，子自是當孝。為臣試不忠，為子試不孝，看自家
> 心中如何？火熱水寒，水火之性自然如此。凡事只是尋箇

---

60 牟宗三，《心體與性體》（一），頁112。
61 宋・朱熹，《朱子文集》，卷15，頁494。

當然，不必過求，便生鬼怪。[62]

前章朱子舉四類格物內容——「身心性情之德」與「人倫日用之常」屬道德之物，而「天地鬼神之變」「鳥獸草木之宜」則屬中性之物。次章說格物內容有「臣忠子孝」及「火熱水寒」，亦分屬道德與中性兩範疇，故陳來先生說：

> 在朱熹的體系中，真善一致，格物窮理既是明善的基本途徑，也是求知的根本方法。因而，就格物致知所要直接把握的事物之理來看，不但有「身心性情之德，人倫日用之常」，而且有「天地鬼神之變，鳥獸草木之宜」，故完全否認朱熹的格物說中同時有認識論的意義，那也是不全面性的。[63]

陳先生認為朱子格物說是「真善一致」，既要明善亦要求真，故在同段落，有格明善之道德物，有格求真之中性物。唐君毅先生更為朱子說解圍，他說：

> 至吾人之求知此道或理，則恆賴吾人之先知吾所處之情境之為何所是，吾欲對之盡忠盡孝之親君家國之何所是，我之所實能為、實能施及於親君家國之何所是，親君家國之所需要於我者為何，及我之所實能對之而為而施者之中，何者實為其所堪受而能受等；然後方能決定吾之所當以感之應之之具體特殊之善道，或當然之理之何所是。[64]

---

62 宋・朱熹，《朱子語類》，卷 120，頁 2895。
63 陳來，《朱子哲學研究》，頁 297-298。
64 唐君毅，《中國哲學原論・導論篇》，頁 337-338。

唐先生意謂每件行為要保證絕對善，需有兩要件：一是我心善，一是對此行為相關諸元瞭如指掌，我心善屬道德之理管轄，對相關諸元了解屬中性之理範疇，前者決定方向——為何要做；後者掌管如何做；譬如孺子將入於井，我須有相關知識——井中有水、井深數尺、孺子無知、入井必危等知識，然後乃會產生道德判斷——惻隱之心，進一步再產生救援念頭，於是有如何救援之相關知能協助。故知一件道德行為除我心良知發用外，尚需完整客觀知識協助，兩類知識缺一不可，故朱子要併格此兩類知識，此為唐先生說法。

　　但須知事有本末、先後、主從，聖所以為聖是心性之純淨，而非知識能力之有無多寡，象山所謂「若我則不識一字，亦須堂堂地還我一箇人」[65]，即使是文盲、電腦盲、不會世俗各種技能，仍無害可以為聖，聖所以為聖與知識技能無關。但若聖人懂兵法亦好，那是會打仗之聖人；聖人會寫小說戲劇亦好，那是文學家之聖人，但聖不聖與打仗、寫小說等無關，聖在知識技能上幾乎無要求，當然若有很多知識技能，那會有較多善巧方便濟助別人。但要知主從本末，生命最重要課題是成聖，而非成為某領域之專家達人，若能自覺辨別二者分際，知道二類學問定位，在成聖前提下隨緣汲取知識技能，便可無病，若不知本末，以為成聖須具備廣博知識，而將整個生命耗在知識學習，則是對成德之學認識不清，由朱子相關論述看來似分不清兩者差異，故常不自覺混為一談。

　　格中性物無法成聖，必格道德物乃可能成聖，若同時格此兩類物，雖知識能力會增強，他律道德知識亦會增上，但因未定出

---

65　清‧張伯行編，《正誼堂全書‧困學錄集粹》，收入《漢籍電子文獻資料庫》／叢書，卷之 8，頁 12-2。

本末、先後、主從，將致成聖力道相對減弱。

　　以上四類格物義，其「格」都取「探究」義，無論格「存有物」「中性物」「道德物」都指「探究其理」之謂；下兩類格物義，「格」已轉為「感格」「衡度」義。

### （五）格善端之物

　　前四類格物說都格外在物，依前所說都有瑕疵；而此處格善端物則轉為向內，就己心善性格之，朱子說：

> 致知，即心知也；格物，即心格也。[66]

> 然而其德本是至明物事，終是遮不得，必有時發見。便教至惡之人，亦時乎有善念之發。學者便當因其明處下工夫，一向明將去。致知、格物，皆是事也。[67]

> 若今日學者所謂格物，卻無一箇端緒，只似尋物去格。如齊宣王因見牛而發不忍之心，此蓋端緒也，便就此擴充，直到無一物不被其澤，方是。[68]

首章朱子調轉格物方向，由向外轉為向內，格物不是格外在物，而是由心上格，成德不在外物而在己心，故此方向轉移頗為正確。次章說明每人本具明德善性，因受制私慾習氣而無法完全朗現，但雖無法全面朗現仍會有剎那善端發見，此即孟子四端說，朱子此處格物便就此善端下功夫，使之「明將去」。末章朱子說明當時學者錯誤格物法——「只似尋物去格」，將心思用錯方向，必像齊宣王不忍牛觳觫——此即善端，將此善端擴充出去，原只及於牛，

---

66 宋・朱熹，《朱子語類》，卷12，頁202。
67 宋・朱熹，《朱子語類》，卷14，頁264。
68 宋・朱熹，《朱子語類》，卷18，頁403。

今推擴此善端以讓所有人皆能受其恩澤，此種擴充仁心普及之範圍，便是格物；此乃本於善心端倪之正確性，使之產生發酵作用，以擴充至更廣大之人事物上。反覆採此方式格物，善端會漸次光顯，甚至達完全朗現，此雖為漸教，但確是有助成聖之法。

若習氣重、物欲深，善端便暫時無法發見，則此格物功夫無法施用，那將如何？朱子曰：「未見端倪發見之時，且得恭敬涵養；有箇端倪發見，直是窮格去。」[69]此言萬一固蔽太深則唯有「恭敬涵養」，透過主敬涵養心地，以期心地清明無染而讓善端有發見可能，再據發見之善端格將去。

案主體與外物相感，善性良知自會產生善端，此種格物義是由「感格」、「衡度」引申而來者。唯此處格物義又進一步，將此「感格」而生之善端實現出去，且擴充於其他面向，此整個過程稱格物。

## （六）併格內外物

前此格物說較偏格外物，即使「格善端物」仍重對外在人、事、物、時、地等之推擴，此處格物說則同時併格內外物，最早發見此說者當為唐君毅先生，他說「此乃實為一合內外之事，固不可專視為求諸外，或外在之事也。」[70]此處「內」較易理解，指生命主體明德善性而言，所謂「外」有三種可能：一是透過格外在中性理而引發良知善性呈顯，但前已言此兩種理無法跨越，故此當非「併格內外物」之旨；二是透過格道德之理而引發良知善性呈顯；三是透過單純外在事物引發良知善性呈顯。今說明後兩說，朱子：

---

69 宋・朱熹，《朱子語類》，卷 18，頁 403。
70 唐君毅，《中國哲學原論・原教篇》，頁 271。

　　是以古者聖帝明王之學，必將格物致知，以極夫事物之變，
　　使事物之過乎前者，義理所存，纖微畢照，瞭然乎心目之
　　間，不容毫髮之隱，則自然意誠心正。[71]

此章一面謂「極夫事物之變」——此為格中性之理，一面謂「事物之過乎前者，義理所存，纖微畢照」——則指格道德之理；當兩種外在之理都清楚後，心上之理便會自然呈現。文中「瞭然乎心目之間」的「心」指主體善性，「目」指外在中性之理與道德之理。朱子又曰：

　　《大學》所謂「格物致知」，乃是即事物上窮得本來自然當
　　然之理，而本心知覺之體，光明洞達，無所不照耳。[72]

　　須知遇事而知其當然，即是發見，就此推究，以造其極，
　　即是格物。[73]

首章「外」指「即事物上窮得本來自然當然之理」，當然之理指「道德之理」，當求得外在事物當然之理時，相應於內在之本心便會洞達光明，此指外在道德之理與內在本心良知相合之格物方式。次章說明遇事而知其當然之理，此時回頭從心上覺察，於是察覺到善性良知之發見，此亦合內外之道的格物說。下文說得更清晰，朱子曰：

　　「格物」二字最好。物，謂事物也。須窮極事物之理到盡
　　處，便有一箇是，一箇非，是底便行，非底便不行。凡自

---

71 宋・朱熹，《朱子文集》，卷11，頁347。
72 宋・朱熹，《朱子文集》，卷50，頁2260-2261。
73 宋・朱熹，《朱子文集》，卷56，頁2714。

> 家身心上，皆須體驗得一箇是非。[74]

> 他內外未嘗不合。自家知得物之理如此，則因其理之自然
> 而應之，便見合內外之理。[75]

首章說明「須窮極事物之理到盡處」，此指外在道德之理，知其是
非對錯，接著心上亦須體驗個是非對錯，讓外在之理與內在善性
合而為一；次章說明，當格出外在事物道德之理，我本心善性便
會自然以理應之，使外在所格者與內在呈顯之善性合為一。此種
合內外之格物說，唐君毅先生論之曰：

> 故此即物窮理之事，如以粗俗之言喻之，實似人之心知之向
> 于外之物理，以拉出其心之性理之事，如船上之一捲之繩索，
> 將一頭拴在岸上，則船移，而繩皆自出。如以較文雅之言述
> 之，即「求諸外，而明諸內」之事。此乃實為一合內外之事，
> 固不可專視為求諸外，或外在之事也。[76]

唐先生說此種格物說是：人透過心知向外在事物求其理，因所求
得外在理之正確性，於是引發內在性理，此種「求諸外而明諸內」
之格物說乃「合內外之事」。

　　以上「合內外之事」是需先研究外物道德之理，之後將之與
內在善性本心應和，形成內外呼應之格物形式。「併格內外物」第
三型則是不經研究外在道德之理的過程，直接由善性良知去應感
外物，而讓良知善性呈顯，每應感一次外物便呈現一次善性良知，
亦即格一次物，朱子曰：

---

74　宋・朱熹，《朱子語類》，卷15，頁284。
75　宋・朱熹，《朱子語類》，卷15，頁296。
76　唐君毅，《中國哲學原論・原教篇》，頁271。

> 蓋仁義之心，人皆有之，但人有此身，便不能無物欲之蔽，
> 故不能以自知，若能隨事講明，令其透徹，精粗巨細，無
> 不貫通，則自然見得義理之悅心，猶芻豢之悅口，而無待
> 於自欺。[77]

此章說明人皆有良知善性，雖會為物慾蒙蔽，但若能隨事講明，
每遇一事就讓善性呈現一次，此便是格物。此種合內外之道是指
在遇事（外）時，同時讓善性良知（內）呈現，內外相合便是格
物，再舉三章以清晰此格物說，朱子曰：

> 蓋義理人心之固有，苟得其養，而無物欲之昏，則自然發
> 見明著，不待別求，格物致知，亦因其明而明之爾。[78]

> 人之一心，本自光明。常提撕他起，莫為物欲所蔽，便將
> 這箇做本領，然後去格物、致知。[79]

> 天下之理，偪塞滿前，耳之所聞，目之所見，無非物也，
> 若之何而窮之哉！須當察之於心，使此心之理既明，然後
> 於物之所在從而察之，則不至於汎濫矣。[80]

首章說明人本有義理善性，若能得其養，則自然發見，格物只是
因其明而明之，一遇事則本心自明，明之當下便是格物。次章說
明我們心本自光明，本自能應物，只是有時會為物慾所蔽，此時
便要「常提撕」以常保此心光明，然後用此光明心做本領，去面
對外物，每面對一次外物，便是格一次物；末章意思更明確，說

---

77 宋・朱熹，《朱子文集》，卷60，頁2946-2947。
78 宋・朱熹，《朱子文集》，卷43，頁1902。
79 宋・朱熹，《朱子語類》，卷15，頁292。
80 宋・朱熹，《朱子語類》，卷18，頁400。

明格物窮理之法在「察之於心」，先讓此心之理既明，然後用此已明之心，去察外在所有物，外在所有物便會各得其所，使所有物達最好存在狀態。簡單言，格物就是使善性明德時時彰顯之謂，朱子說：「格物、致知、誠意、正心、脩身者，明明德之事也。」[81]因反覆格物，會讓本自光明之「明德」重現光明，之後只要好好提撕此明德之心，不要被私心物欲所蒙蔽，當此之時則面對任何物事都是在展現本心善性，便都在格物，都在明明德。此義格物說，唐君毅先生有如下說明：

> 心之感物，初依於物之來感吾心之性理，此即「由外而內以成吾人之知」之歷程；而心之感物而應之以情，性理遂表現於情，即為一「由內而外以成吾人之行」之歷程。心之虛靈不昧，要在其具性理，以有此知。此心之主宰運用，要在其能表現性理，而行此情。心始於知，終於行，以感於內而發於外。[82]

此謂我等心皆為虛靈，當外物出現時，便會感動我心，心被觸動後，自然會有回應，於是表現出性理之情；所以先有外物「感於內」，接著虛靈心「發於外」，如是過程便是合內外之道的格物說。

　　朱子此義格物論資料雖不多，亦非朱子格物論主軸，但此義格物論是最契理者，即使將此等言論置陸王語錄中亦不覺遜色，此說幾與陸王無別。

　　朱子合內外之道的格物說，理論上可有三型：一是因探究外在中性之理，而使內在本心之理呈現；二是對外物探討道德之理，發現與己內在性理一致，當二理合一當下，即合內外之道的格物；

---

81　宋・朱熹，《朱子文集》，卷15，頁479。
82　唐君毅，《中國哲學原論・原性篇》，頁402。

三是當外物來感而我直接以性理回應，每次感通都是合內外之道的格物。

　　按此種合內外之道的格物義，其中「格」取「感格」、「衡度」義，當對象之道德理，或對象物產生之際，我心良知善性便會應感，然後衡度對象物而生起正當回應，每一應感衡度便是一次格物，此為朱子第二類「格」義，它與第一類「探究」義有別。

# 四、朱子格物說反省

## （一）格物意涵紛歧

　　「格物」是朱子最主要功夫，但朱子講得不夠精確具體，致格物語意非常歧雜鬆散：格物之「物」較易了解，包括有形無形、主體客體之一切存在事物；但「格」朱子說得含糊，朱子只明說「至」、「盡」兩義，並說不能講為「接物」，但從朱子談格物內容推測，朱子應兼括「至、接」「探究、探討」「窮盡」三義，「格」除以上三義，朱子說詞還暗涵其他兩義，且此兩義是非常關鍵之兩義，它讓朱子哲學可脫離「他律」「助緣」之批評，此兩義即「應感」「衡度」，只是朱子未自覺地重視此兩義之格物說。

　　其次，朱子未說清道德與非道德之異，朱子格物類型中，有格存有物、中性物，此皆與成德無直接關聯，格存有物頂多可成玄學家、形上學家，格中性物只可成科學家、技職達人，皆與道德無直接關聯，但朱子未意識到亦未將之剔除在格物說外。

　　接著朱子未明言，格物是在外物上或內心上格、或二者同時進行，朱子雖有兩義格物與己心連上線，但大都在外物上格，此種功夫頂多是格出道德知識，而無益心性轉化。對外在物，朱子

亦未分清存有物、中性物、道德物,所談格物都三者混為一談,此或為朱子概念不清所致。

格善端物與兼格內外物二者有別,一就善端實現擴充言,一就善性良知呈顯說,二者差異朱子亦未簡別。另合內外之道的格物說,亦有三類型:一是格中性物以與善性良知呼應;二是格道德理以與善性良知呼應;三是格當下物,與善性良知呼應;然而朱子皆未做概念之釐清。

因朱子格物說有以上模糊紛歧,朱子未清晰精確說明,致後學不易把握其旨,每人都言格物,但每人格物意涵未盡相同,不知何者乃朱子本意,此為格物說第一可反省處。

## (二)重視中性知識

朱子或因生性所致,或因後天生命經驗,他遍注群經,博學多聞,興趣廣泛,故對純知識事物雅好焉;加以朱子以為「聖人當無所不學、無所不通、無所不能」[83];於是提出「必格盡天下之物,而窮其理,以致吾人之知,而無所不知,然後萬物皆備于我,吾心之全體大用乃無不明矣」[84]。

朱子既有此生性、經歷、見解,於是有格中性物之論;此種格中性物之系統,牟宗三先生稱為「橫攝系統」[85],此為一套我透過認知心去認識外在世界,它是水平關係,我與對象都在同一相

---

83 唐君毅,《中國哲學原論・原教篇》,頁 260。

84 唐君毅,《中國哲學原論・原教篇》,頁 261。

85 牟宗三,《心體與性體》(三),頁 48-49:「朱子系統為橫的靜攝系統(co-ordinated horizontal system of cognitive apprehension)。假定對於縱貫系統已透澈,則此橫的靜攝系統可為極有價值之補充。假定此在發展中被完成之縱橫兩度相融而為一完整之系統,則縱貫為本,橫攝為末;縱貫為經,橫攝為緯;縱貫為第一義,橫攝為第二義。就個人之生長言,假定先把握橫攝系統,則此只為初階,而非究竟,必上升而融入縱貫系統中始可得其歸宿而至於圓滿。」

對世界之水平關係中，此為廣度之增進，可讓生命豐富多彩；另有縱貫系統，我透過功夫施用可讓生命提升，此為垂直關係，「我」在用功夫前是凡俗生命，用功夫後生命品質不斷提升轉化為聖賢，此為深度高度之向上。垂直縱向是質之提高，水平橫向是量之增多，最好是既有質又有量，質高量豐，但若論主從先後，則質重於量，質之重要性超過量，質之提升靠德性，量之增加依知識，牟先生便將朱子格中性之物，定位為橫向而非縱向者。

## （三）知識道德兩橛

　　朱子格物說之兩橛問題，產生於兩地方，一是道德知識與道德實踐之兩橛，在朱子格物系統中，透過格物窮理而獲得知識（致知），致知後便能「意誠」，此二者有難跨越之限制——有道德知識只是倫理學家，倫理學家要成為道德家，尚需很強之道德意識，有成德志趣，才可將所知化入情意中，由知轉為行，由致知達誠意，此種關聯並非必然，但朱子似將之視為必然。二是中性知識與道德間之難跨越，朱子認為「大學始教，必使學者即凡天下之物，莫不因其已知之理而益窮之，以求至乎其極。至於用力之久，而一旦豁然貫通焉，則眾物之表裏精粗無不到，而吾心之全體大用無不明矣。」[86]朱子此處所說格物相當程度指「中性之物」，當格到「豁然貫通」時，則能觸類旁通，此尚可理解，但謂可達「吾心之全體大用無不明」，則似難過渡，知識是認知心探究外物之成果，德性是心性之轉化成效，此二者各有畛域而不相關聯，此種二橛朱子似未覺察到，故知朱子格外物說似有理論困難。

---

86 朱子，《點校四書章句集注・大學章句》，收入《漢籍電子文獻資料庫》／經／四書，頁 6-7。

## （四）助緣功夫甚多

本質功夫指能直契本體之法，必先有本體體悟，所謂「悟門不開，無以徵學」[87]，必先品嘗過本體悟境，然後以此為依據，便可隨時喚起此心境，象山所謂「才一警策，便與天地相似」[88]，一用功夫便進到本體狀態，此便是本質功夫。若無悟境體驗，便無法以之對照，便只能做有助於進入悟境之功夫，無法保證必能悟入本體，此所謂助緣功夫。[89]

朱子曰：「今以窮理之學不可頓進，而欲先識夫大體，則未知所謂大體者，果何物耶？」[90]此為朱子〈答友人王子合十二書〉，當中王子合說明要先識大體乃可格物，朱子答以「未知所謂大體者，果何物耶」，似不相信有大體本性存在，則所使用功夫便非本質功夫。例如格存有物與格中性物，基本上是與德性不相干者，而格道德物則是有助成德之助緣功夫；故相對而言，依本體下功夫之本質功夫仍屬闕如。

## （五）他律道德為主

他律指道德意識很強，依道德規範行事，不敢踰越道德規定，由於責任感、使命感、承擔感驅使，讓我奉行道德規範至死不渝，

---

87 明・王畿，《龍谿王先生全集》（中央圖書館藏善本書，明萬曆四十三年，山陰張汝霖校刊本）卷12，〈答程方峰〉。

88 宋・陸九淵，《象山集・象山語錄》，收入《文淵閣四庫全書》／集部／別集類／南宋建炎至德祐，卷一：「吾於踐履未能純一，然纔自警策，便與天地相似。」

89 關於本質與助緣之分首見牟宗三先生，其言曰：「本質的功夫唯在逆覺體證，所依靠的本質的依據唯在良知本身之力量，此就道德實踐說乃是必然的。以助緣為主力乃是本末顛倒。凡順孟子下來者，如象山、如陽明，皆並非不知氣質之病痛，亦並非不知教育、學問等之重要，但此等後天之功夫並非本質的。」（見牟宗三：《從陸象山到劉蕺山》，頁231。）

90 宋・朱熹，《朱子文集》，卷49，頁2222。

此可成正人君子，但尚不能為聖賢。自律道德則讓明德作主，「我」「明德」「道」「理」「本心」皆合為一，我即道，不存在「我依道而行」問題，無被迫、不甘心、奉行準則之事，全依本心而動，孔子所謂「七十而從心所欲不逾矩」，因「我」已轉化為明德善性，我與明德無二無別，此即自律道德。

　　朱子格物說絕大部分是格出道德規範準則，然後依循道德規範行事，此便屬他律道德，唐君毅先生所說：「更濟之以格物窮理致知之功，而以此所知之理，為一切省察正心誠意之工夫之準則」[91]，此種他律道德，唐先生認為其病在：「如以陸王之觀點言，則人之格物窮理以致知，即可視物為外，視理為外，人乃逐物，逐心外之理而不知返。」[92]唐先生認為從陸王觀點來看，朱子格物論並非建立於生命主體上，而是向外馳逐外在之理，最後將此外在理當作行為準則，牟先生亦有相同批評：

> 因其將超越之理與後天之心對列對驗，心認知地攝具理，理超越地律導心，則其成德之教固應是他律道德，亦是漸磨漸習之漸教。[93]

牟先生說朱子義理系統，將超越之理當成凡人主客系統中之對象物，然後去探討研究其內涵，再回過頭將此等理用來律導我心，讓我心能依此理律而行，此種他律對成德當然有助益；但並非針對本心直接做功夫，不是針對本原處下手，而是在末流處規範人行為，此為漸磨漸習之漸教系統，雖有助成德，但不屬根源直截之成德功夫。

---

91　唐君毅，《中國哲學原論‧原性篇》，頁 571。
92　唐君毅，《中國哲學原論‧原性篇》，頁 624。
93　牟宗三，《心體與性體》（一），頁 50。

## （六）心理主客分立

真正聖者主體之心與客觀之理必是「心理合一」——「心即理」，若凡人則主體無法與道德真理合一，只能以認知心去把握道德真理，但須知此時把握者只是道德真理之影子，並非真正聖者之理。除非己心真正進到本體，己與理合為一，己即道，才有辦法真正理解「理」之內涵。因朱子格物系統似尚未見到「道」「理」本身，故只能用認知心去把握「道」「理」，此時心與道是二元對立之隔閡，主客能所嚴明，此種格物法無法真正認識「道」「理」，牟先生說：

> 在伊川、朱子，性只成存在之理，只存有而不活動，心只是實然的心氣之心，心並不即是性，並不即是理，故心只能發其認知之用，並不能表示其自身之自主自決之即是理，而作為客觀存有之「存在之理」（性理）即在其外而為其認知之所對，此即分心理為能所，而亦即陽明所謂析心與理為二者也。[94]

此種主客能所關係之格物論，是朱子格物論特點，它無法成為陽明心即理系統，此等格物論對道仍有隔，並非完全相應於道之格物論。

# 五、小　結

本章從功夫論下手以探究朱子義理之正歧問題，朱子功夫論兩大綱維是「主敬」與「格物」，其中「格物」又為朱子功夫論主

---

94 牟宗三，《心體與性體》（一），頁 105。

軸，但朱子言「格物」甚歧雜渙散，並未作精準明確說明，歷來學者又每舉其一義而遺他義，致對朱子格物論說法不一。為期完整理解朱子「格物義」，本章採文獻法——將朱子有關格物資料全掘出，然後做分析歸納，以釐清朱子所有格物意涵。

據本章分析朱子「格」有兩義：一是「探究研討——主體面對外物，進而探究其理。一是「感格衡度」——道德主體感應外物或理，引發良知善性之恰當回應；或將感格衡度所產生之善端加以擴充實現。前義數量較多，為朱子主要格物義，後義數量較少，卻為相應成聖之格物說。

據此兩「格」義，落到不同對象「物」上，便產生六類型格物說——「格存有物」——探究「統體太極之理」，此乃據朱子「理氣論」，認為宇宙有一最高理（太極），只要格一一事物便會得此存有之理。「格中性物」——探究與道德無關之事物，會得中性事物之理，此在朱子文獻中數量不少，當是朱子生性偏好所致。「格道德物」——此為朱子格物說主軸，重在探究道德事物之理，以作為立身處世準則。「兼格前兩物」——此謂朱子在同一文字段落同時論及前兩類物，由此可知朱子似分不清二者差異，致將道德與非道德混為一談。「格善端良知」——此為相應聖學之格物說，重在將良知善端實現與擴充，與孟子說相合。「併格內外物」——此為最究竟之格物說，謂當外在之理或物與良知善性交感時，良知善性會做出恰當回應，回應當下便完成格物，此說與陸王無異，可惜份量不多。

據本章論述，朱子格物論可反省處為：（一）格物意涵紛歧。（二）重視中性知識。（三）知識道德兩橛。（四）助緣功夫甚多。（五）他律道德為主。（六）心理主客分立。朱子主要格物義雖有如上缺失，然朱子有兩類型格物義，雖然數量甚少，非朱子格物

義主軸，且未得朱子自覺肯認，但卻可完全契合正統儒學。故當說朱子主要格物義雖未盡合正統儒學，但其中仍隱含有少量相應正統儒學處，只是朱子並未明確自覺肯認爾。

　　本章發表資訊：許宗興，〈朱子「格物說」析論〉，《淡江中文學報》，期 38（2018 年 6 月），頁 40-80。

# 第十二章　結　論
## ——朱子哲學的總結與反省

## 一、前　言

　　前十一章分別解析朱子思想，本章嘗試整體地介紹朱子思想並做反省，整體介紹分兩面向：一是朱子義理內涵，二為思維表達。而有關朱子義理內涵，將以「生命實踐學七範疇」[1]架構做說明。今先簡要介紹「生命實踐學七範疇」：

　　「生命實踐學七範疇」旨在探討：若人想做生命實踐，以期生命走向快樂充實圓滿，或說想由凡入聖，他必思考處理以下七領域之事：（1）現況論——了解自己生命不美好所在，並由此產生超越現況之心。（2）價值論——認定生命最值得追求的目標且生起嚮往之情。（3）本性論——了知自己生具、永具、皆具、圓具成聖質素。（4）本體論——瞭解聖人所以為聖人的本質內涵。（5）功夫論——清楚何種方法可成就生命的圓滿。（6）境界論——當方法正確得力後生命會有那些境界顯現。（7）外王論——由己生命的圓滿，進而透過善巧方便以成就其他生命的圓滿。

　　以上是生命實踐者必處理的七範疇，這也是一套中國哲學的

---

[1] 此乃作者對中國生命實踐哲學的範疇歸類，見許宗興，〈中國生命實踐哲學的範疇論〉，《華梵人文學報》第八期（2006 年 1 月），頁 53-88。

詮釋架構；這七範疇是有機組合，每範疇內容會決定其他範疇走向，相互間具關連性；故一錯一切錯——若對現況病症了解不深刻正確，便不知生命值得追求的目標；同時不會思考我是否有成聖本質問題，及生命本質內涵為何；跟著不會用正確方法下功夫，也就得不到較高的生命境界，最後沒能力去成就他人；故這些範疇是彼此緊密相連。再者，透過這套詮釋架構，將可看出被詮釋的系統，在各領域所論的多寡、正誤、相應與否等；故透過此七範疇將可把握一學說的梗概、利弊得失、特色等，中國哲學主要的思想家，類可用此系統作詮釋，朱子哲學亦然，以下嘗試用此七範疇論述朱子學說：

## 二、義理內涵反省

### （一）現況論

「現況」指現在不圓滿的自己，亦即認清自己有哪些病痛，必看清自己病痛，乃能對症下藥——必知敵人在哪裡，才有辦法攻擊敵人。就佛教言，貪、瞋、癡三毒；見思、塵沙、無明三惑；煩惱、業、報三障；這便是對現在不完美的說明。又如程顥〈答橫渠張子厚先生書〉：「人之情各有所蔽，故不能適道，大率患在於自私而用智。」[2]程顥認為我人問題所在為「自私」，有私心便使生命格局視野變小，加上「用智」而認為自己觀念最正確；那便是一切罪惡的淵藪；這些都是現況論的範疇。

有關生命限制，朱子主要論述為：欲望強、喜怠惰、無志氣

---

2　程顥，《二程文集》，〈答橫渠張子厚先生書〉，收入《漢籍電子文獻資料庫》／叢書／正誼堂全書／二程文集，卷之 2，頁 1-1。

等。朱子對現況之探討相較其他範疇似較少，對後輩較常感嘆者
為「因無志氣而不知勇猛精進」，朱子每由此而感嘆弟子不長進，
且看朱子之說。

> 是此心元不曾有所用，逐日流蕩放逐，如無家之人。[3]

> 是志不立，卻隨利害走了。[4]

> 看今世學者病痛，皆在志不立。[5]

> 諸友只有箇學之意，都散漫，不恁地勇猛，恐度了日子。[6]

朱子對生命的限制主要提示：一般人都將心外放，追逐外在聲名
利益，因生命沒歸宿，彷彿無家之人；因生命沒方向，便隨利害
走，這是學者最大病痛。又因沒立志，對學問漫不經心，悠悠度
日，缺乏勇猛心。而這等限制的源頭則是「我」，有「我」便有欲
求，當欲求得不到便起憎恨心，另加執著及錯誤知見，於是生命
墮落在所難免，日久成習性，要改便有困難度。在七範疇中，朱
子於此所論較少，主要提出常人無法起強烈企圖心、勇猛精進追
求成聖成賢之心。

### （二）價值論

當人深刻反省發現生命不圓滿，接著便是找尋生命最有價值
者，將之訂為理想目標，然後亦步亦趨朝此目標前進；這目標就
傳統中國哲學言便是「聖」，現況論在談厭離「凡」，價值論在談

---

3　宋·黎靖德編，王星賢點校，《朱子語類》，卷121，頁2919。
4　宋·黎靖德編，王星賢點校，《朱子語類》，卷118，頁2847。
5　宋·黎靖德編，王星賢點校，《朱子語類》，卷118，頁2837。
6　宋·黎靖德編，王星賢點校，《朱子語類》，卷121，頁2924。

追求嚮往「聖」。

據本書前文疏論，朱子追求「聖」固無問題，但朱子之「聖」是否即傳統儒者之「聖」，此則可討論。牟宗三先生曾深入詳辨，認為真正成聖之義理系統，當包括：道體與性體是「即存有即活動」者；「本心即理」；聖者行「自律道德」；心態是立體縱貫系統[7]；凡合此者便是正統成聖之學；悖此路數則非正統儒家，其所成之聖便非真聖。經本書前文之檢視，發現朱子系統有多項悖此：其道體性體只存有而不活動；此種道體屬客觀超越存在，本身並不起作用；朱子之理在心外，故屬他律道德；此系統重在以認知心橫攝的去覺知對象，故是橫攝之義理系統。故牟宗三先生將朱子學定位為非正統儒家之義理系統（見前引）。

陸象山謂「朱元晦欲去兩短合兩長，然吾以為不可；既不知尊德性，焉有所謂道問學？」[8]象山此言說明兩家之異，屬於路線之爭、方向之爭、價值歸趨之爭；象山謂若方向沒瞄準「尊德性」，便皆非成聖的「道問學」，此時有再多道問學皆是枉然；走錯方向，即使努力再多，成就再大都是枉費力氣；故知象山判定朱子追求的價值非傳統哲學之價值。

牟先生亦謂朱子思想屬「觀解的形上學」，而非真正透過實踐而得之「道德的形上學」，是他律道德學範疇，與中國傳統儒家路數大相逕庭，是傳統儒學之歧出，此思路類似橫攝之荀子學。朱子學在大格局、大根本上既與傳統儒家判若兩途，在義理學中屬不同系統之脈絡；其方向目標當然非傳統哲學之價值方向。

---

7 以上諸說散見牟宗三，《心體與性體》（臺北：正中書局，1991）、《從陸象山到劉蕺山》（臺北：臺灣學生書局，1990）等書，此處不具引。
8 宋·陸九淵，《象山年譜·45歲》，《象山先生全集》，卷36，頁501。

## （三）本性論

　　現況論與價值論屬方向抉擇，若一個人安於現狀，不覺目前生命有何不理想，自然不會走向生命實踐之學；若自覺現況不如理想，則會思索理想生命當該何如，然後念茲在茲朝此目標挺進，以期走向他認為最有價值之目標。接著便會思索：我有無具備成聖本質、潛能，我是否是成聖的料子；若我有成聖本質，則意味著成聖是遲早必然之事；若我無此本質，則表示成聖只是偶然，並無必然性。故我有無成聖本質，是生命實踐者必思考者，此所謂「本性論」。

　　理想的本性論，不只要主張我「生具」「永具」成聖本質，且要人人「皆具」成聖本質，進而要質量皆圓滿的「圓具」成聖本質；在探究朱子「本性論」前，我們先需討論朱子對「心性」的安排、他所認定的成聖質素內涵、以及「性」是屬形上或形下？

　　案朱子依伊川「性即理」而非「心即理」之認定：「性」只是理，「心」為知覺之心，「情」是心之所發；造就心、性、情三分格局、心統性情等說；這如套在凡人身上尚可理解；但若兼指聖人，則聖人心如何統性情，當是：心即是性、即是情、即是道、即是天地，無法區別心、性、情，至少心、性、情之區別不能依此而說。再者，因「心性情」三分，故看不出形上形下之別，於是成牟宗三先生所謂：「混淪無間之流，如此言心性，真成骨肉皮毛一口吞，此真所謂一團糟也」[9]。

　　簡單說，朱子這套本性論，勉強可用於凡人身上；若兼用在聖人則完全不相應，主要是此中沒區隔形上形下；將聖學最精采的形上給銷亡了，最後只成半壁江山，殊為可惜；這是朱子本性

---

9　牟宗三，《心體與性體》（三），頁89。

論的格局限制。

　　接著談朱子本性的內涵規定，案傳統本性是就形上界言，而朱子將它拉下置形下界，於是對「性」之內容都以形下德目論之。朱子將「性」中所存的「理」，大別為「仁義禮智」四理或「仁義禮智信」五理，又認為「仁」是諸理之長，有時也把「義」提高和「仁」並置。朱子認為其他道德之理，都附屬於四理或五理下，而形成一個組織嚴密的架構關係，由仁義禮智領銜，分不同階位而層層遞衍。

　　朱子如此規定「性理」，疑難在：（一）朱子認為「性理」含具眾理，且朱子具體明確指出眾理，牟宗三先生已辨其非[10]；案性中不該是「含具有此等等理也」，而該是空無一「理」，雖空無一「理」，但當性體澄明朗現時，該忠即忠、該孝即孝、該信即信；唯心中根本無忠、孝、信等具體明確概念，只是一任性體之感應而恰到好處的回應；旁觀者此時會覺此人做了忠孝信之道德行為，如是而已。若謂性中有具體德目、彼此關係如何或各德目架構如何等，都該只是憶測。（二）此具體眾理朱子指出為「仁義禮智」或「仁義禮智信」，此或依《孟子》之文據以規定「性」之內涵。唯人間這類詮釋系統實所在多有，不同詮釋系統便會有不同德目；故知將「性理」內涵訂死為「仁義禮智」或「仁義禮智信」，恐未必恰當。（三）朱子認為「仁」可包攝眾理；若朱子真如此認定，則表示此分類並非立於同一標準下，且各類間重疊性將甚高；這便非理想分類法，故當非「性理」的存在形式。（四）朱子說「性理」德目是有層次性，有大綱、小目、支目之階位；此必非真實性內眾德的存在狀態。

---

10　牟宗三，《心體與性體》（三），頁506。

　　以上是朱子把傳統的「性」下拉為形下位階，又規定其內容為「仁義禮智」等，再進而由此四德領銜眾德，這些當都非傳統「性」義。以下依朱子如此性說，探究他對「生具」、「永具」、「皆具」、「圓具」之主張。

　　據本書前文論疏，牟先生認為朱子的「生具」，並不是我生來具有成聖質素[11]，而是透過認知心，將「理」弄明白後帶入「性」中[12]，此等「固有」，若說得精準一點當是指「心之明」之固有，由我的認知心去格物，再將所得之「理」填入「性」中。牟先生認為如此說「性理」固有，其實只是空話；此僅為「認知地具」、「涵攝地具」、「當具」而非「本具」，與傳統儒者之說有距離。因朱子真正之性是沒內容，有如空儲藏室，必透過格物才能讓性中有「理」，故牟先生不許朱子「理」為「本具」。

　　關於「皆具」，朱子主張「枯槁有性」，若「性」指仁義之理，那便是「枯槁」也具仁義之理，此說引起朱子弟子提出「筆」如何具仁義之理，及現代學者認為孟子尚不許禽獸有良知，何況「枯槁」之物；唯這當是朱子用詞錯置，他所主張者當是：所有物都有所以然的「形構之理」而非「道德之理」。倘朱子拆除此一誤用，似主所有人都有「仁義之理」，只是此處的「具」仍是「認知地具」、「涵攝地具」、「當具」而非「本具」。

　　關於「圓具」，「圓具」指每人天生圓滿具足成聖質素，朱子是否如此主張需觀察兩要點：首先須確定朱子是主「氣異理異說」或「理同氣異說」；若是前者，則每一存在物所擁有的理各不相同，故非人人都圓具成聖質素。若朱子主「理同氣異說」，則需進一步探討「理」進入「氣質」之存在物後，是「化合」或「混合」。若

---

11　牟宗三，《心體與性體》（三），頁188。
12　牟宗三，《心體與性體》（三），頁322。

是「混合」乃有可能主「圓具」。唯據陳來先生探究，朱子尤其到晚年，更趨向主張「氣異理異說」，故無法成為真正「圓具」論者。

基於以上討論，則朱子本性論問題甚多：他間接認定「性」屬形下；對「性」是一理或眾理判斷有誤；對性內的眾德內容與各德架構關係說法不當；再者，是否主「皆具」「圓具」成聖質素，說法有瑕疵，故知朱子本性論可謂問題重重。

## （四）本體論

「本體論」意指生命本然體性或聖所以為聖的內涵，用中國傳統說法便指「道」，是生命實踐者所要體證的內涵；這是七論中最核心關鍵的範疇，若本體論可說得深入精準，那這學說便是圓滿學說；若本體論理解有誤，便會誤入歧途；故若要檢定一學說的正歧高低深淺，最重要是查驗其本體論——本體論對則一切對，本體論誤則全盤皆輸。陸象山便很確定說朱子對本體的理解有問題：「但其見道不明，終不足以一貫耳。」[13]「朱元晦泰山喬嶽，可惜學不見道。」[14]「第其講學之差，蔽而不解，甚可念也。」[15]此為象山所下斷語，認定朱子對本體沒體悟；近儒牟宗三先生亦有相同判定：「對于天命流行之體以及孟子之本心無諦見。」[16]「對此作為天下之大本之中體契悟有不足。」[17]「以上六點，如再收縮而為一點，則是對於道體不透，因而影響功夫入路之不同，此所謂一處不透，觸處皆異也。」[18]牟先生此處的中體、性體、道體、本心，皆指本體言，對本體不透，則其他一切立論都走向歧路。

---

13　宋・陸九淵，《象山語錄》，《象山先生全集》，卷34，頁419。
14　宋・陸九淵，《象山語錄》，《象山先生全集》，卷33，頁413。
15　宋・陸九淵，〈與鄭溥之〉，《象山先生全集》，卷13，頁174。
16　牟宗三，《心體與性體》（三），頁79。
17　牟宗三，《心體與性體》（三），頁62。
18　牟宗三，《心體與性體》（一），頁58。

　　朱子依自己對本體的理解而遍注群經，蔡仁厚先生便說：朱子讓原來傳統哲人形上之仁體、性體、道體、太極等，全部成了「形下之學」[19]。所以，朱子哲學最大問題是對本體沒體會，無法區隔出「形上」與「形下」；他不知真正形上是什麼，而誤將自己「理氣論」的「理」當為傳統「形上」，並將傳統「形上」全依自己「形上」去理解，此為朱子哲學最根源問題。以下畫一簡圖以見朱子「形上」與傳統「形上」間之關係：

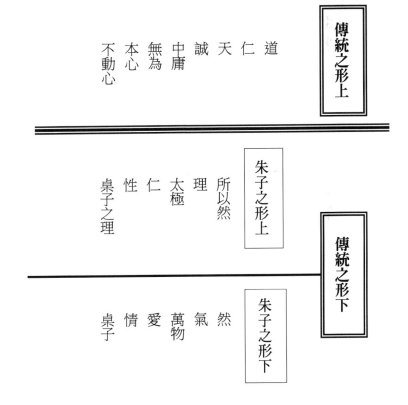

傳統之形上

道　仁　天　誠　中庸　無為　本心　不動心

朱子之形上

所以然　理　太極　仁　性　桌子之理

傳統之形下

朱子之形下

然　氣　萬物　愛　情　桌子

---

19 蔡仁厚，〈朱子的工夫論〉，《國際朱子學會議論文集》（上冊），（臺北：中央研究院中國文哲研究所籌備處，1993），頁 593-594。

　　傳統「形上」或「本體」乃指聖者所存在的世界，他們生活於「超越」、「一元」、「一味」、「不二」、「無執」、「無得失比較」、「無分別取捨」、「一體之仁」、「萬物皆備於我」、「不動心」、「無善無惡」、「物我一如」、「萬物靜觀皆自得」、「也無風雨也無晴」、「無為」、「齊物」、「屎溺有道」、「目擊道存」、「無緣大慈」、「同體大悲」、「煩惱即菩提」、「即事而真」、「真空妙有」等詞語所描述之圓境中；在此世界中沒現象界所呈顯的對立性，故無取捨、得失、苦樂，所有對立都在本心中被超越，故為絕對喜樂自在充實之境；雖說無善無惡，但所為之事都屬絕對至善；行仁義而不執仁義；心是空靈、明晰、喜樂、慈悲、無染，這便是聖者「本體」境地，亦即真正「形上」世界。

　　反之，「形下」指我等凡人所處世界，此世界中人生活於：二元、分別、比較、取捨、得失、苦樂的世界；此世界追求的道德是：二元有相的道德，有道德與非道德之分，仁義禮智與非仁義禮智之別，各種德目都在二元相對界中安立；故是有善有惡、有聖有凡、有己有人的可思議世界，在此世界講道德，只能成就人中君子或賢人，這雖已難能可貴，但當知此仍非生命最究極圓滿之境，仍非真正聖者境界，此仍是傳統儒者所謂的「形下世界」。

　　以上兩種聖凡區別，即牟宗三先生所謂「兩層存有論」：「Object」與「Eject」[20]之不同，牟先生非常精要的說明兩層存有論之別：一為本體界的存有論，此為道心、德性之知、良知感應之物、智的直覺所呈顯的存有論。另一是現象界的存有論，此為成心、識心、聞見之知所呈顯的存有論，亦即凡人所存在之世界。

---

20　牟宗三，〈儒家的道德的形上學〉，《鵝湖月刊》，期3（1975.9），頁8。

因朱子對形上無所體會，而用他「所以然之理」去詮釋真正的形上，於是錯誤百出，他無法了解「無適非道」、「灑掃應對進退」及「文章」皆天道；何止這些是天道，禪宗所謂的砍柴挑水、行住坐臥，亦皆天道。莊子所謂「目擊道存」「屎溺有道」；佛家所謂「即事而真」「心淨國土淨」，可說無一物非道；這須傳統形上義乃能說，朱子哲學無法理解此等義理。朱子「理氣論」所以然的「形上」，那是二元主客對立的世界觀，如何能說明形上的本體界。這便是朱子本體論的限制，也是整個朱子哲學的限制。

## （五）功夫論

「功夫論」談具體改造自己之法，以期讓不圓滿的自己走向理想的境地。功夫若正確而得力，假以時日，便會使人由凡入聖；但若前面諸範疇都有問題，功夫論便很難使之起死回生。聖學功夫分兩類：助緣功夫與本質功夫，二者之別在能否直契本體，凡能使人直契本體者為本質功夫，若只有助於契入本體而無必然保證者為助緣功夫。故知若要使用本質功夫必先有契入本體之經驗——「悟」，王龍溪所謂「此學全在悟，悟門不開，無以徵學」[21]，必「悟」乃能進入本體界，此後便可用本質功夫而隨時入於本體界，此如象山所謂：「才自警策便與天地相似」[22]，此處「警策」便是象山的本質功夫。

前言朱子義理最大問題是「學不見道」，亦即沒「悟」的體驗，跟著不能使用本質功夫，這是朱子最大難題，也是生命最大無奈。加上「悟」是要時節因緣，並非我想悟就得悟，也非拼命努力就會悟；此實上蒼對朱子最不公平處，甚至連自己未悟都不知，當

---

21 王龍谿，〈答程方峰〉，《龍谿王先生全集》（中央圖書館藏善本，明萬曆四十三年山陰張汝霖校刊本）卷 12，頁 480。
22 宋・陸九淵，《象山語錄・上》，《象山先生全集》，卷 34，頁 410。

然就不解象山對己之批評。此有如天生盲者與明眼人比武，盲者平時賣力練武，等到比賽時，他賣力出招卻看不見對方招式？最後被判輸家，還不知輸在何處；象山是明眼人，他知道本體是什麼，他看清生命全部真相，他看得到朱子限制；但朱子卻看不到全局，看不到對方，象山出手自己還渾然不知，這是一場不對等的比賽，結果當然慘不忍睹，也頗堪悲憫。

　　牟宗三先生批評朱子哲學，其中一個要點為功夫屬「他律」──以「他」為律法，而非以己為準繩，必須把我心與理等同為一，亦即解消我，一任本心作為，如孔子所謂「從心所欲不逾矩」，此時心理合一，才是真正「自律」。而朱子系統是：我透過格物去格外在之理（主要是道德之理，亦含事物之理），並以此道德之理當為準則（包括為人處事），讓我在各種人際關係中不違此道德之理，如此堪稱人中君子：道德高尚、辦事能力強，這是朱子理想生命。但這距離中國傳統的聖尚差一程，必進到本體界：一元、不二、超越、絕對的世界，乃是真正的聖，乃是真正的「自律」。

　　若以上論述確定，那朱子功夫論問題便顯而易見，朱子功夫包括：主敬、格物窮理、涵養本源等，這些工夫都只是助緣功夫，都無必然由此契入本體。在助緣功夫中，「主敬」功夫較無問題，它是調心之法，意在鍛鍊人心成為：內斂、專一、明朗之境，亦即讓心品質提高之謂，這是人文系統中非常重要的功夫，但仍無法依之入道。

　　至於「格物」工夫則有幾個限制：（一）意涵紛歧，「格物」是朱子最主要功夫，但朱子講得不夠精確具體，格物語意非常歧雜鬆散，經分析可得格物六義，但朱子並未做簡別，致後學不易把握其旨。（二）重視中性知識：朱子格物是格何種物，在朱子文獻中參差互見，且格中性物不在少數。（三）知識道德兩橛：一是

道德知識與道德實踐之兩橛，二是中性知識與道德間之兩橛。（四）助緣功夫甚多：朱子因未有本體體會，故所言格物功夫多屬助緣功夫。（五）他律道德為主：朱子格物絕大部分是格道德規範準則，然後再依循道德規範行事，此屬他律道德。（六）心理主客分立：真正聖者主體之心與理必是「合一」，朱子格物系統只能用認知心去把握「理」，此時心與理是二元對立之隔閡，主客能所嚴明。

再論「涵養本原」工夫限制：（一）功夫中缺形上本原涵養：所有功夫總目標是在達致形上境界；若功夫只談形下涵養而未論及形上本體，便將最核心關鍵處遺漏，此為朱子功夫論最大限制。（二）本原涵養皆屬空頭功夫：在使用功夫時若沒形上本體當基準，最後所達致境界頂多是心體虛明而為有德者，與本心本性無涉，與成聖成道無關，故為「空頭的涵養」。（三）本原涵養是助緣而非本質：朱子所有功夫都只是進道的預備，沒必然保證入道，此所謂助緣功夫。（四）本原涵養有屬不自覺功夫：「小學童年」涵養，唐君毅先生稱為「前自覺」或「超自覺」，事實上只是接受別人安排、被動、不自覺地受制約，牟先生以為屬「非自覺」者，亦即不承認其為「道德」行為。（五）本原涵養可成君子而非聖者：朱子功夫只能成正人君子、善良有德之賢士，無法成為真正聖者。

## （六）境界論

經現況論了解自己生命限制，發起追求生命理想之志，肯定自己有成聖本質，知道聖的內涵，然後做相應功夫且得力，生命便會轉化，此即「境界論」。

朱子因所述都為助緣功夫，非直取聖道的本質功夫，故無相應本體之境界，若是近似心境描述，則有〈觀書偶感〉：「半畝方塘一鑑開，天光雲影共徘徊；問渠那得清如許？為有源頭活水

來」，此詩有可能是體道心境的描述，雖所述為眼前半畝方塘，但可能在述說自己心境：有天光的正向心情，也有雲影的負面情緒，但二者相安無事並存心上，此類似天台「煩惱即菩提」，煩惱與菩提同時無礙地顯現於心，對菩提沒企求心，對煩惱沒厭惡情，這便是「一味」或「不二」的本體心境，問我為何能如此，乃因與本體「道」之活水相呼應，故此詩有可能是體道詩。同理，觀書有感第二首：「昨夜江邊春水生，蒙衝巨艦一毛輕；向來枉費推移力，此日中流自在行」及〈喜晴〉：「川源紅綠一時新，暮雨朝晴更可人；書冊埋頭何日了，不如拋卻去尋春」等等；亦都有可能是談由形下走入形上的快活心境。然這是詩，詩有很豐富意象，可任由解者做創造性詮釋，朱子自己並未明言，故難由此三詩確定其生命境界已體道；這也可能只是靈光一閃而與道契合，隨即墮回形下界。朱子對本體的心境描述，除上引詩句外，似無其他明確文字述及。

　　朱子明確談功夫成效處不多，若有亦只是形下心境的轉化，如：「只要常提醒此心，心才在這裏，外面許多病痛，自然不見。」[23]「工夫到時，才主一，便覺意思好，卓然精明；不然，便緩散消索了，沒意思。」[24]這是朱子訓勉弟子要老實作「主敬」工夫；他說到主敬效用時謂：初期或有勉強不自在，一旦工夫上路，成效便會漸顯現，包括散亂昏昧時間減短，專一明覺時間增多，心理原有病痛消散，物欲等負面心理減弱，精神便有剛健清爽精明等覺受，此為朱子作「主敬」之成效。黃榦〈行狀〉：「心不待操而存，義不待索而精。」[25]乃指朱子晚年，不需有意提撕而此心常保

---

23 宋・黎靖德編，王星賢點校，《朱子語類》，卷114，頁2761。
24 宋・黎靖德編，王星賢點校，《朱子語類》，卷113，頁2744。
25 黃榦，〈朱子行狀〉，《黃勉齋先生文集》，書類／正誼堂全書，卷之8，頁31-2。

專一明覺，亦即時時處於「敬」之氛圍，至少是從起床至睡著期間，此心永保明朗清晰收斂專注，隨時知自己存在狀況，能意識到自己所思所為，而無旁騖昏亂之心。

朱子即使至臨終仍「方瞳炯然，徐徐開合，氣息漸微，良久恬然而逝」[26]，此說明即使至生命盡頭，朱子仍清晰意識到自己之存在狀態，收斂專一而無驚慌恐懼之狀，凡此即為朱子功夫所達境界。此等境界即使非對本體悟境之描述，但面臨死亡關頭，仍能冷靜不驚慌，保持心境的專一明朗，亦已著實不易。

## （七）外王論

當主體進入本體後，會有很多生命境界，主要為無執、自在、明朗、喜樂、靈敏、悲憫等，亦即無負面煩惱，但有正向喜樂，此時便是生命理想完成的「內聖」，接著將本於自己內聖成就，去接引其他生命，使之如己般走向生命圓滿之道，此所謂「外王論」。

嚴格的外王當是內聖完成乃有能力，至少已有本體之初步體驗，此時引領別人才真正有意義，否則只是以盲引盲，不能算是嚴格意義的外王。

朱子22歲中進士後，曾任同安縣主簿，後又知南康軍、知漳州、知潭州；朱熹在地方官職期間有不少建樹；寧宗時任「煥章閣侍講」，立朝40日；所著專書如《周易本義》《詩集傳》《大學中庸章句》《論語集注》《孟子集注》《太極圖說解》《通書解》《楚辭集注辨正》《通鑑綱目》《河南程氏遺書》《伊洛淵源錄》等卷帙浩繁；另有《文集》100卷、《朱子語類》140卷，其著作量可說歷代作家之前茅；他授徒講學，包括寒泉精舍、武夷精舍、竹林

---

26 元・佚名，《兩朝綱目備要》，收入《文淵閣四庫全書電子版》／史部／編年類，卷6。

精舍三時期，從學甚眾；朱子學受歷代王朝肯定，從元皇慶二年
（1313 年）詔定以朱熹《四書集注》試士子，朱學定為科場程式，
直至清光緒三十一年（1905）廢科舉，此近六百年朱子思想都是
讀書人必學義理。以上這些朱子作為，都會對時人及後世產生影
響，都是廣義的外王事業，唯因非本書著作重點，今此不論。

　　以上是以「中國生命實踐哲學七論」架構，詮釋朱子哲學，
發現朱子談論最多者為「本體論」與「功夫論」，但這二論因都需
本體體會，而朱子未有此體悟，故此二論所說未相應於中國哲學，
「本體」是聖者所體悟的內涵，理想「功夫」是悟後起修；因朱
子未有本體體悟，故所言不相應。「境界論」談對「道」體悟的深
刻感受，朱子自然闕如。「外王論」也需有體悟「道」的前提，乃
能引領別人入道，故仍闕如。「價值論」與「本性論」有較多發揮
空間，但也需建立對道之正確認識，所論才會精準不差，例如「價
值論」強調追求成聖，但成聖內容必須正確精準把握，乃能作切
題發揮；「本性論」必對「聖」的內涵有所掌握，乃知本性內容與
存在樣式。最後「現況論」是對照本體內涵而說，因此還須知本
體為何；簡單說，本體沒體悟，七論都無得說，這是朱子哲學先
天病灶所在。

# 三、思維表達反省

　　除義理內涵之限制外，朱子哲學尚有屬外在形式及文字表達
的限制，以下略述之：

## （一）觀解形上學

中國儒釋道哲學主要以「體證」而得，鮮少由「觀解」而來；

因是體證故千聖所證必同；若由觀解則不同人有不同說法，甚至同一人不同時期所想便不同；故知前者是絕對真理，不受時空影響；後者頂多是相對真理，且會形成立論相互矛盾衝突，《朱子語類》記載：

> 問：先生說太極有是性則有陰陽五行云云，此說性是如何？
> 曰：想是某舊說，近思量又不然。[27]

弟子問朱子「太極有是性則有陰陽五行」，朱子答說「想是某舊說，近思量又不然」，朱子回說：這是過去思量的結論，但最近再思量，已做修改調整。那我們會問：未來會否又有新思量？今無法確定朱子之「太極」、「性」、「理」等概念是否全為「思量」而得，若只是由己心識思量而來，便是一套「道德底形上學」，這種學說對生命而言意義不大。例如「太極」的存在問題，陳來就以為是想出來的，他說：

> 他的錯誤在於：把他所謂的天理說成宇宙普遍規律，並預先把對天理的認識規定為認識的終極結果，在這樣的前提之下，把人類認識活動從特殊上升到普遍的種種特徵，邊強的用以論述在具體事物上，如何印證所謂天理的過程。[28]

陳先生認為朱子先訂「太極」為宇宙普遍真理，說它是人類知識最究極內涵；朱子以為若人類透過對具體特殊事物之探究，終會達此終極內涵，但陳先生以為此全是錯誤知見。首先，世間是否真有普遍真理，而為所有事物共同本質？若真有此「太極」之理，試問其內容為何？此種「太極」之理與道德有無關聯？若有關聯

---

27 宋・黎靖德編，王星賢點校，《朱子語類》，卷 94，頁 2371。
28 陳來，《朱子哲學研究》，頁 309。

那試問歷來聖哲有誰體會到「太極」之理？試問他是透過什麼方式體會者？為何格物會格到「太極」之理？個別事物真有統體一太極之理來貫穿？此種理氣論是自己創造出來或道德實踐體證出來者？此為千聖同證或惟有朱子如此說法？凡此都將是疑問。

故疑朱子對「太極」是什麼？可能根本沒體會、沒經驗、沒真實完整認識。既沒經驗，便只能由想像猜測而得，想出來的東西往往不能完全彌合事實，且不同時期想出來者便會不相同；於是同一個太極，便充滿著不同理解意涵，甚至彼此衝突矛盾。

勞思光先生又舉一例，說明朱子系統是想出來的：

> 依此，生物之「種」最初由於「化生」或「氣化而生」；有「種」後即是「形生」。但云先有「人」，「後方生許多萬物」，……若如此看，則顯然不合經驗知識之規則，且與經驗知識相違。總之，此類說法，嚴格言之，皆不合「知識」之條件，只能算作一種「推測」而已。然在朱氏宇宙論中則充滿此種「推測」。[29]

勞先生認為「宇宙論」性質屬「推測」而來者，朱子對宇宙生成有詳盡描述，這些宇宙生成的說明可能都是推測之詞：朱子認為所有生物最先都是「化生」，之後才有「形生」；人類是宇宙間最先產生者，之後才有萬物出現；今要問朱子這些答案是如何取得？是透過體證而得？或只是猜測的想當然耳？若朱子對宇宙論是猜測而得，那本體論是否也是想出來的，包括「形上」「理」「未發」「中和」等，若也是想出來的，那此套生命實踐學意義便不大，因人人都可想出一套，甚至想出很多套，那它對生命實踐怎麼會

---

29 勞思光，《新編中國哲學史》（三上），頁283-284。

有幫助？我們為何要花時間去了解朱子這套想出來的形上學？關
於此點，馮耀明先生有類似看法：

> 朱熹作為北宋道理之學的集大成者，其思想學說無疑有極
> 濃厚的本體宇宙論傾向，而不免使其心性學說負背沈重的
> 包袱不能得到純淨的發展。對朱熹來說，其天道論與本性
> 論之組合是不成功的，時有相互衝突之處出現。[30]

馮氏認為朱子對自己建構之天道學說「理氣論」過於自信，將之
強套在心性、本體、工夫上，馮氏並謂朱子的天道論與本性論組
合並不成功，亦即憑空想出一套形上學，生硬地套在本性論上，
以此想解釋心性的各種現象，結果是失敗的。陳來先生亦有類似
批評：

> 理學雖然在性與天道之間建立起直接的聯繫，但這種聯繫
> 由於出於人為的玄想，從而在解釋這種聯繫的具體內容
> 上，不可避免地要採取牽強附會的各種說法。[31]

理學家若以自己生命體驗為基礎，對本體有真實相應體悟，將之
用以詮釋宇宙萬物，便怎麼說怎麼對，此所謂「道德的形上學」；
但若無真實生命體驗，則只能由自己有限心識去構思一套系統，
以資解釋宇宙萬物生成變化，此種學說必有其限制性，若用以解
釋深層生命之心性、本體等，更會錯誤百出而流於牽強附會，此
時便會怎麼說怎麼錯。

　　朱子哲學中疑有一大部份屬此種觀解式、想出來的哲學內

---

30 馮耀明，《朱熹心性論的重建》，收於鍾彩鈞主編，《國際朱子學會議論文集》
　　（臺北：中央研究院中國文哲研究所籌備處，1993），頁 450。
31 陳來，《朱子哲學研究》，頁 196。

容，因是想出來的便無法天衣無縫，於是有以下諸多缺失。

## （二）理論之衝突

因是想出來的，而人的頭腦不可能絕對縝密無疏漏，有時建立新概念便會與舊概念衝突，有時為安立此領域理論便會與彼領域理論矛盾，此誠難免。馮友蘭先生舉「理」生「氣」問題，以說明此矛盾乃源於朱子同時使用兩系統所致：

> 周敦頤的《太極圖說》和邵雍的《皇極經世》都是講的宇宙生成論。朱熹的《太極圖說注》是先從本體論講起，後來轉為宇宙生成論。……照朱熹的說法，太極是理，理是「無情意、無計度、無造作」的，怎麼會動而生陽呢？[32]

馮先生認為朱子同時用兩系統理論去詮釋《太極圖說》，若據本體論，則理氣同時而為體用關係，理當然不能生氣。若據宇宙生成論，則理會生氣；陳來亦持相同看法：

> 朱熹理在氣先思想正是在早年「本體論」思想基礎上，進一步吸收了象數派的宇宙論思想，而這一吸收是以對易學的象數研究為橋梁的。後來，到更晚年朱熹又提出邏輯在先說，以避免宇宙論的種種困難，故朱熹死後，門人對理氣先後多含糊其辭。[33]

陳來意謂，會有「理先氣後」與「理氣同時」矛盾，主要來自朱子義理的發展過程，早年以「本體論」系統詮釋「理」「氣」，認

---

32 陳來，《朱子哲學研究》，頁88。
33 陳來，《朱子哲學研究》，頁88。

為「理氣」是「體用」關係，二者同時存在[34]；到後來吸納象數派宇宙論思想，而講宇宙生成變化，「理」「氣」便有時間先後。於是造成「理先氣後說」與「理氣同時說」的矛盾；為解決此問題，朱子又採修正折衷的「邏輯先後」說。但即使如此修正，仍無法真正彌合「理先氣後」與「理氣同時」的衝突，故陳來說「朱熹死後，門人對理氣先後多含糊其辭」[35]；這表示此一問題仍未真正解決。

同樣的，「理同氣異」與「氣異理異」也出現類似矛盾，理論上這二者不能同真，但此二說卻同時出現於朱子文獻中，陳來先生說：

> 「理同氣異」問題，……整個來看，在朱熹的著作、書信、語錄中，這個問題上的說法十分紛雜，幾乎是朱熹哲學中最為混亂的一個問題。[36]

> 不過，從學庸章句成書（60 歲）到慶元黨禁開始（66 歲）之前這一時期，朱熹的思想似乎還不是十分清楚，因之在此期間的議論文字中，既有理同氣異也有氣異理異的說法。……朱熹晚年更傾向於理稟有偏全而導致人物之性有同異的說法這一點應無可疑。[37]

陳來認為「氣異理異」與「氣異理同」主張，是朱子哲學中最混亂的問題，既要合理氣論，又要合本性論。陳來確認朱子 66 歲前，對此問題的說法搖擺不定，到晚年才漸傾向「氣異理異」說；因

---

34 陳來，《朱子哲學研究》，頁 88。
35 陳來，《朱子哲學研究》，頁 88。
36 陳來，《朱子哲學研究》，頁 124。
37 陳來，《朱子哲學研究》，頁 129-136。

是想出來的，所以理論的混亂矛盾衝突便在所難免。勞思光先生亦列出多處朱子義理之衝突性：

> 故朱氏論此（理氣）分別，似頗費力，其用語亦常欠嚴格，以致後人頗多誤解。[38]

> 朱氏依「總和」義說「太極」是「總天地萬物之理」，但又認為「太極」亦潛存於萬有之中，此點頗為費解，朱氏亦未嘗提出確定論證或解說。此將引至一極大之理論困局，然朱氏似未察覺，亦從未做澄清。……總之，朱氏此處立論，本身即大成問題。[39]

> 究竟「氣可以違理」抑或「氣不能違理」，乃朱氏學說中之兩難問題，朱子自身並未解決。[40]

勞先生謂朱子義理充滿矛盾衝突性：「理」、「氣」如何分判；是否有理必有氣、有氣必有理、能否有理而無氣；理氣存在之先後問題，朱子並未清楚說明。「總天地萬物之理」之「太極」，與「物物一太極」之「太極」，二者內涵不相值，此兩內涵實無法同存一物上，因這二概念具排斥性；最後勞先生論及「理」「事」關係，到底「事」可否違「理」，「事」若不能違「理」，雖合天道論，但卻無法安立功夫論；反之，「事」若能違「理」，則合功夫論，但又反於天道論；此等矛盾衝突，朱子都未處理。

　　因朱子哲學多屬觀解的形上學，是想出來而非體證而得者，故內中會同時存在著很多相互衝突矛盾的概念與系統。

---

38　勞思光，《新編中國哲學史》，頁275。
39　勞思光，《新編中國哲學史》，頁278、288、289。
40　勞思光，《新編中國哲學史》，頁286-287。

## （三）理論難合轍

朱子用自己想法創造理論，因思維有限性、縝密度不足；有時具多套分判標準，致分判時常不一致，例如他將世間事分為「形上」（理）、「形下」（氣）兩類，並為這兩類下定義，但這樣定義卻造成有些概念不知如何歸類，例如：

（1）「造化」是「形上」或「形下」，朱子便有三種認定：一認為「造化」是無形存在，故屬「形上」；二認為「造化」宜分兩階段，未著形質前屬陽，是「形上」；已麗形質後屬陰，為「形下」；三認為「造化」本身是「然」而非「所以然」，故是「形下」；造化之所以然方為「形上」。朱子對「造化」有如此多歧分判，後學將如何掌握其「形上」與「形下」學說。

（2）「仁義禮智」：「性」、「仁」、「義禮智」、「孝愛」、「道德行為」等宜安排為「形上」或「形下」，亦需大費周章而難做恰當安排，但朱子仍勉強要用此「形上」「形下」二分法，來分盡天下事，實有捉襟見肘之病。

（3）「陰陽」：「陰陽」是「形上」或「形下」，除它有兩標準（無形/有形、所以然/然）外，尚有一難題——《周易‧繫辭傳》：「一陰一陽之謂道」，有此經文便增加判定之複雜度，亦使朱子弟子更加滿頭霧水。

由此說明：朱子哲學因是想出來的觀解形上學，致在現實中運作便時有無法合轍之弊。

## （四）概念多歧義

為求表意精確，每一不同意涵之概念，應儘可能用獨立語詞表達，乃不致產生歧義，特別是哲學觀念之表達更應如此。而朱子的哲學語詞，每用同一語詞表達若干不同，甚至相互矛盾的兩

個以上概念，這將使弟子及後學產生認識理解的困難，舉例言之：

「理氣論」到底在探討「本體論」或「宇宙生成論」；若要將「理氣論」詮釋為本體論思想；那「宇宙生成論」部分便需另造一詞語；不能只用一個「理氣論」，既要表達「本體論」思想，又要表達「宇宙生成論」思想；否則便會造成不知所云及內涵的矛盾衝突。

「性理」亦然，它同時承載六種意涵：(1)「形上之理」；(2)「道德總原理」；(3)「本性論之理」；(4)「工夫論之理」；(5)「存在總原理」；(6)「殊別之理」。這六種意涵各不相同，但朱子只用「性理」一詞表示，這當然會讓人不知所謂，造成義理的混淆衝突與矛盾。

「格物」是朱子最主要功夫，但朱子格物有六義：(1)「格存有物」；(2)「格中性物」；(3)「格道德物」；(4)「兼格前兩物」；(5)「格善端良知」；(6)「併格內外物」。這六義各不相同，但朱子同用「格物」一詞以為表示，這如何不讓人理解錯亂。

他如：「形上」、「涵養本源」、「未發已發」等等，都有歧義問題。

如上所述乃就朱子哲學的「外在形式與文字表達」部分作探討，主要是因為朱子哲學屬「觀解的形上學」，是想出來的哲學，加上朱子思辨力並非所長，致有「理論衝突」、「理論難合轍」、「歧義」等問題產生。

# 四、小　結

總上所說，朱子哲學有兩方面可反省：一是義理本身，二是外在形式與文字表達。就義理本身問題言，朱子因「學不見道」，

致使不知本體為何物，此處一錯一切錯，連著對各範疇理解失焦：就現況論言，不能深切體貼病症所在；對價值論言，不知真正值得追求的目標為何？就本性論言，不知吾身本具已具成聖質素；就本體論言，完全不知本體內涵為何；就功夫論言，無法找到可契入本體的方法；就境界論言，無法有契入本體的心境生起；就外王論言，因自己未得內聖之道，便無法引領別人走向生命圓滿之路；故知朱子哲學的限制是全面性的，而根本原因為「學不見道」；又因對道體悟不真切，於是只能透過觀解以提出理論，致概念表達難精準，理論建構易生矛盾，所論無法與成聖之學合轍。

或有人提出另外觀點：為何要談最上一機等高超義理，朱子只要談一般道德規範，如父慈子孝兄友弟恭，並透過格物以窮得外在事物之理，於是無論為人、處事都很通達；修心部分則透過主敬，以讓自己保持在專注明朗狀態，作個有道德的正人君子及有專業知能的職場達人；亦即建構一套適合千千萬萬平民百姓的哲學系統，如是足矣；何必講高超玄妙之說，而去提出一套只有千萬分之一人適用的系統。若依此觀點而論，朱子確實不需談傳統哲學的形上、性理、悟、聖、本質功夫、高超境界等內容。現有學說，它確實已讓很多歷代士子找到身心安頓的土壤，讓很多人信奉其思想，而自覺生命有意義，成為了社會上道德高尚的正人君子。

然而若有人追求的不只如此，他仍嚮往中國傳統的形上境界，仍想探究真正的聖者心靈，即使它只是極少數人才能碰觸到的境地；但對這類人言，唯有找到此等目標他才認為真正尋得生命的價值；唯有依此價值去實踐，他才覺得生命無憾；再說，只要走上此途，雖目前距理想尚遠，但總是走在對的道路上，生命會越來越逼近聖賢；況且中國哲學的往聖夙賢，便都是追求這等

理想。若我們有這樣認定，則或不會以朱子所詮釋者為滿足；我們會理解並肯定朱子哲學雖已百尺竿頭，但仍需再進一步：由形下走向形上，由君子走向聖者，由二元走向一元，由可思議走向不可思議。朱子學目前已完成第一期目標，後繼者或當繼續往前邁進，以完成朱子學的二期工程；讓朱子學能調適上遂，走向究竟圓滿之路，此或為朱子哲學在今日歷史發展中我們所應負的使命。

# 徵引書目

## 一、古　籍

《十三經・周易注疏》／《漢籍電子文獻資料庫・經部》，臺北：
　　中央研究院・歷史語言研究所，1984。

《十三經・毛詩注疏》／《漢籍電子文獻資料庫・經部》，臺北：
　　中央研究院・歷史語言研究所，1984。

《十三經・尚書注疏》／《漢籍電子文獻資料庫・經部》，臺北：
　　中央研究院・歷史語言研究所，1984。

《十三經・禮記注疏》／《漢籍電子文獻資料庫・經部》，臺北：
　　中央研究院・歷史語言研究所，1984。

《十三經・論語注疏》／《漢籍電子文獻資料庫・經部》，臺北：
　　中央研究院・歷史語言研究所，1984。

《十三經・孟子注疏》／《漢籍電子文獻資料庫・經部》，臺北：
　　中央研究院・歷史語言研究所，1984。

周・李耳，《老子》，《漢籍全文資料庫・子部》，臺北：中央研究
　　院・歷史語言研究所，1984。

周・荀況，《荀子》，收於《漢籍全文資料庫・子部》，臺北：中央
　　研究院歷史語言研究所，1984。

唐・李鼎祚，《周易集解》，《文淵閣四庫全書電子版》，香港：

迪志文化出版有限公司，內聯網版，2006。

宋・方聞一，《大易粹言》，《文淵閣四庫全書電子版》，香港：迪志文化出版有限公司，內聯網版，2006。

宋・王宗傳，《童溪易傳》，《文淵閣四庫全書電子版》，香港：迪志文化出版有限公司，內聯網版，2006。

宋・王懋竑，《朱子年譜》，收於《文淵閣四庫全書電子版》，香港：迪志文化出版有限公司，2006。

宋・朱熹，《朱子文集》，《漢籍全文資料庫》，臺北：中央研究院・歷史語言研究所，1984。

宋・朱熹，《朱子語類》，《漢籍全文資料庫》，臺北：中央研究院・歷史語言研究所，1984。

宋・林栗，《周易傳集解》，《文淵閣四庫全書電子版》，香港：迪志文化出版有限公司，內聯網版，2006。

宋・胡瑗，《周易口義》，《文淵閣四庫全書電子版》，香港：迪志文化出版有限公司，內聯網版，2006。

宋・真德秀，《西山文集》，《文淵閣四庫全書電子版》，香港：迪志文化出版有限公司，內聯網版，2006。

宋・張栻，《南軒易說》，《文淵閣四庫全書電子版》，香港：迪志文化出版有限公司，內聯網版，2006。

宋・眞德秀，《大學衍義》，《文淵閣四庫全書電子版》，香港：迪志文化出版有限公司，內聯網版，2006。

宋・陳淳，《北溪大全集》，《文淵閣四庫全書電子版》，香港：迪志文化出版有限公司，內聯網版，2006。

宋・程頤，《伊川易傳》，《文淵閣四庫全書電子版》，香港：迪志文化出版有限公司，內聯網版，2006。

宋・程顥、程頤，《二程遺書》，《文淵閣四庫全書電子版》，香港：

迪志文化出版有限公司，內聯網版，2006。

宋・衛湜，《禮記集說》，《文淵閣四庫全書電子版》，香港：迪志文化出版有限公司，內聯網版，2006。

宋・謝良佐，《上蔡語錄》，《文淵閣四庫全書電子版》，香港：迪志文化出版有限公司，內聯網版，2006。

宋・魏了翁，《鶴山集》，《文淵閣四庫全書電子版》，香港：迪志文化出版有限公司，內聯網版，2006。

元・佚名，《兩朝綱目備要》，《文淵閣四庫全書電子版》，香港：迪志文化出版有限公司，內聯網版，2006。

元・吳澄，《易纂言》，《文淵閣四庫全書電子版》，香港：迪志文化出版有限公司，內聯網版，2006。

元・脫脫，《宋史》，《漢籍電子文獻資料庫》，臺北：中央研究院・歷史語言研究所，1984。

明・王守仁，《王文成全書》，《文淵閣四庫全書電子版》，香港：迪志文化出版有限公司，內聯網版，2006。

明・王畿，《龍谿王先生全集》，中央圖書館藏善本書，明萬曆四十三年（1615）山陰張汝霖校刊本。

明・高攀龍，《高子遺書》，《文淵閣四庫全書電子版》，香港：迪志文化出版有限公司，內聯網版，2006。

明・劉宗周，《劉子遺書》，《文淵閣四庫全書電子版》，香港：迪志文化出版有限公司，內聯網版，2006。

明・劉宗周，《論語學案》，《文淵閣四庫全書電子版》，香港：迪志文化出版有限公司，內聯網版，2006。

明・羅欽順，《羅整庵先生困知記》，《正誼堂全書》，《漢籍全文資料庫》，臺北：中央研究院・歷史語言研究所，1984。

清・黃宗羲，《宋元學案》，臺北：河洛出版社，1975。

清・黃宗羲，《明儒學案》，《文淵閣四庫全書電子版》，香港：
　　迪志文化出版有限公司，內聯網版，2006。

清・李光地，《注解正蒙》，《文淵閣四庫全書電子版》，香港：
　　迪志文化出版有限公司，內聯網版，2006。

清・張伯行編，《正誼堂全書》／《漢籍電子文獻資料庫·叢書》，
　　臺北：中央研究院·歷史語言研究所，1984。

清・戴震，《孟子字義疏證》，收入《百部叢書集成》，臺北：藝文
　　印書館，1987。

清・郭慶藩，《莊子集釋》，《漢籍電子文獻資料庫》，臺北：中央
　　研究院·歷史語言研究所，1984。

## 二、今人論著

王邦雄等，《中國哲學史》，臺北：國立空中大學，1998。

王夢鷗，《大小戴禮記選注》，臺北：正中書局，1971。

朱伯崑，《易學漫步》，臺北：臺灣學生書局，1996。

牟宗三，《心體與性體》，臺北：正中書局，1991。

牟宗三，《從陸象山到劉蕺山》，臺北：臺灣學生書局，1979。

吳　怡，《周易繫辭傳解義》，臺北：三民書局，1991。

唐君毅，《中國哲學原論·原性篇》，臺北：臺灣學生書局，1991。

唐君毅，《中國哲學原論·原教篇》臺北：臺灣學生書局，1990。

唐君毅，《中國哲學原論·原道篇》，臺北：臺灣學生書局，1986。

唐君毅，《中國哲學原論·導論篇》，臺北：臺灣學生書局，1978。

唐君毅，《哲學概論》，臺北：臺灣學生書局，1974。

徐復觀，《中國思想史論集》，臺北：臺灣學生書局，1981。

許宗興，《先秦儒道兩家本性論探微》，臺北：文史哲出版社，2008。

陳佳銘，《朱子理氣論在儒家形上體系中的定位問題》，臺北：國立政治大學哲學研究所博士論文，2007。

陳　來，《朱熹哲學研究》，上海：華東師範大學出版社，2000。

陳榮捷，《朱子新探索》，臺北：臺灣學生書局，1988。

陳榮捷，《朱熹》，臺北：東大圖書公司，2003。

勞思光，《中國哲學史新編》（三上），臺北：三民書局，1997。

曾春海等，《中國哲學概論》，臺北：五南出版社，2005。

馮友蘭，《中國哲學史新編》（五），臺北：藍燈文化事業公司，1991。

鄔昆如，《哲學概論》，臺北：五南出版社，1990。

劉述先，《朱子哲學思想的發展與完成》，臺北：臺灣學生書局，1982。

蔡仁厚，《宋明理學》（南宋篇），臺北：臺灣學生書局，1993。

鍾彩鈞主編，《國際朱子學會議論文集》，臺北：中央研究院中國文哲研究所籌備處，1993。

羅光等，《哲學大辭書》，臺北：輔仁大學出版社，1997。

藤井倫明，《朱熹思想結構探索——以「理為考察中心」》，臺北：臺灣大學出版中心，2011。

# 三、期刊論文

牟宗三，〈儒家的道德的形上學〉，《鵝湖月刊》，期 3，1975 年 9 月。

何佑森，〈論「形而上」與「形而下」——兼論朱子與戴東原〉，《臺大中文學報》，期 1，74 年 11 月。

吳略余，〈論朱子哲學的理之活動義與心之道德義〉，《漢學研究》，

卷 29 期 1，2011 年 3 月。

李日章，〈朱子「理氣觀」討論〉，《大陸雜誌》卷 45 期 5，1972 年 11 月。

林安梧，〈「繼別為宗」或「橫攝歸縱」：朱子哲學及其詮釋方法論辯疑〉，《嘉大中文學報》，期 1，2009 年 3 月。

張永儁，〈從程朱理氣說略論朱熹心性論之成立〉，《台大哲學論評》，期 12，1989 年 1 月。

陳佳銘，〈朱子格物思想中「心與理」的屬性與關係新探〉，《中國文哲研究集刊》，期 42，2013 年 03 月。

陳佳銘，〈從朱子對《〈太極圖〉說》及《通書》的詮釋論其「理」的活動性〉，《中正大學中文學術年刊》，卷 2011 期 2，2011 年 12 月。

黃慶明，〈哲學概論──（10）──形上學問題〉，《鵝湖月刊》，期 409，2009 年 7 月。

黃慶萱，〈「形而上者謂之道，形而下者謂之器」析議〉，《中國學術年刊》，期 26，2004 年 9 月。

黃瑩暖，〈朱子格物之心性理論與工夫義蘊的再探討〉，《當代儒學研究》，期 6，2009 年 07 月。

黃瑩暖，〈唐君毅先生論朱子格物致知工夫〉，《國文學報》，期 48，2010 年 12 月。

黃瑩暖，〈從心性架構與格致工夫看牟宗三先生詮釋朱子思想之特點〉，《當代儒學研究》，期 8，2010 年 06 月。

楊祖漢，〈牟宗三先生的朱子學詮釋之反省〉，《鵝湖學誌》，期 49，2012 年 12 月。